이야기
고려왕조실록

고려왕조실록 上

초판 1쇄 인쇄 | 2009년 4월 23일
초판 1쇄 발행 | 2009년 4월 27일
초판 2쇄 발행 | 2009년 8월 7일
초판 3쇄 발행 | 2013년 12월 9일
초판 4쇄 발행 | 2014년 11월 12일
초판 5쇄 발행 | 2015년 10월 15일
초판 6쇄 발행 | 2016년 9월 11일
초판 7쇄 발행 | 2019년 1월 5일

지은이 | 한국인물사연구원
펴낸이 | 최수자

주 간 | 김준숙
인 쇄 | 야컴디앤피

펴낸곳 | 도서출판 타오름
주소 | 경기도 고양시 일산서구 대화로 156번길 30-4 B동 402호
전화 | 02)383-4929
팩스 | 031)911-4929
전자우편 | taoreum@naver.com
http:// blog.naver.com/taoreum

값 | 19,800원
978-89-962008-3-3 04900
978-89-962008-2-6 04900(set)

이야기
고려
왕조
실록

上

한국인물사연구원 편저

타오름

◉ 차 례 |상 권|

잃어버린 역사를 찾아서

우리 민족이 숱한 외침에 시달리며 고난의 역사를 헤쳐 왔다는 것은 모두가 주지하는 바와 같다. 9백여 차례의 외침을 극복하는 과정에서 우리는 위기 때마다 똘똘 뭉쳐 그것을 이겨내는 슬기와 저력을 얻었다. 그러나 그러한 과정에서 씻을 수 없는 상처 또한 많이 받은 것이 사실이다.

임진왜란 때 소실된『고려왕조실록』역시 우리가 잊지 말고 보듬어야 할 아픈 상처 중 하나이다. 5백 년 가까운 고려 왕조의 역사가 깡그리 불에 타 없어졌다는 것은 어느 모로 보나 크나큰 손실이 아닐 수 없다.

민족의 역사 단절은 개인의 기억 상실과 크게 다를 바가 없다. 인생의 중요한 부분을 망각한 채 살아가는 사람을 상상해 보라. 과거는 현재의 생활을 유지해 주는 밑거름이다. 따라서 과거를 잊은 사람은 현재의 삶 또한 자신의 것이라고 할 수 없다. 그래서 잃어버린 정체성을 되찾고자 의과 치료에 몸과 마음을 맡기기도 한다.

현재 우리에게 전해지는 고려에 관한 역사 기록으로는『고려사』와『고려사절요』가 있다. 이는『고려왕조실록』을 재편집하여 조선 초기에 만들어낸 역사서들이다. 편찬 시기에서 알 수 있듯『고려사』와『고려사절요』에는 고려인이 아닌, 조선인의 시각에서 바라본 역사 해석이 많이 가미되었을 것이라는 예상을 쉽게 해볼 수 있다. 그러나『고려왕조실록』을 바탕으로 했고, 고려가 무너진 지 그리 오래지 않은 조선 초기에 편찬된 책이므로 고려사를 전반적으로 이해하는 데는 큰 무리가 없으리라 생각한다.

한국인물사연구원에서 구상한 『이야기 고려왕조실록』은 '재미있게 손에 잡히는 역사'를 먼저 고려하고 있다. 사실 교과서식으로 딱딱하게 나열된 역사 서적은 학창 시절의 역사 수업 시간처럼 일반 대중에게 곤혹스럽게 여겨질 것이 뻔하다. 그리하여 한국인물사연구원에서는 고려 34대 왕의 탄생과 죽음, 즉위 과정과 왕이 된 후에 일어난 여러 가지 역사 기록들을 치밀하게 구성하여 재미있는 이야기 형식으로 꾸몄다. 여기에 왕의 가족사와 당대의 인물들 이야기까지 끼워 넣어 당시의 시대 상황을 쉽게 이해할 수 있도록 배려하였다.

　역사는 우리 조상이 살아간 이야기이다. 똑같은 이야기도 이야기하는 사람의 태도와 요령에 따라 딱딱해질 수도 있고, 물 흐르듯 이어지는 옛이야기처럼 재미있는 것이 될 수도 있다. 가뜩이나 옛것에 흥미를 잃어 가는 요즘 세대들에게는 재미있는 이야기 형식이 알맞으리라는 생각이다.

　『이야기 고려왕조실록』을 통해 고려에서 조선까지 이어지는 천년 세월을 하나의 큰 흐름으로 이해하게 된다면 한층 역사를 바라보는 안목이 넓어지고, 어느덧 우리 역사에 애착을 느끼게 되리라 확신한다.

2009년 3월
한국인물사연구원 원장 이은식

고려사와 고려사절요

『이야기 고려왕조실록』은 『고려사』와 『고려사절요』를 바탕으로 재구성한 책이다. 본문으로 들어가기에 앞서 『고려사』와 『고려사절요』에 대해 잠깐 살펴보기로 한다.

『고려사』 전문

정헌대부, 공조판서, 집현전 대제학, 지경연 춘추관사 겸 성균 대사성인 신하 정인지 등은 삼가 말씀드립니다.

들건대 새 도낏자루를 다듬을 때에는 헌 도낏자루를 표준으로 삼으며 뒤 수레는 앞 수레가 넘어지는 것을 보고 교훈으로 삼는다고 합니다. 대개 지난 시기의 흥망이 장래의 교훈으로 되기 때문에 이 역사서를 편찬하여 올리는 바입니다.

고려 왕씨는 태봉국에서 일어나서 신라의 항복을 받고 후백제를 멸망시켜 삼한을 통일한 후 요나라를 반대하고 당을 섬김으로써 중국을 받들고 동방을 보전하였습니다. 그리하여 이전에 번거롭고 가혹하였던 정치를 개혁하고 원대한 규모를 수립하였습니다.

광종 때 과거 제도를 시작함으로써 유교의 학풍이 점차 일어났으며 성종 때에 조와 사를 세움으로써 정치의 기구가 완전히 정비되었습니다. 목종 때에 나라를 잘 다스리지 못하여 국운이 거의 위태롭게 되었다가 현종 때에 중흥의 공을 이루어 국가가 다시 바로잡혔습니다. 문종은 태평을 누리도록 정치를 잘하여 문물제도가 더 빛나게 되었습니다.

그러나 후대 왕들이 혼미하여 권력 있는 신하가 전횡하고 병권을 잡아 왕위를 엿보게까지 되었습니다. 이러한 일은 인종 때부터 시작되었는데 결국 의종 때에는 왕을 죽이는 데까지 이르렀습니다.

이때부터 흉악한 간신들이 번갈아 일어나서 왕을 폐립하기를 바둑판 바꾸어 놓듯이 마음대로 하였으며 강한 외적들이 번번이 침입하여 백성 죽이기를 초개와 같이 하였습니다. 그 후 원종이 큰 난을 평정하여 겨우 왕조의 운명을 위기로부터 보존하였더니 충렬왕은 자기의 총애하는 신하들을 가까이하고 연회와 놀이를 일삼다가 결국 부자간에 불화를 일으키게까지 되었습니다. 또 충숙왕 이후 공민왕 때에 이르기까지 변고가 여러 번 일어나서 나라가 점점 더 쇠약하여졌으며 국가의 근본은 신우, 신창 때에 이르러 완전히 무너졌습니다.

운명은 진정한 임금에게 돌아왔나니 우리 태조 강헌 대왕의 용맹과 지혜는 하늘이 주었으며 그의 공적과 사업은 나날이 새로워 신성한 무력으로 전란을 평정하여 백성을 편안하게 하였으며 하늘의 명령을 받고 왕위에 올라 국가를 창건하였습니다.

태조 대왕께서는 고려 왕조는 이미 폐허로 되었으나 그 역사를 인멸시킬 수 없다고 생각하여 사관들에게 고려 역사를 편찬케 하였는데 그 체제는 통감의 편년체를 모방하여서 하도록 하였습니다.

그 후 태종 대왕이 이를 승계하여 대신들에게 수정 사업을 맡겼으나 필자들이 여러 차례 바뀌고 책은 결국 완성되지 못하였습니다.

세종 장헌 대왕이 조상의 뜻을 계승하여 문화 사업을 발전시켰고

역사를 편찬하는 데 반드시 모든 서술이 구비되어야 한다고 생각하시어 다시 역사 편집국을 설치하여 이를 편찬케 하였습니다. 그전에 된 서술들은 연대와 순서가 정확하지 못하여 또 누락된 것이 많을 뿐 아니라 편년체로 되어 있기 때문에 기, 전, 표, 지의 서술법과 달라 사실의 서술이 그 본말 시종을 알 수 없게 되어 있었습니다. 이리하여 왕은 다시 어리석은 저에게 편찬의 임무를 맡기었습니다.

이 역사를 편찬함에 범례는 다 사마천의 사기에 준하고 기본 방향은 다 직접 왕에게 물어서 결정하였습니다. '본기'라는 이름을 피하여 '세가'라고 한 것은 대의명분의 중요함을 표시하려는 것이요. 신우, 신창을 세가에 넣지 않고 열전으로 내려놓은 것은 그의 참람한 왕위 도절의 사실을 엄격히 논죄하려는 것입니다. 충신과 간신, 부정한 자와 공정한 사람들은 다 열전을 달리하여 서술하였으며 제도 문물은 각각 그 종류에 따라 분류하여 놓았습니다. 왕들의 계통은 문란하지 않게 하였으며 사건들의 연대를 참고할 수 있게 하였으며 누락된 것과 잘못된 것은 기필코 보충하고 시정하도록 하였습니다.

그러나 유감스럽게도 책을 완성하여 활자로 출판하기 전에 왕은 갑자기 돌아가셨습니다.

신하 인지 등은 삼가 생각하건대 주상 전하께서는 나라의 중대한 사업을 계승하여 선대 임금들의 업적을 더욱 빛나게 하고 있습니다. 성품은 순수하고 정밀한 학문은 고명의 극치에 도달하였으며 지극한 효성은 조왕의 유업을 크게 계승 발전시키는 데서 빛나고 있습니다. 이제 고려조 역사 편찬이 끝나지 못한 것을 걱정하시어 저에게 완성할 것을 명하셨습니다. 신하 인지 등이 다 변변치 않은 재간으로 감히 중대한 위촉을 받아 야사들의 각종 기록을 참고하고 관부의 옛 장서들을 들추어서 삼가 3년간의 노력을 다하여 힘껏 고려 일대의 역사를 완성하였습니다. 남아 있는 전대의 사적들을 참고하고 모쪼록 필법의 공정을 기하였습니다. 이것으로써 역사의 밝은 거울을 후대 사람들에게 보이며 선악의 사실들을 영원히 전하도록 하였습니다.

편찬한『고려사』는 세가 46권, 지 39권, 연표 2권, 열전 50권, 목록 2권으로써 모두 139권입니다. 삼가 초고 한 질을 완성하여 전문과 함께 올리는바 황송하기 그지없습니다.

경태 2년(1451년 문종 원년) 8월 25일

정헌대부, 공조판서, 집현전 대제학, 지경연 춘추관사 겸 성균관 대사성인 신하 정인지 등 올림.

『고려사』는 어떤 책인가

『고려사』는 조선 초기 김종서金宗瑞, 정인지鄭麟趾 등이 세종의 교지를 받아 만든 고려 시대의 역사책이다.

세가世家 46권, 지志 39권, 연표年表 2권, 열전列傳 50권, 목록 2권의 총 139권으로 되어 있다. 1392년(태조 1) 10월 태조로부터 이전 왕조의 역사책을 만들라는 명을 받은 조준趙浚, 정도전鄭道傳 등은 1396년 37권의『고려 국사』를 만들어 바쳤다. 정도전과 정총鄭摠이 책임을 지고 예문춘추관의 신하들이 실무를 담당하였다. 이들은 우선 통사인 이제현李齊賢의『사략』, 이인복李仁復·이색李穡의『금경록』, 민지閔漬의『본조편년강목』등의 체재를 참고하면서 역대 고려 실록과 고려 말의 사초史草를 기본 자료로 삼았다.

그러나 이것은 그 내용과 서술에 문제가 많았기 때문에 1414년 하륜河崙, 남재南在, 이숙번李叔蕃, 변계량卞季良에게 공민왕 이후의 사실을 바로잡고, 특히 태조에 관한 내용을 충실히 하도록 명하였다. 그러나 1416년 대표자인 하륜이 죽자 중단되었다.

이를 잇고자 하는 논의는 세종이 즉위한 다음에 일어났다. 마침내 1419년(세종 1) 9월 세종은 유관柳寬과 변계량 등에게 일을 맡겼고 이들은 1421년 정월에 다 만들어 올렸다. 이리하여 본래의 사초와 달리 마음대로 고쳤던 곳이 바로잡히게 되었다. 그러나 국제 관계가 고려된 부분에서는 유교적이고 사대적인 관점이 오히려 강화되어 제칙制勅·태자太子 등을 교敎·세자世子 등으로 고치고 있었다. 이 때문에 이 책도 반포되지 못하다가 1423년 12월에 다시 유관과 윤회尹淮로 하여금 이 부분을 실록에 따라 바로 쓰도록 하고 있다. 1424년 8월 이 일은 끝났지만, 이번에도 변계량의 반대로 발간되지 못하였다.

세종은 1431년(세종 13)에 『태종실록』이 편찬된 것을 계기로 『고려사』를 다시 쓰는 작업을 추진하기 시작하여 1442년(세종 24) 8월에 신개申槪, 권제權踶가 『고려사전문高麗史全文』이라는 이름으로 만들어 바쳤다. 이 책은 1448년(세종 30)에 양성지梁誠之의 교감을 거쳐 일단 인쇄되었으나 편찬자 개인과 관련된 곳이나 청탁받은 곳을 제멋대로 썼기 때문에 배포가 곧 중지되었다.

세종은 다시 1449년에 김종서, 정인지, 이선제李先齊, 정창손鄭昌孫에게 명령을 내려 내용을 더 충실하게 하면서 이런 잘못을 고치게 하였다. 김종서는 드디어 1451년(문종 1) 8월에 이 책을 완성하였다. 이번 작업에서는 늘어난 내용을 효과적으로 담고자 체재를 바꾸는 일도 아울러 이루어져 최항崔恒 등이 열전, 노숙동盧叔仝 등이 기紀·지志·연표, 김종서·정인지 등이 교감을 맡았다. 열전에서는 사람들에 대한 평가가 내려져 있어서 비판이 거셀 것을 우려하여 1452년(단종 즉위) 조금만 인쇄하여 내부에 보관하다가 1454년(단종 2) 10월에 이르러 비로소 널리 인쇄, 반포하였다.

『고려사』에 실려 있는 「진고려사전」進高麗史箋에는 본기本紀라 하지 않고 세가世家라 함으로써 명분이 중요함을 보이고, 거짓 왕인 신우辛禑 부자를 열전에 내림으로써 분수 넘치는 것을 엄하게 처벌하고 충직하고 간사함을 명확히 구분한다 하였으며, 제도를 나누고 문물을 헤아려서 비슷한 것끼리 모음으로써 계통이 흐트러지지 않게 하고, 연대를 헤아릴 수 있게 하며, 사적을 상세하게 하는 데 힘을 다하고, 빠지고 잘못된 것을 메우고 바르게 하려 하였다는 편찬의 방침이 제시되고 있다. 이 방침은 다시 범례에서 항목별로 체계적으로 정리되고 있다.

먼저 세가에 관한 것을 보면 왕기는 세가라 하여 명분을 바르게 하고, 분수를 넘는 칭호도 그대로 써서 사실을 보존하며, 일상적인 일은 처음과 왕이 직접 참여할 때만 쓰고 나머지는 생략하며, 고려 세계는 실록에 있는 3대 추증 사실을 기본으로 삼는다 하였다. 또한 우왕과 창왕을 거짓 왕조로 규정하여 열전에 강등시켰으며, 이전부터 내려오던 이제현 등의 평론을 그대로 실을 뿐 따로 작성하지 않도록 하였다. 세가에서는 32왕의 왕기가 46권에 수록되어 전체 분량의 약 3분의 1에 해당한다.

서술의 방식은 『원사』元史를 모방하여 첫머리에 왕의 출생, 즉위에 관한 것을 쓰고 끝 부분에 사망, 장례 및 성품에 관한 것을 썼다. 왕의 연대는 실제로는 즉위한 해를 원년으로 삼고 있었으나, 이 책에서는 즉위한 다음 해를 원년으로 삼고 있다. 세가 다음에는 지志를 두었는데 천문, 역지, 오행, 지리, 예, 악, 여복, 선거, 백관, 식화, 병, 형법 등 총 12지 39권으로 되어 있다. 이 지志도 『원사』에 준하여 분류하였으며, 실록 등이 없어져서 빠진 곳은『고금상정례』『식목편수록』및 여러 사람의 문집 등으로 보충하였다 한다. 그런데 실제 고려의 제도는 당나라 것을 기본으로 삼고 송나라 것이 덧붙여졌으며 그 아래에는 고유의 전통이 깔렸다. 예를 들면 원구圜丘·사직 등 중국의 제도를 받아들였지만 토속적인 연등회·팔관회 의식이 중요시되었고, 중국의 아악雅樂과 당악唐樂을 사용하면서도 예로부터의 속악이 성행하였으며, 중국의 관제와 산관계散官階를 이용하였으나 또한 도병마사·식목도감 및 향직 등 독자적인 제도를 아울러 썼고, 당률을 채용하면서도 실제 고유의 관습법이 적용되고 있었다.

지의 맨 첫머리에는 편찬자의 서문이 놓여 있는데, 대개 일반론과 실제 사실에 대한 개설적인 설명이 이루어지고 있다. 사실 설명의 큰 줄기는 태조 이후 문종 때까지의 고려 전기를 제도가 정비되고 국세가 번창한 시기로 보고, 무신란 이후 몽고 간섭기에 들어서면서 제도가 문란하여 나라가 쇠망한 것으로 설정하고 있다. 이어 본문에서는 먼저 연월일이 없는 일반 기사를 쓰고 그 뒤에 연대가 있는 구체적 사실을 열거하였다. 세가와 지 다음으로 표가 들어 있는데 실제 본문에서는 연표라 하여 하나의 표로 되어 있다. 이것은『삼국사기』를 따랐다. 제일 위에 간지를 쓰고 그 아래 중국과 고려의 연호를 썼으며, 고려란에는 왕의 사망과 즉위 및 중국과의 관계 등 중요한 일이 간략하게 기록되어 있다. 표에 이어 마지막으로 열전을 두었는데 후비전后妃傳, 종실전宗室傳, 제신전諸臣傳, 양리전良吏傳, 충의전, 효우전, 열녀전, 방기전方技傳, 환자전宦者傳, 혹리전酷吏傳, 폐행전嬖幸傳, 간신전, 반역전叛逆傳 등 총 50권, 1,009명으로 되어 있다. 열전의 구성은 역시『원사』를 모방하였지만, 그 서문은 이제현이 쓴 제비전諸妃傳이나 종실전의 서문처럼 이미 있던 자료를 이용하였다. 그 내용 중 반역전에 우왕 부자를 넣어 조선 건국을 정당화하고 있고 문신 위주, 과거 위주로 인물을 선정하여 조선 유학자의 입장이 나타나고 있으며, 흥망 사관에 입각하여 개국공신의 입장을 보여주고 있다. 그렇지만 개별 인물에 대한 평가는 이전부터 있던 자료를 적극적으로 이용하여 비교적 공정하게 쓰려고 한 흔적을 보여주고 있다.

이러한 여러 차례의 개찬 과정을 거치는 동안에 종래 편년체의 역사 서술에서 기전체로 편찬된 『고려사』는 첫째, 동양의 전통적인 왕조사 편찬 방식과 같이 기본적으로 이전부터 있던 사료를 선정 채록하여 그 나름으로 재구성하였으므로 역사성이 엄격하게 지켜지고 있다. 둘째, 이렇게 사실을 있는 대로 쓰려고 애썼기 때문에 객관성을 유지했을 뿐만 아니라 주체성도 지킬 수 있게 되었다. 셋째, 그러면서도 한편 편찬자인 유학자의 사대적인 명분론이 반영되면서 조화를 이루고 있다.

이러한 역사관을 큰 원칙으로 하여 고려 시대를 이해하고 있는데 첫째, 흥망 사관에 의해 고려 전기를 긍정적으로 보고 후기를 부정적으로 이해함으로써 조선 건국을 긍정적으로 파악하려 하였다. 둘째, 무인武人을 천하게 보는 관념과 왕실의 권리를 도둑질하여 나라를 마음대로 한 데 대한 정통론의 입장에서 무신 정권을 부정적으로 쓰고 있다. 셋째, 고려사 편찬자가 대명 관계가 확립된 시기에 활동한 사람이다 보니 원나라를 섬긴 부분에 대하여 부정적 태도를 견지했다는 점이다. 반면에 그 이전 시기에 기록된 『고려사』 속 사신史臣의 견해는 매우 긍정적이다. 넷째, 고려 말 개혁론자의 견해를 비판하지 않고 그대로 받아들인 부분에서 고려 당시의 사실과 다른 점이 생겼다.

『고려사』 편찬 범례

▩ 세가

사기를 보건대 천자의 국사를 기록한 것은 본기라 하고 제후의 국사는 세가라고 하였다. 고려사를 편찬하는 데는 각 왕대의 기년을 세가라고 하여 대의명분을 밝혔다. 그 기사 방법은『한서』,『후한서』및『원사』에 준하여 역사적 사실과 발언들을 여기에 기록한다.

무릇 종이니, 폐하니, 태후니, 태자니, 절일이니, 제니, 조니 하는 것들은 비록 참람한 호칭이기는 하나 여기에는 당시에 부르던 그대로 써서 그 사실을 보존한다.

원구 적건(농사 장려 기관), 연등, 팔관 등과 같이 상례로 있은 일은 처음 나왔을 때에만 써서 그 실례를 보이는데 그치고 만일 왕이 직접 행하는 경우에는 언제나 일일이 쓰기로 한다.

고려 세계에 대한 기사로서 잡기에 있는 것은 대부분이 황당무계하다. 여기는 황주량이 편찬한 실록에 있는 3대 추증을 기본으로 하고 잡기에 있는 말을 첨부하여 따로 세계를 서술한다.

▩ 지

역대 정사들의 지를 보면 왕조마다 각각 같지 않은데 당시의 지 같은 것은 여러 가지 사실들을 한데 얽어서 편을 만들어 놓았기 때문에 참고하기가 어렵다. 지금 고려사의 지를 편찬하는 데는 원사에 준해서 조목을 나누고 류별로 모아서 보는 자들로 하여금 참고하기 쉽게 한다.

고려의 제도 조례들은 역사에서 빠진 것들이 많아서 지금『고금상정례』,『식목편수록』및 여러 사람의 이러저러한 기록을 참고하여 지들을 서술한다.

⊠ 표

역대 정사들에 있는 표를 보면 상세하고 간략한 정도가 각각 다른데, 지금 고려사의 표를 편찬하는 데는 김부식의 『삼국사기』에 준해서 다만 연표만을 만든다.

⊠ 열전

첫머리에 후비 열전, 다음에는 종실 열전, 또 그다음에는 재신 열전(일반 신하들의 열전), 마지막에는 반역자 열전의 순으로 서술한다. 공적이 특별한 사람은 비록 부자일지라도 열전을 달리하여 서술하고 그외는 같은 류에 붙여서 기록한다.

신우 부자는 반역자 신돈의 서자로서 16년간이나 비법으로 왕위에 앉아 있었기 때문에 여기서는 한서 왕망전에 준해서 세가에 넣지 않고 열전에 붙여 놓음으로써 역적을 규탄하는 대의를 밝힌다.

역대 정사들의 본기, 열전, 연표, 지들의 끝에는 다 논·찬들이 있으나 지금 고려사를 편찬하는 데는 원사에 준해서 논·찬을 쓰지 않는다. 다만 세가에는 원래 이제현 등의 찬이 있기 때문에 여기서는 그대로 둔다.

무릇 조서, 교서 혹은 신하들의 상서, 상소 등의 내용으로서 조목조목 나눌 수 있는 것들은 각각 나누어서 각 지들에 편입하고 그 외의 것들은 세가 및 열전 등에 한데 기재한다.

여러 선비의 문집 및 잡록 중에 기재된 사적들로서 참고할 만한 것들은 역시 채집하여 넣는다. 또 제, 조서, 표, 책문 같은 번쇄한 문장은 이를 약해서 기재한다.

- 정헌대부, 공조판서, 집현전 대제학, 지경연 춘추관사 겸 성균 대사성 신 정인지
○ 가선대부, 예문관 제학동지 춘추관사, 세자 좌부빈객 신 이선제
- 통정대부, 집현전 부제학, 지제교 경연 시강관 겸 춘추관 편수관 신 정창손
○ 통정대부, 집현전 부제학, 지제교세자좌보덕 겸 춘추관 편수관 신 신석조
- 통정대부, 사간원 좌사간대부, 지제교 겸 춘추관 편수관 신 최항
○ 과의장군, 호분시위사, 상호군 겸 지 병조사, 춘추관 편수관 신 노숙동
- 중훈대부, 집현전 직제학, 지제교, 세자 좌필선 겸 춘추관 기주관신 이석형
○ 중훈대부, 집현전 직제학, 지제교, 세자우보덕 겸 춘추관 기주관, 지 승문원 사신 신숙주
- 중훈대부, 예문관 직제학 겸 춘추관 기주관 신 최덕지
○ 봉정대부, 직 집현전 지제교, 세자우필선 겸 춘추관 기주관 어효첨
- 봉렬대부, 직 집현전 지제교, 세자우필선 겸 좌중호, 춘추관 기주관 신 김예몽
○ 봉렬대부, 성균사예, 지제교 겸 춘추관 기주관 신 김순
- 통덕랑, 집현전 교리, 지제교 겸 춘추관 기주관 신 양성지
○ 통선량, 집현전 교리, 지제교 경연 부 검토관 겸 춘추관 기주관 신 기예
- 봉직랑, 수 이조정랑 겸 춘추관 기주관 신 김지경

○ 봉직랑, 수 성균직강 겸 춘추관 기주관 신 김윤복

● 승의랑, 수 집현전 부교리, 세자 우사정 겸 춘추관 기사관 신 이의감

○ 승의랑, 집현전 수찬 지제교 경연 사경 겸 춘추관 기사관 신 윤기견

● 승의랑, 공조 좌랑 겸 춘추관 기사관 신 김명중

○ 진용교위 행우군, 섭부사직 겸 승문원 부교리, 춘추관 기사관 신 조 근

● 선교랑, 수성균 주부 겸 중부 유락 교수관 춘추관 기사관 신 홍우치

○ 선교랑, 수 승문원 부교리 겸 춘추관 기사관 신 예승석

● 선교랑, 집현전 부수찬, 지제교 경연 사경 겸 춘추관 기사관 유자윤

○ 선교랑, 사섬주부 겸 춘추관 기사관 신 이효장

● 선무랑, 수 성균 주부, 유학 교수관, 춘추관 기사관 신 이인전

○ 선무랑, 행예문 봉교 겸 춘추관 기사관 신 유자문

● 무공랑, 예문 봉교 겸 춘추관 기사관 신 김효우

○ 용사랑, 예문 대교 겸 춘추관 기사관 신 김용

● 용사랑, 행예문 검열 겸 춘추관 기사관 신 한서봉

○ 용사랑, 행예문 검열 겸 춘추관 기사관 신 오백창

『고려사절요』는 어떤 책인가

조선 전기 김종서 등이 편찬한 고려 시대의 역사서이다. 편년체로 기전체인 『고려사』와 함께 고려 시대를 연구하는데 아주 중요한 사료이다.

『고려사절요』는 편년체編年體 역사서로서 35권 35책의 활자본이다. 1452년(문종 2) 김종서金宗瑞 등이 왕명을 받고 『고려사』를 저본으로 찬수하여 춘추관春秋館의 이름으로 간행하였다. 현재는 전하지 않지만 당시의 편년체 사서로 세종 때 윤회尹淮가 편찬한 『수교 고려사』校高麗史와 권제權倫의 『고려사 전문』高麗史全文을 참조하고, 1451년 완성된 『고려사』의 내용을 축약하여 5개월 만에 편찬한 것이다. 비록 『고려사』만큼 내용이 풍부하지는 못하나 거기에 없는 사실들이 많이 수록되어 있고, 또 『고려사』에 누락된 연대가 밝혀진 것도 있어 고려시대의 역사서로 상호 보완적인 사료적 가치가 있다.

『고려사절요』는 『고려사』를 편찬한 사람들이 주축이 되어 발간하였기 때문에 편찬 당시 원칙을 정하여 범례로 기록하였다. 국가의 치란 흥망治亂興亡에 관계된 기사로서 귀감이 될 수 있는 기사, 왕이 직접 참여한 제사, 외국의 사신 관련 기사, 천재지변에 관한 기사, 왕의 수렵 활동, 관료의 임명과 파면 관련 내용, 정책에 받아들여진 상소문 등 군주에게 교훈을 주기 위한 내용은 상세하게 기록되었다.

또한 왕과 왕실 관련 용어들은 직서直書를 원칙으로 하였으며, 직접 편찬에 참여한 사람들의 사론史論은 기술하지 않았으나 고려 시대 사신使臣과 이제현李齊賢, 정도전鄭道傳, 정총鄭摠 등의 사론은 모두 108편을 기록하였다.

이외에도 우왕의 즉위년을 원년 혹은 즉위년이라 하지 않고 간지로

써서 표기하였으며 창왕이 즉위한 해는 우왕 14년, 창왕이 물러난 해
는 공양왕 원년으로 기록하여 창왕의 기년은 아예 기록하지 않았다.
고려 말 폐가 입진廢假立眞의 논리에 의해 창왕을 폐하고 공양왕을 옹
립한 신진 사대부들의 주장을 그대로 반영한 것이라 할 수 있다.

초판본은 1453년(단종 1) 갑인자甲寅字로 출판되었는데 이때 발간된
책의 완질完帙이 일본 나고야의 호사문고蓬左文庫에 있으며, 서울대학
교 규장각에는 그 일부인 24책이 낙질落帙본으로 소장되는데, 이때의
발간 본은 규장각에 소장되어 있다.

일본에서 소장하고 있는 초판본은 1960년 일본 동양문화연구소에서
영인하였고, 이를 1972년 아세아문화사에서 다시 영인 출간하였다. 그
리고 을해자로 간행된 규장각 소장본은 1932년 조선사편수회朝鮮史編修
會에서 영인하였고, 1960년 동국문화사東國文化社에서 다시 영인하였으
며, 이것을 1968년 민족문화추진회에서 국역으로 출판하였다.

● 고려 왕실 세계도 高麗王室世系圖

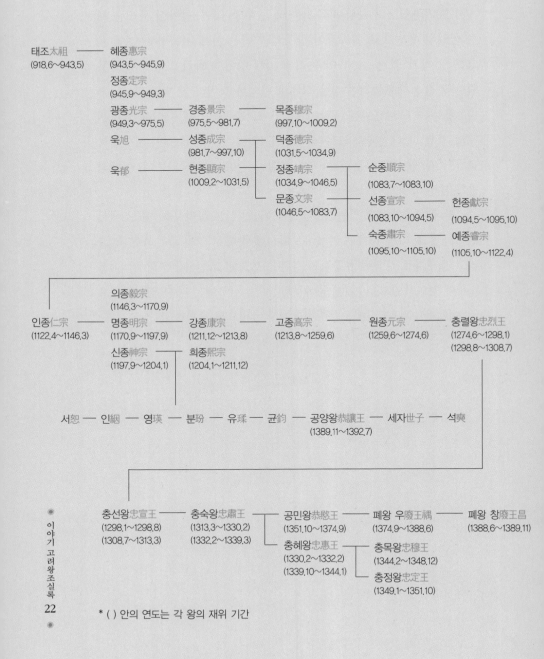

태조太祖 ── 혜종惠宗
(918.6~943.5)　(943.5~945.9)

　　　　　　정종定宗
　　　　　　(945.9~949.3)

　　　　　　광종光宗 ──── 경종景宗 ──── 목종穆宗
　　　　　　(949.3~975.5)　(975.5~981.7)　(997.10~1009.2)

　　　　　　욱旭 ──── 성종成宗 ──── 덕종德宗
　　　　　　　　　　　(981.7~997.10)　(1031.5~1034.9)

　　　　　　욱郁 ──── 현종顯宗 ──── 정종靖宗 ──── 순종順宗
　　　　　　　　　　　(1009.2~1031.5)　(1034.9~1046.5)　(1083.7~1083.10)

　　　　　　　　　　　　　　　　　　　 문종文宗 ──── 선종宣宗 ──── 헌종獻宗
　　　　　　　　　　　　　　　　　　　 (1046.5~1083.7)　(1083.10~1094.5)　(1094.5~1095.10)

　　　　　　　　　　　　　　　　　　　　　　　　　　숙종肅宗 ──── 예종睿宗
　　　　　　　　　　　　　　　　　　　　　　　　　　(1095.10~1105.10)　(1105.10~1122.4)

　　　　　　　의종毅宗
　　　　　　　(1146.3~1170.9)

인종仁宗 ──── 명종明宗 ──── 강종康宗 ──── 고종高宗 ──── 원종元宗 ──── 충렬왕忠烈王
(1122.4~1146.3)　(1170.9~1197.9)　(1211.12~1213.8)　(1213.8~1259.6)　(1259.6~1274.6)　(1274.6~1298.1)
　　　　　　　　　　　　　　　　　　　　　　　　　　　　　　　　　　　　　　　(1298.8~1308.7)

　　　　　　　신종神宗 ──── 희종熙宗
　　　　　　　(1197.9~1204.1)　(1204.1~1211.12)

서恕 ─ 인絪 ─ 영瑛 ─ 분玢 ─ 유琇 ─ 균鈞 ─ 공양왕恭讓王 ─ 세자世子 ─ 석奭
　　　　　　　　　　　　　　　　　　　　　　　　(1389.11~1392.7)

충선왕忠宣王 ──── 충숙왕忠肅王 ──── 공민왕恭愍王 ──── 폐왕 우廢王禑 ──── 폐왕 창廢王昌
(1298.1~1298.8)　(1313.3~1330.2)　(1351.10~1374.9)　(1374.9~1388.6)　(1388.6~1389.11)
(1308.7~1313.3)　(1332.2~1339.3)

　　　　　　　　　　　　　　　　　 충혜왕忠惠王 ──── 충목왕忠穆王
　　　　　　　　　　　　　　　　　 (1330.2~1332.2)　(1344.2~1348.12)
　　　　　　　　　　　　　　　　　 (1339.10~1344.1)

　　　　　　　　　　　　　　　　　　　　　　　　　 충정왕忠定王
　　　　　　　　　　　　　　　　　　　　　　　　　 (1349.1~1351.10)

* ( ) 안의 연도는 각 왕의 재위 기간

대	왕명	이름	자	재위년수	즉위시 나이(만)	능	생몰년
01	태조太祖	건建	약천若天	918.6~943.5	41세	현릉顯陵	877~943
02	혜종惠宗	무武	승건承乾	943.5~945.9	31세	순릉順陵	912~945
03	정종定宗	요堯	천의天義	945.9~949.3	22세	-	923~949
04	광종光宗	소昭	일화日華	949.3~975.5	24세	헌릉憲陵	925~975
05	경종景宗	주伷	장민長民	975.5~981.7	20세	영릉榮陵	955~981
06	성종成宗	치治	온고溫古	981.7~997.10	21세	강릉康陵	960~997
07	목종穆宗	송訟	효신孝伸	997.10~1009.2	17세	공릉恭陵	980~1009
08	현종顯宗	순詢	안세安世	1009.2~1031.5	17세	선릉宣陵	992~1031
09	덕종德宗	흠欽	원량元良	1031.5~1034.9	15세	숙릉肅陵	1016~1034
10	정종靖宗	형亨	신조申照	1034.9~1046.5	16세	주릉周陵	1018~1046
11	문종文宗	휘徽	촉유燭幽	1046.5~1083.7	27세	경릉景陵	1019~1083
12	순종順宗	휴烋, 훈勳	의공義恭	1083.7~1083.10	36세	성릉成陵	1047~1083
13	선종宣宗	증蒸, 운運	계천繼天	1083.10~1094.5	34세	인릉仁陵	1049~1094
14	헌종獻宗	욱昱	?	1094.5~1095.10	10세	온릉穩陵	1084~1097
15	숙종肅宗	희熙, 옹顒	천상天常	1095.10~1105.10	41세	영릉英陵	1054~1105
16	예종睿宗	우俁	세민世民	1105.10~1122.04	26세	유릉裕陵	1079~1122
17	인종仁宗	구構, 해楷	인표仁表	1122.4~1146.3	13세	장릉長陵	1109~1146
18	의종毅宗	철徹, 현晛	일승日升	1146.3~1170.9	19세	희릉禧陵	1127~1173
19	명종明宗	흔昕, 호晧	지단之旦	1170.9~1197.9	39세	지릉知陵	1131~1202
20	신종神宗	민旼, 탁晫	지화至華	1197.9~1204.1	53세	양릉陽陵	1144~1204
21	희종熙宗	덕悳, 영韺	불피不陂	1204.1~1211.12	23세	석릉碩陵	1181~1237
22	강종康宗	숙璹, 정貞, 오祦	대화大華	1211.12~1213.8	59세	후릉厚陵	1152~1213
23	고종高宗	진瞋, 철皦	대명大明	1213.8~1259.6	21세	홍릉洪陵	1192~1259
24	원종元宗	전佺, 식植, 진禃	일신日新	1259.6~1274.6	40세	소릉韶陵	1219~1274
25	충렬왕忠烈王	심諶, 춘賰, 거昛	?	1274.6~1298.1 1298.8~1308.7	38세 /62세	경릉慶陵	1236~1308
26	충선왕忠宣王	원諹, 장璋	중앙仲昻	1298.1~1298.8 1308.7~1313.3	23세 /33세	덕릉德陵	1275~1325
27	충숙왕忠肅王	도燾, 만卍	의효宜孝	1313.3~1330.2 1332.2~1339.3	19세 /38세	의릉毅陵	1294~1339
28	충혜왕忠惠王	정禎	?	1330.2~1332.2 1339.3~1344.1	15세 /24세	영릉永陵	1315~1344
29	충목왕忠穆王	흔昕	?	1344.2~1348.12	7세	명릉明陵	1337~1348
30	충정왕忠定王	저?	?	1349.1~1351.10	11세	총릉聰陵	1337~1352
31	공민왕恭愍王	기祺, 전?	이재怡齋	1351.10~1374.9	21세	현릉玄陵	1330~1374
32	우왕禑王	우禑	?	1374.9~1388.6	9세	-	1365~1389
33	창왕昌王	창昌	?	1388.6~1389.11	8세	-	1380~1389
34	공양왕恭讓王	요瑤	?	1389.11~1392.7	44세	고릉高陵	1345~1394

(? : 미상)

● 고려 시대 능의 위치

명칭	묘호	형식	소재지	문화재 지정 사항
가릉嘉陵	순경 태후(원종의 비)	단릉單陵	경기 강화군 양도면 능내리	경기 기념 5
강릉康陵	성종		경기 개풍군 청교면 배야리	
경릉景陵	문종		경기 장단군 진서면 경릉리	
고려 고종 홍릉 高麗 高宗 洪陵	고종		경기 강화군 강화읍 국화리	사적 224
고려 공양왕 高麗 恭讓王	공양왕		경기 고양시 원당읍 원당리	사적 191
고릉高陵	순비 노씨			
곤릉坤陵	원덕 왕후(강종의 비)		경기 강화군 양도면 길정리	
명릉明陵	충목왕		경기 개풍군 토성면 여릉리	
석릉碩陵	희종		경기 강화군 양도면 능내리	경기 기념 4
선릉宣陵	현종		경기 개풍군 토성면 여릉리	
성릉成陵	순종		경기 개풍군 상도면 풍천리	
소릉韶陵	원종		경기 개풍군 영남면 소릉리	
순릉順陵	혜종		경기 개성시 자하동	
실직군 왕릉 悉直君 王陵	금종		강원 삼척시 성북동	강원 기념 15
안릉安陵	정종		경기 개풍군 청교면 양릉리	
양릉陽陵	신종		경기 개풍군 청교면 양릉리	
영릉榮陵	경종		경기 개풍군 진봉면 탄동리	
영릉英陵	숙종		경기 장단군 진서면 눌목리	
유릉裕陵	예종		경기 개풍군 청교면 유릉리	
정릉正陵	공민왕비(노국 공주)		경기 개풍군 토성면 여릉리	
지릉智陵	명종		경기 장단군 장도면 두매리	
총릉聰陵	충정왕		경기 개풍군 청교면 유릉리	
칠릉七陵			경기 개풍군 토성면 여릉리	
헌릉憲陵	광종		경기 개풍군 영남면 반정리	
현릉顯陵	태조		경기 개풍군 토성면 여릉리	
현릉玄陵	공민왕		경기 개풍군 토성면 여릉리	

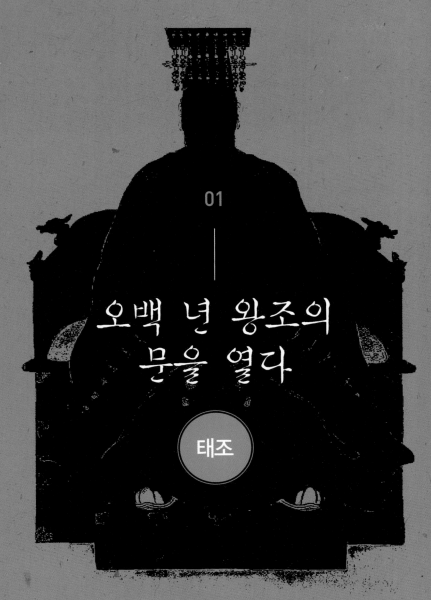

01

오백 년 왕조의
문을 열다

태조

高麗王朝實錄

영웅의 탄생

바야흐로 천년 왕국 신라의 국운이 서산에 걸린 저녁 해처럼 쓸쓸하게 기울어가고 있었다. 각지에서 반란군이 일어나 나라를 어지럽히고 있었지만 중앙 정부는 그것을 제어할 여력조차 갖추지 못하고 있었다.

숱한 무리 중 눈에 띄는 반란의 수뇌는 견훤과 궁예였다. 남쪽 땅에 웅거하며 나라 이름을 후백제라 정한 견훤과 철원을 도읍지로 하여 고구려의 옛 땅에 웅거한 태봉의 왕 궁예. 이들은 기울어가는 천년 왕국 신라의 경순왕과 함께 후삼국 시대를 열어갈 당대의 영웅들이었다.

그러나 후삼국 시대의 혼란을 잠재우고 새로운 왕조를 일으켜 세울 진정한 영웅은 그때 비로소 탄생하였다. 바로 고려의 창국주 왕건이었다.

왕건의 자는 약천若天이고, 송악에서 877년(정유) 정월 병술일에 태어났다. 아버지는 금성 태수 융隆(세조), 어머니는 한씨韓氏(위숙 왕후)이다.

한씨가 출산하던 날, 하늘에서는 신기한 광채와 상서로운 빛 기운이 일어 왕건의 집을 비춰 주었다. 이로 말미암아 방 안과 뜰에는 종일토록 상서로운 빛이 서려 있었다.

어려서부터 총명하고 지혜로웠던 왕건은 용의 얼굴에 이마는 해와 같이 둥글며 턱은 모나고 낯이 널찍하였다. 기상이 탁월하고 음성이 웅장하였으며 세상을 건질 만한 도량이 있었다.

왕건의 꿈

18세가 된 왕건은 어느 날, 기이한 꿈을 꾸었다. 장대비가 쏟아져 하늘을 뒤덮는 꿈이었다. 그 장쾌한 빗소리와 천지를 뒤엎는 물 사태가 어찌나 생생하던지 왕건은 잠에서 깨어나서 한동안 생각에 잠겨 있었다.

그러던 중 왕건은 영암 사람 최총진崔聰進을 떠올렸다. 그는 원보 최상흔의 아들로 청백 검박하고 인자 온화하며 총명 예민하고 학문을 즐겼다. 대광大匡 현일玄一에게서 글을 배워 경사에 널리 통달하였으며 특히 천문과 복서卜筮에 정통하였다.

워낙 기이한 꿈이었던 탓에 왕건은 최총진의 지혜를 빌릴 생각으로 그를 불러들였다. 수인사가 끝나고 고민에 잠긴 듯한 얼굴로 왕건이 꿈이야기를 하자, 묵묵히 듣고 있던 최총진의 표정이 한순간 달라졌다.

"이는 필시……, 장차 삼한을 통합하여 다스릴 길조가 분명합니다. 다만 하늘의 뜻을 헤아려 거사를 일으켜야 할 줄로 아오."

왕건은 일면 기쁘면서도 두려움을 감추지 못했다. 그러나 최총진은 변함없이 바위처럼 굳은 모습과 눈길로 왕건을 바라보고 있었다. 왕건은 최총진이 미더웠다.

"정말 그대의 꿈 풀이대로 되겠소?"

"이제 보니 비록 젊으시나 영웅적 기상이 다분하고, 의젓하여 하늘도 외면하지 않으리라는 확신이 듭니다. 꿈의 내용대로 전력을 기울여 행하소서."

비로소 왕건은 크게 웃으며 최총진의 이름을 지몽知夢이라 고쳐 주었고, 비단옷을 하사하며 평생 그와 함께할 뜻을 비쳤다. 최지몽 또한 기꺼이 그에 따라 왕건 곁을 잠시도 떠나지 않았으며 후삼국 통일 이후에도 측근 참모로서 왕건의 총애를 받았다.

최지몽은 왕건뿐만 아니라 혜종과 경종, 성종 대에 이르기까지 변함없이 임금의 총애를 받으며 국가에 헌신하다가 987년(성종 6) 81세를 일기로 세상을 하직하였다. 994년(성종 13) 경종 묘정에 배향되었고, 시호는 민휴敏休이다. 혜종을 암살 위기에서 구하기까지 한 그에 관한 자세한 사연은 뒤에서 다시 다루기로 한다.

왕건, 성주가 되다

우리는 때때로 영웅들의 일생을 이야기할 때, 영웅적 기질을 타고난 당사자의 면면만을 강조하는 우를 범한다. 대저 그 아비에 그 자식이라고 하였다. 세상을 건진 왕건의 영웅적 기질은 아버지의 가르침에 영향 받은바 컸을 터이다.

왕건의 아버지 왕융王隆(세조)은 당시 송악군 사찬沙飡으로 재직하고 있었다. 비록 신라의 녹을 먹고 있었으나 붕괴하여 가는 신라의 모습을 바라보며 괴로워하고 갈등했을 것이 틀림없다.

'나라를 버리는 것이 신하 된 도리는 아니겠으나 어차피 기울어 버린 나라 아닌가. 세상을 구하고 강력한 왕조를 새로 건설할 사람은 과연 누구인가.'

맏아들 왕건의 됨됨이를 잘 아는 왕융은 설화에 등장하는 풍수가의 예에서 알 수 있듯 그때 이미 대망을 가슴에 품고 있었다. 그랬기에 896년(건녕乾寧 3년 병진)에 자기 고을을 바치고 궁예의 부하가 된 것이리라. 대망을 이루고자 당대의 영웅 궁예 밑으로 스스로 고개를 숙이고 들어간 셈이었다. 궁예는 크게 기뻐하며 그를 태수로 삼았다. 그러나 왕융은 그쯤으로 만족하지 않았다.

"대왕이 만일 조선, 숙신, 변한 지역에서 왕 노릇을 하려면 먼저 송악에 성을 쌓고 나의 맏아들을 성주로 삼는 것이 좋을 듯하옵니다. 비록 미거한 자식이나 용렬하지 않고, 뜻이 깊으니 대왕에게 필요한 수족의 역할은 충분히 해낼 수 있으리라 사료됩니다."

궁예 입장에서는 어차피 거저 얻은 땅이었다. 그는 망설임 없이 발어참성勃禦塹城(신라 시대 성곽으로 개성 귀인문이 있던 자리)을 쌓고 나이 스물에 불과한 왕건을 성주로 삼았다. 앞을 내다볼 줄 아는 왕융의 결단 덕분에 왕건은 당대의 영웅 중 한 사람인 궁예의 밑으로 들어가 대망을 키워갈 수 있게 된 셈이었다.

궁예, 오른팔을 얻다

후고구려의 건국자 궁예의 성은 김씨이다. 아버지는 신라 제47대 헌안왕이고, 어머니는 궁녀였다고 하는데 이름은 전해지지 않는다. 신라 제48대 경문왕 응렴膺廉의 아들이라는 설도 있지만 이 또한 확실하지 않다.

궁예는 5월 5일 외가에서 출생하였다고 하는데, 태어나자마자 이가 나고 이상한 빛까지 나타나 장차 해로운 인물이 되리라는 의심을 받았다. 이를 믿은 왕이 죽일 것을 명하였고 궁예의 집으로 달려간 사자가 강보에 싸인 아기를 빼앗아 다락 밑으로 던져 버렸다.

그러나 궁예는 죽지 않았다. 다락 밑에 숨은 유모가 궁예를 받아낸 것이다. 궁예가 애꾸가 된 것은 그 과정에서였다. 유모가 손가락으로 눈을 잘못 건드린 것이다.

왕족으로 태어났으나 왕실의 내분으로 환영받지 못하는 인물로 자라난 궁예는 후에 세달사世達寺에서 출가하여 승려가 된다.

운이 다하여 가뜩이나 쇠약했던 신라 왕실은 거듭되는 흉년에 국고마저 탕진되자 세금을 과도하게 거둬들이기 시작한다. 이에 불만을 품은 백성이 곳곳에서 들고 일어나 도적이 된다.

이들 가운데 두각을 나타낸 인물은 기훤箕萱과 양길梁吉이다. 궁예는 891년에 기훤에게 몸을 의탁하고자 하였으나 기훤이 받아주지 않고 내치자, 다시 양길을 찾아간다.

양길의 부하가 된 궁예는 군사를 나누어 받고 원주 치악산 석남사石南寺를 거쳐 주천酒泉(현 강원도 영월), 내성奈城(현 경북 봉화), 울오鬱烏(현 강원도 평창), 어진御珍(현 경북 울진) 등 여러 현과 성을 정복한다. 궁예는 다시 894년에 명주溟州(현 강원도 강릉)를 아울렀다. 당시 궁예를 따르는 무리는 3천5백 명쯤 되었다. 이들을 14대로 편성하여 세력 기반으로 삼은 궁예는 장군으로 추대되기까지 한다.

짧은 기간에 세가 많이 불어났다고는 하지만 궁예의 세력은 견훤이

나 여타 지방 호족들의 그것에 비하여 미약하기 이를 데 없어, 천하를 얻을 만한 세력이나 기세를 갖추지 못한 상황이었다.

궁예가 왕건 부자를 얻은 것은 그즈음이었다. 이어질 왕건의 빛나는 전공을 감안해 보면 궁예는 천하의 주인이 되게 하여줄 만한 영웅을 얻은 셈이었다.

승승장구하는 왕건

왕건이 역사의 주역으로 등장하기 시작한 것은 900년부터였다. 궁예는 왕건에게 명하여 광주와 충주 등 3개 주와 당성(남양주: 현 화성), 괴양(현 충북 괴산)을 정벌하라 하였다. 이에 왕건은 병사들의 대열을 가지런하게 정비한 후 앞으로 나아가 상기한 지역들을 모두 평정하였다. 이때의 공으로 왕건은 아찬 벼슬에 올랐다.

903년에는 다시 수군을 거느리고 서해로 나가 광주 지경에 이르렀다. 왕건은 금성군을 공격하여 함락시키고, 10여 개의 군현을 쟁취하였다. 그는 정복한 지역을 정비하기도 하였는데, 금성을 나주라고 고쳤으며 군사를 나누어 수비하게 한 후에야 개선하였다.

이 해에 적의 공격을 받은 양주(현 경남 양산) 장수 김인훈이 급히 구원을 청하자, 왕건이 다시 출병하여 적을 물리치고 편안케 만들었다. 왕건이 돌아왔을 때, 궁예는 변경 방비 사업에 대한 것을 물었다. 이에 왕건은 변경을 안정시키고 국경을 개척할 방책에 대하여 막힘없이 진술하여 궐내의 인물들에게 자신의 존재를 인지시키는 기회가 되었다. 좌우의 인물들이 왕건을 놀라운 눈으로 바라보는 가운데 궁예 또한 왕건의 재주를 기특하게 여겨 벼슬을 높여 알찬으로 임명하였다.

이처럼 왕건은 승리를 거듭하며 입지를 굳혀가고 있었으나 이것 못지않게 중요한 일이 정주 지방에서 있었다. 훗날 왕건이 고려를 창국하는 데 결정적으로 기여한 신혜 왕후 유씨를 만난 일이 그것이었다.

유씨의 일편단심

신혜 왕후 유씨는 정주 사람으로 삼중대광 천궁의 딸이었다. 천궁은 큰 부자로 정주 사람들이 장자라고 칭하였다.

군사를 거느리고 정주 땅을 지나가던 왕건은 버드나무 고목 밑에 이르러 말을 멈추고 쉬던 중 냇가에 서 있는 유씨를 발견하였다. 덕이 넉넉하게 깃든 유씨의 얼굴을 보고 왕건은 가까이 다가가 물었다.

"너는 누구의 딸이냐?"

"이 고을 장자의 집 딸입니다."

유씨는 다소곳이 고개를 숙인 채 대답하였다.

이를 인연으로 하여 왕건은 그날 밤 유천궁柳天弓의 집에서 머물게 되었다. 왕건이 그 집에 이르니 천궁이 친히 나와 융숭하게 향연을 베풀었다. 이때 유천궁은 왕건의 빛나는 기상을 알아보고 유씨 처녀로 하여금 하룻밤 합궁케 하였다.

이튿날, 왕건은 떠나기에 앞서 유씨 처녀를 불러 이렇게 일렀다.

"잊지 않고 훗날 다시 그대를 찾을 것이오. 부디 기다려 주오."

기다리겠다는 유씨 처녀의 대답을 듣고 왕건은 전쟁터를 향해 길을 떠났다.

그날 이후 왕건은 참으로 바쁜 나날을 보냈다. 나주 지방의 지배권을 굳건하게 다지는 데 큰 역할을 하였으며 913년 파진찬, 시중 벼슬에 오르기까지 여러 방면에서 혁혁한 공을 세웠다.

그러다 914년 적의 공격을 받은 나주 지방이 위험에 처하자 왕건이 부랴부랴 군사들을 이끌고 출병하였고 공교롭게도 왕건은 정주에 이르러 다시 쉬어가게 되었다. 문득 유씨 처녀가 생각난 왕건은 곧 유천 궁의 집으로 말을 몰았다. 그러나 유씨 처녀는 집에 없었다.

소식이 끊기고 나서 왕건에게서 영영 소식이 없자, 지조를 정결케 지키다 못해 머리를 깎고 승려가 되어 버린 것이었다. 가슴이 울컥할 정도로 유씨의 일편단심에 감동한 왕건은 나주 지방을 평정한 다음 유씨 처녀를 불러서 부인으로 삼았다.

생각해 보면 유씨 부인의 정절이 참으로 대단하다 아니할 수 없겠다. 처음 만난 것이 903년이요, 다시 만난 것이 913년이니 만 10년간 일편단심 왕건만 기다리며 살았고, 그 고귀한 정조를 지키려고 일생을 포기한 채 승려가 되어 버린 여자였으니 말이다.

포악해진 궁예, 망조의 길로 들어서고

이야기는 다시 왕건이 유씨 부인과의 첫 만남 이후 국사에 여념이 없던 시절로 거슬러 올라간다.

906년에 궁예는 왕건에게 명하여 정기 장군 금식 등과 함께 상주 사화진을 공격하게 하였고 왕건은 사화진에서 견훤과 여러 번 싸워서 이겼다.

이로 말미암아 궁예가 다스리는 영토는 한층 넓어졌다. 아울러 군대가 점점 강해지자 신라를 병탄할 뜻을 품은 궁예는 신라를 멸도라고 불렀으며 신라로부터 항복해 오는 자들을 남김없이 다 죽였다.

왕건은 나날이 포악해지는 궁예의 모습을 바라보는 것이 편치 않았다. 궁예의 포악한 심사가 자신에게 미치지 않을까, 늘 염려하고 있었으나 왕건은 궁예의 그러한 점이 자신에게 크나큰 기회로 다가오게 되리라는 사실을 그때는 미처 깨닫지 못하고 있었다.

왕건은 궁예를 두려워하여 중앙이 아니라 지방 군무에 뜻을 두었고, 이를 간곡하게 청하였다. 마침 나주 지방 방비 사업이 시급한 상황이었던 터라 궁예는 곧 왕건에게 나주로 가서 지킬 것을 명령하고 관등을 높여 한찬 수군 대장군으로 삼았다.

왕건이 성심껏 군사들을 무마하여 위엄과 은혜를 갖추니 사졸들은 그를 두려워하고 사랑하며 용기를 내어 싸울 것을 늘 생각하였다. 이렇듯 강하고 정돈된 군사들을 맞이할 때마다 적들은 그 기세에 위압되어 힘도 제대로 쓰지 못하고 제압되거나 지레 겁먹고 도망치곤 하였다.

이때 왕건이 수군을 거느리고 광주 염해현에 머물다가 오월국으로 들어가는 견훤의 배를 노획하니 궁예가 매우 기뻐하며 특별히 표창을 내렸다.

궁예는 또 왕건에게 명하여 알찬 종희, 김언 등을 부장으로 삼아 군사 2천5백을 거느리고 광주 진도군을 치게 하였다. 왕건은 즉시 진도군을 함락시킨 후 고이도에 머물다가 나주 포구에 이르렀다.

포구에는 견훤이 직접 군사를 거느리고 나와 전함들을 늘여 놓고 있었다. 목포에서 덕진포에 이르기까지 꼬리에 꼬리를 물며 늘어선 군사들의 형세를 보자, 왕건의 군사들은 겁먹은 빛이 역력했다.

"근심하지 말라. 전쟁에서 이기고 지는 것은 군대의 의지가 통일되어 있느냐 하는 데 있는 것이지 그 수가 많고 적은 데 있는 것이 아니다."

왕건은 침착한 어조로 흔들리는 군사들의 마음을 다잡아 주었다. 그러고는 곧 진군하여 급히 공격하니 적선들이 당황하여 조금 퇴각하였다. 이에 바람의 방향을 살피던 왕건이 불을 놓으니 적은 불에 타거나 물에 빠져 죽는 자가 태반이었다. 게다가 왕건의 군사들이 적의 머리 5백여 급을 베자, 견훤은 배를 타고 도망해 버렸다.

이번 싸움은 두 가지 면에서 큰 의미가 있었다. 첫째는 견훤의 정예군을 격파함으로써 앞으로 펼쳐질 패권 경쟁에서 상당히 유리한 위치에 올라서게 되었다는 점이고, 둘째는 삼한 전체 지역에서 궁예가 절반 이상의 땅을 차지하게 되었다는 점이었다.

이렇듯 큰 공을 세웠지만 왕건은 전함을 수리하고 군령을 준비하여 나주에 그냥 주둔하였다. 군사들은 중앙으로 올라가 세운 공대로 상을 받았으면 하는 마음이었다. 김언 등이 이러한 뜻을 숨기지 않고 투덜거리자 군사들의 기강이 해이해졌다.

왕건이 그런 그들에게 말했다.

"부디 흔들리지 말라. 오직 힘을 다하여 복무하고 두 마음을 먹지 말아야 복을 얻을 것이다. 지금 임금이 포악하여 죄 없는 사람을 많이 죽이며 아첨하는 자들이 득세하여 음해를 일삼고 있지 않느냐. 이 때문에 중앙에 있는 자들은 자기 목숨조차 보전하기 어려운 형국이다. 차라리 정벌에 종사하고 왕실을 위해 전력함으로써 자기 몸을 보전하는 것이 더 낫다."

왕건의 처세가 숨김없이 드러난 대목이라 하겠다. 여러 장수도 왕건의 말을 그럴듯하게 여겼다.

백관의 우두머리가 되다

913년 왕건이 압해현 반란군의 두령 능창까지 잡아 죽인 후 인근 지역을 평정하고 돌아가자, 궁예는 왕건의 관등을 높여 파진찬波珍飡으로 임명하고 시중까지 겸하게 하였다. 수군 사업은 전체 부장인 김언 등에게 맡겼으나 그 후에도 징벌에 관한 일은 반드시 왕건에게 품의하여 실행토록 하였다. 왕건에 대한 궁예의 신뢰를 엿볼 수 있는 대목이었다.

한편 본의 아니게 파진찬과 시중을 겸하여 백관의 우두머리가 된 태조(왕건)는 자신의 지위를 절대 기뻐하지 않았다. 오히려 참소를 두려워하여 국정을 논할 때에는 언제나 감정을 억누르고 조심하여 군중의 인심을 얻기에 힘썼다. 또한 착한 이를 좋아하고 악한 자를 미워하여 누가 참소를 입는 것을 보면 반드시 구해 주었다.

당시 청주 사람 아지태라는 자는 본래 아첨을 좋아하고 간사하였다. 궁예가 아첨을 좋아하는 것을 보고 아지태는 같은 고을 사람인 입전, 신방, 관서 등을 참소하였다. 이에 해당 관리가 이 사건을 맡아 심리하였는데 수년 동안이나 판결이 나지 않고 있었다. 뒤늦게 이를 안 왕건은 당장 그 사건의 흑백을 분간하여 판결을 내렸다. 여러 사람이 왕건의 명쾌하고 정의로운 일 처리를 보고 유쾌하게 생각하였다. 이로부터 군문의 장교, 종실, 원훈들과 지혜 있고 학식 있는 무리가 전부 왕건에게 쏠리어 그를 따르지 않는 이가 없었다.

그러나 왕건은 포악한 궁예와 그 밑에서 아첨을 일삼는 무리에 의해 화가 미칠 것을 두려워하여 다시 외방 벼슬을 요구하였다. 때마침 수군 장수의 지위가 낮아 적을 위압하지 못하고 있던 차라 궁예는 왕건이 적임자라고 판단하여 시중 벼슬을 해임하고 그를 다시 외방으로 보내 수군을 통솔하게 하였다.

왕건, 아들을 얻다

왕건은 정주 포구로 가서 전함 70여 척을 수리하여 군사 2천 명을 싣고 나주에 이르렀다. 백제 사람들과 해상의 좀도둑들은 왕건이 다시 온 것을 알고 두려워하여 감히 준동하지 못했다.

그런데 왕건이 목포에 배를 대고 머물러 있으며 적의 동태를 살필 때였다. 하늘을 바라보니 홀연 오색의 운기가 있는지라 배에서 내려 그쪽으로 다가가 보니 놀랍게도 한 아녀자가 빨래를 하고 있었다.

고려 제2대 왕 혜종을 낳은 장화 왕후 오씨와의 만남은 이렇게 이루어졌다. 장화 왕후 오씨는 나주 사람으로 할아버지는 부돈이고, 아버지는 다련군多憐君이다. 대대로 목포(현 전남 나주)에 살았는데 다련군이 사간 연위의 딸 덕교에게 장가들어 오씨를 낳았다. 오씨는 일찍이 포의용이 와서 자신의 몸속으로 들어가는 꿈을 꾸어 기이하게 여기고 있었는데 때마침 왕건이 목포에 이르러 오씨를 보러 온 것이었다.

왕건은 그날 밤 오씨를 품에 안았으나 오씨가 워낙 미천한 신분이었기 때문에 왕건은 임신을 원치 않았다. 그리하여 오씨의 몸속이 아니라 이불 위에 사정하였는데 오씨가 이를 알고 급히 자신의 몸속에 그것을 집어넣었다. 오씨는 이때 임신하여 아들을 낳았는데 이가 곧 혜종이었다.

미천한 어머니를 둔 혜종이 왕위에 오르는 과정은 뒤에 언급하기로 하고 이제 다시 천하를 거머쥐고자 한 발 한 발 앞으로 나아가는 왕건의 이야기로 되돌아가 보기로 한다.

위기에 빠진 왕건

왕건은 나주와 목포 지역을 안정시키고 나서 내키지 않지만 궁예 앞으로 돌아가 해상의 경제적 이익과 임기응변할 군사 방책들을 보고하였다. 이에 궁예가 기쁨을 감추지 못했다.

"나의 여러 장수들 중에 누가 이 사람과 비할 만한가."

궁예는 좌우 신하들을 돌아보며 진심으로 왕건을 칭찬하였다.

그 시절 궁예는 반역이라는 죄명을 덮어씌워 하루에도 백여 명씩 죽이고 있었다. 영토가 넓어지고, 왕국의 체제가 정비되어 갈수록 궁예는 불안했을 것이다. 누군가 자신의 지위를 노리고 반역할지도 모른다는 불안과 초조를 이겨내지 못하고 무고한 사람들을 죽음으로 내몬 것이 분명했다. 장수나 정승 중에 해를 입은 자가 십중팔구였다 하니 궁예의 행악이 극에 이르렀음을 짐작해 볼 수 있다.

"나는 미륵 관심법을 체득하여 부녀들의 음행까지도 알아낼 수 있다."

궁예는 늘 이렇게 소리치며 힘없는 부녀자들까지 사지로 내몰았다. 3척이나 되는 쇠방망이를 만들어 죽이고 싶은 자가 있으면 곧 그것을 달구어 여자든 남자든 급소를 찔러 연기가 입과 코로 나오게 하여 죽였다. 이리하여 정승과 장수들로부터 아래로는 일반 부녀자들까지 궁예의 행악이 무서워 벌벌 떨었으며, 그 원망이 하늘을 찌를 정도였다.

그러던 어느 날이었다. 하루는 궁예가 왕건을 급히 대궐 안으로 불러들였다. 불길한 예감이 들었으나 왕건은 지체하지 않고 궁예 앞으로 나아갔다. 궁예는 처형한 사람들로부터 몰수한 금은 보물과 가재도구들을 점검하다 말고 성난 눈으로 한참이나 왕건을 노려보았다.

"그대가 어젯밤에 사람들을 모아서 반란을 일으키려고 음모한 것은 웬일인가?"

청천벽력 같은 말이었다. 그러나 왕건은 얼굴빛이 조금도 변하지 않고 태연하게 웃으면서 대꾸했다.

"어찌 그럴 리가 있겠습니까?"

그러나 궁예는 노한 빛이 조금도 수그러들지 않았다.

"그대는 나를 속이지 마라. 나는 능히 관심觀心을 하기 때문에 그것을 다 안다. 지금 입정을 하여 보고 나서 그 일을 이야기하겠다."

궁예는 이야기를 마치자마자 눈을 감고 뒷짐을 지더니 하늘을 향하여 고개를 젖힌 채 한동안 있었다. 왕건은 가슴이 두근거리고 사지가 오그라드는 듯한 공포에 사로잡혔다. 궁예가 마음먹기에 따라 왕건은 목숨을 잃을 수도 있는 상황이었다.

그런데 바로 그때 장주掌奏 최응崔凝이 짐짓 붓을 떨어뜨리고 뜰로 내려와 그것을 줍는 척하며 왕건 곁을 스쳐가면서 귓속말을 했다.

"왕의 말 그대로 복종하지 않으면 위태로울 것이오."

왕건은 그제야 자신이 해야 할 바를 깨닫고는 목청을 가다듬었다.

"사실은 제가 모반하였으니 죽을죄를 지었습니다."

궁예가 두 눈을 번쩍 뜨더니 왕건을 바라보며 껄껄 웃었다.

"그대는 정직한 사람이라고 할 만하다. 앞으로는 나를 속이지 말라."

궁예는 금은으로 장식한 말안장과 굴레를 왕건에게 주었다.

왕건을 구한 사람 최응

그날 기지를 발휘하여 왕건을 구한 최응은 898년 황주 토산에서 태어났다. 부친은 대상 최우달이며 최응의 모친이 그를 잉태하였을 때 꾸었다는 기이한 꿈 이야기가 오늘날까지 전해진다.

최웅의 어머니가 그를 임신하였을 때 집 앞에는 오이가 열렸다. 그런데 어느 날 꿈에 오이 넝쿨에서 홀연 참외가 탐스럽게 열렸다. 하도 기이하여 읍 사람들이 이 이야기를 궁예에게 알렸다.

"남자아이를 낳으면 나라에 이롭지 않을 것이니 절대로 키우지 말라."

궁예가 점을 쳐보고 나서 이렇게 명했다고 한다. 그러나 최웅의 부모는 그를 몰래 숨겨두고 양육하였다.

최웅은 어려서부터 공부에 힘썼으며 장성하여서는 오경五經을 통달하고 글을 잘 지었으므로 궁예의 한림당이 되었으며 제고(왕의 명령서)를 기초할 때마다 왕을 흡족하게 하였다.

"소위 성인이란 이런 사람이 아니겠는가?"

궁예가 최웅을 두고 이렇게 칭찬한 적도 있었다.

최웅은 궁예가 왕위에 있을 때보다 왕건이 즉위하고 나서 더 귀하게 쓰였다. 왕건은 즉위하자마자 최웅을 옛 관직 그대로 지원봉상사에 임명하였다가 곧 광평 낭중으로 올려 주었다.

그는 대신이 될 만한 도량이 있고, 행정 실무에도 통달하여 당시에 명망이 대단히 높았다. 왕건의 인증과 우대를 받았으며 밤낮 근면하게 일하였고, 공헌한 바가 많았다.

"그대는 학식이 풍부하고 재주가 고명하여 정치하는 방법도 다 알고 있다. 나라를 위하여 근심하여 복무하는 데도 자기 몸을 잊고 충성을 다 하니 옛날 명신들도 그대보다 더 훌륭하지 못하리라."

광평시랑으로 최웅의 벼슬을 올려줄 때 왕건은 칭찬을 아끼지 않았다. 그러나 최웅은 굳이 사양하며 이렇게 말하였다.

"저의 동료 윤봉은 저보다 10년이나 연장이니 그를 먼저 임명해 주시기 바랍니다."

"능히 예의를 지키고 사양할 줄 안다면 그가 나라를 다스림에 무슨 어려움이 있으리오. 예전에 이런 말을 들었더니 이제야 그런 사람을 보는구나."

왕건은 최응의 겸허한 태도에 감동하여 곧 그 말에 따랐다.

최응은 항상 소찬을 먹었다. 일찍이 그가 병들어 누워 있을 때 태조 (왕건)가 태자를 보내서 문병하고 육류를 먹으라고 권하면서 말했다.

"자기 손으로 짐승을 죽이지만 않으면 그만이지 고기를 먹는다고 해서 무엇이 나쁘겠는가?"

그러나 최응은 굳이 사양하며 고기를 먹지 않았다. 이에 태조가 직접 그의 집으로 가서 다시 권하였다.

"고기를 먹지 않는 것은 두 가지 잘못이 있다. 첫째로 자기 몸을 보전하지 못하여 종신토록 부모를 봉양할 수 없으니 불효요, 둘째로 자기 수명을 길이 유지하지 못하므로 나로 하여금 좋은 보필을 일찍이 잃게 하니 불충이로다."

최응은 그제야 고기를 먹기 시작하더니 과연 건강이 회복되었다. 이날 태조가 최응에게 말하기를

"옛날에 신라가 9층 탑을 만들고 드디어 통일 위업을 이룩하였다. 이제 개경에 7층 탑을 건축하여 현묘에 공덕을 빌고, 여러 악당을 제거하여 삼한을 통일하려니 그대는 나를 위하여 발원문을 만들라."

고 하였다. 이에 최응이 글을 지어 바쳤다.

애석하게도 최응은 932년(태조 15)에 향년 35세로 세상을 마감하였다. 당시 연산군에 있던 태조는 부고를 받고 세상을 잃은 듯 애통해 했으며, 원보 벼슬을 추증하였다. 이에 더하여 태광, 태자, 태보까지 관직을 추증하였고, 시호는 희개熙愷라고 하였다. 1027년(현종 18)에 태조 묘정에 배향하였고, 1033년(덕종 2)에 사도를 추증하였다. 아들은 최빈이다.

고려의 문이 열리다

앞에서 최웅을 언급하다 보니 왕건이 왕위에 오른 다음의 이야기가 잠깐 나왔다. 이제 918년으로 되돌아가 왕건이 왕위에 오르는 과정을 지켜보기로 하자.

왕건은 나이 30세가 되던 해에 9층 금탑 위로 올라가 세상을 굽어보는 꿈을 꾸었다. 하늘이 장차 벌어질 일을 왕건에게 꿈에서나마 미리 보여준 것인지도 모를 일이었다.

그런데 918년 3월, 중국 상인 왕창근이라는 사람이 고려에 도착하여 개경 거리를 거닐고 있을 때였다. 문득 왕창근 앞에 얼굴이 이상하고, 수염과 머리가 희며 옛날 관을 쓰고 거사가 입는 옷을 입은 사람이 나타났다. 그는 왼손에 도마 세 개를 들고 있었고, 오른손에는 옛날 거울 하나를 들고 있었다. 그 거울은 사방이 1척 가량이었는데, 왕창근에게 밑도 끝도 없이 거울을 사겠느냐고 물었다. 왕창근은 거울을 요모조모 살피다가 쌀 두 말을 주고 샀다.

그런데 이상한 일이었다. 거울 주인이 쌀 두 말을 길가 거지들에게 다 나눠주더니 선풍과도 같이 빠른 동작으로 사라져 버린 것이다. 왕창근은 고개를 갸웃거리며 걷다가 거울을 저자 담에 걸어 놓았다. 마침 햇빛이 옆으로 비스듬하게 비쳐들면서 거울 속에 가늘게 적어 놓은 글이 보였다. 그 글의 내용은 다음과 같았다.

'삼수중과 사유(동서남북) 아래, 옥황상제가 진마에 아들을 내려 보냈다. 먼저 닭을 잡고 뒤에 오리를 칠 것인 바 이를 일러 운수가 일삼갑에 찼다고 하는 것이다. 밤이면 하늘에 오르고 낮이면 세상을 다스려 자년이 되면 중흥 위업을 이룩하리. 종적과 성명을 감추거나 혼돈 속에서 누가 신과 성을 알리요. 부처님 뇌성이 진동하고 신령한 번개가 번쩍이면 사면에 두 용이 나타나서 그 하나는 청목 속에 몸을 감추고, 다른 하나는 흑금 동쪽에 형적을 드러내리. 지혜로운 자는 이를 보고 우매한 자는 보지 못하나 구름을 일으키고 비를 따르면서 사람들을 데리고 정벌한다. 때로는 성하고 때로는 쇠하기도 하나니 이렇게 하는 것은 악독한 잔재를 없애기 위함이다. 이 용의 아들 서넛이 여섯 갑자에 대를 바꾸어 가면서 계승하리. 이 사유에서 기필코 축을 멀리하니 바다 건너오는 때는 유를 기다려라. 이 글을 만일 현명한 임금에게 보이면 나라의 백성이 편안하고, 임금은 길이 행복하리. 나의 기록은 전부가 147차이다.'

왕창근은 거울에 이런 글이 있는 줄 처음에는 몰랐으나 나중에 그것을 보고 이상하게 여겨 궁예에게 바쳤다.

궁예는 왕창근으로 하여금 거울 판 사람을 찾아오게 하였으나 끝내 그를 만날 수가 없었다. 다만 동주(현 강원도 철원) 발삽사勃颯寺의 치성광여래 불상 앞에 토성을 맡은 신의 옛날 소상이 있는데 그것이 거울 주인의 모습과 같고, 그 좌우 손에는 역시 도마와 거울을 들고 있다는 사실을 알았다. 창근이 기뻐하여 그 사실을 자세히 써서 올리니 궁예는 경탄하고 이상히 여겨 글을 잘 아는 송사홍, 백탁, 허원 등에게 그 글을 해석하게 하였다.

사홍 등은 머리를 맞댄 채 글을 요모조모 살피며 이야기를 나누었다.

"삼수중과 사유 아래 옥황상제가 진마에 아들을 내려 보냈다는 것은 진한, 마한이라는 뜻이 아닌가."

"그렇군. 그렇다면 사년에 두 용이 나타나서 그 하나는 청목 속에 몸을 감추고 다른 하나는 흑금 동쪽에 형적을 드러내리라는 대목은 이리 보아야 할 것이오. 즉, 청목은 소나무니 송악군 사람으로서 '용'으로 이름을 삼은 사람의 자손이 임금이 되리라는 말이 됩니다."

사홍 등은 이렇게 이야기를 주고받으며 거울에 적힌 글을 해석해 나갔다. 그들은 왕건이 왕이 될 기상이 있는데 그를 두고 이른 말일 것이라는 사실을 오래지 않아 깨달았다. 흑금이라는 것은 철인데 그것은 당시의 국도 철원을 의미하는 것이다. 따라서 궁예가 처음 여기서 일어났는데 결국 여기서 멸망한다는 말이 된다.

"먼저 닭을 잡고 뒤에 오리를 칠 것이라는 말은 왕건이 임금이 된후에 먼저 신라를 점령하고 압록강 강안까지 국토를 회복하리라는 뜻이 되겠구려."

세 사람은 이미 왕건이 왕이 되리라는 것을 현실로 받아들인 듯 자못 근심 어린 표정을 짓고 있었다.

"왕(궁예)은 시기가 많아 사람 죽이기를 좋아하니 만일 이 글을 사실대로 고한다면 왕건은 반드시 해를 입을 것이요, 우리도 역시 화를 면치 못할 것이외다."

세 사람은 고개를 끄덕이며 거짓말을 그럴듯하게 꾸며 궁예에게 보고하였다.

그해 6월 을묘에 기병 장군 홍유, 백현경, 신숭겸, 복지겸 등이 비밀스럽게 짜고 밤중에 왕건의 저택으로 갔다. 홍유가 먼저 왕건 앞으로 공손하게 절하며 나아갔다.

"삼한이 분열되고 뭇 도적이 봉기하였을 때 지금의 임금이 분발하고 크게 호통침으로써 도적들을 쳐 없애고, 나라를 건설하고 도읍을 정한 지도 이미 2년이 넘습니다. 그러나 지금에 와서는 끝을 잘 맺지 못하고 포악한 행위가 태심하여, 형벌을 남용하여 처자를 살육하고 관리들을 죽여 없애니 백성은 도탄에 빠져 임금을 원수같이 여기게 되었습니다. 대저 폭군을 폐위하고 현명한 사람을 세우는 것은 천하의 대의이니 청컨대 공은 은과 주의 옛일을 본받아 실행하셔야 할 줄로 아옵니다."

왕건은 깜짝 놀라 안색이 변하며 홍유와 그 일행을 타일렀다.

"나는 충의를 신조로 삼고 있으니 비록 왕이 난폭할지라도 어찌 감히 두 마음을 가지겠는가? 신하로서 임금을 정벌하는 것을 혁명이라 하는데 나는 실로 박덕한 몸인데 어찌 감히 성탕成湯과 무왕武王의 옛일을 본받을 수 있겠는가? 후세의 난신들이 구실로 삼을 것을 두려워하는 바이다. 옛사람들이 말하기를 하루라도 임금으로 삼았으면 종신토록 주상으로 섬긴다고 하였으며 황차 계찰季札 같은 사람은 말하기를, 나라를 영유하는 것은 나의 절조가 아니라고 하면서 피해 가서 농사를 지었는데 내가 어떻게 계찰의 절조를 나무랄 수 있겠는가?"

왕건의 이야기는 참으로 논리 정연하였다. 그러나 홍유 등은 주저치 않고 다시 말하였다.

"시기란 만나기 어렵고 놓치기 쉬운 것인데 하늘이 주는 것을 받지 않으면 도리어 그 재앙을 받는 법입니다. 해독을 입은 온 나라 백성이 밤낮으로 그를 전복할 것을 생각하고 있으며 또 지위 높고 권세 있는 자들도 모두 학살 당하여 얼마 남지 않았습니다. 지금 덕망이 높은 자로서 당신 위에 설 만한 사람은 없는 까닭에 모든 사람이 당신에게 희망을 건 형편인데 만약 우리의 청을 수락하지 않는다면 우리는 언제 죽을지 모르겠습니다. 하물며 왕창근의 거울에 나타난 글도 그와 같이 예고하고 있으니 어찌 하늘의 뜻을 위반하고 폭군의 손에 죽겠습니까?"

이때 신혜 왕후 유씨가 장중에서 나오며 왕건에게 갑옷을 내밀었다. 왕건은 홍유, 배현경, 신숭겸, 복지겸이 찾아왔을 때 이미 그들이 속에 품은 뜻을 알고 유씨로 하여금 알지 못하게 하고자 채전에 새로 익은 참외가 있을 것인즉 따오라며 밖으로 내보냈다. 지혜로운 유씨는 남편의 의도를 알아차리고 밖으로 나갔다가 북편 창문으로 해서 가만히 휘장으로 들어가 왕건과 홍유 등이 주고받는 이야기를 들었다.

"대의를 내세우고 폭군을 갈아내는 것은 예로부터 당연한 일입니다. 지금 여러 장군의 의견을 들으니 저도 의분을 참을 수 없는데 하물며 대장부야 말할 나위가 있겠습니까?"

유씨는 이렇게 아뢰며 손수 왕건에게 갑옷을 입혀 주었다. 유씨마저 이렇게 나오자 마침내 뜻을 굳힌 왕건은 네 사람을 이끌고 밖으로 나갔다. 장수들은 왕건을 옹위하고 나오면서 사람을 놓아 말을 달리며 외치게 하였다.

"왕공이 벌써 의기를 들었다!"

이때 이 소리를 듣고 분주히 달려와 함께 참가한 자들이 이루 헤아릴 수 없었고, 먼저 궁 문으로 와서 북을 치고 떠들면서 기다리는 자도 만여 명이나 되었다.

"왕공이 벌써 승리를 얻었으니 내 일은 다 글렀구나!"

놀라 어찌할 줄 모르던 궁예는 급기야 변복을 하고 북문을 통해 도망쳐 나갔다. 궁예가 도망치니 궁녀들은 궁 안을 깨끗이 치우고 태조 왕건을 맞아들였다.

한편, 궁예는 산골로 도망하여 이틀 밤을 지낸 후에 배가 몹시 고파 보리 이삭을 잘라 훔쳐 먹었다. 그렇게 비참하게 연명하던 그가 이름 모를 백성에게 살해 당한 것은 부양(현 강원도 평강)에 이르러서였다.

고려 건국 공신들에 대하여

홍유洪儒

홍유는 태어난 해가 알려진 바 없다. 다만 죽은 해는 태조가 즉위한 지 19년째로 접어드는 936년으로 되어 있다.

홍유는 무신으로서 의성부義城府 사람인데 초명은 술述이다. 앞에서 살펴본 바와 같이 마군 장군馬軍將軍으로서 신숭겸, 복지겸, 배현경 등과 함께 궁예를 몰아내고 왕건을 추대하여 개국 일등 공신이 되었다. 그는 무신이었음에도 언변과 논리가 뛰어났다. 이러한 장점을 살려 궁예를 몰아내고 고려를 세울 때 궁예를 배신할 뜻이 없음을 밝힌 태조 왕건을 설득하는 데 큰 공을 세웠다.

홍유의 딸은 태조의 26번째 부인인 의성부원 부인義城府院夫人이다. 태조와 의성부원 부인 사이에서 의성부원 대군이 태어났다. 이처럼 홍유와 태조는 인척 관계를 맺을 정도로 밀접한 관계였다고 할 수 있겠다.

태조가 즉위하고 나서 청주에서 변란이 일어나자 홍유는 유금필과 함께 진주鎭州(현 충북 진천)에 주둔하며 대비하였다. 그러다가 이듬해에는 예산현으로 유민 5백여 호를 옮겨 안정시켰다. 훗날 대상大相에서 태사 삼중대광太師三重大匡에 올랐다.

견훤이 고려에 투항하고 나서 936년에 후백제를 칠 때, 일리천一利川 전투에서 큰 공을 세웠다. 태사개국충렬공으로 태조의 묘정에 배향되었다. 시호는 충렬忠烈이다.

배현경裵玄慶

배현경 역시 홍유처럼 936년에 죽었는데, 처음 이름은 백옥삼이고 경주 사람이다. 담력이 보통 사람보다 특출하였으며 병졸 출신으로 누차 승진하여 대광大匡에 임명되었다.

태조가 청주 사람 현율을 순군 낭중徇軍郞中으로 임명하려고 하니 배현경과 신숭겸이 반대하기를 지난날에 임춘길이 수군리로 있으면서 반란을 음모하다가 누설되어 사형을 당한 일이 있었는 바, 이것은 병권을 잡은데다가 자기 고향인 것을 믿었기 때문이라고 하였다. 이에 태조도 옳게 여기고 현율을 병부 낭중兵部郎中으로 고쳐 임명하였다.

태조가 사방을 정벌하는 데 있어서 배현경의 공로가 가장 많았다. 936년(태조 19) 병이 위독하니 태조가 그의 집으로 가서 손을 잡고

"아 천명이로구나! 그대의 자손이 있으니 내 어찌 감히 잊겠느냐!"

라고 하였다.

태조가 문을 나서자마자 배현경은 운명하였다. 그래서 왕은 행차를 멈추고 관비로 장사를 치르라고 명령한 후에 환궁하였다. 시호는 무열武烈이요, 아들은 은우이다.

복지겸卜智謙

복지겸은 태어난 때와 죽은 때가 미상이다. 그의 처음 이름은 사괴砂瑰이다. 면천 복씨沔川卜氏의 시조로서 태봉의 마의장군을 지냈다. 그러던 중 궁예가 악정을 거듭한 끝에 민심을 잃자, 918년(태조 1)에 신숭겸 등과 함께 왕건을 추대함으로써 고려를 세우는데 일등 공신이 되었다.

훗날 환선길桓宣吉이 난을 일으키고 순군리 임춘길林春吉이 모반을 꾀하려 하자 복지겸이 밀고하여 그들을 모두 처단하게 하였다. 994년(성종 13)에 태사에 추증되었으며 태조의 묘정에 배향되었다. 시호는 무공武恭이고 묘는 경기도 광주에 있다.

신숭겸申崇謙

신숭겸은 고려 초의 무신으로서 태어난 때는 알려지지 않았고, 927년(태조 10) 공산 전투에서 삶을 마감했다. 초명은 능산能山이고 평산

신씨平山申氏의 시조로서 광해주光海州(현 강원도 춘천)에서 태어났다.

신숭겸은 몸집이 거대하고 무용이 뛰어나 일찍이 무장의 자질이 엿보이는 사람이었다. 앞에 열거한 개국공신들과 함께 궁예 말년에 궁예를 몰아내고 왕건을 추대하여 고려를 세우는데 지대한 공을 세웠다. 그 공로를 인정받아 개국 일등 공신에 봉해졌다.

태조가 즉위함으로써 고려를 세웠지만 아직은 후백제와 팽팽한 긴장 관계를 유지하는 때였다. 태조는 상대적으로 국력이 약한 탓에 후백제와 긴장 관계를 유지하되 소강상태를 유지하며 국력 증강에 온 힘을 기울였다. 그러나 고려와 후백제 간에 유지되던 7~8년가량의 평화는 927년에 이르러 견훤이 고울부高鬱府(현 경북 영천)를 습격하고 신라 침공시 경애왕을 죽이고 약탈과 만행을 저지름으로써 산산조각 났다.

경애왕의 사망 소식을 듣고 견훤과 싸우던 태조가 포위되어 생명이 위급했을 때, 용맹한 신숭겸 덕분에 간신히 위기에서 벗어난 태조는 신숭겸의 죽음을 매우 슬퍼하여 그 시호를 장절壯節이라고 정해 주었다. 태조는 여기서 그치지 않고 그의 아우 능길能吉과 아들 보甫를 원윤元尹으로 삼았으며 지묘사智妙寺를 창건하여 신숭겸의 복을 빌게 하였다.

삼중대광에 태사로 추증되었으며, 태조의 묘정에 배향되었다. 또한 곡성의 양덕사陽德祠, 대구광역시의 표충사表忠祠, 춘천의 도포道浦서원, 평산의 태백산성사太白山城祠에 제향 되었다.

홍유, 배현경, 신숭겸, 복지겸 이들 네 사람의 개국공신은 994년(성종 13) 4월 모두 태사로 추증되어 태사 개국 장절공太師開國壯節公으로 태묘太廟의 태조 사당에 배향되었다.

고려를 건국하였으나

후삼국의 통일은 왕건에게로 돌아갔다. 예언에 의해서 임금이 되고 삼국을 통일한 것이 아니라 그 자신이 역전 고투하여 이룬 것이다.

폭군의 악정을 뿌리치고 새 임금을 맞이하였으나 후고구려의 상황은 개탄을 금치 못할 정도였다. 전국을 통일하기도 전에 위압과 모멸, 혹독한 폭력으로 백성과 신하를 다스린 궁예에 의해 국토는 황폐해졌고, 인구가 줄어들어 어디를 가든 신음하는 소리가 끊이지 않았다. 백성의 뜻은 수십 갈래로 갈라져서 중심을 잃은 지 오래였고, 중앙정부보다는 지역의 유력한 호족들을 중심으로 독자적인 생활권을 형성하고 있었다. 이러다 보니 비록 왕위에 오르기는 하였으나 태조 왕건의 입지는 그리 튼튼하지 못하였다.

게다가 밖으로는 강성한 견훤의 후백제와 신라가 버티고 있지 않은가. 고구려의 계승자임을 자처한 태조 왕건은 민족 통일은 물론이려니와 대고구려의 고토古土를 회복하고자 마음먹고 있었다. 그러나 민족 통일도, 고토 회복도 먼 훗날의 일일 뿐이었다. 당장 시급하게 해결해야 할 일은 나라를 내부적으로 안정시키는 것이었다. 안이 평안해야 바깥일을 도모해 볼 수 있을 것 아닌가.

갈라진 민심을 수습하고 해이해진 기강을 바로잡아야 할 것이며, 도처에 웅거한 채 막강한 세력을 형성하고 있는 지방 호족들을 중앙집권적 지배 체제 속으로 끌어들일 필요가 있었다. 그러나 태조는, 아니 초기의 고려는 이 모든 문제를 해결해 낼 만한 힘을 갖추고 있지 못했다. 한 마디로 지방 호족을 통제할 여력이 없었던 것이다.

태조의 고민은 여기서부터 시작된다. 결국 그는 숭불 정책을 통해 백성의 갈라진 민심을 하나로 결집하고, 후고구려와 신라의 관제를 병용하며 인재를 널리 등용함으로써 상기한 두 가지 문제를 어느 정도 해결할 수 있었다. 그러나 지방 호족들 문제만은 두통거리로 남아 그를 지속적으로 괴롭혔다.

국가의 기반과 힘이 강력하지 못한 때라 자체 군사력까지 갖춘 호족들은 결코 무시 못할 대상들이었다. 자칫 갈등이 깊어져 반란이라도 일어나는 날이면 국가의 존립 자체를 위협받는 상황이 올지도 모를 일이었다.

이에 따라 태조는 주어진 제반 조건 속에서 최상의 선택을 도출해 내기에 이른다. 곧, 지방 호족들과의 혼인을 통해 내부 문제를 해결하고자 했던 것이다. 기실 태조가 결혼을 통해 든든한 지지 세력을 얻은 것이 처음은 아니었다. 경기도 정주 호족 유천궁의 딸 신혜 왕후 유씨, 전라도 나주 오다련군의 딸 장화 왕후 오씨와 차례로 혼인함으로써 얻은 것이 참으로 많았던 것이다.

국호를 고려라 정하고 연호를 천수天授로 고치고 나서 적절한 인물들을 선정하여 관제를 정하고 직무를 분담시킨 태조는 나라 안을 가만히 살펴보았다. 처가가 있는 곳이거나 궁예의 장수로 활약할 당시 정벌 과정에서 끈끈하게 연을 맺은 곳은 태조를 지지하는 지역이라고 볼 수 있었다. 따라서 태조는 궁예의 강력한 지지 기반이었던 철원 지역 호족과 충청도, 경상도 지역의 세력가들을 예의 주시하였다.

태조는 곧 충주의 유력가 유긍달의 딸 신명순성 왕후와 혼인하는 것을 시작으로 혼인 정책을 치밀하게 펼쳐 나감으로써 사회적 안정을 이루어 나간다. 옛날이나 지금이나 인척 관계를 맺는다는 것은 하나의 끈끈한 지원 세력을 얻는 것이나 다름이 없다. 훗날 고려 제2대 왕 혜종의 비극이 지방 호족들과 맺은 다양한 혼인 관계에서 비롯되지만 어쨌든 태조는 이러한 정책을 통해 호족들을 안심시키고, 나라 안을 안정시키는 데 성공한다.

반란을 잠재우다

한편, 궁예 정권 하에서 귀하게 쓰이거나 총애를 받던 인물들이 연달아 반란을 일으켜 태조를 위협한다. 이흔암, 환선길, 임춘길 등이 바로 그들이다. 자신들이 받들던 궁예를 몰아내고 왕위에 오른 이가 태조이다 보니 위협을 느끼지 않을 수 없었을 것이다.

환선길 형제가 반란을 일으켜 성사 직전까지 가지만 결국 근위병들에게 붙잡혀 처형을 당하고 연이어 이흔암이 모반 혐의를 받아 죽임을 당하게 된다. 궁예의 관심을 듬뿍 받던 청주 출신 임춘길과 매곡성주 공직의 처남 등도 반란을 일으키나 처형당하고 만다.

위협적이었던 궁예의 잔존 세력을 정리함과 아울러 지방 호족에게 경각심을 심어주는 데 있어 태조가 결혼 정책으로 대표되는 유화책만 고수하지 않았다는 점을 알 수 있다.

이렇듯 호족들이 연합된 성격이 강한 미약한 왕정 체제 아래에서, 자신의 기반을 다지고 삼한 통일의 기틀을 마련하고자 태조는 다방면에 걸쳐 고심했다.

전쟁의 시작

재위 이듬해 봄에 태조는 송악 남쪽에 수도를 정하고 궁궐을 건축한다. 즉위 3년째로 접어드는 920년(태조 3) 정월에는 신라가 처음으로 사절을 파견하여 교빙交聘하는 의식을 치른다. 이어서 그해 9월에 견 훤이 아찬 공달功達을 보내어 공작선孔雀扇과 지리산智異山 대로 만든 화살을 바친다.

즉위 초기라 나라의 내실을 다지는 데 전력을 기울이던 태조는 장 차 전쟁을 치러야 할 상대들과 일시적으로 교빙하는 것이 싫지만은 않았을 것이다.

그러나 얼마간 유지되던 세 나라 사이의 평화는 견훤에 의해 깨지 고 만다. 견훤이 신라를 침공하여 대량大良(현 경남 합천), 구사仇史(현 경 주 지방) 두 군을 탈취하고 진례군進禮郡(현 전북 군산)에 이른 것이다. 신 라가 아찬 김률金律을 보내 구원을 청하자, 고려는 즉각 군사를 출병 시킨다. 이 소식을 듣고 견훤이 퇴각한 다음부터 고려와 후백제는 반 목과 전쟁이라는 수렁 속으로 빠져든다.

우리는 하나

태조는 송악(현 개경)과 함께 서경(현 평양)을 중요시하여 백성을 이주 시키고, 국가의 변방을 지켜내는 전진기지로 삼는다. 당시는 남쪽의 강력한 경쟁 상대 후백제만 견제하면 되는 상황이 아니었다. 북방 민 족의 침입을 막고, 고구려의 고토를 회복하고자 서경의 개척이 무엇 보다 필요한 시기였다.

태조는 이러한 정책과 함께 민족 대통합의 길을 열어간다. 발해 유 민들을 적극적으로 받아들였을 뿐만 아니라 신라나 후백제에서 귀순 하여 오는 사람들에게도 집과 토지를 나누어 주는 등 융화 정책을 활 발하게 펼쳐 나갔다. 921년(태조 4) 2월 말갈의 추장 고자라가 170여 명을 데리고 귀화하였으며, 4월에는 말갈 사람 아어한이 2백여 명을 데리고 고려로 왔다. 뿐만 아니라 12월에는 백제 사람 궁창과 명권 등이 귀순하였고, 922년에는 하지현(현 경북 안동) 장군 원봉과 명주(현 강원도 강릉) 장군 순식이 항복의 뜻을 전하여 왔다. 발해 유민이 대규모로 몰려오기 시작한 것은 925년(태조 8)부터였다. 9월에 발해 장군 신덕 등이 5백여 명을 이끌고 귀순한 것을 필두로, 거란에 의해 나라가 망하자 발해 사람들은 같은 민족이라는 생각에서 적극적으로 포용 정책을 펴는 고려로 속속 귀순했다.

태조는 이렇듯 찾아오는 모든 사람들을 품에 안고 화합의 정치를 펼치며 안으로는 삼한을 통일하고, 밖으로는 북진정책을 추진할 기틀을 마련해 나갔다.

후백제, 신라와 고려를 공격하다

924년(태조 7) 7월이었다. 경북 안동 근처에 있는 것으로 알려진 조물성曹物城은 군사적 요충지로서 고려와 후백제 사이에 여러 차례 전투가 벌어진 지역이었다. 당시 조물성을 차지한 것은 고려였는데 견훤은 이를 빼앗으려고 왕건 즉위 후 처음으로 자신의 아들 수미강과 양검을 보내 싸움을 걸었다.

조물성이 위급하다는 전갈을 받은 태조 왕건은 부랴부랴 장군 애선哀宣과 왕충王忠을 보내 구원하게 하였다. 성문을 굳게 닫아걸고 지키기에 들어간 고려군을 격파하는 것만 해도 수월치 않은 상황인데 뒤에서 애선과 왕충이 이끄는 군사들이 들이닥치자 후백제 군사들은 잠시 당황하였다.

그러나 전열을 가다듬고 고려군을 맞아 싸우니 혼전이 벌어졌다. 이 과정에서 고려 장군 애선은 전사하고 만다. 그러나 성을 지키는 뒤편의 고려 군사들이 언제 성문을 박차고 나와 왕충의 군사들과 호응할지 모르는 상황이었다. 결국 후백제 군사들은 손해를 많이 입은 채 퇴군하게 된다.

그해 8월에 견훤이 사절을 파견하여 절영도의 옥색 말 한 필을 헌납하였지만 조물성 전투가 여기서 완전히 끝난 것은 아니었다.

925년 10월이 되자, 견훤이 직접 군사들을 이끌고 조물성을 다시 공격한다. 이에 태조도 군사들을 거느리고 달려 나가 응전하였다. 교전을 벌이던 중 정서 대장군征西大將軍 유금필庾黔弼이 합류하자 고려군은 부쩍 힘이 났다. 이에 고려보다 군세가 강성했음에도 겁을 집어먹은 견훤이 직접 나서서 화친하기를 청한다. 태조 또한 힘으로 후백제를 제압하기에는 무리가 많이 따른다는 사실을 알고 화친에 적극적으로 응했다.

견훤은 사위 진호眞虎를 인질로 보내왔으며 태조는 자신의 사촌 동생인 원균 왕신王信을 인질로 보냈다. 이리하여 비록 잠깐이나마 고려와 후백제 사이에는 전운이 걷히고 평화가 도래하였다.

이러한 화친의 효력이 그리 오래가지 않을 것이라고 예견한 사람은 신라의 경애왕이었다. 그는 고려와 후백제 사이에 화친이 이루어지려 한다는 소식을 듣고 급히 사절을 파견하여 이러한 뜻을 전했다.

"견훤은 이랬다저랬다 협잡이 많아 화친할 사람이 못됩니다."

태조도 이 말을 그럴듯하게 여겼으나 이미 인질까지 교환한 마당에 화친을 먼저 깨뜨릴 수는 없는 노릇이었다.

그런데 926년 4월 경진일에 견훤이 보낸 인질 진호가 병으로 죽는 불상사가 일어난다. 태조가 그 시체를 보내 주었으나 견훤은 고려에서 진호를 죽인 것이 틀림없다고 덮어씌웠다.

"내 사위를 죽이다니! 고려를 용서하지 않겠다."

견훤은 원한에 사무친 표정으로 소리치고는 고려에서 보낸 인질 왕신을 죽였다. 그리고도 분이 풀리지 않은 견훤은 웅진熊津(현 충남 공주) 방면으로 군사들을 진격시켰다. 그러나 태조는 성을 굳게 지키기만 할 뿐 나가서 싸우지 못하게 하였다. 이에 신라왕이 사절을 파견하여 응전하라고 요구하였다.

"견훤이 맹약을 위반하고 고려에 출병하였으니 하늘이 반드시 그를 돕지 않을 것입니다. 대왕이 만일 한번 반격하면 견훤은 반드시 스스로 패망할 것입니다."

태조는 차분한 어조로 신라 사절에게 말하였다.

"내가 견훤을 두려워하는 것은 아니다. 다만 그의 죄악이 가득 차서 스스로 넘어질 때를 기다릴 뿐이다."

그 후 크고 작은 싸움이 여러 번 일어났으나 후백제와 고려의 전력 차가 뚜렷하게 기울기 시작한 것은 공산 전투를 치르고 난 다음이었다.

927년 9월, 견훤은 신라를 급습한다. 먼저 근품성近品城을 공격하여 소각하고, 고울부高鬱府를 습격하였으며 경주 가까이 육박하였다. 이에 경애왕은 연식連式을 보내 고려에 구원을 청하였다.

태조는 즉각 시중 공훤公萱, 대상 손행孫幸, 정조 연주連珠 등에게 명하여 신라를 돕도록 하였다. 겉으로는 신라와 친선 관계를 유지한 지가 오래되었다는 명분을 내세웠으나 신라가 무너지고 나면 아무래도 처지가 외로워지는 것은 고려였다. 아직 상대적으로 전력이 약한 고려는 신라와 서로 의지하며 후백제에 맞설 필요가 있었기 때문이다.

그러나 공훤 등이 군사 1만 명을 거느리고 신라에 도착하기 전에 견훤이 이끄는 군사들은 신라의 수도를 유린해 들어가고 있었다. 경애

왕은 왕비, 궁녀, 종실들과 함께 포석정鮑石亭에 나가 연회를 열던 중 적병이 왔다는 소식을 듣고 창졸간에 어찌할 바를 몰랐다. 왕은 부인과 함께 달아나서 성 남쪽 별궁에 숨은 채 고려의 구원병이 당도하기만을 기다리고 있었다. 그러나 그때 왕을 시종한 신하들과 악공, 궁녀들은 후백제 군사들에게 다 붙들렸다.

견훤은 군사들을 풀어놓아 약탈을 자행케 하였으며 자신은 왕궁에 들어앉은 채 경애왕과 왕비를 찾아내라고 측근들을 재촉하였다. 마침내 경애왕과 왕비가 끌려오자, 견훤은 경애왕을 죽인 뒤 왕비를 겁탈하였다. 아울러 병사들에게는 궁녀들을 닥치는 대로 간음하게 하니 아비규환이 따로 없을 정도였다.

한 차례 분탕질이 끝나자 견훤은 경애왕의 의종제 김부金傅를 왕으로 세우고 왕의 아우 효렴孝廉과 재상 영경英景 등을 포로로 만들고 자녀와 각종 장인과 병기, 보배를 모조리 약취하여 후백제로 돌아갔다.

고려군이 신라에 도착한 것은 견훤이 돌아가고 난 다음이었다. 뒤늦게 신라에서 벌어진 일들을 전해 들은 태조 왕건은 크게 노하여 사절을 시켜 조문과 제사를 치르게 하고, 친히 정예 기병 5천을 거느리고 공산 동수公山 桐藪(현 대구 지방)로 나갔다.

이윽고 견훤의 군대와 마주친 태조는 큰 싸움을 시작하였다. 그러나 형세는 태조에게 극히 불리하게 돌아갔다. 급기야 견훤의 군사가 태조를 포위하며 짓쳐들어왔다. 사태가 매우 위급해지자, 고려 대장 신숭겸申崇謙과 김락金樂이 힘을 다하여 적진으로 뛰어들었다. 그들의 분투 덕분에 태조는 간신히 목숨을 건져 도망칠 수 있었으나 두 장군은 안타깝게도 전사하고 말았다.

한편, 승기를 잡은 견훤은 고려군을 쫓으며 마음껏 죽인 뒤 대목군大木郡(현 경북 안동)을 탈취하고 곡식들을 모조리 불살라 버렸다.

이번 싸움의 패배로 고려는 후백제의 견훤에게 완전히 압도되고 만다. 태조는 싸움에 진 것도 통탄할 노릇이지만 충신 신숭겸을 잃은 것이 무엇보다 뼈아팠다.

충신을 잃고 슬픔에 잠긴 왕건과 달리 싸움에서 크게 이기자 기고만장한 견훤은 태조에게 편지를 한 통 보낸다. 싸움의 결과를 들먹이며 태조를 업신여기다가 편지 말미에 덧붙인 내용은 다음과 같았다.

'내가 기도하는 바는 나의 활을 서경(평양)의 다락 위에 걸며 나의 말에게 패강(대동강)의 물을 먹이는 데 있다.'

한 마디로 고려를 멸망시키고 말겠다는 의지의 표현이었다.

견훤의 편지가 당도하기 전 고려에는 오월국吳越國 사신이 다녀갔다. 고려와 백제의 친선을 원한다는 오월국 왕의 편지를 전하기 위해서였다. 이에 태조는 화친의 맹약을 깨뜨리고 고려와 신라를 차례로 공격한 견훤의 무도함을 꾸짖으며 오월국에서 보내온 선의의 제안을 받아들여 화친할 것을 다시 제안한다.

930년(태조 13) 고려와 후백제의 전세를 뒤바꿔 놓은 고창 전투가 벌어지기까지 크고 작은 충돌이 전혀 없었던 것은 아니지만 태조는 공산에서의 패배 후 3년 가까운 시간 동안 나라의 내실을 다지는 데 총력을 기울인다.

다시 맞붙은 고려와 후백제

고창(현 경북 안동) 전투에 대해 언급하기 전에 공산에서의 패배로 어려움에 처한 고려의 상황을 좀 더 구체적으로 살펴보는 것이 우선일 것 같다. 공산 싸움의 결과 견훤은 경상도 서부 쪽의 주도권을 완전히 틀어쥔다. 경상도로 통하는 길을 내준 셈이 되어 버린 고려는 이 지역을 되찾으려고 애썼지만 당시까지만 해도 역부족이었다.

한편, 고창에서 벌어진 전투에 적지 않은 영향을 끼친 경상도의 민심은 고려 태조 쪽으로 완전히 기울어 있었다. 이는 경상도 서부 일대를 차지하고서 견훤의 군사들이 벌인 약탈에서 기인한 바 크다.

견훤은 929년 7월이 되자 5천 명의 군사를 이끌고 의성부를 급습하여 홍술을 없애 버린다. 자신을 지지해 주던 홍술이 죽자 태조는 이때 이미 견훤과의 일전을 결심하고 있었는지도 모를 일이다.

견훤의 군사들은 성난 노도와도 같았다. 이윽고 고창까지 밀려든 견훤의 군사들은 성을 에워싼 채 거센 공격을 퍼부었다.

태조는 친히 군사를 거느리고 고창을 구원하려고 병산屛山으로 나가 주둔했다. 이에 견훤도 석산石山에 주둔하니 양편 군사들의 거리는 5백여 보쯤밖에 되지 않았다.

태조와 견훤의 군사들은 이후 사나흘 동안 역사에 유례가 없을 정도로 치열한 전투를 벌인다. 그 짧은 기간에 양편에서 나온 전사자를 합치면 8천 명이 훨씬 넘는다고 전해지고 있으니 말이다.

아무튼 전투는 한 달이 넘어서도록 공방을 주고받으며 진행되었다. 이에 따라 견훤 쪽으로 전세가 서서히 기울기 시작했다. 단기간의 승부라면 모를까 전쟁이 장기화 할수록 양편의 군세라든가 전력에 따라 승부가 나기 마련이기 때문이다.

그러나 태조는 곧 고창의 호족 김선평金宣平, 권행權幸, 장정필張貞弼 등이 이끄는 삼태사 군의 호응을 받기에 이른다. 이들이 태조를 돕기 시작하면서 전세는 완전히 역전되어 결국 견훤의 군대는 패전하고 만다.

싸움에서 진 견훤군의 피해 상황은 심각했다. 수없이 많은 정예병이 전사하였을 뿐만 아니라 우위를 점하고 있던 군세마저 형편없이 기울어 향후 후백제 전체가 내분에 휩싸이는 계기가 된다.

삼태사_{三太師}란

고창 전투에서 큰 공을 세운 장정필, 권행, 김선평을 일컬어 삼태사라 부른다. 고려의 개국공신이기도 한데 견훤이 신라를 급습하여 경애왕을 죽이자, 본래 신라 사람이었던 삼태사는 언젠가 반드시 원수를 갚으리라 결심하고 군사들을 모아 조련을 게을리하지 않았다.

그러던 중 경상도 서부를 차지한 견훤이 온갖 약탈과 만행을 일삼으며 민심을 잃자, 때가 머지않았음을 알아차리고 칼을 갈았다.

한편, 태조는 고창(현 경북 안동) 전투에서 승리하고 나서 큰 공을 세운 그들을 높이 치하하였다. 본래 그들은 신라 왕족이었는데 김행에게는 '권'을, 장정필에게는 '장'을, 김선평에게는 그대로 '김' 씨 성을 주어 각각 안동을 식읍으로 삼게 하였다.

삼태사의 묘는 경상북도 안동시 북문동 24번지에 있으며 해마다 2월과 8월에 제향한다.

통일의 기운은 무르익고

931년(태조 14) 2월 정유일에 신라 경순왕(김부)이 태소 겸용_{謙用}을 보내 태조와 만나기를 청하였다. 신라를 친히 방문해 달라는 초청을 받고 태조는 이에 기꺼이 응하였다.

마침내 50여 명의 기병을 거느리고 신라 서울 경내에 이른 태조는 장군 선필善弼을 먼저 보내 당도했음을 알렸다. 이에 경순왕은 백관들에게 명을 내려 교외에서 태조 일행을 영접하게 하였으며, 사촌 동생인 상국 김유렴金裕廉을 다시 성문 밖으로 보내 공손하게 영접하였다. 뿐만 아니라 경순왕 자신은 궁궐 정문 밖까지 친히 나가서 태조를 맞이하며 절을 하였다.

"먼 길 오시느라 고생하셨습니다."

태조 또한 경순왕에게 답례하며 궁으로 들어갔다. 이윽고 경순왕은 임해전臨海殿에서 연회를 베풀었다. 삼한 사이에 돌아가는 일을 이야기하며 술잔을 나누던 중 취기가 돌아 얼근해 지자 경순왕은 눈물을 주르르 흘리며 호소하였다.

"우리나라는 운수가 불길하여 견훤에게서 심중한 침해를 받고 있으니 이 통분한 사정을 어쩌면 좋겠소?"

한 나라의 왕이라는 위엄과 채신을 팽개친 채 태조에게 매달리고 싶은 심정이었을 것이다. 임금 자리에 올라 나라를 경영하는 사이 왕의 고충을 이해할 수 있게 된 태조 또한 경순왕의 처지를 내 일인 양 여기며 눈물을 흘렸다.

경순왕의 극진한 대접을 받으며 5월이 오도록 신라에 머문 태조는 계미일이 되자, 고려로 돌아가려고 길을 나섰다. 경순왕은 혈성穴城까지 나와 태조를 전송하며 유렴을 인질 삼아 데려가도록 하였다. 고려의 뜻에 반하는 행위를 절대 하지 않겠다는 무언의 약속이었을 것이다. 이 모습을 지켜보면서 신라 백성은 감격하여 울면서 서로 치하하였다.

"전일 견훤이 왔을 때는 승냥이나 범을 만난 것 같더니 지금 왕공(왕건)이 오심에는 부모를 뵙는 것과 다름이 없구나."

이렇게 태조는 위로 신라의 왕으로부터 밑으로는 일반 백성에 이르기까지 두터운 신임을 받고 있었다. 강제로 나라를 빼앗으려 했다면 신라는 미력한 힘이나마 총동원하여 고려에 대항하였을 것이다. 그러나 태조가 형제와 같은 두터운 정과 덕으로써 대하니 경순왕은 그로부터 4년 뒤 만조백관滿朝百官과 온 나라를 통틀어 태조에게 바치며 신하가 될 것을 청한다.

바야흐로 전쟁이 끊이지 않았던 후삼국 사이에 통일의 기운이 감돌기 시작한 것은 이때부터였다.

아들에게 나라를 빼앗기고

934년(태조 17) 정월 태조가 서경으로 가서 북방의 여러 진을 두루 순찰하며 국경 방비의 중요성을 강조하고 돌아왔을 때, 발해국의 세자 대광현大光顯이 백성 수만 명을 데리고 와서 귀화했다. 집권 초기부터 민족 화합 정책을 펼쳐오던 태조는 기뻐하며 그에게 왕계王繼라는 이름을 주어 왕실 족보에 등록하고 백주白州 고을을 식읍으로 하사하였다.

9월 정사일이 되자 태조는 친히 군사를 거느리고 운주運州(현 충남 홍성)를 정벌하였다. 이때 견훤과 싸워 크게 격파하였는데 이는 태조가 견훤과 벌인 마지막 싸움이었다.

935년 봄으로 접어들면서 후백제에서는 나라를 뒤흔든 커다란 사건이 일어난다. 어처구니없게도 견훤이 아들에게 나라를 빼앗긴 것이다.

많은 아내를 두었던 견훤에게는 10여 명의 아들이 있었다. 그런데 견훤은 그중에서 둘째 부인 고비의 소생인 넷째 아들 금강金剛을 특별히 사랑해 왕위를 그에게 물려주려고 했다. 그러자 야심에 찼던 장자 신검神劍은 다른 형제들과 음모를 꾸며 견훤을 금산사金山寺에 유폐시키고 나서 금강을 죽이고 왕이 되었다.

졸지에 아들에게 왕위를 빼앗긴 견훤은 새장 안에 갇힌 새 신세가 되고 말았다. 3개월 동안이나 절에 갇혀 있던 견훤은 가까스로 나주로 도망쳐 고려의 태조에게 도움을 청했다. 이에 태조는 유금필을 보내 그를 맞이하고 상부尙父의 지위와 함께 양주楊州를 식읍으로 주며 예우했다.

그런 견훤의 마음속에는 항상 아들 신검에 대한 증오와 복수심이 불타오르고 있었다. 견훤이 왕건에게 몸을 의탁하자, 사위 되는 박영규朴英規가 그의 아내에게 말했다.

"대왕이 40여 년간 대업을 이루었는데, 하루아침에 집안의 화로 땅을 잃고 고려에 의탁하였으니 이렇게 애석한 일이 어디 있겠소. 대저 정절 있는 여자는 두 남편을 섬기지 않고 충신은 두 임금을 섬기지 않는다고 하였소. 만일 자기 임금을 버리고 반역의 아들(신검)을 섬긴다면 무슨 낯으로 천하의 의사義士를 대할 것이오? 들은즉 왕건은 사람됨이 후덕하고 근검해 민심을 얻었다 하니, 이는 하늘이 열어 준 것이오. 반드시 삼한三韓의 왕이 될 것이니, 우리 왕을 안위하기 위해서라도 왕건에게 우리 뜻을 보내 장래의 복을 도모하도록 합시다."

그러자 아내 또한 남편의 말을 따랐다.

영규는 곧바로 사람을 보내 고려에 망명할 뜻을 전했다.

"만일 도로가 막힘이 없다면 장군을 뵙고 단상에 올라가 부인에게 절하고 공을 형으로 섬기며 부인을 누님으로 섬기겠소."

태조는 기뻐하며 영규와 그의 아내를 맞아들였으며 좌승佐丞 벼슬을 주고, 그 외에도 상을 후히 주어 일생을 잘 살도록 하였다.

한편 울분을 참지 못한 견훤은 태조 앞으로 나아가 신검을 하루속히 정벌할 것을 종용하며 말했다.

"제가 전하(왕건)에게 몸을 의탁한 것은 전하의 위세에 의탁해 반역자를 주살하기 위함입니다. 바라옵건대 대왕께서 병사를 보내 난적을 멸망시킨다면 신은 죽어도 유감이 없겠습니다."

그러자 태조는 견훤의 의견을 수렴해 11만 대군을 거느리고 천안으로 가서 병력을 합하고 선산善山(경상북도)에서 신검의 군대와 대치했다. 태조의 선봉대가 북을 치며 앞으로 나아가자 후백제의 장군들은 태조의 군대가 정예군임을 알아보고 갑옷을 벗으며 투항했다. 그리고 중군中軍을 삼면에서 협공하니 신검은 제대로 싸워 보지도 못하고 항복하고 말았다.

신검이 지휘한 후백제가 견훤이 보는 앞에서 멸망하자 견훤은 깊은 번민과 우울증에 싸인 채 등에 부스럼이 나서 수일 만에 세상을 떠났다.

통일 왕국의 탄생

후백제의 멸망에 앞서 935년(태조 18) 10월에는 신라 경순왕이 시랑 김봉휴金封休를 보내 고려 정부로 들어오기를 청하였다. 고려에 신하의 예로써 굽히고 들어오겠다는 뜻이었다. 태조는 십시중 왕철王鐵과 시랑 한헌옹韓憲邕을 신라로 보내 경순왕의 요청에 동의한다는 뜻을 알렸다.

이에 경순왕은 백관을 거느리고 왕도를 출발하였다. 신라의 백성 또한 이에 뒤질세라 경순왕 일행을 따라 북으로 향했다.

30리도 넘게 이어진 경순왕 행렬이 고려의 개경에 도착하자 태조는 의장병을 갖추고 교외로 나가서 그들을 영접하였다. 경순왕은 태조에게 글을 올려 자신의 뜻을 다음과 같이 밝혔다.

'본국이 오랫동안 위기를 겪고 운수가 벌써 다 진해서 왕실을 보전할 희망이 없으니 신하의 예절로써 전하를 뵈옵기를 원하나이다.'

신라의 경순왕이 고려로 들어오게 되자 왕은 신하로 하여금 다시 반항하지 못하게 왕후 유씨劉氏의 소생 낙랑 공주를 그에게 하가下嫁시켰다.

마침내 천년 왕국 신라가 무너진 것이었다. 그러나 이는 민족 대통합 속에서 5백 년 새로운 왕조의 탄생을 알리는 가슴 벅찬 역사적 사건이기도 하였다.

명장의 죽음

941년, 태조 즉위 24년째를 맞이하는 해에 태조와 함께 전장을 누비며 삼한 통일의 대업을 이루는 데 빼어난 활약을 펼친 명장 유금필이 죽었다. 한 시대를 풍미한 명장의 죽음은 많은 이에게 슬픔을 안겨주었다.

명장 유금필의 생전 자취를 잠깐 쫓아가 보기로 한다.

유금필은 청주 사람으로 태조를 섬기어 마군 장군이 되었으며 누차 승진하여 대광이 되었다. 태조는 북방 국경에 있는 골암진이 수차례 침공 당하자, 여러 장군을 모아 놓고 의논하였다.

"지금 남쪽의 흉적들을 박멸하지 못하였는데 북방의 미개인도 우려할 바 있으므로 나는 오매불망 근심하고 있다. 유금필을 파견하여 진수하는 것이 어떠한가?"

태조의 물음에 모두 좋다고 대답하였다.

그래서 유금필에게 명령을 내리니 그날로 군대 3천 명을 인솔하고 출발하여 골암에 도착한 후 동산에 큰 성을 축성하고 그곳에 거처하였다.

그는 북방 종족들의 추장 3백여 명을 소집하여 성대한 주연을 베풀어 주식을 많이 먹이고 그들이 취한 때를 포착하여 위협하니 추장들이 모두 복종하였다. 드디어 사람들을 여러 부락에 파견하여 전달하기를,

"이미 너희의 추장이 복종했으니 너희들도 복종하라."

고 하였더니 여러 부락에서 서로 이끌고 와서 귀순한 자가 1천5백여 명이나 되었으며, 또 포로가 되었던 고려 사람 3천여 명을 돌려보냈다.

이때로부터 북방이 편안해졌으며 태조는 그에게 특별한 표창을 주었다.

925년(태조 8)에는 정서 대장군으로 임명되어 백제 연산진을 공격하여 3천여 명을 살상하고 포로를 만들었다.

태조가 견훤과 조물군에서 전투할 때, 견훤의 군대가 매우 정예로워서 좀처럼 승부를 결정하지 못하였다. 태조는 지구전으로 적군의 피로를 기다리려고 하였는데 유금필이 군대를 거느리고 와서 합쳤으므로 군대의 기세가 크게 떨치었다. 견훤이 겁이 나서 화친을 청하니 태조가 그것을 허락했다. 이윽고 태조가 견훤을 병영으로 불러서 일을 의논하려고 하는데 유금필이 간하기를,

"사람의 마음이란 알기 어려운데 어찌 경솔히 적과 접근하겠습니까?"

라고 하였다.

태조는 유금필의 말을 따라 그만두었으며 흐뭇한 얼굴로 유금필을

바라보며 다음과 같이 말했다.

"그대가 연산과 임존을 격파한 전공이 적지 않으니 국가가 안정될 때를 기다려 응당 공을 표창할 것이다."

또한 928년(태조 11)에 왕의 명령으로 탕정군에 성을 쌓았는데 당시 백제의 장군 김훤, 애식, 한장 등이 3천여 명의 군사를 거느리고 청주를 침범하였다.

하루는 유금필이 탕정군 남산에 올라가 앉아서 조는데 꿈에 어떤 사람이 나타나서 말하기를,

"내일 서원에 반드시 변고가 있을 터이니 빨리 가라."

하였다.

유금필은 놀라 깬 후 그 길로 청주로 가서 적군과 싸워 격파하고 계속 추격하였는데 살상 포로가 3백여 명이었다. 중원부에 달려가서 태조를 보고 전투 정형을 자세히 보고하였더니 태조가 말하기를,

"동수 싸움에서 신숭겸과 김락 두 명장이 전사하였으므로 국가를 위하여 깊이 근심하였더니 지금 그대의 말을 듣고 나의 마음이 적이 안심되었다."

라고 하였다.

929년(태조 12)에 견훤이 고창군을 포위하였으므로 유금필이 태조를 따라가서 구원하는데 예안진에 이르러 태조가 여러 장군과 의논하기를

"싸움이 만일 불리하면 장차 어떻게 할 것인가?"

물으니 대상 공훤과 홍유는

"만일 불리해지면 죽령 길로 돌아올 수 없게 될 것이니 빠져나갈 길을 사전에 수리하여 두는 것이 좋겠습니다."

라고 대답하였다.

그러나 유금필이 떨쳐 일어서며 다음과 같이 소리쳤다.

"제가 들으니 무기는 흉악한 도구요, 전투는 위험한 일이라 죽자는 결심을 하고 살려는 계책을 생각하지 않은 연후에 비로소 결승할 수 있다고 하는데 지금 적과 대치하고 있으면서 싸우기도 전에 먼저 패배할 것을 생각하는 것은 대체 무슨 까닭이요? 만약 급히 구원하지 않으면 고창의 3천여 명을 고스란히 적에게 주는 것이니 어찌 절통하지 않겠습니까? 저는 진군하여 급히 공격하기를 바랍니다."

과연 옳은 말이었다. 태조가 그의 의견을 좇아 군사들을 전진시켰다.

적진 가까운 곳에 이른 유금필은 저수봉(낮은 봉우리)으로부터 달려내려가며 분투하여 적을 크게 격파하였다.

태조가 고창에 들어가서 유금필에게 말하기를

"오늘의 승전도 그대의 힘이다."

하였다.

그러나 유금필은 931년(태조 14)에 참소를 당하여 곡도로 귀양을 가게 된다.

이듬해에 견훤의 해군 장군 상애가 대우도를 공격, 약탈하므로 태조가 대광 만세를 파견하여 구원하게 하였으나 승리하지 못하였다. 태조가 낙담하고 있을 때 유금필이 글을 올려 고하였다.

"저는 비록 죄를 짓고 귀양살이를 하고 있지만 백제가 우리의 해변지방을 침략한다는 소식을 듣고 이미 곡도와 포을도의 장정들을 선발하여 군대를 편성하고 또 전함도 수리하여 방어하게끔 되었으니 주상께서는 염려 마옵소서."

태조가 편지를 보고 울면서 말하기를,

"참소하는 말만 믿고 어진 사람을 내쫓은 것은 나의 불찰이다."

라고 하면서 사신을 보내어 그를 소환하고 위로하였다.

"그대는 실로 죄 없이 귀양을 살게 되었건만 일찍이 원한을 품거나 울분하지 않고 오직 나라를 도울 일만 생각하였으니 내가 심히 부끄럽고 후회된다. 나의 소망은 장차 자손들에게까지 연장하여 상 주어 그대의 충절에 보답하려는 것이다."

이듬해에 유금필은 정남 대장군으로 임명되어 의성부를 지켰는데 태조가 사람을 보내어 급히 명령했다.

"나는 신라가 백제의 침공을 받을까 염려하여 일찍이 군사들을 파견하여 진수하게 하였는데 이제 들건대 백제 군대가 벌써 혜산성, 아불산 등지에 이르러 사람과 재물을 겁탈한다 하니 신라 서울까지 침범치 않을까 우려된다. 그대는 마땅히 가서 구원하라."

이에 유금필이 장사 80명을 선발 인솔하여 태조의 명을 따랐다. 사탄에 이르렀을 때 유금필은 병사들에게 비장한 어조로 당부했다.

"만약 여기에서 적을 만나면 나는 필연코 살아서 돌아가지 못할 것인데 다만 그대들이 같이 희생당할 것이 염려되니 그대들은 각자가 살 도리를 잘 강구하라."

병사들은 이구동성으로 소리쳤다.

"우리가 모두 죽으면 죽었지 어찌 장군만을 홀로 살아 돌아가지 못하게 하겠습니까?"

유금필과 병사들은 오직 한마음으로 적을 공격할 것을 맹세하였다. 사탄을 건넌 다음 백제의 통군 신검 등과 맞닥뜨렸다. 유금필은 싸우려 하였으나 백제 군대는 유금필 군대의 대오가 정예로운 것을 보고 싸우지도 않고 스스로 흩어져 도망쳤다.

유금필이 신라에 도착하니 늙은이와 어린이까지 모두 성 밖으로 나와서 영접하며 절하고 눈물을 흘리면서 말하였다.

"뜻밖에 오늘 대광을 뵈옵게 됩니다. 대광이 아니시면 우리는 백제 군에게 살육 당했을 것입니다."

유금필이 7일간 머물다 돌아오는 길에 신검 등을 자도에서 만나 싸웠는데 크게 승리하였으며 적장 금달, 환궁 등 7명을 생포하였으며 적을 살상, 포로로 만든 것이 심히 많았다.

승전 보고를 받은 태조는 일변 놀랍고 일변 기뻐하면서 말하였다.

"우리 장군이 아니면 누가 능히 이렇게 할 수 있겠는가?"

이윽고 유금필이 돌아오니 태조는 궁전에서 내려가 맞이하면서 그의 손을 잡고 기뻐하였다.

"그대 같은 공훈은 옛날에도 드문 일이니 내가 이것을 마음에 새겨 두고 잊지 않겠다."

이에 유금필이 사례하며 공손하게 대답하였다.

"국난을 당하여 자기 일신을 생각지 않으며 위급에 직면하면 목숨을 바치는 것은 신하 된 자의 직분이거늘 성상께서 어찌 그런 말씀을 하시나이까?"

이런 일이 있고 나서 태조는 더욱 그를 소중하게 여겼다.

934년(태조 17)에 태조가 장차 운주를 친히 정벌하려고 유금필을 우장군으로 임명하였더니 견훤이 소문을 듣고 갑사 5천 명을 선발하여 거느리고 와서 말하였다.

"양군이 서로 싸우면 모두 온전하지 못할 형세이니 무지한 병졸들만 많이 살상될 것이 우려된다. 화친을 맹약하고 각자의 영토를 보존하는 것이 마땅하겠소."

이에 태조가 장군들을 모아 의논하였다. 그러나 유금필이 어림없다는 듯 소리치며 앞으로 나섰다.

"오늘 정세는 싸우지 않을 수 없으니 바라건대 성상께서는 염려 마시고 저희가 적을 격파하는 것이나 보십시오."

이윽고 견훤이 아직 대오를 정비하지 못한 틈을 타서 용감한 기병

수천 명을 거느리고 돌격하여 적병 3천여 명의 머리를 베고, 술사 종훈, 의사 훈겸, 장수 상달, 용장 최필을 생포하니 웅진 이북 30여 성이 소문을 듣고 자진하여 항복하였다.

935년(태조 18)에 태조가 여러 장군을 둘러보며 근심을 털어놓았다.

"나주 지방 40여 군은 우리의 울타리로 되어 오랜 기간 교화에 복종하였다. 일찍이 대상 견서, 권직, 인일 등을 파견하여 안무하였는데 근자에는 백제에 약탈 당하므로 6년간에 바닷길도 통하지 않으니 누가 나를 위하여 안무하러 가려 하는가?"

문자 홍유, 박술희 등이

"제가 비록 용맹하지는 못하나 장수의 한 사람으로 보충하여 주시기 바랍니다."

라고 하니 태조가

"대체로 장수로 되려면 백성의 마음을 얻는 것이 귀중하다."

라고 하였다.

이에 공훤, 대광 제궁 등이 아뢰기를

"금필이 적임자입니다."

라고 하였다.

태조가 기뻐하며 대답했다.

"나 역시 벌써 그렇게 생각하였다. 그러나 근자에 신라의 길이 막혔을 때 유금필이 가서 그것을 열었는데 나는 그 수고를 생각하고 감히 다시 명령하지 못하고 있다."

유금필이 벌떡 일어서며 아뢰었다.

"저는 이미 늙었으나 이것은 국가 대사인데 감히 있는 힘을 다 바치지 않겠습니까?"

유금필의 충정에 태조가 기뻐하며 눈물을 흘렸다.

"그대가 만일 이 명령을 받는다면 이보다 더 기쁜 일이 어디 있겠는가?"

드디어 유금필을 도통都統 대장군으로 임명하고 예성강까지 가서 송별하였으며 어선을 주어서 보냈다. 왕은 3일간 그대로 체류하면서 유금필이 바다에 나갈 때까지 기다렸다가 환궁하였다. 유금필이 나주에 가서 정벌하고 돌아올 때에도 태조는 또 예성강까지 나가 맞이하고 위로하였다.

유금필은 936년에 태조를 따라가서 백제를 공격하고 멸망시켰으며 941년(태조 24)에 죽었다. 유금필은 장령으로서의 전략을 가졌으며 병사들에게서 신망을 얻었고 출정할 때마다 명령을 받으면 즉시 출발하였으며 집에 들러서 자고 간 적이 없었다고 한다.

개선할 때면 태조는 반드시 마중 나가 위로하여 주었으며 시종일관 다른 장군들이 받지 못하는 총애와 대우를 받았다. 시호를 충절忠節이라 하였으며 994년(성종 13)에 태사太師 벼슬을 추증하고 태조 묘정에 배향하였다. 아들은 궁, 관유, 경이다.

훈요십조 訓要十條

통일의 과업을 달성하고 나서 태조는 나라의 기틀을 착실하게 다져 나감과 아울러 북방으로 영토를 넓히려고 애썼다. 발해를 멸망시킨 거란에서 화친을 요구했으나 태조는 이에 응하지 않고 적대시하며 서쪽으로는 청천강, 동쪽으로는 영흥 이북까지 영토를 확장시켰다. 그러나 태조의 북방 정벌은 거기서 멈추고 만다. 현실적으로 거란과 여진 세력이 버티고 있어 영토를 더 확보한다고 해봐야 지킬 여력이 없었던 것이다.

발해의 유민과 신라와 후백제의 백성까지 따뜻하게 포용하며 민족 대화합을 이룬 가운데 자주적 통일국가를 세운 왕건은 할 일이 아직 많았지만 943년 4월에 병을 얻어 자리에 눕고 만다. 그는 박술희를 불러들여 친히 훈요십조를 내렸다.

태조는 열 가지 훈계 끝에 '중심장지' 中心藏之(마음속에 간직하라)라는 네 글자를 덧붙여서 후대 왕들이 대대로 전해 내려가면서 보배로 여겨 지키도록 당부하였다.

그 내용을 보면 다음과 같다.

첫째로 국가의 왕업은 반드시 부처의 도움을 받아야 한다. 따라서 불교를 잘 위하되 후세에 간신이 권력을 잡으면 승려들의 청촉을 받아 모든 사원을 서로 쟁탈하게 될 것이니 이런 일을 엄격히 금지하여야 한다.

둘째로 모든 사원은 도선道詵의 의견에 따라 산천의 좋고 나쁨을 가려서 창건한 것이므로 향후 함부로 사원을 짓거나 훼손시켜서는 안 된다. 그렇게 하면 도선은 지덕地德을 훼손시키게 되어 국운이 길지 못할 것이라고 하였다.

셋째로 적자嫡者에게 왕위를 계승하는 것을 원칙으로 하되 장자가 불초不肖할 때에는 인망 있는 자로 정통을 잇게 할 것이다.

넷째로 우리 동방은 오래 전부터 중국의 풍습을 본받아 예의 문물을 모두 당나라 제도에서 준수하여 왔다. 그러나 지역이 다르고 사람의 성품도 각각 같지 않으니 구태여 억지로 맞출 필요는 없다. 그리고 거란은 금수의 나라로서 풍속도 다를 뿐 아니라 언어도 다르니, 그들의 의관 제도를 아예 본받지 말라.

다섯째로 서경西京(현 평양)은 수덕水德이 순조로워 우리나라 지맥의 근본이므로 항상 그곳을 중시해야 할 것이다. 춘하추동 사철의 중간 달에 국왕은 거기에 가서 백 일 이상 체류함으로써 왕실의 안녕을 도모하게 할 것이다.

여섯째로 연등燃燈은 부처를 섬기는 것이요, 팔관八關은 하늘의 신령과 5악岳, 명산, 대천 용의 신을 섬기는 것이다. 이렇듯 중요한 행사를 소홀히 해서는 아니될 것이다. 이 모임을 국가 기일忌日과 상치되지 않게 하고 임금과 신하가 함께 즐기기로 굳게 맹세하여 왔으니 마땅히 조심하여 이대로 시행할 것이다.

일곱째로 임금이 백성의 신망을 얻는 것은 가장 어려운 일이다. 항상 공평하게 일을 처리하여 백성의 뜻을 저버리지 말라. 참소하는 말은 꿀처럼 달지만, 그 말을 믿지 않으면 참소가 자연히 없어질 것이다. 또한 백성들은 때를 보아 쓰도록 하라. 부역과 세금을 적게 하며 농사짓는 것이 어려운 일이라는 것을 알게 되면 자연 백성들의 신망을 얻어 나라는 부강하고 백성은 편안하게 될 것이다.

여덟째로 차현車峴(현 차령산맥) 이남 공주公州 강 바같은 산형과 지세가 모두 반대 방향으로 뻗었고, 인심도 산세와 같이 반항적이니 그 지방 사람들은 비록 양민일지라도 관직을 주어 정치에 참여시키는 일이 없도록 하라.

아홉째로 백관의 녹봉과 상벌을 공평하게 해야 할 것이다. 만일 공로가 없는 사람이나 친척, 가까운 사람으로서 헛되이 녹봉을 받게 되면 다만 아래 백성들이 원망하고 비방할 뿐 아니라 그 사람 자신도 역시 그 행복을 길이 누릴 수 없을 것이니 마땅히 엄격하게 이를 경계해야 한다. 또 우리는 강하고도 악한 나라(거란)가 이웃으로 되어 있으니 평화로운 시기에도 위험을 잊고 평안한 것을 취해서는 안 된다. 병졸들은 응당 보호하고 돌보아 주어야 하며 부역을 면제하고, 매년 가을에 무예가 특출한 자들을 뽑아 알맞게 벼슬을 높여 주라.

열째로 나라를 가진 자나 집을 가진 자는 항상 만일을 경계하며 경전과 역사 서적을 널리 읽어 옛일을 지금의 교훈으로 삼아야 할 것이다.

왕건은 고려는 고구려에서 나온 것이라는 것을 내세워 압록강을 넘어 보려고 무한히 애를 썼으나 창업에 정력을 쏟느라고 아깝게도 압록강까지는 가보지 못하고 세상을 하직하였다. 공교롭게도 이날은 바로 궁예가 죽은 날이었다.

태조의 죽음

943년(태조 26) 5월 병오일에 태조의 병이 더욱 중하여지므로 태조가 신덕전에 나가서 학사 김악金岳에게 명하여 유조遺詔를 쓰게 하였다. 초고가 이루어진 뒤로 태조는 말을 더 하지 못했다. 좌우 신하들이 큰 소리로 목메어 울부짖으니 그제야 태조가 이것이 무슨 소리냐고 물었다.

"성상께옵서 백성의 부모가 되었다가 오늘 갑자기 여러 신하를 버리고 가려 하시니 저희가 슬픔을 참을 수 없습니다."

태조는 신하들의 말을 듣고 조용히 웃으면서 대답하였다.

"덧없는 인생이란 옛날부터 으레 이런 것이다."

이런 말을 남기고 태조는 오래지 않아 죽었다.

태조가 왕위에 있은 지는 26년이요, 향수는 67세였다. 그 시호를 신성神聖이라 하고 묘호를 태조太祖라고 하였다. 송악산 서쪽 기슭에 장사 지내니 능호는 현릉顯陵이다.

태조와 고려 왕실에 관한 설화

　고려 왕실의 조상은 역사 기록이 없어서 알 수 없다. 『태조실록』에 의하면 태조 즉위 2년에 왕의 3대 조상을 추봉하였는데 중조부를 원덕 대왕이라 하고 그 비를 정화 왕후라 하였으며 조부인 의조를 경강 대왕이라 하고 그 비를 원창 왕후라 하였다. 또한 아버지인 세조를 위무 대왕이라 하고 그 비를 위숙 왕후라고 하였다.

　김관의金寬毅가 편찬한 『편년통록』編年通錄에는 고려 왕실의 기원에 대한 것이 다음과 같이 기록되어 있다.

　옛날에 호경虎景이라는 사람이 살고 있었다. 스스로 성골聖骨 장군이라고 부르면서 산천을 두루 구경하고 다니던 그는 부소산 왼쪽 산골에 이르러 장가를 들었다. 호경은 그때부터 부소산 산골에서 일가를 이루어 살기 시작했다.

　호경은 활을 아주 잘 쏘아 주변에 명성이 자자했다. 하여 날마다 사냥하러 다니면서 동물들을 잡아 왔는데 그 고기와 가죽을 팔아 집은 늘 부유하였다. 호경에게는 걱정거리가 그다지 없었으나 다만 아들이 없는 것이 늘 마음을 허전하게 하였다.

　그러던 어느 날, 호경이 같은 마을 사람 아홉 명과 평나산에 매를 잡으러 갔다. 그런데 그만 사냥감을 정신없이 쫓아다니다가 날이 저물고 말았다. 호경은 사람들과 함께 바위 굴속으로 들어가 하룻밤 묵기로 하였다.

　온종일 사냥하러 다니느라 피곤하여 곯아떨어졌는데 난데없이 호랑이 울음소리가 들려왔다. 화들짝 놀라 잠에서 깬 사람들이 가만히 살펴보니 커다란 호랑이 한 마리가 굴 앞을 가로막은 채 포효하고 있었다.

아무래도 굶주린 호랑이가 사람 냄새를 맡고 찾아온 것 같았다. 사람들은 이런저런 생각 끝에 각자의 관을 호랑이에게 던져 보기로 하였다. 호랑이가 관을 물면 그것의 임자가 호랑이 앞으로 나가서 일을 당하자고 약조한 것이었다.

마침내 모두 자기 관을 던졌는데 호랑이가 호경의 관을 덥석 물었다. 호경은 속절없이 당할 것이 아니라 호랑이와 싸워 보기라도 하자고 생각하며 굴 밖으로 나갔다. 그런데 호경이 굴 밖으로 나가자마자 호랑이가 갑자기 사라져 버리는 것이 아닌가.

그런데 바로 그때였다. "우르르 쾅!" 소리를 내며 멀쩡하던 굴이 무너져 버렸다. 그제야 호랑이가 자신을 살리고자 다녀간 것이라는 생각이 들었다.

놀란 가슴을 쓸어내리며 굴 앞에서 밤을 지새운 호경은 이튿날 평나군으로 달려가 보고하고 흙과 바위에 깔려 죽은 마을 사람들을 장사지내 주었다.

그런데 호경이 산신에게 제사를 지낼 때였다. 놀랍게도 여자의 형체를 한 산신이 호경 앞에 불쑥 나타났다. 호경은 두려운 마음에 넙죽 절하며 땅에 엎드렸다. 그러자 산신이 타이르듯 부드러운 어조로 이야기했다.

"나는 본시 과부로서 이 산을 주관하고 있었다. 그런데 이번에 다행히 당신 성골 장군을 만나게 되어 서로 부부의 연을 맺고 함께 신神의 정치를 하려고 한다. 우선 당신을 이 산의 대왕으로 봉하겠다."

산신의 말이 끝나기 무섭게 호경과 산신의 모습이 홀연 사라져 버렸다.

평나군 사람들은 이런 일이 있고 나서 호경을 대왕으로 봉하는 동시에 사당을 세워 제사를 지냈다. 또한 아홉 사람이 함께 죽었다

하여 평나산의 이름을 구룡산이라고 고쳤다.

한편, 산신과 부부의 연을 맺고 대왕으로 봉해진 호경은 신의 정치를 펼쳐 나가면서도 마음 한편으로는 옛날 아내가 늘 그리웠다. 그리하여 그는 밤마다 아내를 몰래 찾아가 이야기를 나누다가 동침하곤 하였다. 이 때문에 호경의 옛 아내가 잉태하였고 오래지 않아 아들을 낳으니 이름을 강충康忠이라고 지었다.

강충은 생김생김이 단정하고 근엄하여 재주가 많았다. 세월이 흐르매 장성하여 서강 영안촌 부잣집 딸 구치의에게 장가를 든 강충은 오판산 마가갑에서 터를 잡고 살았다.

그때 풍수에 관한 방술을 잘 아는 신라 사람 필원이 부소군에 왔던 길에 강충을 만났다. 필원이 부소산의 형세를 살피더니 강충을 안타깝게 바라보며 이야기했다.

"부소산의 형세는 좋으나 나무가 없는 것이 흠이다. 만일 부소군을 산 남쪽으로 옮기고 솔을 심어 암석이 나타나지 않도록 하면 거기서 삼한을 통일하는 자가 출생할 것이다."

이 말을 듣고 강충은 부소군 사람들과 함께 부소산 남쪽으로 이사하고 산에 솔을 심은 뒤에 군명을 송악군으로 고쳤다. 오래지 않아 송악군의 상사찬이 된 강충은 마가갑 저택을 세전世傳하는 재산으로 삼고 왕래하면서 살았다.

부소산 남쪽으로 이사하고 나서 강충에게 재산이 모이기 시작했는데 두 아들을 낳았을 때쯤 수만금을 가진 큰 부자가 되었다.

강충의 두 아들 중 뒤에 보육寶育이라고 이름을 고친 둘째 아들 손호술은 무척 지혜로운 사람이었다. 그는 지리산으로 들어가 승려가 되어 불도를 닦았는데 훗날 구룡산(평나산) 북쪽 기슭에 들어와 살다가 다시 마가갑으로 옮겨 갔다.

마가갑에서 살아가던 어느 날, 보육이 상서로운 꿈을 꾸었다. 곡령재에 올라 남쪽을 향하여 오줌을 누었더니 그 오줌이 천지에 가득 차 산천이 바다로 변한 것이다.

이튿날이 되자 보육은 형 이제건을 찾아가 꿈 이야기를 하였다. 그러자 이제건이 말하기를

"네가 반드시 하늘을 버티는 기둥을 낳을 것이다."

라고 하였다.

그러고는 자기 딸 덕주를 보육에게 주어 처로 삼게 하였다.

세월이 흘러 거사가 된 보육은 마가갑에서 암자를 짓고 살았다. 어느 날, 신라 술사 한 사람이 와서 보고 말하기를 여기서 살면 반드시 당나라 천자를 사위로 삼게 될 것이라고 하였다.

보육은 두 딸을 낳았는데 둘째 진의가 특히 얼굴이 곱고 재주와 지혜가 많았다. 진의가 막 성년이 되었을 때에 그 언니가 또다시 오줌 꿈을 꾸었다. 오관산 마루턱에 올라앉아 오줌을 누었더니 그 오줌이 흘러 천하에 가득 차 보였다는 것이다.

언니는 깨어나서 진의에게 꿈 이야기를 하였다. 가만히 듣고 있던 진의는 비단치마를 가지고 와서 그 꿈을 사겠다고 하였다. 그러자 언니는 그것을 허락하였다. 진의는 언니에게 다시 그 꿈 이야기를 하라 하고 그것을 움켜서 품에 품는 시늉을 세 번 하였다. 그랬더니 그의 몸이 움직이고 무엇인가 얻는 것만 같았다. 진의는 그것으로 하여 자못 자부심을 느끼게 되었다.

당시 중국의 당나라 숙종은 아직 즉위하기 전이었다. 숙종은 천하 산천을 두루 유람하려고 천보 12년 계사 봄에 바다를 건너 패강浿江(현 대동강) 시포에 도착하였다. 그때 마침 강바닥에 진흙이 차서 따르던 관원들이 배 안에 있던 돈을 던져 펴고서야 상륙할 수 있었

다. 이런 일이 있고 나서 그곳을 전포라고 부르게 되었다.

그러나 민지閔漬는 『편년강목』編年綱目에 『벽암록』碧巖錄 등 불교 서적을 인용하여 삼한으로 온 사람이 숙종이 아니라 선종이라고 서술해 놓았다. 그 내용은 다음과 같다.

당나라 선종의 나이 13세 되던 때였다. 당시는 목종 황제 재위 기간이었는데 하루는 선종이 장난으로 황제의 용상에 올라 여러 신하에게 답례하는 시늉을 하였다. 그런데 목종의 아들 무종이 그것을 보고 말았다. 무종은 그때부터 속으로 선종을 몹시 꺼리었다. 아니나 다를까 목종에 이어 무종이 즉위하자, 선종은 궁중에서 온갖 박해를 당하게 되었다. 이에 선종은 궁에서 가만히 나와 멀리 도망쳤다. 그리하여 그는 천하를 두루 돌아다니면서 갖은 고초를 다 겪었다. 그때에 염관현 안 선사安禪師가 선종의 얼굴을 알아보고 특별히 후대하였기 때문에 그는 염관에서 가장 오래 머물러 있었다.

선종은 일찍이 광왕이 되었는데 광군은 곧 양주 속군이요, 염관현鹽官縣은 항주 속현이었다. 광군이나 염관현이 다 중국의 동해에 접해 있어 상선들이 왕래하는 곳이었다. 선종은 그때 신변에 위험을 느끼는 처지로서 피신하는 곳이 깊숙하지 못한 것을 두려워하는 형편이었다. 하여 선종은 천하의 산수를 유람한다는 구실 하에 상선을 따라 바다를 건넜다.

당시에는 아직 당사가 편찬되지 않았을 때라 당나라 사정에 대하여 자세히 알 길이 없었다. 그래서 다만 숙종 선황제 때에 안록산의 난이 있는 것만 전해 듣고 선종이 피난하여 도망갔다는 사실은 듣지 못했기 때문에 선종 황제의 일을 숙종 선황제의 사실로 잘못 기록한 것이다.

또 세상에 다음과 같은 이야기가 전해지기도 하였다.

충선왕이 원나라에 가 있을 때에 원나라 한림학사 한 사람이 그와 교제를 하고 있었는데 그는 왕에게 다음과 같이 물었다.

"듣건대 대왕의 조상은 당나라 숙종 황제에게서 낳았다고 한다는데 그것은 어디에서 근거한 이야기입니까? 사실 숙종은 어려서부터 한 번도 대궐 밖으로 나간 일이 없고, 안록산의 난이 있었던 때에는 영무에서 즉위하였으니 고려에 가서 자식까지 둘 겨를이 없었을 텐데 말입니다."

충선왕은 이 말에 어찌나 부끄러웠던지 채 대답을 하지 못하였다. 그때 민지가 곁에 있다가 대신 답하였다.

"그것은 우리 국사에 잘못 쓰인 것이다. 사실은 숙종이 아니고 선종인 것이다."

한림학사는 그 말을 듣고 선종은 오랫동안 외방에서 고생하였던 만큼 혹 그럴 수도 있겠다고 하였다.

다시 본래의 이야기 속으로 다시 돌아가 보기로 하겠다.

숙종 황제는 드디어 송악군으로 와서 곡령재에 올라 남쪽을 바라보며 이렇게 말하였다.

"이 땅은 도읍을 이룰 만한 곳이다."

시종 하는 자가 여기는 곧 도를 성취한 여덟 명의 신선이 사는 곳이라고 하였다. 이들은 마가갑 양자동으로 와서 보육의 집에 유숙하게 되었다.

숙종 왕은 두 처녀를 보고 기뻐하며 자기의 옷 터진 것을 꿰매어 달라고 하였다. 보육은 그가 중국의 귀인인 줄 알고 과연 술사의 말이 맞는다고 생각하였다. 곧 맏딸을 들여보냈더니 겨우 문지방을 넘자마자 코피가 터져서 되돌아 나오고 대신 진의를 들여보내어 모시게 하였다.

숙종은 머무른 지 한 달 만에 진의에게 태기가 있는 것을 알게 되었다. 그리하여 그는 이별할 때에 자기는 당나라 귀족이라는 것을 밝히고 진의에게 활과 화살을 주면서 만일 생남을 하거든 그것을 주라고 하였다.

그 후 과연 생남을 하였는데 그 이름을 작제건作帝建이라고 하였다. 후에 고려에서는 보육을 추존하여 국조 원덕 대왕이라 하고 그의 딸 진의를 정화 왕후라고 하였다.

작제건은 어려서부터 총명하고 용맹이 있었다. 나이 5~6세쯤 되었을 때, 그 어머니에게 자기 아버지는 누구냐고 물었다. 어머니는 그의 아버지는 당나라 사람이라고 대답하였다. 남편의 이름을 몰랐기 때문에 이렇게만 대답한 것이다.

작제건은 점점 자라서 육예六藝를 다 잘하였고, 그중에서도 글씨와 재주가 뛰어났다. 나이 16세 때에 어머니가 활과 화살을 작제건에게 주었다. 그것은 전날 아버지가 장차 태어날 아들에게 주라고 하며 남겨 두고 간 것이었다. 기뻐하며 활과 화살을 받은 작제건은 그날부터 활쏘기를 익혔다. 그러자 오래지 않아 백발백중의 명수가 되었다. 이리하여 세상 사람들은 그를 신궁이라고 불렀다.

그러던 어느 날, 작제건은 아버지를 찾아가려고 상선을 타고 삼한 땅을 떠났다. 그런데 바다 복판쯤 왔을 때 구름과 안개가 자욱해지며 배가 사흘 동안 가지 못했다. 이에 뱃사람이 점을 치더니 배에 탄 고려인을 내려놓고 가야 한다고 하였다.

민지의『편년강목』에는 다음과 같이 전하기도 한다.

신라의 김양정이 당나라 사신으로 들어가는데 작제건도 마침 그 배에 탔다. 양정의 꿈에 백발 할아버지가 나타나서 그에게 말하기를 고려인을 내려놓으면 순풍을 얻을 것이라고 하였다.

고려인이 내려야 한다는 말을 들은 작제건은 활과 화살을 잡고 바다로 뛰어내렸다. 다행스럽게도 마침 밑에는 암석이 깔려 있어 그 위에 설 수 있었다. 그런데 작제건이 내리자마자 사방에 자욱했던 안개가 흩어지며 바람이 순해지더니 배는 나는 듯이 달리기 시작하였다.

바다 위에 혼자 남은 작제건이 사방을 둘러보고 있는데 홀연 한 늙은이가 나타나 절을 하면서 다음과 같이 말하였다.

"나는 서해의 용왕입니다. 그런데 요사이 매일 저녁나절만 되면 늙은 여우 한 마리가 치성광여래의 형상을 하고 공중으로부터 내려와서 일월성진을 운무 중에 늘어놓고 소라 나팔을 불고 북을 쳐 음악을 하면서 이 바위 위에 앉아서 옹종경擁腫經을 읽습니다. 그러면 나의 두통이 심해집니다. 활을 잘 쏜다고 하니 원컨대 그 궁술로 나의 피해를 덜어 주시오."

작제건은 곧 그렇게 할 것을 약속하였다.

역시 민지의『편년강목』에는 이런 이야기도 서술되어 있다.

작제건이 바위가에 좁다란 길이 있는 것을 보고 그 길을 따라 1리 가량 들어갔더니 거기에 또 다른 바위가 하나 있었다. 그런데 그 바위 위에 멋들어진 궁전이 하나 서 있는 게 아닌가. 게다가 궁궐 문은 훤히 열려 있었다. 그 가운데 금자金字로 사경寫經하는 곳이 있었다. 자세히 보니 먹이 아직 마르지 않았고 사방을 돌아보니 사람은 없었다.

작제건이 그 자리에 앉아서 붓을 들고 사경을 시작하는데 홀연 한 여자가 와서 앞에 섰다. 작제건은 관음보살의 현신인가 하고 놀라 일어나 내려앉으면서 절을 하려고 하였다. 그런데 그 여자가 감쪽 같이 사라져 버리는 것이었다. 하여 도로 앉아서 사경을 계속하는 데 한참 있다가 그 여자가 다시 나타나서 다음과 같이 말하였다.

"나는 용왕의 딸로서 여러 해를 두고 사경하고 있으나 아직 끝이 나지 않았소. 다행히 낭군이 글씨를 잘 쓰고 활을 잘 쏘니 여기에 머물러 나의 공덕(사경하는 일)을 돕고 또 우리 집의 불행을 제거하여 주시오. 그 불행이라는 것은 7일 동안 기다리면 알게 될 것이오."

때가 되니 과연 공중에서 음악 소리가 들리고 서북으로부터 내려 오는 자가 있었다. 작제건은 그것이 정말 부처가 아닌가 의심하고 감히 쏘지를 못하였다. 그랬더니 할아버지가 다시 와서 그것이 정 말 늙은 여우임이 틀림없으니 의심하지 말고 쏘라고 하였다. 그제 야 작제건이 활을 쏘았더니 과연 늙은 여우 한 마리가 떨어졌다.

늙은이는 크게 기뻐하면서 작제건을 맞아 궁 안으로 들어갔다.

"그대의 힘으로 나의 근심이 이미 덜어졌으니 큰 은덕을 갚으려 하노라. 그대는 앞으로 서쪽 당나라로 들어가서 천자인 아버지를 만나려는가? 그렇지 않으면 칠보의 부를 가지고 동쪽으로 돌아가 서 어머니를 모시려는가?"

"나의 소원은 동방의 임금이 되는 것입니다."

곰곰 생각하던 늙은이가 다음과 같이 이야기하였다.

"동방의 임금이 되려면 '건' 자 붙은 이름으로 자손까지 3대를 거 쳐야 한다. 다른 것은 그대의 소원대로 하여 주겠노라."

작제건은 그 말을 듣고 임금이 될 때가 아직 오지 않았다는 것을 알고 주저하여 대답하지 못하는데 그 뒤편에 있던 어떤 늙은 할미가 농담 삼아 말하였다.

"왜 그 딸에게 장가를 들지 않는가?"

작제건이 그제야 깨닫고 사위 되기를 청하니 늙은이는 장녀 저민의를 그에게 처로 주었다.

작제건이 칠보를 가지고 돌아오려고 하는데 저민의가 말하였다.

"우리 아버지에게 버드나무 지팡이와 돼지가 있는데 그것은 칠보보다 더 귀중한 것입니다. 그것을 달라고 해서 가지고 가도록 합시다."

작제건이 칠보 대신에 버드나무 지팡이와 돼지를 원하니 늙은이는 혀를 찼다.

"그 두 물건은 나의 신비로운 귀중한 물건이다. 그러나 기왕 자네가 청하니 어찌 거절하리요."

늙은이에게 칠보와 돼지를 건네받은 작제건은 옻칠한 배를 타고 바다에 떠서 순식간에 해안에 다다랐다. 거기는 곧 창룡굴 앞 강변이었다.

백주의 정초 류상회(장사꾼)들이 그 소식을 듣고

"작제건이 서해 용왕에게 장가를 들어왔으니 실로 큰 경사로다."

하며 개주, 청주, 염주, 백주 네 주와 강화, 교동, 하음 세 현 사람들을 데리고 와서 그를 위하여 영안성을 쌓고 궁실을 건축하여 주었다.

용녀(저민의)가 처음 왔을 때에 개주 동북 산기슭에 가서 땅을 파고 은그릇으로 물을 떠 썼으니 지금의 개성 '큰 우물'이 곧 그곳이다.

영안성에서 산 지 1년이 지난 어느 날 돼지가 우리로 들어가지 않았다. 이를 이상하게 여긴 주인이 돼지에게 말했다.

"만일 이곳이 살 곳이 못 된다면 내가 장차 네가 가는 데로 따라가
겠다."

이튿날 아침에 돼지는 송악산 남쪽 기슭에 가 누웠다.

드디어 거기로 가서 새집을 짓고 살게 되었던바 그곳은 곧 강충이
살던 옛터였다. 거기서 영안성으로 왕래하면서 30년 동안이나 살
았다.

용녀는 일찍이 송악산 새집 창 밖에 우물을 파고 그 속을 통하여
서해 용궁에 다녔는데 그 우물은 곧 광명사 동상방 북쪽에 있는 우
물이다. 그는 항상 작제건과 약속하기를

"내가 용궁으로 돌아갈 때에는 절대로 보지 마시오. 만일 그렇게
하지 않으면 다시 돌아오지 않으리다."

라고 하였다.

그러나 어느 날 작제건은 가만히 그곳을 들여다보았다. 이에 용녀
는 어린 딸과 함께 우물로 가서 황룡으로 변하며 오색구름을 일으
켰다. 작제건은 이상하게 여겼으나 감히 말을 못하였다. 그랬더니
용녀가 돌아와서 성을 내며 말했다.

"부부간의 도리는 신의를 지키는 것이 중요한데 어제 당신이 약속
을 어기였으니 나는 더는 여기서 살 수 없소."

용녀는 드디어 어린 딸과 함께 용으로 화해서 우물로 들어간 후 다
시는 돌아오지 않았다.

작제건은 만년에 속리산 장갑사에 가서 살면서 불경을 읽다가 죽었
다. 후에 그를 추존하여 의조 경강 대왕이라 하고 용녀를 원창 왕후라
고 하였다. 원창 왕후가 네 아들을 낳았는데 맏아들을 용건이라고 하
였다. 용건은 후에 이름을 융으로 고치고 자는 문명이라고 하였으니

이가 곧 세조였다.

세조는 체격이 크고 아름다운 수염을 가졌으며 도량이 넓어서 삼한을 통일하려는 뜻이 있었다. 그는 일찍이 꿈을 꾸었는데 한 미인이 와서 아내가 되기를 약속하였다.

후에 송악산에서 영안성으로 가는 길에 실제로 한 여자를 만났는데 모양이 꿈에 본 여자와 똑같았으므로 그녀와 혼인하였다. 그 여자가 어디서 왔는지 알 수 없었기 때문에 세상 사람들은 그를 몽 부인이라고 불렀다. 혹은 말하기를 그는 삼한의 어머니가 되었기에 성을 한씨로 택했다고 하는데 이가 곧 위숙 왕후였다.

세조는 송악산 옛집에 여러 해 살다가 또 새집을 그 남쪽에 건설했는데 그 터는 곧 연경궁 봉원전 터이다. 그때에 동리산 조사 도선이 당나라에 들어가서 일행의 지리법을 배워서 돌아왔는데 백두산에 올랐다가 곡령까지 와서 세조의 집을 보고

"지장을 심을 터에 어찌 삼을 심었는가?"

하고는 가 버렸다.

부인이 마침 그 말을 듣고 세조에게 이야기하니 세조가 천방지축 급히 따라가서 그와 만났는데 한 번 만난 후에는 단박에 구면과 같이 되었다.

드디어 함께 곡령에 올라가서 산수의 태맥을 연구하며 위로는 천문을 보고 아래로는 시운을 살핀 다음 도선이 다음과 같이 말하였다.

"이 땅의 지맥은 북방 백두산 수모 목간으로부터 내려와서 마두 명당에 떨어졌으며 당신은 또한 수명이니 마땅히 수의 대수를 좇아서 육육삼십육 구의 집을 지으면 천지의 대수에 부합하여 명년에는 반드시 슬기로운 아들을 낳을 것이니 그에게 왕건이라는 이름을 지을 것이다."

도선은 그 자리에서 봉투를 만들고 겉에 쓰기를

'삼가 글을 받들어 백 번 절하면서 미래에 삼한을 통합할 주인 대원 군자 당신에게 드리노라.'

라고 하였으니 때는 당 희종 건부 3년 4월이었다.

세조는 도선의 말대로 집을 짓고 살았는데 그달부터 위숙이 태기가 있어 태조를 낳았다.

민지의 『편년강목』에는 다음과 같이 기록되어 있다.

태조의 나이 17세 되었을 때에 도선이 다시 와서 만나기를 청하여 이렇게 말하였다.

"당신은 이 혼란한 때에 상응하여 하늘이 정한 명당 터에 태어났으 니 삼국 말세의 창생들은 당신이 구제하여 주기를 기다리고 있다."

그 자리에서 도선은 태조에게 군대를 지휘하고 진을 치는 법, 유리 한 지형과 적당한 시기를 선택하는 법 등을 가르쳐 주었다.

897년(건녕 4) 5월에 세조(왕건의 아버지)가 금성군(현 전남 나주)에서 죽자 그를 영안성 강변 석굴에 장사 지냈다. 후에 그 묘를 창릉이 라고 하였으며 후에 위숙 왕후를 합장하였다.

실록에 의하면 1027년(현종 18)에 세조에게 시호를 더 붙여서 원열元 烈이라 하고 위숙 왕후는 혜사惠思라고 하였으며 1253년(고종 40) 다 시 시호를 더 붙여 세조는 민혜敏惠, 위숙은 인평仁平이라고 하였다.

설화에 대한 반박

이제현은 다음과 같이 말하였다.

김관의는 말하기를 성골 장군 호경이 아간阿干 강충을 낳고 강충이 거사居士 보육을 낳았으니 보육이 곧 국조 헌덕 대왕이요, 보육이 딸을 낳아 당나라 귀성에게 시집 보내어 의조를 낳았으며 의조는 세조를 낳고, 세조는 태조를 낳았다고 하였다.

만일 그의 말대로 한다면 당나라 귀성이라는 자는 의조에게 아버지요, 보육은 그 의조 아버지의 장인이 되는데 보육을 국조라고 칭한 것은 무슨 까닭인가?

김관의는 또 말하기를 태조가 3대의 조상을 추존하였는데 아버지를 세조 위무 대왕으로, 어머니를 위숙 왕후로, 증조모를 정화 왕후로, 증조모의 아버지 보육을 국조 원덕 대왕으로 각각 추존하였다고 하였다.

그의 이 설은 추존에서 증조부를 생략하고 증조모의 아버지를 써 넣어서 합하여 3대 조상이라고 한 것인데 이것은 무슨 까닭인가?

『왕대종족기』에는 말하기를 국조는 태조의 증조요, 정화 왕후는 국조의 왕후라고 하였다. 또 『성원록』에는 말하기를 보육 성인이라는 자는 원덕 대왕의 외조부라고 하였다.

이 두 설로 미루어 본다면 원덕 대왕은 곧 당나라 '귀성'의 아들로서 의조의 아버지가 되며 정화 왕후는 보육의 외손부로서 의조의 어머니가 된다. 그래서 김관의가 보육을 국조 원덕 대왕이라고 한 것은 오류인 것이다.

이제현은 또 다음과 같이 말하였다.

김관의는 의조가 당나라 사람인 자기 아버지를 만나려고 바다를 건넜다고 하였다. 그렇다면 그의 뜻은 대단히 간절하였을 것이다. 그런데 용왕이 소원을 물었을 때는 곧 동방으로 돌아가기를 희망한다고 하였다. 아마도 의조가 이렇게 대답하지는 않았을 것이다.

『성원록』에는 혼강 대왕(즉 의조)의 처 용녀는 평주 사람 두은점 각간의 딸이라고 하였으니 이것은 김관의의 기록과 같지 않다.

이제현은 또 다음과 같이 말하였다.

도선은 세조의 송악 남쪽 집을 보고 기장 심을 밭에 삼을 심었다고 말해 주었다. 기장과 왕은 조선말로 비슷하므로 태조는 왕씨로 성을 삼은 것이라고도 하였다. 그러나 자기 아버지가 살아 있는데 자식이 혼자 성을 고치다니 천하게 어찌 그럴 이치가 있겠는가? 더욱이 그런 일을 우리 태조가 하였다고 말하겠는가? 참 슬픈 일이다. 그리고 태조의 세조는 궁예를 섬겼는데 궁예는 원래 의심과 시기가 많은 사람이었다. 그런데 태조가 아무런 이유도 없이 혼자서 왕씨로 성을 삼았다면 그것이 어찌 자기 자신이 화를 끌어들이는 것이 아니었겠는가?

내가 『왕대종족기』를 보니 거기에는 국조의 성은 왕씨라고 기록되어 있다. 그렇다면 태조 때에 와서 비로소 왕씨로 성을 삼은 것은 아니다. 소위 기장을 심었다는 설이 또한 거짓이 아니었겠는가.

김관의는 또 말하기를 의조와 세조의 이름 아래 자는 태조의 이름과 같다고 하였다. 그것은 개국 이전에는 풍속이 순박한 것을 숭상하였기 때문에 혹 그런 일도 있었으리라고 김관의가 생각하고 그렇게 쓴 것이다. 그러나 사실 의조로 말하면 육예에 정통하고 특히 글씨와 궁술은 으뜸가는 사람이었으며 세조는 어렸을 때부터 큰 배포를 가지고 삼한을 차지할 뜻을 품고 있던 인물인데 어찌 자기 조부와 아버지의 이름에 저촉되게 할 수 있었겠으며 또 그것을 자기 아들들의 이름으로 정하였겠는가?

하물며 태조로 말하면 왕업을 창시하여 자손에게 전하고 모든 것에 옛날 왕들의 좋은 모범을 따랐는데 어찌 부득이한 사정이 있다 하여 예법이 아닌 이름에 무관심했겠는가. 내 생각에는 신라 때에는 임금을 마립간麻立干이라 하고 그 신하를 아간, 대아간이라고 하였으며 심지어는 시골 백성까지도 대개 간을 그 이름 밑에 붙여서 불렀으니 간이라는 것은 대체로 존경어인 것이다. 그런데 아간은 또 아찬, 혹은 알찬이라고 하는데 그것은 간干, 찬飡, 찬粲 세 글자의 음이 서로 가깝기 때문이다. 의조, 세조의 이름 아래 자인 건 역시 간, 찬의 음과 가깝다는 것은 원래 존경어를 그 이름 밑에 붙여서 부른 것이 와전된 것이요, 원이름은 아니다. 태조가 마치 이 자로 이름을 지었기 때문에 호사자들이 견강부회해서 말하기를 3대가 같은 이름을 지으면 반드시 삼한의 왕이 된다고 한 것이니 이것은 믿을 바 못 된다.

사신史臣의 평

옛 서적을 참고하건데 도지추밀 병부상서 김영부와 장사랑 검교 군기감 김관의는 다 의종 왕조의 신하로서 관의가 『편년통록』을 지은 것을 영부가 검열한 후 올린 것이다. 그의 차자에도 역시 관의가 여러 사람의 장서를 참고하여 쓴 것이라고 밝혀 있다. 그 후에 민지가 『편년강목』을 편찬할 때에도 역시 김관의의 설을 좇았던 것이다.

그러나 이제현은 『종족기』宗族記와 『성원록』聖源錄을 인용하여 이들의 와전된 설을 논박하였다. 이제현은 일대에 이름난 선비인 만큼 어찌 보는 바가 없이 경솔하게 당시 국광의 세계를 논하였겠는가. 소위 숙종이니 선종이니 하는 것은 당서를 참고하여 보면 숙종은 어릴 때부터 일찍이 대궐 밖을 나온 일이 없었던바 그는 과연 원나라 학사의 말과 같고 선종은 비록 광왕의 봉작을 받은 일이 있었으나 당사에 번황이 자기의 봉토로 나가는 제도가 없었으니 소위 난리 통에 화를 피하여 동으로 왔다는 설은 역시 선록과 잡기 등에 실린 설로서 다 근거가 없고 신용할 수 없는 것이다. 더욱이 용녀에 관한 이야기는 어찌 황당하기가 그렇게 심한가!

『태조실록』은 정당문학 수국사 황주량이 편찬한 것이다. 주량은 태조의 손자인 현종 왕대에 벼슬하였던 만큼 태조 때의 일을 익히 들어 알고 있었을 것이다. 그런데 그 추증에 관한 기사에 있어서는 사실대로 이것을 서술하여 정화 왕후를 국조의 부인으로 하여 3대의 조상을 기록하였을 뿐 한마디로 낮은 관원이요, 또 태조 때와는 260여 년이나 떨어진 시대의 사람으로서 어찌 당시의 실록을 버리고 도리어 후대의 황당무계한 잡 서적들의 설을 신용하여 그렇게 썼는가?

내가 보건대 죽사에는 탁발 씨를 헌원 씨의 자손이라 하고 신원 황제를 천녀의 아들이라고 하였으니 그것은 심히 황탄한 것이다. 북사에는 또 모용씨는 이의의 덕을 본받고 삼광의 용을 계승하였기 때문에 그런 성을 가진 것이라고 기록하였고, 또 우문씨는 염제의 자손으로서 황제의 옥새를 얻었는바 선비족의 풍속이 천자를 우문이라고 하였기 때문에 그것을 성으로 한 것이라고 기록하였다. 선배들이 이 북사의 기록을 비판하여 말하기를 그것은 신하들이 자기 왕실에 아첨하여 말을 만들어서 수식한 것에 지나지 않는 것이라고 하였다.

슬프다. 옛날부터 임금의 세계를 논하는 사람들은 대개 괴이한 말을 많이 하였고 그중에서도 혹 견강부회하여 만든 설도 있으니 뒷사람들은 거기에 의심하지 않을 수 없게 되는 것이다. 그래서 여기에는 실록에 기재된바 3대 추증에 관한 기록을 옳은 것으로 하고 김관의 등의 글역시 세상에 오래 전해온 것이기 때문에 함께 붙여서 기록하여 둔다.

후비와 종실들

고려의 제도에서는 왕의 어머니를 왕태후王太后, 본처를 왕후王后, 첩妾은 부인이라고 불렀는데 귀비貴妃, 숙비淑妃, 덕비德妃, 현비賢妃 등이 이에 해당하며 품위는 정1품이다. 기타 상궁尚宮, 상침尚寢, 상식尚食, 상침尚針 등도 다 정한 인원과 위치가 있었다. 그러나 정종 이후에는 궁주宮主, 원주院主 혹은 옹주翁主라고 부르는 등 변경이 많고 일정하지 않아 그 자세한 것은 알 수가 없다.

또한, 태조는 자신의 아들딸들을 서로 결혼시키면서 다른 성씨인 것처럼 숨겼으며, 그 자손들 또한 가법家法이라고 생각하고 이상하게 생각하지 않았다.

고려 왕조에서는 종실宗室 중 촌수가 가깝고 또 존속친에 속한 자를 공公으로 봉하고 그 다음을 후候로 봉하였으며, 먼 친척은 백伯으로 봉하였고 어린 사람은 사도司徒, 사공司空으로 봉하였는데, 총칭하여 제왕諸王이라고 불렀다.

<후비와 종실들>에서는 각 왕들의 후비들에 대한 간략한 소개와 함께 종실들 중 에서도 흥미로운 일화들을 소개하도록 한다.

태조의 후비와 종실들

태조에게는 후비 스물 아홉과 아들 스물 다섯, 딸 아홉이 있었다.

신혜神惠 왕후 유씨는 정주貞州 출생이며 이중대광二重大匡 유천궁柳天弓의 딸이다.

933년(태조 16)에 후당後唐 명종明宗이 태복경太僕卿 왕경王瓊 등을 보내어 왕후로 책봉하였다. 왕후가 죽은 다음 시호를 신혜 왕후라고 하였으며 현릉顯陵에 합장하였다.

장화莊和 왕후 오씨는 나주羅州 사람으로 대대로 이 주의 목포木浦에서 살았다. 아버지인 다련군은 사간沙干 연위連位의 딸 덕교에게 장가들어 딸 오씨를 낳았다. 오씨는 혜종惠宗을 낳았으며 죽은 다음 시호를 장화 왕후라고 하였다.

신명순성神明順成 왕태후 유씨는 충주 사람으로 증贈 태사 내사령太史內史令 유긍달劉兢達의 딸이다. 태자 태泰, 정종定宗, 광종光宗, 문원 대왕文元大王 정貞, 증통 국사證通國師 그리고 낙랑樂浪과 흥방興邦 두 공주를 낳았으며 죽으니 시호를 신명순성 태후라고 하였다.

신정神靜 왕태후 황보씨는 황주 사람으로 태위 삼중대광 충의공忠義公 황보제공皇甫悌恭의 딸로서 대종戴宗과 대목大穆 왕후를 낳았다. 처음에는 명복궁明福宮 대부인으로 봉하였으며 983년(성종 2) 7월에 죽었다. 성종은 일찍이 선의 태후를 여의고 황보씨의 품에서 장성하였으므로 황보씨가 죽었을 때 애통해 하며 예의를 극진히 갖추고 백관을 데리고 빈전殯殿으로 가서 시호를 신정 대왕 태후라고 올리고 수릉壽陵에 매장하였다.

1002년(목종 5) 4월에 정헌定憲이라는 시호를 추가하였으며 1014년(현종 5) 3월에 의경懿敬, 1027년(현종 18) 4월에 선덕宣德, 1056년(문종 10) 10월에 자경慈景이라는 시호를 추가하였다. 또한 1140년(인종 18) 4월에 유명柔明, 1253년(고종 40) 10월에 정평貞平이라는 시호를 추가하였다.

신성神成 왕태후 김씨는 신라 사람으로 잡간迊干 김억렴金億廉의 딸이다. 신라 경순왕이 사신을 고려에 보내어 항복할 뜻을 표시하였더니 태조가 후한 예로써 사신을 대접하여 보냈다. 그 사신이 돌아가서 고려 태조의 말을 전달하기를

'이제 왕이 일국을 나에게 주니 큰 선물로 생각하노라. 그러므로 그대

의 종실과 혼인을 맺어 앞으로 영원히 장인과 사위의 좋은 관계를 가지기를 원한다.'

라고 하였더니 김부가 그 보답으로 백부 김억렴의 딸을 태조의 아내로 맞이하도록 힘을 썼다. 태조와 혼인한 김씨는 안종安宗을 낳았으며 현종顯宗이 왕위에 오르자 신성 왕태후라는 시호를 추증하였다. 능 이름은 정릉貞陵이다.

정덕貞德 왕후 유씨는 정주貞州 사람으로 시중 유덕영柳德英의 딸이다. 그녀는 왕위군王位君, 인애군仁愛君, 원장 태자元莊太子, 조이군助伊君 그리고 문혜文惠, 선의宣義 두 왕후를 낳았다.

헌목獻穆 대부인 평씨는 경주慶州 사람으로 좌윤佐尹 평준平俊의 딸이다. 수명壽命 태자를 낳았다.

정목貞穆 부인 왕씨는 명주溟州 사람으로 삼한공신 태사 삼중대광 왕경王景의 딸이며 순안順安 왕대비를 낳았다.

동양원東陽院 부인 유씨는 평주 사람으로 태사 삼중대광 유검필庾黔弼의 딸이다. 효목孝穆 태자와 효은孝隱 태자를 낳았다.

효은 태자는 그 이름이 사기에 전하지 않는다. 동양군東陽君 이라고도 불리운 효은 태자는 성격이 음험하고 난폭하였으며 악당들과 사귀면서 슬며시 반역을 꾸미려는 뜻을 품고 있었으므로 광종이 사약을 주어 자결하게 하였다. 그의 아들인 림琳과 정禎은 효은이 자결할 때 어렸기 때문에 죽음을 면하고 도망쳤다. 이후 민가로 다니면서 겨우 생명을 보존하다가 강조康兆가 권세를 잡자 임금에게 청하여 작위와 노비, 전장을 받고 종실의 적籍에 등록되도록 하였다.

숙목肅穆 부인은 사기에 그의 성씨가 전해지지 않았으나 진주 사람으로 대광 명필名必의 딸이며 원녕元寧 태자를 낳았다.

천안부원天安府院 부인 임씨는 경주 태생 태수太守 임언林彦의 딸로서 효성孝成 태자와 효지孝祗 태자를 낳았다.

흥복원興福院 부인 홍씨는 홍주 사람으로 삼중대광 홍규洪規의 딸이다. 태자 직稷과 공주 일후一後를 낳았다.

후대량원後大良院 부인 이씨는 협주 사람으로 대광 이원李元의 딸이다.

대명주원大溟州院 부인 왕씨는 명주 사람으로 내사령 왕예王乂의 딸이다.

광주원廣州院 부인 왕씨는 광주 사람으로 대광 왕규王規의 딸이다.

소광주원 부인 왕씨도 왕규의 딸로서 아들 광주廣州 원군을 낳았다.

동산원東山院 부인 박씨는 승주 사람으로 삼중대광 박영규朴英規의 딸이다.

예화禮和 부인 왕씨는 춘주 사람 대광 왕유王柔의 딸이다.

대서원大西院 부인 김씨는 동주 사람으로 대광 김행파金行波의 딸이다.

소서원 부인 김씨도 김행파의 딸이다.

김행파는 활을 잘 쏘고 말도 잘 탔으므로 태조가 김이라는 성을 주었다. 태조가 서경으로 가는 길에 자신의 집으로 청하여 두 밤을 유숙하도록 하면서 두 딸로 하여금 하룻밤씩 왕을 모시게 하였다. 그 후 다시는 관계하지 않았으므로 두 딸이 모두 집을 떠나 여승이 되었다. 태조가 그들을 불쌍히 여겨 서경 성 안에 대서원과 소서원 두 절을 짓고 토지와 농민을 예속시킬 것을 명령하고 각각 거처할 수 있게 마련하였다. 그래서 대서원 부인, 소서원 부인이라고 불렀다.

서전원 부인은 나인으로 있다 비가 되었는데 사기에 그 성씨와 가계가 누락되었다.

신주원信州院 부인 강씨는 신주 사람으로 아찬阿飡 강기주康起珠의 딸이다. 그녀는 아들 하나를 낳았으나 어려서 죽었으며 광종光宗을 양육하여 아들로 삼았다.

월화원月華院 부인은 대광 영장英章의 딸이나 사기에 그 성씨가 유실되었다.

소황주원小黃州院 부인은 원보元甫 순행順行의 딸이나 사기에 그의 성씨
또한 전하지 않는다.

성무聖茂 부인 박씨는 평주 사람이며 삼중대광 박지윤朴智胤의 딸로서
효제孝悌와 효명孝明 두 태자와 법등法燈과 자리資利 두 군을 낳았다.

의성부원義城府院 부인 홍씨는 의성부 사람으로 태사 삼중대광 홍유洪
儒의 딸이다. 홍씨는 의성 부원대군을 낳았다.

월경원月鏡院 부인 박씨는 평주 사람으로 태위 삼중대광 박수문朴守文
의 딸이다.

몽량원夢良院 부인 박씨는 평주 사람으로 태사 삼중대광 박수경朴守卿
의 딸이다.

해량원海良院 부인은 해평 사람으로 대광 선필宣必의 딸이나 사기에 그
성씨가 전해지지 않는다.

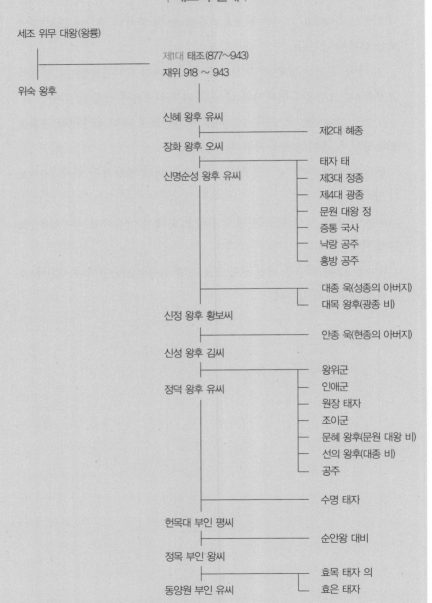

| 태조의 혈계 |

세조 위무 대왕(왕릉)

제1대 **태조**(877~943)
재위 918 ~ 943

위숙 왕후

신혜 왕후 유씨 ─── 제2대 혜종

장화 왕후 오씨

신명순성 왕후 유씨
- 태자 태
- 제3대 정종
- 제4대 광종
- 문원 대왕 정
- 증통 국사
- 낙랑 공주
- 흥방 공주

- 대종 욱(성종의 아버지)
- 대목 왕후(광종 비)

신정 왕후 황보씨 ─── 안종 욱(현종의 아버지)

신성 왕후 김씨

정덕 왕후 유씨
- 왕위군
- 인애군
- 원장 태자
- 조이군
- 문혜 왕후(문원 대왕 비)
- 선의 왕후(대종 비)
- 공주

─── 수명 태자

헌목대 부인 평씨 ─── 순안왕 대비

정목 부인 왕씨

동양원 부인 유씨
- 효목 태자 의
- 효은 태자

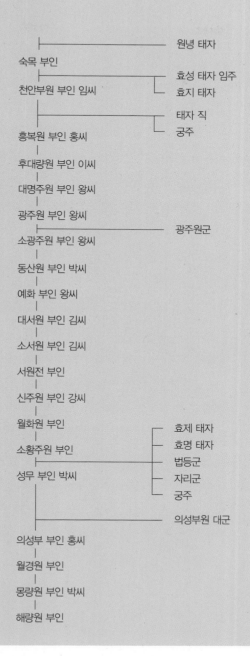

	원녕 태자
숙목 부인	
	효성 태자 임주
천안부원 부인 임씨	효지 태자
	태자 직
	궁주
흥복원 부인 홍씨	
후대량원 부인 이씨	
대명주원 부인 왕씨	
광주원 부인 왕씨	
	광주원군
소광주원 부인 왕씨	
동산원 부인 박씨	
예화 부인 왕씨	
대서원 부인 김씨	
소서원 부인 김씨	
서원전 부인	
신주원 부인 강씨	
월화원 부인	
	효제 태자
소황주원 부인	효명 태자
	법등군
성무 부인 박씨	자리군
	궁주
	의성부원 대군
의성부 부인 홍씨	
월경원 부인	
몽량원 부인 박씨	
해량원 부인	

02
———

왕권 쟁탈의
희생양

혜종

高麗王朝實錄

태조 왕건의 고뇌

　비록 삼한을 통일하였으나 강력한 세력을 형성한 지방 호족들 때문에 태조가 왕권 중심의 통치 체계를 갖출 수 없었다는 점은 앞장에서 이미 이야기한 바 있다. 태조는 호족들의 딸과 결혼을 통해 인척 관계를 맺음으로써 통일 왕국 내부의 위협적 요소들을 제거하려 하였다.

　그것이 먹혀들어 태조 왕건 당대에는 커다란 충돌 없이 국정을 펼쳐 나갈 수 있었으나 후사 문제만 생각하면 머리가 아팠다. 당장 29명이나 되는 아내들 뒤에 도사린 지방 호족들의 힘이 태조를 압박해 들어오는 것만 같았다.

　태조는 왕후들 사이에서 25명의 아들과 9명의 딸을 낳았다. 그러나 애석하게도 제1비 신혜 왕후 유씨는 소생을 얻지 못했다. 하여 둘째 부인 장화 왕후 오씨에게서 낳은 무武가 장남의 자리를 차지하게 되었다.

사실 여부는 명확하지 않지만 혜종(무)은 안면에 석문이 있어 세인으로부터 주름진 임금이라 불렸다. 태조는 무의 나이 7세 때 무에게 임금이 될 덕이 있음을 알아보았다. 그러나 선뜻 그를 태자로 봉할 수가 없었다. 무의 어머니 장화 왕후 오씨가 미천하여 신하와 백성, 왕실 사이에서 위함을 얻지 못할까 두려워서였다. 게다가 당장은 문제가 일어나지 않는다 하더라도 태조 사후에 왕위 계승 문제를 놓고 지방 호족들이 들고 일어나 나라 안이 혼란스러워질지도 모른다는 우려가 태조의 가슴을 무겁게 찍어 누르고 있었다.

고심하던 태조는 태자 책봉을 뒤로 미룬 채 옷상자에 자황포(임금이 입는 옷)를 담아 장화 왕후에게 전해 준다. 왕후는 상자를 열어 보고는 곰곰 생각에 잠겨 있다가 대광 박술희를 불러 자황포를 보여 주었다. 박술희 또한 한동안 생각에 잠겼다가 태조의 뜻을 알아차리고는 임금 앞으로 나아가 왕자 무를 정윤正胤 삼기를 청하였다. 마음의 결정을 내리지 못하고 고심하던 태조는 마침내 박술희의 뜻을 따라 왕자 무를 태자로 봉한다. 이때가 921년(태조 4)이었다.

혜종을 세운 인물 박술희

박술희는 18세에 궁예의 위사가 되었다가 훗날 태조를 섬긴 사람으로 혜성군이 고향이고, 부친은 대승 박득의朴得宜이다. 박술희는 용감하였으며 고기 먹기를 즐겨 두꺼비, 개구리, 개미에 이르기까지 닥치는 대로 먹었다는 이야기가 전해진다.

그는 전쟁터에 나가 여러 번 공을 세우고 태조의 총애를 입어 대광이 되었으며 혜종을 즉위케 한 인물로 널리 알려졌다.

또한 그는 태조가 임종할 때, 고명을 받기까지 하였다. 태조는 그에게 군국대사를 부탁하며 유언하기를

"그대가 태자를 부축하여 세웠으니, 잘 보좌하라!"

고 하였다.

박술희는 태조의 유언을 지키려고 모든 정성을 다했으며 뒷날 왕위 쟁탈의 틈바구니에서 정도를 지키다가 목숨을 잃고 만다.

그는 면천 박씨沔川朴氏의 중시조이기도 한데 태조가 그를 친히 불러 〈훈요십조〉를 내려 후대 왕들이 거울로 삼아 행하도록 하라고 일렀다.

분쟁의 불씨가 태어나다

태자는 이미 책봉되었으나 신명순성 왕태후가 왕자 태泰를 낳은 데 이어 923년에 왕자 요堯를, 925년(태조8)에 다시 왕자 소昭를 낳자 왕위 계승을 둘러싼 분쟁의 험한 불씨가 점화되었다.

신명순성 왕태후 유씨는 태사내사령太師內史令에 추증된 충주 호족 유긍달劉兢達의 딸이다. 충주 하면 백제와 신라를 잇는 교통의 요지로서 신라의 5소경 중 하나인 중원경 지역으로 알려진 곳으로 신라 귀족들이 많이 거주하는 곳이라 태조가 삼한을 통일할 때에도 큰 역할을 한 지역이다. 이에 태조는 충주를 대표하는 유긍달을 제어하고, 또한 그의 힘을 자신에게 보태려고 전국 통일 직후에 신명순성 왕태후 유씨를 제3비로 맞아들였다.

이렇듯 강력한 지원 세력을 등에 업고 세상에 태어난 신명순성 왕태후의 소생 왕자들은 그 존재만으로도 태자에 책봉된 무武에게는 큰 위협이었다.

왕규는 충신인가, 역신인가

?~945(혜종 2). 고려 전기의 재신宰臣. 광주廣州 지방의 호족 출신
으로 태조 왕건王建을 받들어 대광大匡에 이르렀다. 두 딸은 태조의
제15비 광주원 부인廣州院夫人과 광주원군廣州院君을 낳은 제16비 소
광주원 부인小廣州院夫人이 되어 왕실의 외척으로서, 광주의 강력한
지방 세력을 기반으로 막강한 정치권력을 장악하였다.
그리고 염상廉相·박수문朴守文과 함께 태조의 임종을 곁에서 지킨
세 재신 중의 한 사람으로서, 태조가 죽자 유명遺命을 내외에 선포
하는 중책을 맡기도 하였다. 이처럼 태조 때에는 태조의 두터운 신
임을 받았으나, 혜종이 즉위하고 나서는 왕권에 도전하는 가장 강
력한 적대 세력의 하나가 되었다.

위의 내용은 백과사전에 실린 왕규에 관한 글 중 일부이다. 글에 나
타난 바와 같이 왕규는 경기도 광주를 근거지로 하는 강력한 호족이
었으며, 태조에게 두 딸을 시집보낸 외척 세력이기도 하였다. 이를 통
해 태조가 왕규를 얼마나 신뢰하였는지, 또한 왕규가 갖춘 세력이 얼
마나 강대하였는지를 짐작해 볼 수 있다.
왕규는 박술희와 함께 혜종을 지지하며 태조의 유명을 지켜 가고자
하였다. 기실 왕규는 태조의 장인이면서 동시에 혜종의 장인이기도
하였다. 후광주원 부인 왕씨를 혜종에게 시집보낸 것이다. 태조와 혜
종 모두에게 장인이 되는 셈이니 왕규와 고려 왕실 사이의 관계는 대
단히 견고하였다고 봐야 옳을 것이다.
그러나 충주 유씨 세력을 등에 업은 왕자 요堯와 소昭가 서경에서 착
실하게 세력을 키워가고 있던 태조의 사촌 동생 왕식렴 세력과 결탁

하면서 더욱 강성해지자 불안을 느꼈을 것이 분명하다. 두 왕자 중 특히 요가 왕권을 위협해 들어오는 상황에서 왕규는 혜종 앞으로 나아가 다음과 같이 고한다.

"전하, 왕자 요와 소의 최근 동태가 심상치 않나이다. 서경의 왕식렴 무리와 결탁하여 필시 반역을 꾸미는 것이 분명하니 일의 전후를 낱낱이 밝혀 엄하게 다스리셔야 합니다."

혜종 또한 전후 상황을 모를 리 없었다. 그러나 서서히 목을 죄어 오는 적대 세력의 실체를 피부로 느끼면서도 혜종은 적절한 조치를 취하지 않았다. 아니, 취할 수 없었다고 보는 편이 타당했다. 그 출생에서 알 수 있듯 혜종을 지지하는 세력은 미약하기 이를 데 없었다. 반면에 왕자 요와 소를 따르는 무리는 강력했다. 자칫 잘못 건드렸다가는 그들의 힘에 억눌려 왕위를 내놓는 것은 물론이고 목숨까지 보전하지 못할 상황이었다.

결국 혜종은 왕규의 말을 따르는 대신 배다른 두 아우 요와 소를 더욱 두텁게 대했으며, 심지어 소에게 자신이 낳은 공주 경화궁 부인을 시집보낸다. 임금의 장인으로서 후견인임을 자처하던 왕규 입장에서는 대단히 서운한 처사가 아닐 수 없었다. 혜종이 자신을 믿지 않고 오히려 요와 소의 손을 들어준 꼴이었으니 말이다.

인간은 누구나 어떤 상황이 펼쳐졌을 때, 그것으로 말미암아 도래할 자신의 앞날을 예상해 보기 마련이다. 혜종은 가진 세력이 미약할 뿐더러 결단력도 없어서 장차 요와 소가 벌이는 왕위 쟁탈의 희생양이 되어 버릴 것이 틀림없었다. 그렇다면 왕규 자신의 앞날은 어찌 되는 것일까. 요와 소의 반역을 참소하며 그들을 없애 버리자고 이야기한 마당에 안전을 바란다는 것은 꿈도 꾸지 못할 상황이었다.

자신에게도 어느 정도 강력한 세력이 있었기에 왕규는 자신의 말이자, 태조의 제16비이기도 한 소광주원 부인의 소생 광주원군을 떠올린다. 기왕지사 평안한 앞날을 기약할 수 없다면 왕권 쟁탈에 뛰어들어 외손자를 왕위에 앉혀 보자는 것이 그의 계산이었을 것이다.

이리하여 왕규는 혜종 시해 계획을 치밀하게 세워 나가기에 이른다.

임금의 침실로 들어간 자객

달마저 숨을 멈춘 깊은 밤이었다. 검은 옷을 입은 자객이 혜종의 처소에 이르러 발걸음을 멈추고 방 안의 동정을 살폈다. 방에서는 고른 숨소리가 들려오고 있었다.

이윽고 자객은 스스슥 옷깃을 스치며 방 안으로 숨어들었다. 그런데 혜종의 잠자리 앞에 이르러 푸른빛이 도는 칼을 움켜쥐려 할 때였다.

깊이 잠든 줄만 알았던 혜종이 솟구치듯 몸을 일으키더니 단단한 주먹으로 자객의 인중을 강타했다.

"헉!"

숨이 끊기는 듯한 단말마의 소리를 내지르며 자객이 고꾸라졌다.

"여봐라!"

혜종이 소리치자, 부리나케 달려오는 소리가 들렸다.

"전하, 부르셨사옵니까?"

방 안으로 들어서던 내시는 자객을 발견하자마자 당황하여 하얗게 질린 얼굴이 되었다.

"이 자를 끌고 가거라."

혜종은 끌려가는 자객을 바라보며 상심한 얼굴을 지우지 못했다.

어릴 때부터 태조를 따라다니며 전장에서 잔뼈가 굵은 혜종이었다.

덕분에 자객을 물리칠 수 있었으나 떠받쳐 주는 배경이 든든하지 못하여 늘 정적들에게 압박을 당하며 살다 보니 때때로 이런 생활에 환멸을 느끼기도 하였다.

자객을 문초하면 자신을 시해하려던 주동 세력을 알아내는 것쯤은 어렵지 않을 터였다. 그러나 혜종은 그대로 묻어둔 채 잊기로 했다. 강력한 세력을 등에 업은 왕자 요와 소일 수도 있고, 자신의 장인이자 외할아버지뻘이 되는 왕규일 수도 있었다. 참담했다. 너무도 참담하여 혜종은 자객을 누가 보냈는지 알아내고 싶지 않았고, 또 알아서도 안 된다고 생각했다.

한편, 자객이 혜종에게 불의의 공격을 받아 사로잡혔다는 사실을 전해 들은 왕규는 앉으나 서나 가시방석이었을 것이다. 그런데 아무리 기다려도 주동 세력을 밝혀냈다는 소식이 전해지지 않았다.

뒤늦게 혜종이 자객 사건을 그대로 묻어 두기로 했음을 알고 왕규는 안도의 한숨을 내쉬었다. 그러나 그는 혜종을 시해하려는 뜻을 거기서 굽히지 않는다.

혜종을 살린 사람, 최지몽

그즈음 혜종은 불안한 나날을 보내고 있었다. 만백성의 아버지라는 임금의 자리에 올라 겉보기에는 화려한 나날을 보내고 있었으나 소리 없이 다가오는 정적들의 칼이 눈에 보이는 듯해서였다.

그러던 어느 날, 최지몽崔知夢이 혜종을 찾아온다. 최지몽은 태조 왕건이 아직 즉위하기 전, 삼한을 통일할 길조라고 태조의 꿈을 해몽해 주어 널리 알려진 사람이었다. 아버지에게는 삼한 통일의 의기를 불어넣어 주고, 그 아들에게는 목숨을 건질 묘책을 전해 주었으니 최지몽이야말로 2대에 걸쳐 왕씨 왕조에 충성을 다한 사람이라 하겠다.

945년(혜종 2) 혜종은 상심이 커서 병이 든 상태였는데, 그의 처소이기도 한 신덕전으로 찾아온 최지몽이 당장 거처를 옮기라고 조언한다.

"병든 몸으로 예서 좀 쉬려는데 처소를 옮기라니 대체 어디로 가란 말인가?"

"신이 지난밤 심사가 하도 불길하여 점을 쳐 보았나이다. 황송하오나 전하의 신변에 변이 생길 징조이옵니다."

자신을 둘러싼 주변 상황이 심상치 않게 돌아가고 있음을 일찍부터 알고 있었던 혜종은 두말 않고 처소를 옮겼다.

그런데 그날 저녁이었다.

일단의 무리가 혜종의 처소 벽을 뚫고 들어와 침상으로 덤벼들었다. 그러나 헛수고였다. 혜종은 이미 몸을 피하고 난 뒤였으니 말이다.

무리를 이끌고 온 사람은 다름 아닌 왕규였다. 그는 두 번째 시해 계획마저 수포로 돌아가자, 하늘을 올려다보며 탄식하였다.

"정녕 하늘의 뜻이 이것이란 말인가."

훗날 왕규가 최지몽을 찾아가 칼을 들이대며 왜 임금의 처소를 옮겼느냐고 위협하였다고 하니 그가 얼마나 크게 낙심하였는지 알 수 있는 일이었다.

임금은 날개를 잃고

당시 혜종의 권력 기반은 박술희와 왕규라고 해도 과언이 아니었다. 그러나 왕규가 혜종을 시해하려 했음이 밝혀지면서 자연스럽게 박술희와 왕규 사이에는 틈이 생기기 시작하였다.

신변의 위협을 느껴 날마다 처소를 옮겨 다녀야 했던 혜종과 마찬가지로 박술희도 아군에서 적으로 돌변한 왕규와 호시탐탐 왕권을 노리는 요와 소, 두 왕자의 존재 때문에 늘 호위 무사를 백 명씩이나 거느리고 다녔다. 그러나 그것이 자신의 안전에 치명적인 악재로 작용하리라는 것을 박술희는 미처 몰랐을 것이다.

이제나저제나 기회를 엿보던 왕자 요가 박술희에게 반역의 뜻이 있는 것이 분명하다고 덮어씌운 것이다. 지엄한 궁궐에서조차 백 명이나 되는 호위 무사를 데리고 다니니 그런 의심을 받는 것이 당연했다. 어쨌든 박술희는 그 일로 인하여 강화도 갑곶甲串으로 귀양을 가게 된다.

정적 중 한 명이 제거되자, 왕자 요 측에서는 이때다 싶었을 것이다. 요는 서경에 진을 치고 있던 왕식렴의 군사를 개경으로 불러들이기에 이른다. 이리하여 고려의 정국은 왕자 요의 손아귀에 고스란히 돌아온 셈이 되었다.

왕자 요는 사람을 몰래 보내 박술희를 죽였고, 훗날 왕규마저 강화 갑곶으로 귀양 보냈다가 죽여 버린다.

한편, 혜종의 병세는 점점 더 악화되어 가고 있었다. 어찌 보면 혜종이 병을 얻은 것은 왕권 쟁탈의 압박감을 이겨내지 못한 탓인지도 몰랐다. 혜종은 거듭되는 왕규와 요, 소의 위협 속에서 성격까지 변하여 나중에는 작은 일에도 화를 벌컥벌컥 내고, 의심이 많아지고, 공평심을 잃은 사람이 되었다고 한다. 그렇게 비참한 생활을 해 나가던 중 죽음을 맞이했다고 하는데 박술희와 왕규를 죽였듯 정종(요)이 몰래 시해하였는지도 모를 일이다.

그렇게 하여 혜종 시대는 막을 내리고, 충주를 기반으로 하는 신명순성 왕태후의 소생 정종과 광종이 연이어 왕위에 오르게 된다.

혜종의 후비와 종실들

혜종에게는 후비 넷과 아들 둘, 딸 셋이 있었다.

의화義和 왕후 임씨는 진주 사람으로 대광 임희林曦의 딸이다. 921년(태조 4) 12월에 혜종을 왕위 계승자로 책봉하고 임씨를 비妃로 삼았다. 흥화군興化君, 경화慶化 궁부인, 정헌貞憲 공주를 낳았으며 죽으니 의화 왕후라는 시호를 주고 순릉順陵에 매장하였으며 혜종 사당에 합사하였다. 1002년(목종 5) 4월에는 성의成懿라는 시호를, 1014년(현종 5) 3월에는 경신景信, 1027년(현종 18) 4월에는 회선懷宣, 1253년(고종 40) 10월에는 정순靖順이라는 시호를 각각 추증하였다.

후광주원後廣州院 부인 왕씨는 광주 사람으로 대광 왕규王規의 딸이다.

청주원淸州院 부인 김씨는 청주 사람으로 원보 김긍률金兢律의 딸이다.

궁녀 애이주哀伊主는 경주 사람으로 대간 연예連乂의 딸이다. 태자 제濟와 명혜明惠 부인을 낳았다.

| 혜종의 혈계 |

```
태조
 │                      제2대 혜종 (912~945)
 ├──────────────────    재위 943~945
장화 왕후 오씨             │                    ┌── 흥화군
                         │                    ├── 경화궁 부인(광종 비)
                       의화 왕후 임씨           └── 정헌 공주
                         │
                         │
                       후광주원 부인 왕씨
                         │
                         │
                       청주원 부인 김씨
                         │                    ┌── 태자 제
                         │                    └── 명혜 부인
                       궁인 애이주
```

03

실상의 죄과가
너무 무거워

정종

高麗王朝實錄

정종을 도운 사람들

945년(혜종 2) 9월, 신명순성 왕태후 유씨의 소생 왕자 요堯가 23세밖에 안 된 나이로 임금의 자리에 올랐다. 지방 호족 세력들을 떠안은 채 수립된 통일 왕국 고려의 태생적 한계를 어찌지 못하고 태조는 29명의 비를 맞이하여 왕자를 25명이나 생산하였다.

태조의 이러한 치세 때문에 그 후손들은 피를 부르는 왕권 쟁탈을 피할 수 없었다. 뜻이 없다 할지라도 왕자들은 외가의 강력한 압박에 못 이겨 왕권 쟁탈에 뛰어들 수밖에 없는 상황이었다. 그러나 정종이 최후의 승리자가 되어 왕위에 오름으로써 바야흐로 형제간의 싸움은 끝나고, 나라는 안정기로 접어드는가 싶었다. 적어도 겉보기엔 그랬다.

그러나 분쟁의 빌미가 될 만한 요소들은 여전히 상존하고 있었다.

그중 특히 주의 깊게 살펴봐야 할 것은 정종의 즉위에 직접적으로 도움을 준 왕식렴과 박수경 사이에 존재하는 갈등의 가능성이다.

왕식렴王式廉은 삼중대광 평달平達의 아들로 태조 왕건의 사촌 동생이 되는 사람이다. 그는 918년에 태조가 북방 민족의 침략에 대비하고, 옛 고구려 고토 회복의 전진기지로 삼을 목적으로 황폐해진 서경을 정비할 때 그 책임자가 되어 공을 세웠다.

이후 서경을 기반으로 막강한 실력가가 된 그는 정종 즉위에 중추적 역할을 담당하였다.

한편, 박수경朴守卿은 평산平山을 본관으로 하는 사람으로 대광위 지윤遲胤의 아들이며 태조의 제28비 몽량원 부인의 아버지이다.

그는 일찍이 태조를 섬겨 후백제를 무찔렀고, 개경 인근 평주에서 강력한 군대를 거느린 채 세력을 키워가던 중 왕식렴과 함께 정종 즉위에 공을 세웠다.

잠깐 살펴본 바와 같이 왕식렴과 박수경은 서경과 개경의 이익을 대변하는 사람들이라고 해도 과언이 아니었다. 물론 이들 외에도 서경과 개경을 근거로 하여 살아가는 세력가와 일반 백성의 입장 또한 주시할 필요가 있다. 정종이 즉위와 함께 개경에서 서경으로 도읍을 옮기려 했을 때, 각 지역의 이권에 충실한 사람들은 대립할 수밖에 없었다.

왕위에 오른 역대 제왕들은 대부분 즉위 초기에 사회적 안정을 꾀하고자 여러 가지 제도나 선정을 베풀기 마련이다. 그런데 정종은 어찌하여 서경과 개경을 지지하는 사람들 간에 분쟁이 일어나리라는 것을 뻔히 알면서 서경 천도를 계획하였던 것일까?

비록 왕위에 올랐으나

　정종의 즉위는 곧 혜종의 지지 기반이었던 박술희와 왕규의 몰락을 뜻했다. 박술희와 왕규는 개경과 그 인근 지역을 근거지로 삼은 사람들이었고, 이들을 제거하는 과정에서 정종과 왕식렴, 박수경은 수없이 많은 사람을 죽였다. 그런데 문제는 이때 죽은 사람들 대부분이 개경에 근거를 둔 사람들이었다는 점이다.

　개경의 백성과 인근 호족들이 정종에게 반감을 품었을 것은 불을 보듯 훤한 노릇이었다. 이에 정종은 부랴부랴 서경 천도 계획을 세우고 실제로 궁궐 건축 공사를 일으킨다. 무릇 모든 공사에는 인력이 동원되고 어마어마한 물자가 투여되기 마련이다. 그런데 이 모두는 백성에게서 나오는 것 아니던가. 이 때문에 백성의 원성은 하늘을 찌를 듯하였고, 개경에 생활 기반을 둔 많은 사람이 반발하였다.

　훈요십조에도 언급하였듯 태조가 서경을 중시하였다고 하지만 고려를 이끌어 가는 모든 인물과 제도적 장치는 개경에 집중되어 있었다. 그런 상황에서 정종이 무리한 역사役事를 일으켜 백성의 삶을 궁핍 속으로 몰아넣으니 환영받지 못할 일인 것만은 분명했다.

불안한 정종이 선택한 길

　앞에서 이미 언급했듯 많은 사람을 희생시키며 권좌에 오른 정종은 수도 개경에서의 생활이 불안하여 서경 천도를 실천에 옮기려 하였다. 피상적으로는 풍수상 서경이 도읍지로 더 적합하다는 의견과 북진 정책을 추진하는 데 서경이 더 유리하다는 이유를 들고 있지만 인간적인 본능에 대해서만 살펴보더라도 정종은 개경에 머물고 싶은 마음이 없었을 것이다.

왕위 쟁탈 과정에서 숱하게 피를 본 정종은 심리적 압박감에서 좀처럼 헤어나지 못한다. 원래부터 불심佛心이 깊었던 그는 불사리佛舍利를 받들고 10리나 되는 개국사開國寺까지 걸어가서 이를 모시는 한편, 곡식 7만 석을 큰 사원들에 헌납하기도 하였다.

그러던 어느 날 거란에 포로로 잡혀 있던 최광윤이 놀라운 소식을 전해 왔다. 거란이 고려를 침략하려 한다는 것이었다. 그러나 정종은 당황하지 않고 광군光軍 30만 명을 조직하여 거란의 침략에 대비하는 한편 이를 왕권 강화의 기회로 이용하였다. 군권을 장악한 임금을 상대로 반란을 꾀할 신하는 그리 많지 않을 터였다.

그러나 집권 과정에서 흘린 수많은 피에 대한 죄책감에서였는지 심신이 허약해진 정종은 곧 병이 들고 만다.

하늘을 울리는 천둥소리

948년(정종 3) 9월이었다. 동여진의 대광大匡 소무개蘇無蓋 등이 와서 말 7백 필과 토산물을 바치자, 정종은 천덕전天德殿에 나와서 그 물건들을 점검하고 있었다. 그런데 홀연 하늘을 요란하게 흔들어대며 천둥소리가 울리고 이와 함께 궁전 서쪽 모퉁이에 벼락이 떨어졌다.

그렇지 않아도 하늘을 두려워하던 정종은 그 길로 병이 들어 자리에 눕고 만다. 이듬해 봄이 되어도 일어나지 못하던 정종은 때마침 왕식렴이 죽었다는 비보가 날아들자 상심하여 병이 더 깊어진다.

그로부터 2달 뒤였다. 마침내 정종은 아우 소昭(광종)를 불러 왕위를 넘겨주고는 오래지 않아 숨을 거두었다. 재위 연수는 4년이요, 당시 나이 27세였다.

정종의 성품은 불교를 좋아하였고, 겁이 많았다 한다. 도참사상을 신빙하여 무리하게 서경으로 천도하려던 그가 죽자, 모든 계획은 중단되었으며 고된 부역에 시달리던 사람들은 왕이 죽었다는 소식을 듣고 기뻐 날뛰었다고 한다.

역사는 오늘도 말이 없다

역사 기록은 극히 주관적일 때가 아주 많다. 특히 고려사는 더더욱 그러하다. 외침을 맞이하여 기록 자체가 소실되기도 했을 뿐더러 훗날 다시 편찬되는 과정에서 기득권을 쥔 왕조의 이해에 맞게 역사가 조작되었을 가능성이 농후하기 때문이다.

정종의 서경 천도를 둘러싸고 개경파와 서경파 사이에 갈등이 있었을 것이라는 점은 앞에서 이미 이야기한 바 있다. 공교롭게도 서경 천도를 주도한 정종과 왕식렴은 비슷한 시기에 세상을 달리했다. 더군다나 왕식렴의 사망 이유는 어떤 사료에도 기록되어 있지 않다.

이쯤 되면 한 가지 의문을 품어볼 수도 있을 것 같다. 혹, 정종과 왕식렴은 개경파와 서경파의 갈등이 첨예해지는 가운데 자연사가 아니라 타의에 의해 목숨을 잃은 것은 아닐까?

정종의 사망만 놓고 보더라도 석연치 않은 구석이 참으로 많다. 천둥소리에 놀라 병을 얻었고, 그 때문에 죽었다고 하니 말이다. 물론 전혀 가능성이 없는 이야기는 아니지만 무엇이 천둥소리에 놀라 병을 얻을 정도로 정종을 심약하게 만든 것인지 궁금하기만 하다. 혹, 그

배후에 개경파를 중심으로 한 광종과 박수경이 도사리고 있었던 것은 아닐까? 이 또한 충분히 가능한 일이기에 저마다 상상의 나래를 펼쳐 보는 것도 유익한 역사 탐구가 되지 않을까 생각해 본다.

정종의 후비와 종실들

정종에게는 후비 셋과 아들 하나, 딸 하나가 있었다.

문공文恭 왕후 박씨는 승주 사람으로 삼중대광 박영규朴英規의 딸이다. 죽은 후에 시호를 문공 왕후라고 하였으며 안릉安陵에 매장하고 정종 사당에 합사하였다.

1002년(목종 5) 4월에는 숙절淑節이라는 시호를 1014년(현종 5) 3월에는 효신孝愼, 1027년(현종 18) 4월에는 경신景信이라는 시호를 추가하였으며 후에 또 선목 순성宣穆順聖이라는 시호를 주고 1056년(문종 10) 10월에는 정혜貞惠, 1253년(고종 40) 10월에는 안숙安淑이라는 시호를 또 주었다.

문성文成 왕후 박씨도 박영규의 딸이며, 경춘慶春 원군과 공주 한 명을 낳았다.

청주 남원 부인 김씨는 원보 김긍률金兢律의 딸이다.

| 정종의 혈계 |

태조
┃
신명 순성 왕후 유씨

제3대 정종 (923~949)
재위 945~949
┃
┣━ 경춘원군
┗━ 공주

문공 왕후 박씨
┃
문성 왕후 박씨
┃
청주 남원 부인 김씨

04
—

고려 왕조의
기틀을 다지다

광종

高麗王朝實錄

최후의 승리자

태조 왕건이 삼한 통일 전쟁을 수행하는 과정에서, 그리고 통일 후 나라의 기틀을 다져 가는 과정에서 지방 호족들과 혼인 관계를 맺었다는 사실은 수없이 이야기한 바 있다. 이 때문에 왕가와 지방 호족의 기형적인 공존 형태가 시작되었고, 이는 훗날 피비린내 나는 왕권 쟁탈의 빌미가 되기도 하였다.

혜종과 정종 시기를 거쳐 광종의 집권이 이루어진 7년 가까운 세월 동안 기천 명에 이르는 사람들이 희생되었음을 우리는 역사 기록을 통해 확인할 수 있다. 역사를 바라보는 시각에 따라 그 해석과 평가가 달라질 수 있겠지만 왕의 배후에 도사린 강력한 지방 호족이라는 존재 때문에 정쟁과 살육이 끊이지 않은 고려 초의 악순환 고리를 과감하게 끊어 버렸다는 점에서 광종은 적절한 평가를 받아야 한다.

아무튼 광종조에 이르러 호족 세력을 등에 업은 태자들의 왕권 쟁탈은 단절되었고, 이리하여 광종은 정쟁의 최후 승리자가 되어 왕조의 기틀을 다지는 데 전력을 기울였다.

광종의 등극 과정

광종은 집념이 대단히 강하고, 참을성이 있으며 치밀한 데다 큰 것을 위해 작은 것쯤은 능히 버릴 수 있는 성격의 소유자였다.

혜종이 죽고 광종의 동복형 정종이 즉위하자, 왕권 쟁탈은 끝난 것처럼 보였다. 한 어머니에게서 태어난 형제라는 공감대에다 오랜 세월 서로 의지하고 밀어주며 정쟁의 현장을 이끌어 온 사람들이기에 특히 그렇게 보였다.

그러나 정종이 집권 후에 서경 천도를 고집하면서 두 사람 간에는 알게 모르게 거리가 생기기 시작했다. 그것은 어찌 보면 두 사람의 지지 세력과 관련이 있는 부분인지도 몰랐다. 즉, 정종은 왕식렴을 주축으로 하는 서경파의 지지를, 광종은 평주를 기반으로 하는 박수경과 첫째 부인 대목 왕후 황보씨의 황주 세력의 지원을 받고 있었던 것이다.

이런 관점에서 생각해 보면 정종이 광종에게 왕위를 물려준 과정에 다소 의문이 생긴다. 왕위를 은밀하게 양도하였다고 하니 말이다. 왕실의 친족들은 물론이고 자신의 아들까지 의심하여 숙청의 대상으로 삼으려 했던 광종의 성격을 감안해 보면 정종이 왕위를 양보하고 나서 죽음에 이른 과정이 이상스럽게 느껴지기도 한다.

어쨌든 박수경과 처가 세력을 등에 업고 왕위에 오른 광종은 형 정종처럼 무리하게 정책을 펼쳐 나가는 대신 관망하는 자세를 보이며 한동안 민심을 수습하는 데만 전력을 기울였다.

| 광종의 혈계 |

태조
│
신명순성 왕후 유씨

제4대 광종 (925~975)
재위 949~975

대목 왕후 황보씨
(태조의 딸)

- 제5대 경종
- 효화 태자
- 천추전 부인
- 보화궁 부인
- 문덕 왕후(성종 비)

경화궁 부인 임씨
(혜종의 딸)

위의 혈계도에서 확인했듯 광종은 두 명의 아내를 맞이하여 2남 3
녀를 두었다. 특이한 것은 두 명의 아내 모두 가까운 인척 사이라는
점이다. 대목 왕후 황보씨는 태조의 제4비 신정 왕후 황보씨의 딸로
황주 호족 가의 외손녀이고, 경화궁 부인 임씨는 왕규가 왕요(정종)와
왕소(광종)의 반역을 참소하였을 때, 혜종이 이복동생들을 달랠 요량
으로 왕소에게 시집보낸 딸이다.

그런데 광종은 유독 대목 왕후 황보씨에게서만 2남 3녀의 자손을
얻었을 뿐, 경화궁 부인 임씨에게서는 소생을 얻지 못했다. 이는 경화
궁 부인 임씨와 잠자리를 같이하지 않았다는 뜻도 된다.

지지 기반이 미약한 혜종의 딸을 멀리하고, 유력한 황보씨 집안의

대목 왕후만을 중하게 여긴 셈이다.

멀리 뛰고자 웅크리고 보낸 세월

변화는 늘 그에 상반되는 반동을 불러일으키기 마련이다. 임금의 자리에 오른 광종은 이미 알고 있었을 것이다. 아버지 태조의 죽음 이후 계속된 정쟁의 뿌리는 왕권을 위협하는 지방 호족들에게 있었음을 말이다. 그러나 광종은 섣부른 변화와 개혁을 단행하는 대신 내외의 안정을 꾀하며 강력한 군주의 자질을 키워 나가는 데 집중한다.

이에 따라 고려의 내부는 실로 오랜만에 평온한 시절이 찾아왔다. 당대 제일의 지식인이라 일컬어지던 최승로는 상소문에서

'광종의 집권 초 8년 동안의 다스림은 가히 삼대(하·은·주 3대)의 그 것과 견줄 만하다.'

라고 격찬할 정도였다.

이때 광종은 임금으로서의 지위와 위엄을 대내외에 알리고 확고하게 굳히고자 중국 왕조와 외교 관계를 밀접하게 맺었으며 당 태종의 통치 이념이 담긴 『정관정요』貞觀政要를 읽으면서 치세의 이론과 실제를 익혔다. 『정관정요』는 당 태종이 신하들과 정치에 관한 중요한 문제들에 대해 주고받은 문답 내용을 정리해 놓은 책이다. 이는 정치 교과서로 널리 알려져 제왕들은 물론이려니와 정치에 관한 지침을 얻고자 하는 많은 이들이 즐겨 읽은 책이기도 하다.

광종은 즉위 원년에 광덕光德이라는 연호를 사용하였는데 이는 중국에 종속된 국가가 아니라 자주 국가임을 내외에 널리 알리고, 임금으로서의 권위를 세우고자 행한 일이었다.

이렇듯 고려 내부에 태생적으로 존재하는 갈등 요소들을 방치해 둔 채 자신을 다스리고 나라 안을 안정시키느라 적지 않은 세월을 보내던 광종은 956년(광종 7) 드디어 개혁의 첫발을 내딛는다.

광종, 마침내 날개를 얻다

집권 초부터 7년 가까운 세월 동안 광종은 앞으로 펼쳐 나갈 정책의 밑그림을 은밀하게 그려냈음이 분명하다. 그러나 전후 좌우를 살펴봐도 그가 생각하는 개혁 정치를 힘써 도울 만한 신하는 보이지 않았다. 당시 광종 주변의 신하들은 개국 초에 공을 많이 세운 공신이나 그들의 자손, 혹은 지방 호족들의 피붙이가 대부분이었다. 이들이 정계의 주요 자리를 차지하고 있었기 때문이다.

"으음, 사람이 문제로군……."

고뇌에 빠진 광종의 목소리는 무겁기만 했다.

광종이 그려 놓은 개혁의 밑그림은 중앙집권적 왕권 중심 국가였다. 이를 실현하자면 개국 당시 많은 공을 세운 공신들과 지방 호족들을 완전히 꺾어 놓을 필요가 있었다. 통일 전쟁을 수행하던 시기에는 그들의 힘이 절대적으로 필요했으나 왕권 중심 국가를 건설하는 데는 걸림돌이 되어 버린 지 오래인 그들이었다.

그러던 956년 어느 날이었다. 마땅한 인물을 찾아내지 못하여 고심하던 광종 앞에 뜻밖의 인물이 나타났다. 바로 쌍기雙翼였다. 후주의 봉책사封册使 설문우薛文遇를 따라 고려에 왔던 그는 병이 나는 바람에 중국으로 돌아가지 못했다. 광종은 그의 병이 완치되기를 기다렸다가 궁으로 불러들였다. 그는 인물난에 허덕이는 광종의 마음을 대번에 사로잡았다.

오대십국五代十國 시대 중 오대 최후의 왕조로서 951년에 건국된 후주는 고려의 상황과 엇비슷하여 나라의 기틀을 다져 가는 시기였다. 쌍기는 이때 후주의 왕권을 강화하고, 나라의 기틀을 다지는 데 큰 역할을 한 사람이었다. 쌍기에게 반한 광종은 즉시 후주의 태조에게 사신을 보내 쌍기를 자신의 신하로 삼게 해달라고 청하였고 후주의 태조는 오래지 않아 쌍기를 고려에 주겠다고 연락해 왔다. 쌍기 또한 고려의 문물과 풍물에 매료되어 스스로 고려국으로 귀화할 것을 원했다고 한다.

이리하여 자신의 정책을 믿고 맡길 만한 인물을 얻은 광종은 나라를 개혁의 소용돌이 속으로 몰아넣는다.

노예를 해방하라

광종은 쌍기를 신하로 받아들인 직후 노비안검법奴婢按檢法을 만들어 호족들을 압박해 들어가기 시작했다. 이는 호족들의 존립 기반을 뿌리째 뒤흔든 사건이었다.

호족들은 드넓은 토지와 많은 노예를 바탕으로 전국의 각 지역을 지배하고 있었다. 물론 호족 중에는 통일 전쟁 수행시 공을 세우고 벼슬을 얻어 중앙에서 귀족이 된 부류도 있었다. 아무튼 임금의 입장에서 볼 때 이들 호족이 가진 공통점은 왕권 강화에 크나큰 장애물이라는 점이었다.

광종은 호족들이 가진 힘의 본질을 어렵지 않게 간파했다. 바로 토지와 노동력이었다. 이 중 광종은 호족들이 소유한 노비들의 노동력에 주의를 기울였다. 보통 몇 백 명에서 많게는 천 명이 넘는 노비를 거느린 호족은 그 무수한 노동력을 이용하여 부를 쌓고 있었으며, 때에 따라 노비를 군사로 변모시켜 막강한 힘을 과시하기도 하였다. 이는 왕권에 대한 중대한 위협이 분명했다.

노비안검법의 핵심은 본래 양인이었으나 노비가 된 자들을 원래의 신분으로 회복시켜 준다는 데 있었다. 당시 노비들의 면면을 살펴보면 삼국시대 때부터 노비였던 자는 소수에 불과했다. 대부분은 통일전쟁 때 포로가 된 자이거나 호족들에 의해 노비가 된 자였다. 따라서 이들 노비 대부분이 양인 신분으로 돌아간다는 것은 호족 세력의 몰락을 뜻한다고 표현해도 과언이 아닐 정도였다.

기득권을 쥔 사람들이 넋 놓고 앉아서 자신이 가진 것을 내주는 일은 없다. 아니나 다를까, 노비안검법이 시행되자 호족들은 강력하게 반발하고 나섰다. 그러나 집권 초부터 불교를 장려하며 꾸준히 민심을 얻는 데 힘쓴 광종을 당장 어쩌지 못하는 것이 호족들의 한계이기도 했다.

혼란 속으로 휘말려 든 고려의 상황을 보다 못한 광종의 비 대목 왕후마저 노비안검법의 폐지를 간곡하게 간하였지만 광종은 흔들림이 없었다. 호족과 왕권의 대립이라는 고려 사회의 기본 골격을 뒤바꾸고자 하는 개혁의 과정에서 그 정도 반발쯤은 통과의례로 여겼던 것이다.

얻은 자와 잃은 자

노비에게는 국가에 대한 병역의 의무도 세금 납부의 의무도 없었다. 그들은 다만 자기 주인에게 노동력을 제공하거나 사병으로 동원되어 주인의 강성한 세력을 유지하는 데 이용되었을 뿐이다.

노비안검법은 개인의 소유물에 지나지 않았던 노비의 삶을 송두리째 뒤바꾸어 놓았다. 그들은 관으로 달려가 노비가 되기 전에 양인 신분이었다는 사실만 신고하면 자유의 몸이 될 수 있었다. 이렇게 호족들의 손에서 풀려난 새로운 양인들은 국가에 세금을 납부하고, 병역의 의무를 가짐으로써 왕권 강화에 크나큰 역할을 하였다.

결국 태조 왕건에 의해 고려 왕조가 열리면서부터 태생적으로 떠안았던 강력한 지방 호족과 왕권 간의 팽팽한 대립, 혹은 불안한 협력 체제는 '노비안검법'의 시행과 함께 그 중심추가 기울기 시작했다.

호족들의 숨통을 끊어라

노비안검법이 어느 정도 실효를 거두자 광종은 958년(광종 9) 5월에 쌍기를 불러들인다. 바야흐로 과거를 통한 관리 선발 제도가 이 땅에 태동하려는 순간이었다.

쌍기는 후주에서 시대리평사試大理評事를 역임한 바 있다. 시험을 통한 관리 선발 경험이 많은 인물이라 그는 광종에게 과거제 시행에 관한 여러 가지 제안을 하고, 실제로 이를 맡아 주관하게 된다. 사실 과거제는 숨은 인재를 발굴하여 널리 사용하고자 한다는 명분을 표방하고 있었을 뿐, 어디까지나 호족들의 힘을 약화시키고 왕권을 강화하고자 하는 차원에서 마련된 제도였다.

과거제가 시행되기 전만 해도 관리가 되는 길은 지방 호족이나 공신들이 틀어쥐고 있었다. 외형상으로 지방 호족들은 자기 지역에 한

정되어 제왕처럼 군림하며 중앙의 왕권에 협력하는 모습을 보였으나 실제로는 자기 자손이나 친인척, 측근 인물들을 중앙 정계에 진출시 킴으로써 왕에 버금가는 세력을 형성해 가고 있었다.

이런 상황에서 과거제가 전격적으로 시행되어 새로운 인물들이 속 속 등장하자, 노비들을 잃음으로써 한쪽 날개가 꺾인 바 있는 호족들 은 몹시 당황이 되었을 것이다. 아니, 어쩌면 그들은 광종이 마지막 남은 자신들의 숨통마저 끊으려 한다고 판단했을지도 모르겠다. 자신 들이 가지고 있던 힘의 원천이 모두 봉쇄되었으니 말이다.

첫 과거를 실시했을 때 사람들은 급제한 선비들을 흠모하며 떠들어 댔다. 과거보는 법은 더욱 발달되고 급제한 사람은 부모에게까지 영 친榮親하게 되어 아들 덕에 부모들까지 좋은 관복을 입을 수가 있었 다. 또 어느 때는 급제한 사람에게 토지도 주었으며 노비까지 하사하 는 등 글 배우는 사람들을 더욱 분발케 했다. 과거 때만 되면 송도 사 람들은 하나의 구경거리로 여겨 수없이 많은 인파가 몰려들었다.

광종은 개혁의 물살을 더욱 거칠게 일으켰다. 백관의 관복 제도를 제정하여 관료들의 서열을 체계화함으로써 임금의 권위를 한껏 치켜 세운 것이다. 이는 과거제를 통해 학문을 갖춘 관료층이 탄생되면서 자연스럽게 시행된 일이기도 했다. 전에는 서열에 따른 관복 착용이 철저하지 못하여 경제력 있는 사람이 좋은 옷을 입고, 그렇지 못한 사 람은 허름한 옷을 입어 신분의 높고 낮음을 쉽게 분간할 수 없었다. 이제 관직 서열에 따라 원윤元尹 이상은 자삼(소매가 긴 옷)을, 중단경中 壇卿 이상은 단삼(소매가 짧은 옷)을, 도항경都航卿 이상은 비삼緋衫을, 소 주부小主簿 이상은 녹삼綠衫을 입게 하니 임금을 정점으로 하여 위계질 서가 정연해졌다.

광종은 호족들과 연이 닿는 모든 사람을 왕권으로부터 단절시킨 채 개혁을 실천에 옮겼다. 그리하여 광종은 쌍기를 중심으로 후주에서 귀화해 온 인물들을 개혁의 주체로 끌어올렸으며, 아주 서서히 과거제를 통해 선발한 신진 학자층 관료들을 개혁의 또 다른 주체 세력으로 키워 나갔다.

작용이 있으면 그에 대한 반작용이 있다고 했던가. 불시에 닥친 개혁의 소용돌이에 적절히 대응하지 못하고 속만 끓이던 호족들은 마침내 집단 반발 움직임을 보이기 시작한다.

피를 부른 철권통치

집권과 함께 독자 연호를 사용하다가 후주가 중국 대륙을 장악하자 광종은 후주의 연호를 따른 바 있다. 951년에 문을 연 후주가 960년에 망하자, 광종은 다시 독자 연호인 준풍峻豊을 사용했고, 개경을 황도皇都라 칭했다. 비록 962년 송에 의해 중국이 통일되면서 송의 연호인 건덕乾德을 또다시 따르기 시작하였지만 광종은 고려 황실의 위엄과 고려 왕국의 자주성을 드높임으로써 왕의 위엄을 내보이고자 하였다. 이는 혹시 있을지 모를 호족들의 도전을 사전에 방지하려는 뜻도 있었다.

이와 함께 광종은 시위군을 적극적으로 양성하고 문사들을 폭넓게 뽑아 자신의 개혁을 뒷받침하는 세력으로 기르고자 하였다. 이러한 노력이 있었기 때문에 광종은 강력한 힘을 가진 호족 세력에 맞서 팽팽한 긴장과 압박 속에서나마 자신이 뜻한 바를 펼쳐 나갈 수 있었다.

광종은 일부러 피를 보면서까지 자신의 정책을 국정에 반영하고 싶지는 않았을 것이다. 호족들이 워낙 강력하기도 했거니와 이러니저러니 해도 자기 백성인 탓에 불필요한 희생을 줄이고자 했던 것이다. 평농서사評農書史 권신權信이 대상 준홍俊弘과 좌승 왕동王同의 역모를 참소했을 때 보인 광종의 태도가 이를 반증한다. 광종은 이들을 참하는 대신 내쫓는 것으로 사건을 마무리하고자 했던 것이다.

그러나 이 사건을 빌미로 아첨하는 자들이 득세하여 모함이 끊이지 않고, 노비가 제 주인을 고소하는 등 혼란이 야기되었다. 더구나 평주 인근을 순행하던 중 박승위가 난을 일으키자 광종은 일순 두려움에 사로잡혔고 이를 계기로 철권통치의 길로 들어선다. 그때 광종은 천수를 누리지 못하고 젊은 나이에 세상을 달리한 혜종과 정종의 모습을 떠올렸을지도 모를 일이다. 왕권에 도전하는 사건들이 연이어 터진다면 광종 또한 선대왕들처럼 돌이킬 수 없는 두려움에 사로잡혀 지내다가 언제 어떻게 될지 몰랐다.

광종은 고심 끝에 박승위 형제를 참형에 처하고, 김긍률과 박영규를 시작으로 역모에 가담한 자들을 모두 죽여 버린다. 피는 또 다른 피를 부르기 마련이다. 역모 사건에 피의 보복을 이미 가한 터라 광종은 엇비슷한 사건이 터지거나 그러한 혐의가 있지 않을까 의심되는 사안을 접했을 때도 피의 응징을 잊지 않았다. 이 과정에서 효은 태자와 혜종의 아들 홍화군, 정종의 아들 경춘원군을 죽였으며, 한때 자신에게 권력 기반을 마련해 주기도 했던 박수경까지 죽음으로 몰아넣었다.

이쯤 되자, 광종은 거칠 것이 없었다. 왕권을 강화해 나가는 데 반대하거나 걸림돌로 작용하는 대상들은 닥치는 대로 숙청하여 강성했던 호족 세력은 거의 다 제거되었다. 광종의 철권통치가 얼마나 철저했는지 이 기간에 희생된 사람이 천여 명에 이른다는 기록이 남아 있다.

절대 왕권의 길이 열리다

　이제 광종의 절대 권력에 맞설 만한 세력은 고려에 남아 있지 않았다. 그래도 광종은 의심을 거두지 못하고 주변의 신하들과 지방 호족들, 심지어 대목 왕후와 자신의 아들 왕주王冑(왕유)에게까지 경계심을 드러냈다.

　아들 왕주에 대한 근심과 경계심에 대해 사료에는 세세하게 기록된 바 없으나 이 대목에서 한 가지 예측 가능한 사실이 있다. 자기 자식만큼 미더운 존재는 세상에 없다. 그런데 광종은 어찌하여 왕주를 의심하고 경계하였던 것일까. 광종의 철권정치에 숨 막혀 하던 호족들이 새로운 왕족, 즉 왕주를 등에 업고 정권 교체를 이루려 했을지도 모른다는 가능성을 배제할 수 없다. 혜종과 정종의 아들이 죽음을 맞이한 것 또한 같은 연장선에서 생각해 볼 수 있을 것이다. 이렇게 보면 광종은 참으로 외로운 군주였던 것도 같다. 자신의 이상을 실현하고자 조카들의 목숨을 끊고 하나뿐인 아들마저 경계할 수밖에 없었으니 말이다.

　이러한 와중에도 광종은 철권통치로 강퍅해진 백성의 마음을 하나로 통합하기 위해 불교를 장려하고, 적극적이면서도 시의적절한 외교를 벌여 고려의 지위를 드높였다. 뿐만 아니라 광종은 거란과 여진을 적절히 제어해 가며 고려의 영토를 동북 방면과 서북 방면으로 더욱 넓혀 나갔다.

　어느 시대를 막론하고 개혁 정치를 추구한 군주는 후세로부터 엇갈리는 평가를 듣기 마련이다. 가까이는 후세 고려의 신하들로부터 현대의 학자들에 이르기까지 광종의 정책에 비난과 찬사를 쏟아 놓고 있다. 그러나 한 가지 분명한 점은 광종이야말로 호족 세력에게 이끌

광종

133

려가던 고려의 구조적 모순을 극복하고 새로운 통치 질서와 국가 체제의 기틀을 다져 놓은 왕이라는 사실이다.

편찬자의 편의와 당시의 정치적 관점이 가미된 『고려사』의 내용을 살펴보면 광종의 죽음에 대해 다음과 같이 기술하고 있다.

을해 26년(975) 여름 5월에 왕이 병들어 갑오일에 정침에서 죽었다. 재위 연수는 26년이요, 향수는 51세였다. 왕이 즉위 초에는 신하들을 예절로 대우하고 정사 처리에 밝았으며 빈궁한 사람들을 구제하고 선비를 중하게 여기며 밤낮으로 근면하여 정치가 잘 될 듯도 하더니 중년 이후에는 참소를 듣고 사람 죽이기를 좋아하였으며 불법을 혹심하게 믿었고 사치에 제한이 없었다.

시호를 대성大成으로, 묘호를 광종光宗으로 하였다. 송악산 북쪽 기슭에 장사 지내니 능호는 헌릉憲陵이었다.

광종의 후비와 종실들

광종에게는 후비 둘과 아들 둘, 딸 셋이 있었다.

대목大穆 왕후 황보씨는 태조太祖의 딸로서 경종景宗과 효화孝和 태자, 천추千秋 및 보화寶和 두 부인과 공주 한 명을 낳았다.

956년(광종 7) 노비안검법을 시행할 것을 명령한 일이 있었는데 당시 종으로서 주인을 배반한 자들이 많았으며 윗사람을 무시하는 기풍이 매우 성행하였으므로 사람들이 모두 다 원망하였다. 제도의 폐지에 대해 왕후가 간절히 왕에게 간하였음에도 광종은 듣지 않았다.

죽은 후 대목 왕후라는 시호를 주고 광종의 사당에 합사하였다. 1002년

(목종 5) 4월에는 안정安靜이라는 시호를, 1014년(현종 5) 3월에는 선명宣明, 1027년(현종 18) 4월에는 의정懿正이라는 시호를 추가하였고 후에 또 신경信敬이라는 시호를 주었다. 1056년(문종 10) 10월에는 공평恭平, 1253년(고종 40) 10월에는 정예靜睿라는 시호를 각각 추가하였다.

경화 궁부인 임씨는 혜종의 딸로서 945년(혜종 2) 왕규가 왕의 아우 요堯 및 소昭가 반란을 음모하고 있다고 왕에게 참소하자 혜종이 자신의 딸을 소의 처로 주어 그의 세력을 강화하였다. 이는 왕규의 전기에 실려 있다.

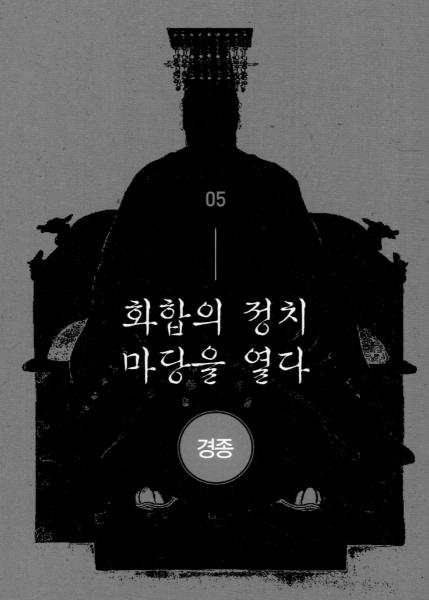

05
—

화합의 정치
마당을 열다

경종

高麗王朝實錄

경종의 즉위

　광종의 제1비 대목 왕후 황보씨의 소생 왕주는 955년(광종 6) 9월에 출생하여 11세 때인 965년(광종 16) 왕태자로 책봉되었다. 차남 효화 태자가 어린 나이에 죽고, 외아들로 성장한 그는 975년(광종 26) 5월 광종이 병으로 죽자 왕위를 이어받는다.

　호족 세력이 워낙 강성했던 때라 부왕 광종은 왕권을 강화해 나갈 수밖에 없었고 이 과정에서 참으로 많은 사람이 피를 흘리며 죽어 갔다. 경종은 그중에서도 박수경의 죽음을 특히 잊을 수가 없었다. 박수경은 부왕이 즉위하기 전부터 오른팔처럼 돕던 사람이었음에도 부왕으로부터 죽임을 당했다.

　경종으로서는 현실로 받아들이기 어려운 사건이었다. 그러나 부왕은 그쯤에서 철퇴를 내려놓지 않았다. 혜종의 아들 홍화군과 정종의 아들 경춘원군마저 죽여 버린 것이다.

공포와 환멸.

어린 태자의 마음을 사로잡은 감정은 공포와 환멸, 바로 그것이었을 것이다. 경종은 불길이 이는 듯한 부왕의 눈빛과 호통으로부터 자유로울 수 없었다. 어머니 대목 왕후와 하나뿐인 아들인 자신에게마저 의심의 눈초리를 보내곤 하는 부왕이었다. 경종은 자신의 목숨마저 위태롭다는 위급함을 느낀 것이 한두 번이 아니었다.

그러나 경종은 살아남았고, 통일 왕국 고려의 다섯 번째 임금이 되었다. 자신의 세상이 열린 것이다.

광종의 철권 정치는 막을 내리고

경종은 즉위하자마자 부왕이 펼친 정치의 상징이라고도 할 수 있는 임시 감옥을 헐어 버렸다. 이와 함께 대사면령을 내려 광종 시대에 핍박 받던 신하들에게 자유를 주고, 참소하는 글을 모두 불살랐다. 얼핏 보면 부왕에 대한 반감에서 이런 선택을 한 것처럼 보이지만 이는 피를 부르는 정치의 종식을 알리는 선언이요, 대화합을 이루고자 하는 경종의 새로운 정치가 시작되었음을 알리는 신호탄이기도 하였다.

참으로 기나긴 세월이었다. 왕권 강화에 걸림돌이 된다는 이유로 지방 호족들과 공신 호족들은 목숨을 위협당하며 숨 막히는 삶을 살아왔다. 열에 여섯이나 일곱은 이미 희생된 터라 그들은 저항보다는 목숨을 부지하는데 급급할 수밖에 없었다.

경종은 이들을 끌어안으며 새로운 시대를 열어 가고자 하였다. 그리하여 호족 출신이라고 알려진 왕선을 집정執政에 임명하였다. 집정은 재상에 해당하는 관직으로서 호족을 이 자리에 앉혔다는 것은 광종 대에 이루어진 호족 탄압을 종식하겠다는 뜻이 담긴 조치였다. 혹자들은 이 대목에 이르러 경종의 어리석음을 지적하기도 하고, 정치적 미성숙을 논하기도 한다.

그러나 이는 부왕 광종이 다져 놓은 탄탄한 왕권을 기반으로 화합 정치를 펼쳐 가려는 경종의 자신감에서 비롯된 선택이었다. 그러니까 경종은 부왕 대에 이루어진 철권 정치의 긍정적인 결과물을 취하되 어두운 잔재를 청산해 나가며 새로운 정치 마당을 열어 보고자 했던 것이다.

피바람은 이미 예고되어 있었다

"전하, 전날 희생된 무고한 사람들의 심정을 헤아려 주어야 할 줄로 아옵니다."

어느 날 왕선이 경종 앞으로 나와 광종 시대에 희생된 호족들 이야기를 꺼냈다.

"노복이 제 주인을 참소하고, 사소한 원한을 빌미로 사사로이 해하고자 하는 마음으로 고변하는 자가 줄을 이으니 생지옥이나 다름없었나이다. 이제 억울한 이의 마음을 풀어 주고, 잘못된 관행을 뿌리 뽑는 의미에서 억울한 일을 당한 사람들 스스로 이를 바로잡을 기회를 주어야 합니다."

이때 왕선이 요구한 것은 과거에 억울한 일을 당한 사람들이 합법적으로 복수극을 벌일 수 있도록 법으로 허용해 달라는 것이었다. 기왕에 나라 안의 흐트러진 민심을 바로잡고, 왕실로부터 이반한 호족 세력을 끌어안을 요량이라면 그들의 억울한 심사를 풀어 주어야 하지 않겠느냐는 왕선의 논리에 경종은 딱히 대꾸할 말을 찾지 못했다. 그 순간 경종은 처절하게 죽어가던 박수경 일가와 사촌 형제들의 모습을 떠올렸을지도 모를 일이다.

이리하여 왕선이 제안한 복수극의 합법화가 받아들여지자 고려는 또다시 폭풍 속으로 휘말려 든다. 끔찍한 복수극이 곳곳에서 벌어지기 시작한 것이다.

그런 와중에 경종으로서는 도저히 묵과할 수 없는 중대한 사건이 일어나고 만다. 왕선이 복수극을 벌인다는 핑계로 태조의 아들이기도 한 원녕 태자와 효성 태자를 살해해 버린 것이다. 원녕 태자와 효성 태자가 호족 세력을 혁파하는 데 깊이 관여했음을 알려주는 대목이었으나 왕선으로서는 절대 건너지 말아야 할 강을 건넌 것이었다. 법이 이미 제정되었으니 합법적이라고 주장할 수도 있겠지만 이는 넓게 보면 호족 세력이 왕족을 징치하였다고 보아도 무방했기 때문이다.

경종은 이때 이미 자신이 뜻한 것과 다르게 흘러가는 정국에 환멸을 느끼고 있었다. 그리하여 경종은 왕선을 즉각 구속하여 멀리 귀양 보내고 사사로이 복수하는 것을 엄금하여 나라의 안정을 꾀하였다.

위협받는 왕권을 강화하라

왕선을 귀양 보내고 흐트러진 정국을 가다듬고자 고심하던 경종은 좌우 집정제를 전격 도입한다. 이는 한 사람에게 권력이 집중되는 것을 막고, 상호 견제 속에서 바른 정치를 펼쳐 가자는 뜻에서 마련한 제도였다. 이는 결과적으로 왕의 권위를 높이는 데 긍정적으로 작용하였다.

경종은 여기서 그치지 않고 순질筍質과 신질申質을 좌우 집정에 임명하자마자 토지개혁을 단행하였다. 토지는 곧 경제력의 상징이자, 개인이 가진 권력의 근본이라 할 수 있었다. 따라서 토지개혁은 자칫 나라 전체를 혼란 속으로 몰아넣을 수도 있는 민감한 부분이었다. 그러나 경종은 광종 시절에 다져 놓은 강력한 왕권을 바탕으로 전시과田柴科 제도를 공포하기에 이른다.

기실 고려 초에도 녹읍祿邑과 역분전役分田이라는 토지제도가 있었다. 녹읍은 통일신라 시대의 제도인데 삼한 통일 전쟁을 수행하는 과정에서 태조가 개국공신들의 충성과 지방 호족들의 항복을 이끌어 내려고 취한 제도였다. 이는 토지뿐만 아니라 그 지역에 거주하는 사람들에 대한 지배권까지 하사한 제도였기 때문에 국가 차원에서는 그리 장려할 만한 토지 정책이 아니었다.

이런 이유로 태조는 전국을 통일하자마자 녹읍을 중단하고 수조권收租權, 즉 조세를 나라 대신 거둬들일 권리만 인정한 역분전을 마련하여 관직에 있는 자와 호족, 공신들에게 분급하였다.

경종에 의해 시행된 전시과 역시 역분전의 골자를 받아들여 수조지收租地를 분급하였는데 곡물을 생산하는 전지田地와 땔나무를 심어 놓은 시지柴地를 같이 분급한다 하여 전시과라 이름 지었다.

역분전은 그 지급기준을 관계官階에 두지 않고 성행性行의 선악과 공로의 대소에 두고 있는데 반하여 전시과는 전시田柴의 지급 대상자를 사색 공복제四色公服制에 의하여 우선 네 계층으로 구분하고 있다. 즉, 수조지를 나누어 주는 기준으로 관품官品 외에도 인품을 추가한 것이다. 인품을 수조지 분급 기준에 추가시킨 것은 기존의 호족 공신 세력과 광종 대에 과거를 통해 배출되기 시작한 신진 관료들에게 골고루

혜택을 주기 위한 선택이었다. 관품만을 기준으로 삼다 보면 부가 편중되고, 경종이 추구하는 화합 정책에도 반하는 셈이라 이러한 정책을 취하게 된 것이었다. 관품으로만 따진다면 신진 관료들은 개국에 공이 많은 호족 공신이나 지방의 유력자들에게 비할 바가 되지 못하였다. 따라서 이들을 최대한 포용하면서 신진 관료 세력을 키워 주어 상호 견제가 가능하도록 하려면 새로운 토지제도의 마련이 시급하였다. 이처럼 새로운 토지제도는 신구 관료의 화합과 상호 견제를 위해 왕권을 중심으로 국가 차원에서 처음으로 정비한 토지제도였다는 특징을 가지고 있다.

　토지제도와 관제가 새롭게 자리 잡고 나자 고려 사회는 안정기로 접어든다. 바야흐로 광종 시절의 피로 점철된 정치를 청산하고 화합과 협력의 새로운 시대가 열리는가 싶었다.

경종의 온화한 치세는 빛을 잃고

　안정기를 맞이하여 경종은 송나라와의 외교 관계를 탄탄하게 다져 나가는 한편 진사시進士試를 통해 신진 관료들을 속속 배출해 내고 있었다. 이들은 장차 나라의 중추가 되어 굳이 임금이 손을 뻗치지 않더라도 호족 공신들과의 상호 견제와 화합 속에서 나라를 건강하게 이끌어 줄 세력이었다.

　그러나 이는 어디까지나 경종 혼자만의 간절한 바람이었을 뿐이다. 광종 대에 극심한 수난을 겪었으며 경종 대에 이르러 잃어버린 영광을 되찾는가 싶었으나, 이른바 화합 정책에 휘말려 임금의 일개 신하로 전락한 호족들이었다. 그들은 아무리 생각해도 억울했다. 하여 그들은 세상을 혁파하고 자신들의 이익이 실현되는 사회를 만들고자 불순한 움직임을 보이기 시작했다.

경종이 과연 이들의 움직임을 눈치채지 못했을까? 비록 부왕에게 억눌려 숨죽이며 살아왔지만 경종은 호족들의 득세가 왕권 중심 국가 건설에 득이 되지 않는다는 사실을 잘 알고 있었다. 곧 신진 관료들을 통해 견제하는 것만으로는 호족들을 제어할 수 없다고 판단한 경종은 최지몽을 궁으로 불러들이기에 이른다.

최지몽은 일찍이 태조의 꿈을 해몽하여 그가 제왕의 길로 들어서도록 이바지한 바 있으며, 혜종 대에는 왕규의 난을 미리 알아차리고 주의를 환기시켜 임금의 목숨을 구해준 사람이었다. 그러나 그 즈음에는 광종에게 술주정을 부리다 추방 당하여 외방 현에서 외롭게 살아가고 있었다.

경종이 이제 다시 그를 불러들이는 것은 반란을 걱정할 정도로 호족들의 움직임이 심상치 않다는 것을 뜻했다. 최지몽의 예지를 빌어서라도 반란의 싹을 잘라 버리고, 왕권을 안정시키려는 의지의 표현이었던 것이다.

빛을 발한 최지몽의 예지

경종은 최지몽이 궁에 도착하자마자 대광으로 삼았으며 동래군후에 봉하여 식읍 1천 호를 내렸다. 이와 함께 은기와 비단, 이불 휘장, 말과 복두 등을 내려 최지몽의 정계 복귀를 대대적으로 환영해 주었다. 이렇듯 경종의 강력한 지원 속에 궁으로 돌아온 최지몽은 그 즉시 호족들을 견제할 방책 마련에 골머리를 앓는다.

그러던 어느 날이었다. 야심한 시각, 하늘을 올려다보며 별자리를 살피던 최지몽의 표정이 일순 일그러졌다. 그는 곧 경종의 침전으로 달려가 자신이 살핀 바를 아뢰기 시작했다.

"전하, 소신이 별자리를 가만히 살피자니 황제의 좌를 침범해 들어오는 뭇 별이 보였나이다. 바라옵건대 숙위를 신중히 경계하시어 불의의 변을 방비토록 하소서."

최지몽은 황제 좌를 침범하는 별자리 이야기를 통해 경종의 주의를 환기시킨 후 왕승王承의 반란 사실을 고변했다. 당시의 유력 호족이기도 하였던 왕승은 왕권에 도전할 만한 가능성이 농후한 사람이었다. 경종은 최지몽의 고변이 있자마자 군사들을 풀어 그를 잡아들였으며, 부왕 광종이 그러했던 것처럼 피로써 그의 반역을 다스렸다.

짐의 뜻은 이것이 아니거늘

부왕 시절 그토록 치를 떨며 바라보던 신하들의 피!

자신이 치세하는 동안에는 절대 그런 일이 일어나지 않게 하겠노라 마음먹었을 테지만 경종은 어쩔 수 없이 반역을 꿈꾸는 호족들을 창과 칼로 꺾어 버렸다.

이로 말미암아 정치에 환멸을 느낀 경종은 그 후 방탕한 세월을 보낸다. 술과 여색에 빠져 숱한 날을 보내는가 하면 바둑에 관한 역사 기록이 처음으로 엿보일 정도로 바둑에 몰두하기도 하였다.

그러던 중 981년(경종 6) 6월에 병을 얻어 자리에 누운 경종은 당제堂弟 개령군開寧君(성종)을 불러 정권을 위양하고 다음과 같은 유조遺詔를 내린 후에 오래지 않아 죽었다. 능은 영릉榮陵이며 시호는 헌화獻和이다.

'한 번 나서 한 번 죽는 것은 현철한 사람도 면하기 어려우며 수명의 장단은 고금이 마찬가지이다. 내가 4대의 위업을 잇고 삼한의 패권을 받아 산천 토지를 보전하게 되었으며 종묘와 국가를 편안히 하기에 노력하여 날이 갈수록 더욱 조심스럽게 지나온 것이 전후 7년이었다. 이로 인한 피로가 그만 병으로 되었다. 이제 내가 지고 있던 짐을 벗음으로써 정신을 쉬고자 하며 후계자에게 왕위를 전하여 근심을 잊으려 한다. 정윤正尹 개령군은 나라를 다스릴 현명한 종친으로서 나의 사랑하는 사람이다. 그는 반드시 조상의 위업을 받들고 국가의 큰 기초를 보전할 수 있을 것이다. 너희 공경재상公卿宰相들은 내 동생을 극진히 보호하여 길이 우리 큰 나라를 편케 하라.

내가 죽은 후에 상복을 입는 기간과 경중輕重은 한 나라 제도에 의거하되 하루를 한 달로 계산하여 13일 만에 소상, 26일 만에 대상을 지내고 왕릉 제도는 될 수 있는 대로 검약하게 하라. 서경, 안

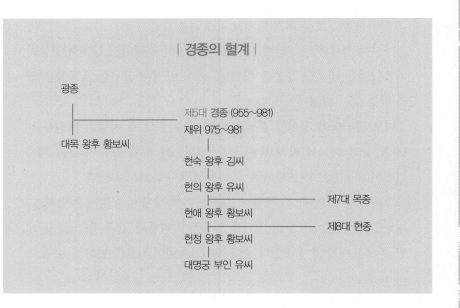

| 경종의 혈계 |

광종
┬ 제5대 경종 (955∼981)
│ 재위 975∼981
대목 왕후 황보씨 │
헌숙 왕후 김씨
│
헌의 왕후 유씨 ───── 제7대 목종
│
헌애 왕후 황보씨 ───── 제8대 현종
│
헌정 왕후 황보씨
│
대명궁 부인 유씨

동, 안남, 동주 등 모든 지방의 방비 임무를 맡아 병권을 가진 자들
은 그 책임이 가볍지 않으니 어찌 잠시라도 자기 임지를 비우겠는
가. 이들이 임지를 떠나서 대궐로 올라오는 것을 허락하지 말 것이
며 각기 임지에서 사흘 동안씩 애도식을 거행하고 복을 벗게 하라.
이상에 말한 이외의 일들은 다음 임금의 처분에 맡기노라.'

　　다른 왕후들은 생략하고 목종의 어머니 헌애 왕후 황보씨와 현종의
어머니 헌정 왕후 황보씨에 대해 살펴보고 넘어가기로 하겠다. 헌애
왕후와 헌정 왕후는 대종戴宗 왕욱의 딸로 친자매 간이다. 여자로서는
최고라 할 왕후의 자리에 앉았으나 두 사람 모두 바람직하지 않은 치
정으로 말미암아 끝이 좋지 않았다.
　　먼저 헌애獻哀 왕후 황보씨는 경종과의 사이에서 목종을 낳아 임금
의 어머니가 되었다. 목종은 왕위에 오르자마자 어머니에게 응천 계
성 정덕 왕태후라는 존호를 올렸다. 이때 목종의 나이 18세에 불과하
여 태후가 섭정을 하면서 천추전에 거처하였다. 이 때문에 세상에서
는 헌애 왕후를 천추 태후라고 불렀다.
　　불측한 인물이라 하여 성종 임금에 의해 멀리 쫓겨났던 김치양金致
陽이 천추 태후를 찾아온 것은 목종이 즉위하고 난 다음이었다. 그는
천추 태후와 친척뻘이 되는 사람으로서 중 흉내를 내고 다녔다. 경종
이 죽은 후 혼자 몸이 되어 생활하던 천추 태후는 그만 김치양과 간통
하여 아들을 낳는다.
　　원래부터 권력욕이 있던 김치양은 자신의 아들을 임금의 자리에 앉
히려고 태후와 힘을 합친다. 당시 목종에게 왕위를 이어받을 사람으
로는 대량원군으로 있던 현종이 유력하였다. 태후는 이를 막고자 현
종을 억지로 승려로 만들어 삼각산 신혈사神穴寺로 보낸다. 태후는 여

기서 그치지 않고 누차 사람을 보내어 현종을 죽이려 하였다. 그러나 그때마다 신혈사 승려의 도움으로 죽음을 면할 수 있었다.

점차 정치가 혼란스러워지자 강조康兆가 김치양 부자를 죽이고 현종을 새로운 왕으로 추대하였다. 이어서 강조는 태후의 친척들을 멀리 섬으로 귀양 보냈으며, 사람을 시켜 목종을 죽였다. 천추 태후는 그 후 황주에서 21년간 지내다가 1029년(현종 20) 정월에 숭덕궁에서 죽었다.

한편, 헌정 왕후 황보씨는 경종이 죽자 대궐에서 나와 왕륜사王輪寺 남쪽 자기 집에서 살고 있었다.

어느 날 잠을 자던 헌정 왕후는 괴상한 꿈을 꾸었다. 높은 언덕에 올라 소변을 누었는데 그것이 흘러서 온 나라에 넘쳤으며 오래지 않아 소변이 모두 변하여 바다가 되었던 것이다.

꿈에서 깨어난 헌정 왕후는 하도 기이하여 점을 쳤다. 그런데 점을 쳐준 사람이 아들을 낳으면 왕이 되어 나라를 가지게 되리라고 일러주는 것이었다. 왕후는 어이가 없었다. 과부의 몸으로 어찌 아들을 낳는단 말인가.

그런데 왕후의 집에서 그리 멀지 않은 곳에 안종 욱이 살고 있었다. 그는 태조의 제5비 신성 왕후 김씨의 소생이었다. 헌정 왕후가 태조와 그의 제4비 신정 왕후 황보씨의 아들 대종 욱의 소생이니 두 사람은 가까운 인척이 되는 셈이었다. 그런데도 안종 욱과 헌정 왕후는 서로 눈이 맞아 간통하였고, 곧 임신까지 하였다.

출산일이 임박하여 세상의 눈이 두려워진 헌정 왕후는 갈등하던 중 뜰에 화목을 쌓고 불을 지른다. 화재가 난 줄 알고 관원들이 달려오고, 성종도 급히 위문하러 달려왔다. 이 자리에서 성종이 다그치자, 그 집의 종들이 안종 욱과 헌정 왕후의 간통 사실을 사실대로 고하였다.

성종은 즉시 안종 욱을 사수 현으로 귀양 보냈다. 왕후는 부끄러워 울다가 집으로 돌아갔는데 공교롭게도 바로 그때 산통이 시작되었다. 왕후는 엉겁결에 문 앞 버드나무 가지를 붙잡았다. 그리고는 아이를 낳았지만 산모는 그만 죽고 말았다.

성종은 유모를 택하여 그 아이를 양육하라 명하였는데 이가 곧 장성하여 왕위에 오른 현종이다.

경종의 후비와 종실들

경종에게는 후비 다섯과 아들 둘이 있었다.

헌숙獻肅 왕후 김씨는 신라 경순왕의 딸이다. 죽은 후 헌숙 왕후라는 시호를 주었고 경종 사당에 합사하였다. 1002년(목종 5) 4월에 온경溫敬이라는 시호를, 1014년(현종 5) 3월에는 공효恭孝, 1027년(현종 18) 4월에는 양혜良惠라는 시호를 추가하였다. 후에 또 의목 순성懿穆順聖이라는 시호를 주고 1056년(문종 10) 10월에는 회안懷安, 1253년(고종 40) 10월에는 인후仁后라는 시호를 각각 추가하였다.

헌의獻懿 왕후 유씨는 왕의 종실인 문원文元 대왕 왕정王貞의 딸이다.

헌애獻哀 왕태후 황보씨는 대종戴宗의 딸로서 목종穆宗을 낳았다. 목종이 왕위에 오르자 응천 계성 정덕應天啓聖靜德 왕태후라는 존호를 올렸다. 목종의 나이 18세에 이르러서도 태후가 섭정을 계속하였으며 충신과 의로운 사람들을 멀리하며 죄 없는 신하들을 많이 모함하였다. 후에 강조가 태후와 간통한 김치양 부자를 죽이고 태후의 친척들을 섬으로 귀양 보냈으며 또 사람을 시켜 목종을 죽였다. 이후 태후는 황주黃州에 가서 21년간 있다가 1029년(현종 20) 정월에 숭덕궁에서 죽었다. 향년 66세였으며 유릉

幽陵에 매장하였다.

　헌정獻貞 왕후 황보씨도 대종의 딸로서 경종이 죽은 후 안종安宗과 관계하여 현종을 낳게 된다. 현종이 왕위에 오르자 효숙孝肅 왕태후라고 추존하고 그의 무덤을 원릉元陵이라고 하였다. 1017년(현종 8) 5월에 혜순惠順이라는 시호를 주고 1021년(현종 12) 6월에 혜순을 인혜仁惠라고 고쳤다. 1027년(현종 18) 4월에는 선용宣容, 1253년(고종 40) 10월에는 명간明簡이라는 시호를 추가하였다.

　대명大明 궁부인 유씨柳氏는 종실 원장元莊 태자의 딸이다.

06

고려의
체제를 완성하다

성종

高麗王朝實錄

성종의 등극

성종은 태조의 제4비 신정 왕후 황보씨의 소생 대종 욱과 선의 태후 유씨 사이에서 960년(광종 11)에 태어났다. 경종의 비 헌애 왕후 황보씨와 헌정 왕후 황보씨는 그의 누이들이다. 그러니까 성종과 상왕 경종은 처남 매부 사이였던 셈이다.

성종은 광종의 철권 정치와 경종의 화합 정치를 왕족의 신분으로 근처에서 지켜보며 성장기를 보냈다. 임금의 태도나 사회적 분위기로 봤을 때 많은 차이가 있었지만 광종과 경종은 결국 왕권을 강화하기 위한 정치를 펼쳤다고 봐도 과언이 아니다.

성종은 981년 7월, 22세의 나이로 왕위에 올랐다. 나라 안팎으로 불안한 요소가 산재해 있던 태조 왕권으로부터 다섯 임금의 집권기가 이어지는 동안 고려의 정치는 많은 발전을 이루었다고 볼 수 있었다.

특히 왕권 중심 국가로 도약하는 기틀을 마련한 광종과 경종조를 거치면서 고려는 당나라의 제도를 모방, 발전시킬 수 있을 만큼 사회적 여건이 성숙했다. 이러한 바탕 위에서 왕위에 오른 성종은 바야흐로 중앙집권적 왕권 국가 건설을 위해 대대적인 제도 개혁을 단행한다.

시대적 요구가 개혁을 낳다

7월 갑진일에 정권을 물려받아 왕위에 오른 성종은 8월에 대사령을 내리고 문무관들의 품계를 한 급씩 올려 주었으며, 같은 해 11월에는 팔관회의 잡기들이 떳떳하지 못하고 번쇄하다 하여 이를 전부 폐지하였다. 그다지 주목할 만한 일이 아닌 듯하지만 팔관회에 이어 연등회까지 폐지한 성종의 조치는 대단히 큰 의미가 있는 일대 사건이었다.

태조 왕건은 훈요십조 제6조에서 다음과 같이 후대 왕들이 지켜야 할 바를 밝힌 바 있다.

'짐의 소원은 연등회燃燈會과 팔관회八關會에 있는바, 연등은 부처를 제사하고, 팔관은 하늘과 5악岳 · 명산 · 대천 · 용신龍神 등을 봉사하는 것이니, 후세의 간신이 신위神位와 의식 절차의 가감加減을 건의하지 못하게 하라. 군신이 동락하면서 제사를 경건히 행하라.'

창국주 태조의 유업이라 할 팔관회와 연등회를 폐하기까지 성종은 상당한 부담감을 느꼈을 것이다. 그런데 성종은 어찌하여 이 같은 부담과 혹여 쏟아져 나올지 모를 왕실과 신하, 백성의 비난을 무시한 채

이 같은 일을 단행했던 것일까?

개국 초보다 권력 구조의 핵심에 오를 수 있는 신분 층이 많이 늘어 났다는 점을 주의 깊게 살펴봐야 한다. 개국공신이나 강력한 호족 세력이 아니면 정치판에 참여할 수 없었던 과거와 달리 과거를 통해 신진 관료들이 속속 배출된 까닭이었다. 이러한 변화를 보고 겪으며 성장한 성종은 점점 늘어나는 신진 관료들을 위해 불교 대신 유교를 어렵지 않게 선택했다. 즉, 어릴 때부터 유교적 분위기 속에서 성장한 성종은 변화된 사회를 이끌어 가고자 중국의 선진 제도를 받아들이는 한편으로 정치와 교육의 지도 이념으로서 유교를 선택해야 할 필요성과 당위성을 느끼고 있었던 것이다.

아울러 성종은 982년 3월에 이르러 백관 관제를 개정한다. 이는 3성 6부라고 일컬어지는 관제 정비의 시작을 알리는 신호탄이기도 하였다.

성종은 중국의 제도를 모방하여 내사문하성內史門下省과 어사도성御事都省을 두었고, 어사도성 밑에 선관選官, 병관兵官, 민관民官, 형관刑官, 예관禮官, 공관工官의 6관六官을 예속시켰다. 이 같은 중앙관제는 995년(성종 14)에야 비로소 3성 6부로 개정되어 고려 중앙관제의 근간을 이루게 된다.

그렇다면 성종의 중앙관제 개혁의 의미를 어디에 두어야 할까? 여기서 잠깐 통일 전쟁 시기를 거쳐 성종 대에 이르기까지 펼쳐진 고려의 정치 상황 변화를 살펴볼 필요가 있다.

태조 때의 가장 큰 쟁점은 뭐니 뭐니 해도 삼한 통일이었으며, 통일 후에는 여러 가지 모순을 극복하고 나라를 안정시키는 것이 최우선 과제였다. 그리하여 태조는 호족이라는 양날의 칼과도 흡사한 세력들을 내치거나 찍어 누르는 대신 결혼 정책을 통해 나라의 안정을 꾀했다.

이어지는 혜종과 정종 대에는 호족 세력을 등에 업은 임금들이 권력 쟁투를 벌이며 허우적거리는 시기였다. 그러나 광종과 경종조로 접어들면서 고려는 국가다운 면모를 갖추어 나가기 시작했다. 그 과정에서 피를 많이 보기는 하였지만 호족 공신 세력이 왕권의 절대 권력에 백기를 드는 형국이 되었으며 바야흐로 왕권 중심의 중앙집권적 국가로 나아가는 기틀이 마련되었다.

선대의 노력으로 절대 왕권을 획득한 상태에서 왕위를 이어받은 성종은 불필요한 내부 갈등에 에너지를 소비할 필요가 없었다. 그에게는 오직 시대적 요구에 따라 고려를 개혁해 나갈 책임과 환경이 부여되어 있었던 것이다.

현행 정치의 결점을 논하라

982년 6월, 성종은 개혁의 고삐를 더욱 당길 요량으로 다음과 같은 조서를 내린다.

'임금의 덕은 오직 신하들의 방조 여하에 달렸다는 것은 고금이 다 같다. 짐이 새로 국무를 총람하게 됨에 따라 혹 잘못된 정치가 있을까 걱정하노니 중앙 관리로서 5품 이상 되는 자들은 각각 글을 올려 현행 정치의 우점과 결점을 논하라.'

이에 따라 여러 신하가 봉사封事를 올렸는데 최승로崔承老가 지어 올린 시무 28조도 그중 하나였다.

그는 경주 사람으로서 성질이 총명하고 민첩하며 학문을 즐기고 글도 잘 지었다. 그의 나이 12살 때 태조가 불러서 논어를 읽어 보라 시키고 그 총명함에 반했다 하며, 성종 때에는 시무 28조를 올려 고려의 체제를 정비해 나가는 데 큰 역할을 하였다. 그는 983년(성종 2)에 문하시랑평장사門下侍郎平章事로 전임되었고, 988년(성종 7)에는 문하 수시중門下守侍中에 임명되고 나서 청하후淸河侯로 봉하여져 식읍 7백 호를 받았다. 989년(성종 8)에 향년 63세로 죽으니 시호를 문정文貞이라 하였다.

최승로가 올린 시무 28조는 22조까지만 전해질 뿐 나머지 6개 조는 사기史記에도 기록된 바가 없다. 그 내용을 살펴보면 성종이 추구하고자 하는 개혁 정치에 부합되는 부분이 상당히 많음을 알 수 있다.

최승로는 불교와 승려들의 폐단이나 악행을 집중적으로 고발하며 유교를 정치 이념으로 삼아야 한다는 점을 강조하고 있다. 이와 함께 백성의 삶을 핍박하는 지방 토호들의 횡포를 막고 개국공신의 후손 및 귀족들의 권익을 보장하고 광종 때 제정된 노비안검법을 폐지해 그들을 다시 노비로 되돌리는 노비환천법을 공포하라고 주장하고 있다. 즉, 유교를 정치 이념으로 받아들인 가운데 군신 관계를 정립하고 권력의 상층부에 속한 귀족(삼한 공신의 자손들과 신진 관료까지 포함)들의 권익을 적극적으로 옹호하여 신분제도를 강력하게 지켜 나가는 것이 시무 28조의 골자였다.

성종은 최승로의 시무 28조를 적극적으로 국정에 반영하여 고려의 체질을 변경시켜 나간다.

지방을 장악하라

최승로를 문하시랑 평장사로 임명하고 그의 보좌를 받으며 국가 체제 정비에 힘을 쏟기 시작한 성종은 먼저 중앙 권력이 미치지 못하여 토호들의 횡포가 잦은 지방의 제도부터 정비한다. 983년(성종 2)에 이루어진 12목牧 설치가 바로 그것이었다. 전국을 12목으로 나누고 임금이 파견한 관리가 다스리게 되었으니 이는 고려 개국 이래 처음 시작한 일로, 바야흐로 임금이 지방까지 전부 장악한 채 정치를 펼쳐 나갈 수 있게 되었다는 뜻이었다.

지금까지는 세금을 징수할 때 금유今有와 조장租藏이라는 벼슬아치를 지방에 파견한 것이 고작이었다. 금유와 조장은 12목이 설치되면서 파견하지 않게 되었다. 12목의 지방관은 가족을 데리고 가는 것이 허락되지 않아 홀로 임지에 부임하여 임무를 수행하였는데 986년(성종 5)부터는 처자를 데리고 가는 것이 허용되어 더욱 안정적인 제도로 정착하였다.

지방 세력 통제의 일환이기도 했던 제도 정비는 12목 설치 이후에도 꾸준하게 진행되었다. 그중 눈여겨봐야 할 것은 995년(성종 14)에 이루어진 지방 관제 개혁이다. 이때 성종은 10도제를 전격적으로 실시하였다. 당나라의 10도제를 모방한 것이었으나 우리나라 최초의 도제道制였다는 점에서 큰 의미가 있다. 이와 함께 성종은 절도사체제節度使體制로 개편하여 지방 호족 세력을 더욱 강력하게 통제한다. 이는 당연히 중앙집권을 강화하고자 하는 조치였다.

성종은 지방 관제를 개혁하는 데만 그치지 않고 지방 교육과 경제 정책에도 상당한 관심을 기울였다. 당시는 과거제가 어느 정도 정착된 단계라 전국적으로 유교에 대한 관심이 증폭되어 있었다. 성종은 이를 더욱 진작시키고자 경학박사經學博士와 의학박사醫學博士를 각각 1명씩 뽑아 12목에 파견하여 지방 교육을 맡아보게 하였다. 뿐만 아니라 유교적 교양이나 의술醫術이 있는 사람을 천거하여 중앙으로 올려 보내도록 하였다.

한편, 993년(성종 12)에는 12목에 상평창常平倉을 설치하여 물가 조절 기능을 담당하게 하였다. 또한 지방 관청의 경비 지출을 위하여 공해전시公廨田柴를 정비하는 등 지방 제도를 꾸준히 정비하여 행정 기능을 크게 개선하였다.

다져지는 나라의 기틀

성종의 체제 정비는 중앙과 지방에서 거의 동시에 이루어졌다고 보아야 한다. 성종은 982년(성종 1)부터 983년 사이에 내사문하성과 어사도성을 두고, 어사도성 밑에 선관, 병관, 민관, 형관, 예관, 공관의 6관六官을 예속시키는 것으로 중앙의 새로운 정치기구를 조직한 바 있다. 이러한 중앙관제는 995년(성종 14)에 이르러 3성 6부로 개정된다. 이는 5백 년 고려 왕조 중앙관제의 기본 틀을 이루게 되었다. 즉, 내사성內史省(중서성中書省)·문하성門下省·상서성尙書省의 3성을 두어 고등 행정을 맡게 하고, 이吏·병兵·호戶·형刑·예禮·공工의 6부部를 두어 국무國務를 분장分掌하게 한 것이다. 비록 중국의 제도를 모방한 것이라 하지만 고려의 정치, 사회적 여건이 발전하고 성숙해 가면서 그러한 제도의 수용이 필요하여 단행된 조치임을 생각할 때, 성종 대에 이르러 고려의 정치, 사회적 요소들이 선진 국가의 형태로 한 단계 상승하였음을 알 수 있게 해주는 대목이다.

부강한 나라나 나날이 발전하는 기업을 보면 인재 발굴에 상당한 노력을 기울인다는 공통점이 있다. 성종 또한 나라의 기틀을 견고하게 다져 놓은 임금답게 항상 인재를 기르고, 발굴하는 일에 노력을 아끼지 않았다.

'학문을 많이 쌓지 아니하면 선善을 알 수 없으며, 어진 이를 임용하지 아니하면 공을 이룰 수 없다. 이로써 서울에는 서상序庠을 열어 유술儒術을 숭상하고, 지방에는 학교를 설치하여 생도를 권과權課하며, 문예를 경쟁하는 장소를 열고, 경서經書를 연구하는 업을 넓혔으나 오히려 포부를 가진 뛰어난 선비를 얻지 못하였으니 어진 이를 가로막고 재능을 방해하는 사람이 없는지 어찌 알리요. 무릇 문재文才와 무략武略이 있는 자는 대궐에 나와서 자천自薦함을 허한다.'

992년(성종 11)에 내린 성종의 교敎다. 이 내용만 보더라도 인재 발굴에 대한 성종의 의지와 열망을 얼마든지 읽어낼 수 있다. 경관京官 5품 이상의 관리들에게 마땅한 사람을 한 명씩 천거하게 하고, 그 덕행德行과 재능을 성명 밑에 기록하도록 했다는 일화가 전해지고 있을 정도이다.

성종은 재위 기간 동안 유교의 주요 덕목이라 할 효도와 절의를 강조하여 나라 안의 풍속을 아름답게 가꾸었으며 어려움에 처한 백성을 구휼하는가 하면 태학에서 공부하는 선비들에게 재물을 넉넉하게 보내주어 더욱 정진하도록 독려하였고, 종묘를 세우고 사직을 정하여 정치와 사회, 문화 전반에 새로운 바람을 불어 넣으며 고려왕조의 기틀을 마련하였다.

무르익는 전쟁의 기운

이때 성종과 고려의 유일한 걱정거리라고 한다면 대외 관계가 그에 속할 터였다. 고려는 당시 중원中原의 주인 자리를 차지한 송나라와 발해를 멸망시키고 강자로 부상하여 송나라와 패권 경쟁을 벌이던 거란의 틈바구니에 낀 상황이었다.

기마병 중심으로 구성된 거란의 병사들은 송나라와의 전쟁에서 큰 승리를 거둘 정도로 강력하였다. 그러나 고려는 삼한을 통일한 태조 시절부터 거란에 대한 적대감을 공공연히 드러내며 전쟁 준비를 하였다. 광종 때 광군 30만을 조직한 것이 대표적인 예라 하겠다. 고려는 고구려의 후예임을 자처하고 있었기에 거란이 차지한 영토를 언젠가 회복하여야 할 고토라고 여겼다. 게다가 같은 민족 국가라고 여기던 발해를 기습하여 멸망시킨 나라가 거란이라 더더욱 미워하는 마음이 있었다.

이렇게 보면 고려와 거란 간에는 전쟁 가능성이 늘 상존하고 있었다 해도 과언이 아니었다. 그렇다고 거란이 고려를 대등한 위치에 있는 경쟁국으로 보았다는 것은 아니다. 삼한 통일 후 비교적 강력한 군사력을 갖춘 고려에 어느 정도 두려움을 품고 있었지만 거란은 어디까지나 송과의 쟁투가 가장 중요한 현안이었다. 그러나 반대로 생각하면 이 때문에 거란은 고려와의 외교를 중요하게 여길 수밖에 없었다. 송나라보다 국력이 모자란 상황인데 고려마저 송나라 편에 서서 자신들을 핍박하면 곤란해지기 때문이었다.

그런데 991년(성종 10) 10월 고려에서 압록강 밖 영토를 차지한 채 살아가던 여진 사람들을 축출해 버리는 사건이 일어난다. 고려와 거란 사이에 여진이 끼어 있어 완충 역할을 해주고 있었는데 이제 고려가 그들을 몰아내 버리고 그 땅을 차지하자, 거란은 불안감을 이겨내지 못하고 군사 행동을 감행하기에 이른다.

국토를 떼어 적에게 주는 것은 만세의 치욕이다

당시 세계 최강의 군대를 보유하고 있었다 해도 과언이 아닌 거란과 고려 사이에는 모두 세 번의 전쟁이 일어났다. 이 중 거란과의 세 번째 전쟁에서 귀주대첩을 이끌어 내며 대승을 거둔 장군으로 널리 알려진 것이 강감찬이다. 또한 현종 시대에 침입한 거란의 두 번째 침입을 맞아 비록 패하기는 하였지만 거란의 간담을 서늘케 만든 이는 강조 장군이었다. 그렇다면 성종 시대에 벌어진 거란과의 첫 번째 전쟁에서는 어떤 사람이 활약을 펼쳤을까? 우리가 익히 아는 서희徐熙의 담판과 강동 6주 획득이 바로 이때 일어난 일이었다.

서희는 내의령內議令 서필徐弼의 아들로 성격이 엄정하고 성실한 사람이었다. 960년(광종 11)에 18세의 나이로 갑과에 급제한 후 광평원외랑廣評員外郞에 임명되었으며 여러 차례 승진하여 내의시랑內議侍郞에 올랐다. 당시 고려와 송나라 사이에는 10여 년 동안 왕래가 없었는데 972년(광종 23)에 서희가 사신으로 가서 절도 있고, 예법에 적합한 행동을 보여 두 나라 간의 가교 역할을 충실히 하였다. 이후 서희는 병관어사兵官御使와 내사시랑內史侍郞을 거치면서 많은 일을 하였다.

소손녕이 이끄는 거란군이 고려의 영토로 침범하여 들어온 것은 서희가 내사시랑으로 있을 때인 993년(성종 12)이었다. 성종은 시중 박양유朴良柔를 상군사로, 내사시랑 서희를 중군사로, 문하시랑 최량崔亮을 하군사로 삼아 군대를 거느리고 북계로 가서 거란을 방어하게 하였다. 이때 성종도 친히 거란군을 물리치고자 서경으로 갔다가 안북부安北府(현 안주)까지 진군하여 머물고 있었다.

거란군이 봉산군蓬山郡을 함락시키고, 고려의 선봉 군사와 급사중 윤서안尹庶顏을 포로로 잡았다는 비보가 날아든 것은 바로 그때였다.

이때 거란의 장군 소손녕이 다음과 같은 글을 퍼뜨렸다.

"우리나라가 이미 고구려의 옛 영토를 영유하였다. 그런데 너희 나라에서 우리 강토를 강점하므로 이제 토벌하러 온 것이다. 우리에게 귀순치 않으면 기어코 소탕할 것이니 속히 투항하라."

서희는 성종이 머무는 곳으로 달려와 소손녕의 말을 전하며 이렇게 아뢨다.

"그들과 화의할 수 있는 조짐이 보입니다."

성종은 서희의 말을 듣고 이몽전을 거란의 병영으로 보내 화의를 제의하였다. 이에 소손녕이 공문을 보내 알렸다.

'아군 80만이 도착하였다. 만일 강변까지 와서 항복하지 않으면 반드시 섬멸할 생각이니 국왕과 신하들은 빨리 우리 군영 앞에 와서 항복하라.'

성종은 여러 신하를 모아 놓고 토의하였다.

"전하께서는 수도로 돌아가시고 대신 한 명으로 하여금 군대를 인솔하고 가서 투항을 청하는 게 좋겠습니다."

"서경 이북 땅을 적에게 넘겨주고 황주로부터 철령에 이르는 계선을 국경으로 정하는 것이 옳겠습니다."

신하들의 입에서 나오는 말은 대개가 이러하였다. 이에 성종은 신하들의 의견에 찬동할 생각으로 서경 창고에 두었던 쌀을 주민들에게 모두 나눠주고 마음대로 가져가라는 명을 내렸다. 그런데도 쌀이 많이 남자, 성종은 남은 쌀이 적의 군용으로 이용될 것을 염려하여 대동강에 버리라고 명하였다. 이때 서희가 더는 참지 못하고 성종 앞으로 나섰다.

"식량이 넉넉하면 성을 가히 지킬 수 있고 싸움에서 승리할 수도 있습니다. 전쟁의 승패는 병력이 강하고 약한 데만 달린 것이 아니라,

적의 약점을 잘 알고 행동하면 승리할 수 있는 것입니다. 그런데 어째서 쌀을 버리려고 하십니까? 하물며 양식이란 백성의 생명을 유지하는 물건이라, 차라리 적에게 이용될지언정 어찌 헛되이 강물에 버린단 말입니까? 이것은 또한 하늘의 뜻에도 부합되지 않으리라 생각됩니다."

가만히 듣고 있던 성종은 서희의 의견을 옳게 여기고 그만두게 하였다. 잠시 묵묵히 있던 서희가 다시 한 번 임금에게 아뢰었다.

"거란의 동경으로부터 우리나라 안북부에 이르는 수 백리 어간은 모두 생여진이 차지하고 있던 것을 광종 때에 도로 찾고 성을 쌓았었는데, 이제 거란이 침공하는 의도는 이 두 개의 성을 탈취하려는 데 불과한 것이며 그들이 고구려의 옛 땅을 찾겠다고 주장하나 실상인즉 우리를 두려워하는 것입니다. 그러므로 지금 그들의 병력이 성대한 것만을 보고 서경 이북을 떼어 준다면 이것은 올바른 계책이 아닙니다. 그뿐만 아니라 삼각산 이북은 모두 고구려의 옛 강토인데 그들이 강요한다고 해서 다 주겠습니까? 하물며 국토를 떼어 적에게 준다는 것은 만세의 치욕입니다. 바라건대 성상께서는 수도로 돌아가시고 저희로 하여금 적과 한번 판가름 싸움을 하게 하신 후에 다시 논의하여도 늦지 않으리라 사료됩니다."

이번에도 성종은 서희의 주장을 옳게 여겼다.

한편 화의를 신청하러 왔던 이몽전이 돌아간 뒤에도 한동안 고려 진중에서 회답이 없자 소손녕은 안융진安戎鎭을 공격하였다. 소손녕의 군대를 맞이하여 싸움을 벌인 것은 중랑장 대도수大道秀와 낭장 유방庾方이었다. 놀랍게도 이들은 거란의 병사들을 크게 이기게 된다. 고려를 얕보는 마음이 없지 않았던 소손녕은 아차 싶어 다시는 진공하지 못하고 진중에 머문 채 사람을 보내서 항복을 독촉하기만

하였다.

이에 성종이 화통사和通使(강화를 체결하는 사신)로 합문사인 장영張瑩을 거란 영문으로 보냈다. 그러나 소손녕은 응당 지위가 높은 대신을 파송하여 면담하게 하라고 요구하였다.

장영이 힘없이 돌아오자, 성종은 여러 신하를 모아 놓고 누가 거란 영문으로 가서 언변으로 적병을 물리치고 만대의 공을 세우겠느냐고 물었다. 그러나 아무도 응답하고 나서는 자가 없었다. 이에 서희가 일어나서 늠름한 어조로 말했다.

"제가 비록 불민하나 감히 왕명을 받들겠습니다."

서희가 자원하고 나서자 성종은 기뻐 어쩔 줄 몰라 하며 강가까지 나가서 그를 위로하며 전송하였다.

서희의 담판과 강동 6주

국서를 가지고 소손녕의 영문에 이른 서희는 통역을 시켜 회견하는 절차를 문의했다. 소손녕이 거만한 태도로 서희를 바라보며 뇌까렸다.

"나는 대국의 귀인이니 그대가 나에게 뜰에서 절하여야 한다."

서희는 기가 막혔다.

"신하가 임금에게 대할 때 당하에서 절하는 것은 예법에 있는 일이나 양국의 대신들이 대면하는 좌석에서 어찌 그럴 수 있겠는가?"

소손녕의 표정이 일순 굳어졌다. 그러나 재삼 왕복하면서 아무리 절을 하라고 고집하여도 서희는 꿈쩍을 하지 않았다. 오히려 노하여 숙소로 돌아가 움직이지 않았다. 내심 서희의 인품이 비범함을 알아본 소손녕은 결국 당상에서 대등하게 대면하는 예식 절차로 갈음하자며 한 발 뒤로 물러섰다. 그제야 서희는 거란의 영문으로 다시 가서 소손녕과 담판을 시작하였다.

"당신의 나라는 옛 신라 땅에서 건국하였고, 고구려의 옛 땅은 우리나라에 소속되었는데 어째서 당신들이 침범하였는가? 또 우리나라와는 국경이 연접되어 있으면서 바다를 건너 송나라를 섬기는 까닭에 이번에 정벌하게 된 것이다. 만일 땅을 떼어 바치고 국교를 회복한다면 무사하리라."

소손녕의 목소리는 자못 엄중했다. 그러나 서희는 조금도 주눅이 들지 않고 소손녕의 말을 맞받아쳤다.

"그렇지 않다. 우리나라는 바로 고구려의 후계자이다. 그러므로 나라 이름을 고려라고 부르고 평양을 국도로 정하였다. 그리고 경계를 가지고 말하면 귀국의 동경이 우리 국토 안에 들어와야 하겠는데 당신이 어떻게 침범했다는 말을 할 수 있겠는가? 또 압록강 안팎이 역시 우리 경내인데 이제 여진이 그 중간을 강점하고 있으면서 완악한 행위와 간사스러운 태도로서 교통을 차단했으므로 바다를 건너기보다도 왕래하기 곤란한 형편이니 국교가 통하지 못함은 여진의 탓이다. 만일 여진을 구축하고 우리의 옛 땅을 회복하여 거기에 성들과 보들을 쌓고 길을 통하게 된다면 어찌 국교를 통하지 않겠는가? 장군이 만약 나의 의견을 귀국 임금에게 전달하기만 하면 어찌 접수하지 않으실 리가 있으랴."

서희가 이처럼 격앙된 기색으로 당당하게 논박하자 소손녕은 강요하지 못할 것을 알고 담판한 내용을 자기 나라에 보고하였다. 이에 거란 임금이 정전하라는 회답을 보내왔다. 결국 땅을 빼앗으려고 전쟁을 일으켰다가 고려에 더 많은 땅을 붙여 주게 된 셈이었다. 중군사 서희는 세치 혀로써 거란의 강병을 몰아낸 셈이다.

거란에서 이렇게 해서라도 고려와 국교를 트고자 한 것은 송나라와의 관계 때문이었다. 송나라와 고려가 굳게 결속하여 있는 한 거란은 늘 쫓기는 입장이 될 수밖에 없었던 것이다. 이제 거란과 고려가 국교를 맺었으니 송과 고려 사이가 소원해질 것은 불을 보듯 훤한 노릇이었고 덕분에 거란은 한결 편안한 가운데 송과의 전쟁을 치를 수 있게 된 것이었다.

성종의 죽음

이후 성종은 거란의 연호 통화統和를 사용하면서 외교 관계를 유지하였다. 문신들은 송나라와 서로 통하여 거란을 쳐 보자고 주장하였고 임금도 할 수 없어 원욱을 송나라에 보내 협격해 보자고 청하였으나 원래부터 문약한 송나라는 그럴 용기조차 내보지 못하였다.

이 사건을 계기로 하여 송나라와의 정식 교통은 끊어지고 말았으나 은밀하게나마 교류를 이어나갔고, 또한 바다가 서로 통하는 만큼 상인들이 서로 왕래하여 소식만은 알 수 있었다. 이처럼 실리 외교를 통해 나라의 안정을 기하고, 개혁 정치를 펼쳐 나가던 성종이 병에 걸려 위독해진 것은 997년 10월이었다. 성종은 이때 자신의 조카이자 경종의 아들이기도 한 개령군 왕송(목종)을 불러 왕위를 물려주고 나서 죽었다.

왕의 향수는 38세요, 재위 연수는 16년이었다. 시호는 문의文懿라 하고 묘호는 성종成宗이라고 하였다. 남쪽 교외에 장사지내니 능호는 강릉康陵이었다.

성종의 후비와 종실들

성종에게는 후비 셋과 딸 둘이 있었다.

문덕文德 왕후 유씨는 광종의 딸로서 처음에는 홍덕弘德 원군에게 시집 갔다가 후에 성종의 배필이 되었다. 죽은 후 문덕 왕후라는 시호를 주고 성종 사당에 합사하였다. 1002년(목종 5) 4월에는 효공孝恭이라는 시호를, 1014년(현종 5) 3월에는 순성順聖이라는 시호를 추가하였고, 1027년(현종 18) 4월에는 영용英容, 후에 또 숙절肅節이라는 시호를 주었다. 1056년(문종 10) 10월에는 원헌元獻, 1253년(고종 40) 10월에는 선위宣威라는 시호를 추가하였다.

문화文和 왕후 김씨는 선주 사람으로 증직 시중 김원숭金元崇의 딸이다. 처음에는 연흥延興 궁주 또는 현덕玄德 궁주라고 불렀다. 원정元貞 왕후를 낳았으며 1029년(현종 20) 4월 대비大妃로 책봉되었다. 같은 해 9월에 김원 숭에게 특진 수태위 겸 시중의 증직과 상주국上柱國 훈위를 주고 화의군 개국후和義郡開國侯로 봉하고 식읍 1천5백 호를 주었으며 그의 모친 왕씨 王氏에게는 화의군 대부인을 추증하였다. 조부 김광의에게는 상서좌복야 관직과 상주국 훈위를 주고 화의현 개국백和義縣開國伯으로 봉하고 식읍 7 백 호를 주었으며 조모 김씨에게는 화의군 대부인 봉호를 주었다. 왕후가 죽은 후 문화 왕후라는 시호를 주었다.

연창延昌 궁부인 최씨는 우복야 최행언崔行言의 딸로 원화元和 왕후를 낳았다.

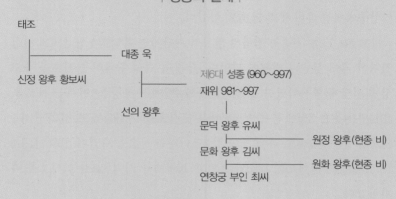

| 성종의 혈계 |

태조
├────────────── 대종 욱
신정 왕후 황보씨　　　├────────── 제6대 성종 (960~997)
　　　　　　　　　선의 왕후　　　재위 981~997
　　　　　　　　　　　　　　　　│
　　　　　　　　　　　　　　　문덕 왕후 유씨
　　　　　　　　　　　　　　　├────── 원정 왕후(현종 비)
　　　　　　　　　　　　　　　문화 왕후 김씨
　　　　　　　　　　　　　　　├────── 원화 왕후(현종 비)
　　　　　　　　　　　　　　　연창궁 부인 최씨

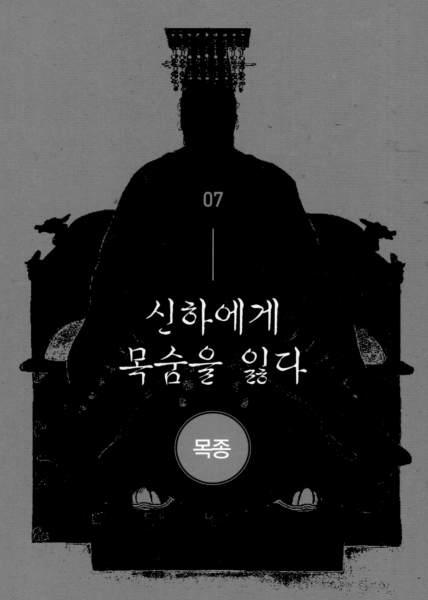

07
—

신하에게
목숨을 잃다

목종

高麗王朝實錄

되찾은 왕위

980년(경종 5) 5월 임술일, 경종과 경종의 제3비 헌애 왕후 황보씨 사이에서 태어난 목종은 이름이 송誦, 자는 효신孝伸이었다. 경종 임금의 유일한 자손이었기에 목종이 왕위를 이어받는 것은 어쩌면 당연한 수순이었다. 그러나 경종이 재위 6년 2개월째를 맞이하는 981년 7월에 숨을 거두자 2살에 불과했던 목종은 어린 나이 때문에 왕위를 이어받을 수가 없었다.

주지하다시피 목종 대신 고려 제6대 임금이 된 사람은 성종이었다. 성종은 목종의 당숙이기도 했는데 유교 정치 이념을 바탕으로 중앙 집권 체제를 완성한 임금이었다. 목종은 성종의 배려로 궁중에서 양육되었으며, 990년(성종 9)에 개령군이 되었다가 997년 10월 무오일에 내선을 받아 고려 제7대 임금으로 등극하였다.

비록 성종에게 아들이 없어 선위 하는 형식으로 목종에게 왕위를 넘겼으나 살육을 동반하며 왕위를 찬탈한 왕조의 역사를 돌이켜볼 때, 성종의 인자하고 욕심 없는 성품은 찬양받아 마땅하다는 생각이다.

목종의 성품은 침착하고 굳세어 어려서부터 임금의 도량이 있었다. 그러나 권력욕이 많은 어머니 헌애 왕후의 그늘에서 자라다 보니 다소 나약한 정신을 소유하게 되었으며 술을 좋아하는데다 사냥을 즐기는 편이었다. 자리가 사람을 만든다는 말이 있듯 목종은 임금으로 등극하였을 때 선정을 펼쳐 안으로는 백성이 편안하고, 밖으로는 부강한 나라를 만들고 싶었을 것이다.

그러나 다소 나약한 성품과 강성한 어머니의 그늘, 유혹에 빠져들기 쉬운 방탕한 성격이 즉위 초부터 하나의 장애로써 작용하고 있었다.

헌애 왕후의 수렴청정과 불륜

헌애 왕후는 성종 재위 16년간 아무 일도 못하고 그늘에서 생활하고 있다가 자신의 소생인 목종이 임금이 된 후부터 표면에 나타나기 시작했다. 임금이 어리면 그 어머니가 일정 기간 정사를 대신 맡아 돌보는 것은 우리 역사를 돌아볼 때 흔히 있는 일이었다. 즉, 헌애 왕후의 수렴청정 또한 전혀 문제 삼을 일이 아니었다는 것이다. 그러나 일국의 국모로서 김치양이라는 인물을 끌어들여 정을 통했으며, 불륜의 씨앗인 사내아이까지 낳은 일만은 쉽게 용납할 수 없는 일이라 할 것이다.

김치양은 헌애 왕후의 외척이 되는 인물이었다. 그런데 김치양과 헌애 왕후의 사이가 뜨거워진 것은 목종이 즉위하고 난 직후가 아니었다. 성종 임금 시절부터 두 사람은 공공연하게 불륜 행각을 벌여 왔다. 그러던 중 성종 임금에게 발각되어 김치양은 장형을 받은 후에 귀양살이를 경험하기까지 했다.

이러한 전력이 있는 사람들이니 목종의 즉위와 함께 장차 펼쳐질 일은 불을 보듯 훤한 노릇이었다. 게다가 헌애 왕후가 왕을 대신하여 정사를 돌보고 있지 않은가. 이것저것 눈치 볼 필요가 없었던 헌애 왕후는 다시 김치양을 천추궁으로 불러들였고, 두 사람의 관계는 예전보다 더 뜨거워졌다.

그런데 문제는 헌애 왕후가 권력욕이 많은 사람이듯 김치양 또한 야심이 만만치 않은 사람이라는 점이었다. 실제로 그는 헌애 왕후의 몸과 마음을 장악한 것과 마찬가지로 고려 조정을 야금야금 정복해 나갔다. 오래지 않아 김치양은 관료들의 인사권을 장악하기에 이르렀고, 사정이 이리되자 정치에 뜻을 둔 사람치고 김치양에게 찾아와 뇌물을 바치지 않는 자가 드물 정도였다.

자신의 창고에 재물이 쌓이기 시작하자 김치양의 생활은 자연 사치와 향락에 물들어 갔다. 그는 먼저 여성전麗星殿이라고 이름 지은 거처부터 마련했다. 여성전은 3백여 간이 넘는 대저택이었다. 외양만 놓고 보더라도 왕궁의 전각보다 우람하였다. 그는 여성전 한가운데 침실을 만들어 놓고는 좌우에 작은 방을 여러 개 만들어 샛별같이 빛나는 여성 십여 명을 거느린 채 신선놀음을 했다. 뿐만 아니라 후원에는 작고 아담한 산정山亭을 여러 군데 지어 놓았으며 그 가운데에는 큰 연못을 파고 작은 배까지 마련하여 때때로 헌애 왕후와 밀애를 즐기곤 하였다.

또한 김치양은 고향 동주洞州(현 황해도 서흥) 농민 수천 명을 동원하여 자신의 원찰 성숙사星宿寺를 대단히 크게 짓고 궁성 밖 서북쪽에 십왕사+王寺를 지어 자신의 원찰로 삼기도 하였다. 백성의 원성이 하늘을 찌를 듯했으리라는 점은 굳이 이야기할 필요가 없을 터이다.

목종의 절망

목종은 자신의 어머니 헌애 왕후를 천추 태후로 높여준 바 있었다. 어머니가 정사를 대신 돌보는 관계로 목종은 그저 어머니가 하는 일을 지켜볼 따름이었다.

그러던 어느 날 시중 한언공이 목종을 찾아왔다. 그는 강직하고 지혜로운 신하로 이름이 높았다. 그런 사람이다 보니 천추 태후와 김치양이 벌이는 짓을 더는 두고 볼 수가 없어 목종 앞으로 달려온 것이었다.

"근자에 김치양이 방자하게 행동하는 일로 조정 신료들 사이에 의견이 분분한 줄 아뢰오. 자고로 구중궁궐 깊은 곳에는 일가친척이라 하여도 드나들지 못하는 법 아닙니까. 그런데 김치양이 무엄하게도 천추전에 자주 드나들며 국정을 어지럽히고 있으니 엄하게 다스리시는 것이 옳을 줄로 아룁니다."

그러나 나약한 목종은 자신의 어머니가 하는 일이라 어찌할 수 없이 그대로 보고만 있었다. 게다가 태후의 권고로 김치양에게 합문사인閣門舍人의 벼슬까지 주어 궁중 출입을 돕기까지 하였다.

시중 한언공이 죽은 후 김치양의 벼슬은 더욱 높아져 우복야 겸 삼사사가 되어 국가 재정에 관한 권한마저 한 손에 틀어쥐게 되었다. 이제 전날의 일개 중이 아니라 조정을 흔드는 세력가로 변하게 된 것이다. 김치양의 부하로는 전중감殿中監 이주정李周楨과 유충정劉忠正, 합문사인 유행간庾行簡 등 30여 명이 있어 그의 앞에서 간사스러운 일을 마음대로 하였다. 이리되자 조정의 백관들조차 김치양의 문하로 몰려들기 시작하였고, 이는 김치양의 권력 독점으로까지 이어져 목종을 위협하기 시작했다.

그제야 사태의 심각성을 깨달은 목종은 김치양을 제거하고자 여러 가지 조치를 취했다. 그러나 김치양 곁에는 든든하기 이를 데 없는 방어벽이 존재하고 있었다. 바로 목종의 어머니 천추 태후였다. 어머니의 참견 때문에 끝내 뜻을 이룰 수 없었던 목종의 심정은 과연 어떠하였을까. 김치양이 아들의 앞길을 가로막고 있다는 것을 잘 알면서도 아들이 뜻을 펼칠 수 있도록 돕기는커녕 결사적으로 정인의 편만 드는 어머니를 바라보며 무력감과 함께 절망을 느꼈을 것이 분명했다.

어쩌자고 동성연애에 빠져들었던가

한 나라의 왕인데도 정치를 농단하는 욕된 신하를 처벌할 수 없다는 무력감. 한때는 문무 양반과 군인 전시과를 개정한 바 있고, 과거 시행법을 정하는 등 왕정 체제 확립을 꾀하기도 했던 목종이었다. 그러나 11년 남짓한 목종의 재위 기간은 무력감과 절망감으로 점철되어 있었다.

아마도 이 때문이었을 것이다. 임금 자리는 허울에 불과할 뿐 모든 권력을 어머니와 김치양에게 빼앗긴 채 절망으로 세월을 보내던 목종이 용모가 아름다운 유행간이라는 남자를 만나 동성애에 빠져들고 만 것은 말이다. 목종의 탈선은 유충정에게까지 이어져 그의 동성애는 돌이킬 수 없는 지경으로까지 치닫는다.

동서고금을 두루 살펴보면 임금의 사랑을 받는 이가 정치에 손을 뻗쳐 농단한 예는 흔하다 못해 당연한 일로 받아들여지고 있다. 유행간과 유충정 또한 왕의 총애를 등에 업고 정치에 한쪽 다리를 걸쳐 놓는 것을 잊지 않았다. 아니, 단순히 다리만 걸쳐 놓은 것이 아니라 김치양 못지않게 고려의 정사를 좌지우지하였다. 오죽하면 조정 백관들이 유행간과 유충정의 손짓이나 턱짓을 보고 그 지시대로 따랐을까. 그들은 걸핏하면 왕명이라는 단서를 달며 관료들의 목을 자르거나 새로 임명하였으며 모든 행동거지가 왕의 그것과 크게 다르지 않을 정도로 방자하였다.

동생은 언니를 닮는다

앞에서 이미 천추 태후와 김치양 사이에 불륜의 씨앗이 태어났다고 밝힌 바 있다. 하나를 가지면 둘을 가지고 싶고, 앉으면 눕고 싶은 것이 사람의 마음이라고 했다. 이미 임금 못지않은 부와 권세를 누리고 있었으나 김치양은 천추 태후와 자신 사이에서 생긴 아들을 권좌에 올려놓고픈 야망에 사로잡혀 있었다.

그러나 주지하다시피 고려의 임금은 태조 왕건의 혈통을 이어받은 왕씨가 아니면 될 수 없었다. 그런데도 김치양이 야망을 버리지 않았던 것은 욕심 그 이상도 이하도 아니었을 터였다.

당시 김치양이나 천추 태후로서는 대량 원군 왕순의 존재가 무엇보다 큰 부담이었다. 김치양과 천추 태후의 야욕을 뿌리치고 훗날 고려 제8대 임금(현종)이 된 인물이 왕순이었으니 말이다.

왕순은 태조 왕건의 여덟 번째 아들인 왕욱과 헌정 왕후 사이에서 태어났다. 헌정 왕후는 친언니 천추 태후와 마찬가지로 고려 제5대 임금 경종의 아내가 되었다가 겨우 나이 스물이 될 즈음 홀로 되었으며 경종이 죽은 후에는 궁중에 있지 않고 왕륜사 남쪽 자신의 사저로 이사하여 살았다.

그런데 언니 천추 태후가 김치양과 눈이 맞아 불륜의 씨앗을 생산하였듯, 헌정 왕후 또한 숙부뻘이 되는 왕욱과 정을 통하고 말았다. 그 결과 태어난 것이 왕순이었는데 그는 고려 제8대 임금 현종으로 등극하기까지 참으로 눈물겨운 세월을 버텨내야 했다. 헌정 왕후는 그를 낳자마자 죽었으며 왕욱은 전왕의 부인과 불륜을 저질렀다는 이유로 성종 임금에 의해 사수현으로 귀양을 가게 되었다.

여러 날이 걸려 사수현에 도착한 왕욱은 앞에 펼쳐진 넓은 바다를 바라보았다.

'지나간 일은 한낱 꿈같이 사라졌다. 공연히 왕가에 더러운 누명을 쓰게 했으니 나의 불찰이로구나.'

글을 잘 짓던 왕욱은 자신을 압송한 내시 알자內侍謁者 고현高玄이 떠나는 날 시를 지어 착잡한 심경을 달래었다.

與君同日出皇畿　여군동일출황기
君己先歸我未歸　군기선귀아미귀
旅檻自嗟猿似鑠　여함자차원이쇄
離亭還羡馬如飛　이정환이마여비
帝城春色魂交夢　제성춘색혼교몽
海國風光淚滿衣　해국풍광루만의
聖主一言應不改　성주일언응불개
可能終使老漁磯　가능종사노어기

그대와 같이 서울을 떠났건만
그대 먼저 돌아가고 나는 못가네.
나그네 몸 철창 속에 든 원숭이 같은 심정
떠나는 그대 부러운 마음 그지없네.
황성의 봄빛은 꿈에나 볼 것이고
바다의 풍경에 눈물이 옷깃을 적시네.
임금의 한 말씀 고칠 수 없어
이 바닷가에서 늙게 되리.

  왕순으로서는 졸지에 고아 아닌 고아가 되어 버린 셈이었다. 그러나 왕순의 불행은 그게 다가 아니었다. 귀양살이를 하던 아버지에게 잠시 갔다가 왕욱이 죽은 후에 궁궐로 돌아와 생활하던 현종은 자식을 낳지 못한 목종의 뒤를 이어 왕위에 오를 인물로 부각되고 있었고 이 때문에 모진 고난을 겪어야 했다.

  당시 고려 왕실은 자손이 아주 귀했다. 왕건의 혈통을 이어받은 남자아이로는 왕순이 유일했던 것이다. 그만큼 손이 많이 태어나지 않았으며 설사 태어나더라도 어린 나이에 병이 들어 죽곤 하였기 때문이다.

  목종은 아들을 낳을 가망성이 없고, 차기 대권은 왕순에게 물려주어야 한다는 의견이 대세를 타자 김치양과 천추 태후는 초조해졌다. 하여 그들은 대량 원군으로 책봉된 왕순의 머리를 박박 깎고 사찰로 보내 버린다. 왕순이 출가하여 승려가 되면 대권은 자연스럽게 자신들의 아들에게 돌아오리라 믿었던 것이다.

목종은 병이 들고

옛 임금들은 가뭄이 드는 등 자연 재해가 찾아들면 두려운 마음으로 하늘에 빌거나 모든 것을 자신의 탓으로 여기며 죄수들을 방면해 주는 등 나약한 면을 어느 정도는 공히 가지고 있었다. 이 부분만 놓고 보면 목종은 특히 유약한 왕이 아니었나 하는 생각을 금할 길이 없다. 1006년(목종 9) 9월 무술일, 천성전의 대마루 장식물에 낙뢰가 떨어지는 사고가 있었다. 이때 목종은 걱정되고 두려운 나머지 자기의 허물을 반성하고 죄수들을 특사하였으며 새삼 백성의 살림을 되돌아보았다.

이렇듯 유약한 심성을 유감없이 내보이던 목종이 결정적으로 병을 얻게 된 사건이 연달아 터진 때는 1009년 정월이었다. 경오일에는 숭교사에 갔다가 돌아오는 중에 갑자기 폭풍이 불어 일산대가 꺾이는 경미한 사고가 있었으며, 임오일에는 상고전에서 관등을 하던 중 대부의 기름 창고에 불이 나서 천추전이 연소하는 사고를 겪었다. 바람에 일산대가 부러지거나 화재가 일어나는 것쯤은 단순한 사고 정도로 치부하고 넘어갈 수도 있었는데 목종은 걱정하는 마음이 극심하여 그만 병을 얻고 말았다.

왕은 일체 외전에 나오지 않고 궁내부 신하들을 매일 숙직시키며 대외적인 정변에 대처하였으며 이 중에는 김치양과 내통하는 자가 있을까 염려하여 서로 엄중 단속하도록 하였다. 목종은 침전에서 한 걸음도 나오지 못하고 내시들에게 밖의 형세를 살피라고 할 뿐이었다.

이때가 1009년이니 목종의 나이 30세 되던 해였다. 한창 젊은 나이임에도 목종은 자신의 병이 깊다고 판단하고는 유행간에게 먼저 차기 왕을 옹립하는 문제에 대해 의견을 나누었다. 그러나 유행간은 대량 원군에게 선위하는 것을 반대하고 있었다. 유행간에게 알려지는 것을 염려한 목종은 채충순과 최항과 다시 은밀하게 의논하여 대량 원군에게 왕위를 잇게 하기로 하고는 황보유의를 신혈사로 보냈다. 대량 원군을 궁궐로 데려오기 위해서였다.

한편, 목종의 동정을 손바닥처럼 들여다보고 있던 김치양은 현종을 제거하려고 누차 신혈사로 사람을 보냈다. 그러나 그때마다 신혈사 주지 스님이 현종을 적극적으로 보호해 주어 뜻을 이룰 수가 없었다. 이에 김치양은 더욱 치밀하게 현종 살해 계획을 세워나가는 한편 목종을 살해하려고 병사들을 모았다.

김치양의 심상치 않은 움직임을 목종이라고 해서 모를 리 만무했다. 이러한 상태가 계속되면 결국 실력 행사로 나갈 수밖에 없었다. 목종은 서울에 있는 병력으로 정국을 바로잡고 싶었으나 서울에는 그만한 병력이 없었다. 목종은 거란병의 침략에 대비하느라 변방에 머물고 있던 장군 강조를 즉각 개경으로 불러들였다.

목종의 죽음은 누구의 책임인가

어명을 받은 서북면 도순검사 강조가 군사 5천 명을 이끌고 개경으로 떠난 것은 1009년(목종 12) 정월 20일 경이었다. 그러나 강조는 도중에 잠시 혼란을 겪기도 하였다. 내사주서內史注書 위종정魏從正과 안북도호장서기掌書記 최장이 찾아와 강조를 부른 것은 목종이 아니라 김치양이라고 거짓말을 한 탓이었다. 그러나 오래지 않아 어서 군사를 이끌고 와서 혼란에 빠진 나라를 구하라는 아버지의 서신을 받고 강조는 개경으로 입성하는 데 성공하였다.

궁궐로 들이닥친 강조는 동성애에 빠진 나머지 국정을 돌보지 않은 책임을 물어 목종을 폐위해 버리기로 수하 장군들과 의견을 모았다. 곧 목종과 천추 태후를 궁에서 내쫓아 버리고, 김치양 일파를 잡아 죽인 강조는 대량 원군을 고려의 새로운 임금으로 옹립하였다.

연총전에서 현종의 즉위식이 끝난 후 강조는 즉시 전왕을 양국공讓國公이라 봉하고 합문통사인 부암傅巖을 보내 지키도록 하였으며, 계속하여 김치양 부자와 이들을 추종하던 무리 7명을 죽이고 태후의 친족 이주정 등을 멀리 귀양 보냈다.

폐위된 목종은 말 한 필에 의지한 채 기약 없는 낙향 길에 올랐다. 물론 온갖 요물을 부리며 목종을 절망감에 빠뜨리곤 했던 천추 태후도 목종과 동행하고 있었다.

욕정에 눈이 먼 어머니가 그동안 목종을 얼마나 홀대했었던가. 그러나 목종은 천륜을 어쩌지 못하고 어머니를 정성껏 모시며 귀법사에서 하루 동안 머물다가 여생을 보낼 충주 땅을 바라고 힘없이 길을 떠났다. 목종은 어머니를 말에 태운 채 자신이 직접 말을 몰았으며 자신의 옷을 벗어주고 중간에 어머니가 배고프다고 하면 음식을 얻어 대접하곤 하였다.

한편, 엉겁결에 목종을 폐위시킨 강조는 생각하고 다시 생각해 봐도 후환이 두려웠다. 전왕이 시퍼렇게 살아 있으니 언제 무슨 일이 일어날지 모르는 상황이었다. 결국 불안에 몸을 떨던 강조는 상약 직장尙藥直長 김광보金光甫와 안패安覇를 불러들여 전왕 목종을 따라가 죽이라고 특명을 내렸다.

건장한 두 사람이 목종 일행을 따라잡는 것은 그리 어렵지 않았다. 파주 땅 적성에 이르러 목종을 따라잡은 김광보는 그날 밤, 조그마한 역사(파말처)에서 목종을 죽이고 만다. 18세에 왕위에 올라 11년 4개월

간 왕위를 근근이 이어오던 목종은 신하의 손에 불귀객이 되어 버린 셈이다. 당시 목종의 나이 30세였다.

모든 불행의 원인을 제공한 사람 천추 태후는 아들이 죽어 가는 광경을 지켜보며 무슨 생각을 하였을까. 그녀는 충주로 내려가려던 생각을 바꾸어 황해도 황주로 가서 조용히 여생을 마쳤다고 한다.

목종의 후비와 종실들

목종에게는 후비 들이 있었으며 자식은 없었다.

선정宣正 왕후 유씨는 종실 홍덕弘德 원군 왕규의 딸이다. 죽으니 선정 왕후라는 시호를 주고 목종 사당에 합사하였다. 1014년(현종 5) 3월에는 의절懿節이라는 시호를 추가하고 후에 안헌 정신安獻貞愼이라는 시호를 또 주었다. 1056년(문종 10) 10월에는 양견襄堅, 1253년(고종 40) 10월에는 원정元貞이라는 시호를 더 주었다.

궁녀 김씨는 왕의 총애를 받았으며 요석택邀石宅 궁인이라고 불렀다. 경주 사람 융대融大가 자신은 신라 원성왕의 먼 후손이라고 거짓말하고 양민 5백여 명을 노비로 만들어서 김씨에게 주었으며 또 평장 한인경韓藺卿, 시랑 김낙金諾에게 주어 후원자로 삼았다. 어사대에서 이것을 알고 심문하여 그 실정을 확인하고 이들을 처벌할 것을 왕에게 고하니 목종은 김씨에게 동銅 백 근의 벌금을 부과하고 한인경과 김낙은 지방으로 귀양 보내라고 명령하였다.

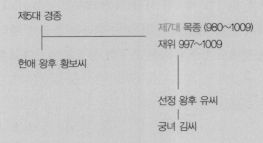

| 목종의 혈계 |

제5대 경종

헌애 왕후 황보씨

제7대 목종 (980~1009)
재위 997~1009

선정 왕후 유씨

궁녀 김씨

08
—

하늘이
흥왕케 하다

현종

高麗王朝實錄

12세에 중노릇을 하다

앞장에서 잠시 살펴보았듯 우여곡절을 겪은 끝에 고려 제8대 임금으로 등극한 현종은 이름이 순詢이고, 자는 안세安世이며 안종 왕욱과 헌정 왕후 황보씨의 아들이었다. 왕욱이 헌정 왕후와 불륜을 저질렀다 하여 유배 길에 오른 뒤 헌정 왕후는 현종을 낳다가 산욕으로 목숨을 잃었다. 이때가 992년(성종 11) 7월 임진일이었다.

어머니를 잃고 잠시 궁중에서 자라다가 아버지 왕욱이 유배된 사수현에서 3년 남짓 지내던 현종은 아버지가 죽고 나서 다시 개경으로 올라왔다. 그해에 성종이 죽고 제7대 임금 목종이 즉위하였는데 현종은 12세 되던 해에 대량 원군으로 책봉되었다. 전왕 성종과 목종에게서 왕자가 태어나지 않은 관계로, 당시 고려 왕실에는 왕위를 이을만한 태조 왕건의 후손이 대량 원군 외에는 아무도 없었기 때문에 목종은 대량 원군에게 선위하려는 마음을 은연중에 먹고 있었다.

그런데 헌정 왕후와 마찬가지로 불륜을 통해 자식을 낳은 천추 태후가 자신의 소생을 또다시 임금 자리에 앉히려는 마음을 품고는 대량 원군의 머리를 억지로 깎고 숭교사崇敎寺로 보내 중노릇을 하게 하였다.

태어나자마자 어머니를 잃고 고난의 가시밭길과도 같은 어린 시절을 보낸 바 있는 현종은 팔자에 없는 승려 생활이나마 근심이 없는 가운데 해 나가고 싶었을 것이다. 그러나 운명의 거센 파고는 동승童僧이 되어 버린 그를 그냥 내버려두지 않았다.

숭교사에서 지낼 때 하루는 그 절의 승려가 꿈에 큰 별이 절 마당에 떨어져서 용으로 변하였으며, 그것이 다시 사람으로 변하는 모습을 본 일이 있었다. 꿈을 꾼 그 스님은 용에서 사람으로 변한 이가 바로 현종이라는 사실을 알고 자못 신기하게 여겼다 한다.

얼핏 보기에는 훗날 임금이 된 현종이라는 존재를 높이고자 인위적으로 만들어 낸 이야기 정도로 비치는 것이 사실이다. 그러나 이 이야기는 동승이 된 다음에도 현종이 헤쳐가야 할 고난이 상당히 많았음을 상징하는 것이기도 했다. 별이 용으로, 용이 다시 사람으로 변해 가는 과정에는 그에 걸맞은 고통이 뒤따를 수밖에 없었기 때문이다.

아닌 게 아니라 현종은 이후 천추 태후와 김치양으로부터 누차에 걸쳐 살해 위협을 받는다. 이는 주로 현종이 양주 삼각산에 있는 신혈사神穴寺로 거처를 옮긴 뒤인 1006년(목종 9) 이후에 일어난 일인데 『고려사』를 보면 신혈사의 한 노승이 방 안에 땅굴을 만들어 그 속에 현종을 숨기고, 침대로 입구를 가려 놓아 불의의 사변을 방지하였다고 되어 있다.

어느 때는 어명이라 하며 궁중에서 대량 원군에게 음식이 오자 노승은 미심쩍은 생각에 앞마당에 음식을 펼쳐 놓았다. 벌여 놓은 음식을 새들이 와서 먹고는 죽게 되자 이후부터 대량 원군은 더욱 조심해야 했다.

대량 원군은 서울에서 조금이라도 수상한 사람이 오면 절 뒤에 있는 삼각산으로 올라가고는 했으며 산천을 바라보며 시를 짓기도 하였다.

一條流出白雲峯 일조유출백운봉
萬里滄溟去路通 만리창명거로통
英道潺溪岩下在 영도잔계암하재
不多時日到龍宮 불다시일도용궁

한 줄기 흐르는 물은 백운봉에서 내려오네.
이 물은 만리 저 멀리 바다로 통하니
천천히 졸졸 흘러 바위 밑에만 있다고 업신여기지 말아라.
얼마 후에는 용궁에까지 가리.

매우 뜻깊은 시였다.

이렇듯 목숨을 부지하는 것조차 장담할 수 없는 어려움을 겪으며 때를 기다리던 현종이 강조의 변란에 힘입어 고려 제8대 임금으로 즉위하게 된 때는 1009년(목종 12) 2월이었다. 이때 현종의 나이는 고작 18세였다.

현종 사후에 이루어진 사관史官 최충의 평을 보면,

'하늘이 그를 흥왕하게 하려는데 누가 그를 없앨 수 있겠는가?'

라는 대목이 나온다. 굴곡 많은 현종의 어린 시절을 돌이켜 보건대 참으로 절묘한 데가 있는 표현이었다. 목종 임금도 어찌지 못할 만큼 힘을 가진 천추 태후와 그런 그녀의 힘을 등에 업고 정치를 농단하던 김치양이 죽이기로 마음먹은 인물이었으니 현종은 어쩌면 죽는 것이 오히려 당연하게 여겨질 만한 처지에 놓여 있었다. 그러나 진실로 하늘이 그를 흥왕케 하려고 점찍었던지 그 누구도 현종을 어찌지 못하였고, 끝내 그는 고려의 임금으로 등극하는 크나큰 영광을 누리게 되었다.

왕조의 기틀을 다지다

비록 어린 나이에 임금이 되었으나 온실 속과도 같은 궁궐 내에서 귀하게 자란 여느 임금들과 달리 현종은 고난을 극복하며 살아온 사람답게 당당하고 늠름했다. 현종은 먼저 목종 시기를 거치면서 해이해진 조정의 기강과 사치, 향락 풍조를 바로잡고자 교방教坊을 혁파하였다. 또한 궁녀 백여 명을 사가로 돌려보내 주었으며 낙원정을 헐어내고 각종 진기한 조류와 짐승, 어류들을 놓아주었다.

이렇게 시작된 현종의 치세는 급기야 고려 왕조의 기틀을 다지기 위한 여러 가지 조치들로 이어졌다. 기실 건국 초에 태조 왕건이 훈요십조 등을 통하여 제시한 국가의 기본 방향이 일 단계로 정비된 시기는 성종 임금 때였다. 성종 임금에 이어 즉위한 목종 임금은 이를 굳게 다져 놓아야 할 책임이 있었다. 그러나 주지하다시피 목종은 제대로 된 정치 한번 펼쳐보지 못하고 살해되었다. 따라서 국가의 기틀을 튼튼하게 다져 놓는 대업은 현종의 몫으로 넘겨졌다.

어린 나이임에도 현종은 자신이 해야 할 바를 정확하게 꿰뚫어 보고 있었다. 먼저 고려 내부에서 이루어진 치적을 살펴보면 호족 세력을 직접 지배하기 위한 통제책을 마련하였으며 군현제를 완성하였다는 점이 눈에 띈다. 즉, 1018년(현종 9) 5도 양계五道兩界 체제를 정착시킨 것이 바로 그것이다. 경京 — 목牧 — 도호都護 — 군郡 — 현縣 — 진鎭이라는 군현제의 기본 체제가 이때 완성된 것이다. 현종은 군현제를 유지하고자 각 군현의 호장 등 향리의 정원 규정, 향리의 공복을 제정하기도 하였다. 이를 통해 왕권을 바탕으로 하는 중앙집권적 정치체제를 확립해 놓았다.

임금이 되었으나 수난은 이어지고

앞에서 살펴본 것처럼 대내적으로는 큰 무리 없이 뜻한 바대로 나라의 기틀을 다져 나갈 수 있었으나 대외 문제에서 만큼은 즉위 초부터 크나큰 도전을 받았다.

거란의 2차 침입(1010년)과 3차 침입(1018년)이 바로 그것이었다. 현종이 즉위하자마자 감행된 거란의 2차 침입은 강조의 변란이 빌미가 되었다. 즉, 신하가 함부로 임금을 내쫓고 죽였으니 거란에서 직접 강조를 징치하겠다는 것이었다. 현종을 즉위시킨 공을 인정받아 1009년(목종 12) 이부상서 참지정사에 오르며 당대 제일의 실력자로 떠오른 강조가 거란의 생트집을 그대로 받아들일 리 만무하였다.

현종은 사신 진유를 거란에 보내 전왕이 나약하여 정치를 어지럽혔으므로 쫓겨나 자살하였다고 보고하고, 한편으로는 요양의 동경 장군에게 사신을 보내 서로 평화스럽게 지내자고 말하였다.

기실 거란이 고려를 침공한 근본 원인은 다른 데 있었다. 첫째로는 993년(성종 12) 제1차 침입시 고려에 내준 강동 6주 영유권을 되찾으려는 의도였다. 둘째로는 고려가 송나라와 화친 관계를 지속하자 고려를 공격함으로써 이를 막아보자는 의도가 내포되어 있었다.

현종은 여러 가지로 평화를 꾀하였으나 무리한 요구를 받아들이지 않았고, 결국 거란의 성종은 친히 40만 대군을 이끌고 고려를 공격해 들어왔다. 숱한 고난을 극복하며 성장해 온 임금답게 현종은 거란에 대해 결사 항전의 뜻을 내비쳤고, 이에 호응하듯 당대 최고의 장군 강조는 행영 도통사行營都統使가 되어 통주로 나가 거란병을 맞아 전투를 벌였다.

통주성 밖 조그마한 평야에 강조의 군대는 세 곳에 진을 쳤다. 이는 적을 유도하여 가운데로 몰아넣은 후 합세하여 전멸시키는 전법이었다. 적은 이 전법에 빠져 정면으로 들어왔고 강조의 군에서는 적이 거의 다 들어오도록 그대로 두었다가 가까이 다가오자 새로운 무기인 검차劍車를 움직여 일시에 격멸했다. 검차는 일종의 무장한 수레로 속에서 수십 명의 군사들이 움직이면서 활을 쏘는 장치로써, 또한 바깥에는 칼을 무수히 꽂아 놓아 적이 감히 가까이 다가올 수 없었다. 강조의 군대는 이 무기로 거란군을 세 번이나 격퇴시켰다.

그러나 첫 싸움에서 연거푸 승리를 거둔 강조는 방심한 나머지 적에게 사로잡히고 만다.

강조의 능력을 높이 사고 있던 거란의 성종은 강조를 회유하려고 온갖 노력을 기울였다. 그러나 자신은 고려의 신하일 뿐이라며 성종의 요구를 단호히 거절해 버렸다. 이리하여 강조는 형장의 이슬로 사라졌고, 강조가 피살되었다는 소식이 전해지자 국경에 배치되었던 거란 장군들의 사기는 더욱 높아만 갔다. 나라의 큰 장군을 잃은 고려는 패전을 거듭하기 시작했다. 곧 개경이 함락되자, 현종은 나주까지 피난을 가게 되었다. 현종이 피난을 떠난 뒤 거란군은 더욱 거칠게 고려의 국토를 유린해 들어왔다. 신하들은 강조의 징치를 목적으로 침입한 거란이 목적을 달성하였으니 강화를 요구할 것을 청하였고 현종은 이 말을 받아들였다. 왕은 하공진河拱辰과 고영기高英起를 거란의 진영으로 보내 강화할 것을 명하였다.

하공진과 고영기는 성종의 막사로 가서 세치 혀로 거란의 대병을 돌아가게는 만들었으나 거란은 이들을 인질로 삼고 놓아주지 않았다.

한편 거란의 성종은 개성으로 들어가 전번에 타다 남은 궁궐과 또 종묘에까지 불을 질렀다. 고려 초부터 내려오던 문화재는 이로써 완전히 소실되었다.

그러나 거란은 오래지 않아 현종의 입조를 조건으로 내걸며 철병했다. 거란의 엄청난 군세에 혼쭐이 났으니 현종이 입조 요구를 받아들일 수밖에 없으리라 판단한 것이었다.

서울로 돌아온 현종은 우선 임시로 수창궁에 들어 신하들을 독려하는 한편 나라의 명예를 위하여 싸우다 죽은 장수들의 자손들에게 후한 상을 주어 위로하고, 무명 전사자들의 해골을 한군데 모아 영을 위로하는 제사를 성대하게 지내 주었다.

거란은 강화조약에서 고려 왕의 친조를 요구하였으나 현종은 이를 거부하였다. 거란으로부터 누차 들어오라는 통지가 있었으나 왕은 대신들을 보내고 자신이 들어가지는 않았다.

이에 거란에서는 현종의 입조와 강동의 6주 홍화진, 통주진, 용주진, 철주진, 곽주진, 주구진의 반환을 요구하며 또다시 침입해 들어왔다. 6주는 성종 때 서희가 소손녕과 담판하여 거란으로 조공을 가는 도로라는 명목으로 얻은 땅이었다. 원래 그곳에는 여진족이 많이 살고 있었으나 고려가 북진정책의 하나로써 6주를 개척하여 이제는 완전히 고려의 땅이 된 곳이었다. 거란의 2차 침입과 3차 침입 사이에는 8년이라는 기나긴 간극이 존재하고 있었다. 고려는 더 이상 예전의 고려가 아니었다. 거란에서는 1013년(현종 4)부터 1016년(현종 7) 사이 세 번이나 6주를 되돌려 달라며 쳐들어왔으나 고려에서는 이곳에 장군을 보내어 세 번이나 다 막아냈다.그 기간 내에 동여진과 전쟁을 치르기도 했던 현종은 튼튼한 국방만이 나라의 주권을 지키는 길이라는 사실을 깊이 깨달았고, 거란의 침입에 철저하게 대비하고 있었기에 그들의 3차 침입에 적절히 대응할 수 있었다.

거란군은 고려군과의 싸움에서 연패를 거듭하였고, 결국 당하지 못하리라는 것을 알고 퇴각하였다. 퇴각을 하면서도 거란의 소배압은 흥화전에서 패한 원한을 풀기 위해 고려의 서울을 향해 진군하였다. 소배압은 고려에 항복하라는 글을 보냈으나 응하지 않자 부하 장군 야율호덕耶律好德에게 고려 진중에 가서 거짓 회군 통보를 하라고 명령했다. 그러나 적의 행동이 수상하다고 여긴 김종현이 몰래 적의 뒤를 따라가 그들의 계략을 알아냈고 불시에 습격해 타격을 가하였다. 결국 거란군은 회군하다가 퇴로를 지키고 있던 강감찬 장군의 군사들을 만나 구주에서 전멸당하고 말았다. 현종은 전공자들의 벼슬 품수를 한 계급씩 올려주도록 하고, 영파역을 흥의역興義驛으로 개명하도록 분부하며 역리들에게도 관대冠帶를 하사하였다.

고려의 막강한 힘과 저력을 새삼 실감한 거란은 이듬해에 고려와 강화를 맺었고, 이후 평화적인 외교 관계를 유지해 나갔다. 이때부터 13세기 중엽 몽고의 공격을 받을 때까지 고려는 약 2백 년간 평화를 누릴 수 있었다.

한편 거란과의 전쟁 당시 현종은 불력으로 외침을 방어하고자 대장경 제작에 착수하여 6천여 권을 완성한 바 있다. 이는 문화 부문에 있어 현종이 남긴 업적이라고 높이 평가해야 할 것이다.

현종의 죽음

5세 때 아버지마저 세상을 달리함으로써 천애 고아가 되어 버렸고, 태조 왕건의 유일한 혈손이라는 이유로 대량 원군에 책봉되었으며 차기 대권을 이어받을 유력자로 떠올랐으나 누차에 걸쳐 죽을 고비를 넘긴 끝에 고려의 임금이 될 수 있었던 현종. 어려움을 많이 겪은 사람답게 의지가 강하고, 어려움을 겪는 백성에 대한 사랑과 배려가 각별했던 현종은 왕조의 기틀을 굳건하게 다짐으로써 덕종과 정종 임금이 안정적으로 나라를 다스릴 수 있도록 기반을 마련해 주고는 1031년 5월 신미일에 중광전에서 숨을 거두었다.

현종의 향년은 40세요, 재위 연수는 22년이었다. 시호는 원문元文이며, 묘호는 현종顯宗으로 하였고, 송악산 서쪽 산기슭에 장사를 지냈다. 능호는 선릉宣陵이다.

현종의 후비와 종실들

현종에게는 후비 열 둘과 아들 다섯, 딸 여덟이 있었다.

원정元貞 왕후 김씨는 성종의 딸이다. 현종이 왕위에 오르자 김씨를 왕후로 맞았으며 현덕 왕후라고 일렀다. 현종 원년에 왕이 거란의 병란을 피하여 남녘으로 갈 때 왕후도 따라 갔다. 1018년(현종 9) 4월에 죽었으며 원정이라는 시호를 주고 화릉和陵에 매장하였다. 1027년(현종 18) 의혜懿惠라는 시호를 더 주었다.

원화元和 왕후 최씨도 성종의 딸로서 효정孝靜 공주와 천수天壽 전주殿主를 낳았다. 처음에 항춘전恒春殿 왕비라고 일컫다 후에 상춘전常春殿이라고 고쳤다. 또한 거란의 병란 때 함께 남으로 피했다. 1017년(현종 8) 12월에 왕후의 외조부 최행언崔行言에게 상서좌복야 벼슬을 추증하고 외조모 김씨에게 풍산 군대부인豊山郡大夫人을 추증하고 어머니 최씨에게 낙랑군 대부인樂浪君大夫人을 추증하였다. 그가 죽으니 원화 왕후라고 하였다.

원성元城 왕후 김씨는 안산 사람으로 시중 김은부의 딸이다. 덕종德宗, 정종靖宗, 인평仁平 왕후, 경숙景肅 공주를 낳았다. 시초에 현종이 남으로 피난을 갔다가 거란군이 퇴각한 후 돌아오는 도중 공주公州에 이르렀을 때 절도사 김은부가 그의 딸을 시켜 왕의 의복을 지어 드리게 하였다. 이를 계기로 비로 맞아 들여 연경원주延慶院主라고 불렀으며 1018년(현종 9) 7월에 정종을 낳았다. 현종은 김씨의 부모와 조부모에게 관직 및 작위 등을 내려주었다. 또 후비를 왕비로 책봉하고 1027년(현종 18) 9월에 왕후가 살던 옛집의 택호를 장경궁이라고 하였다. 왕비가 1028년(현종 19) 7월에 죽으니 시호를 원성 왕후라고 하였으며 명릉明陵에 매장하고, 현종의 사당에 합사하였다.

덕종이 왕위에 오르자 왕태후로 추존하고 후에 용의 공혜容懿恭惠라는 시호를 추가하였다. 1056년(문종 10) 10월에 영목英穆이라는 시호를 주고 후에 또 양덕 신절 순성良德信節順聖이라는 시호를 추가하였다. 1140년(인종 18) 4월에는 자성慈聖, 1223년(고종 10) 10월에는 광선廣宣이라는 시호를 추가하였다.

원혜元惠 왕후 김씨도 김은부의 딸이다. 문종文宗과 평양공平壤公 기基, 효사孝思 왕후를 낳았다. 처음에는 안복 궁주라고 불렀으나 1020년 5월에 안복을 연덕으로 고쳤다. 1022년(현종 13) 6월에 죽으니 원혜라고 하였으며 회릉懷陵에 매장하였다. 1025년 4월에 왕비의 존호를 추증하고 1027년 (현종 18) 5월에 평경平敬 왕후라는 시호를 더 주었으며 문종 때에 태후로 추존하였다.

평양공 왕기에게는 진璡, 거琚, 영瑛 세 아들이 있었는데 태위 왕진과 사공 왕거는 일찍 죽었다. 당초에 교위 거신巨身이 문종을 폐위시키고 왕기를 왕으로 세우려고 음모를 꾸몄는데 1072년(문종 26)에 병사 장선張善이 이 음모를 왕에게 고발하여 거신의 목을 베고 그 일족을 모조리 죽였다. 이때 왕기는 이미 죽었기 때문에 왕진을 해남에 정배 보내고 왕영은 나이가 어려서 화를 면하였다. 당시 음모에 참가했던 평장자 왕무숭王懋崇과 그의 아들 왕리王理는 안동에 정배 보냈으며 장녕 궁주 이씨와 수안 택주 이씨는 곡주谷州에 정배 보냈다. 그리고 장선을 장군으로 벼슬을 올려주고 그의 자손들에게는 각각 벼슬 한 급씩을 주었다.

왕기의 8대손인 왕준王綧은 영녕공永寧公으로 책봉되었는데 외모가 아름답고 지략이 뛰어났으며 말타기와 활쏘기에 능했다. 1241년(고종 28)에 왕자로 가칭하고 몽고에 가 있었으며 1253년(고종 40) 몽고 야굴 대왕을 따라 충주忠州를 포위하는데 참가하였다. 1254년 몽고 황제는 왕준이 왕의 친아들이 아닌 것을 알고 왕준에게 말하기를

"비록 네가 왕자가 아니더라도 본래 왕족이고 우리 땅에 오래 있었으니 우리 사람이다."

라고 하면서 아모간阿母侃의 말 3백 필을 빼앗아서 주었다. 왕준은 또다시 차라대車羅大와 더불어 군사 5천 명을 거느리고 고려의 여러 군들을 공격하여 상주까지 이르렀다가 몽고로 돌아갔다. 이러한 왕준의 태도에 대해 부하였던 낭장 채취화蔡取和가 반역자라고 비난하면서 고려로 도망하자 왕준은 사람을 파견하여 그의 목을 베어버렸다.

당초에 왕준이 볼모로 원나라에 갔을 때 동경 총관 홍복원의 집에서 유숙하고 있었는데 홍복원에게 불만을 품고는 황제에게 신소하여 그를 죽였다. 후에 홍복원의 아들 다구茶丘가 황제에게

"왕준은 자신의 품위가 황태자와 동등하다고 자칭하고 다닙니다."

라며 고소하여 대노한 황제가 왕준이 거느리고 있던 무기와 군마를 빼앗아 버렸다.

원용元容 왕후 유씨柳氏는 종실 경장敬章 태자의 딸로서 1013년(현종 4) 5월에 왕비로 맞이하였다. 죽으니 시호를 원용 왕후라고 하였다.

원목元穆 왕후 서씨는 이천 사람으로 내사령 서늘徐訥의 딸이다. 1022년(현종 13) 8월에 숙비로 맞아들여 흥성興盛 궁주라고 불렀다. 1026년(현종 17) 3월에 그 모친 최씨에게 이천 군대부인 칭호를 추증하고 계모 정씨에게 이천군 대군 칭호를 주었다. 1057년(문종 11) 5월에 죽으니 원목 왕후라고 하였다. 아들을 낳지 못하고 죽어 정무만 3일 정지하였으며 능호 또한 내리지 않았다.

원평元平 왕후 김씨도 김은부로 딸로서 효경孝敬 공주를 낳았다. 1028년 10월에 시호를 원평 왕후라고 하고 그 능을 의릉宜陵이라고 하였다.

원순元順 숙비 김씨는 사기에 그 고향을 기록하지 않았다. 평장사 김인위金因渭의 딸이며, 경성敬成 왕후를 낳았다. 처음에는 경흥원주景興院主라고 불렀고 1024년(현종 15) 정월에 덕비德妃로 책봉하였으며 같은 해 9월 김인위에게 상서좌복야 참지정사 벼슬과 주국의 훈위를 주고 경조현개국남京兆縣開國男 지위 및 식읍 3백 호를 주고 치사하였다.

원질 귀비元質貴妃 왕씨는 청주 사람으로 중서령 왕가도王可道의 딸이다.

귀비 유씨庾氏는 사기에 가계가 기록되지 않았다. 처음에는 궁인으로 있었으며 1025년(현종 16) 귀비로 책봉되었다.

궁녀 한씨의 이름은 훤영萱英으로 양주 사람이며, 아버지는 평장사 한인경韓藺卿이다. 검교 태사檢校太師 충忠을 낳았다.

궁녀 이씨는 급사중 이언술李彦述의 딸이다.

궁녀 박씨는 전주 사람으로 내급사 동정 박온기朴溫基의 딸이다. 딸 아지阿志를 낳았다.

| 현종의 혈계 |

안종 왕욱

헌정 왕후 황보씨

제8대 현종 (992~1031)
재위 1009~1031

원정 왕후 김씨
- 효정 공주
- 천수 전주

원성 왕후 김씨
- 제9대 덕종
- 제10대 정종
- 인평 왕후
- 경숙 공주

원혜 왕후 김씨
- 제11대 문종
- 평양공
- 효사 왕후

원용 왕후 유씨

원목 왕후 서씨

원평 왕후 김씨
- 효경 공주

원순 숙비 김씨
- 경성 왕후

원질 귀비 왕씨

귀비 유씨

궁인 한씨
- 검교 태사 충

궁인 이씨

궁인 박씨
- 아지

09
—

봉이 날아와서
상서를 보였도다

덕종

高麗王朝實錄

비록 나이 어린 임금이지만

부모의 비정상적인 관계 때문에 어린 시절부터 고난과 좌절이 많았
던 현종 임금은 즉위 후에도 거란의 침입을 피해 남쪽으로 몽진을 떠
나는 등 어려움을 겪었다. 그러나 나라가 안정되자마자 거란과의 외
교 강화를 통해 평화를 정착시키고 여러 가지 사회 안정 정책을 펴 나
갔다. 뿐만 아니라 불교와 유교를 동시에 발전시켜 나가며 지방 통치
체제에 변화를 주어 이어지는 덕종 임금 치세 시절까지 안정기가 이
어지도록 토대를 마련해 주었다.

18세라는 어린 나이에 즉위하여 어머니 천추 태후의 섭정 하에서 기
를 펴지 못한 끝에 비극적인 파국을 맞이한 목종 임금과 달리 16세인
1031년(현종 22), 아버지 현종에 이어 왕위에 오른 덕종은 어린 나이가
믿어지지 않을 만큼 너그럽고 총명하며 민첩하게 나라를 이끌어 갔다.

김은부金殷傅의 딸인 현종의 제3비 원성 왕후 김씨의 소생으로 5남 8녀나 되는 현종의 자녀 중 장남으로 태어난 덕종의 이름은 흠欽이요, 자는 원량元良이다. 1016년(현종 7) 5월 을사일에 나서 1020년(현종 11)에 연경군延慶君으로 책봉되었고, 1022년(현종 13)에는 태자가 되었으며 1031년(현종 22) 5월 신미일에 현종이 죽자 중광전에서 왕위에 올랐다. 명민하고 너그러운 태자가 왕위를 이어받았으니 만백성이 기뻐하였으나 다만 그의 몸이 병약하여 과중한 책무를 감당하지 못할까, 두려울 따름이었다.

떠나는 자와 남은 자

신하들과 함께 성복成服(상복을 입는 것) 의식을 치르고 그해 6월 무술일에 상복을 벗은 덕종은 고려 역대 왕의 초상을 모신 경령전景靈殿으로 나가 왕위에 오른 것을 고하였다.

이로써 고려 제9대 왕으로서 본격적으로 치세를 시작한 덕종은 기유일에 유소柳韶를 중군 병마원수로 임명하고 경술일에 장극맹蔣劇孟을 병부상서로, 홍빈洪賓을 형부상서로, 이유섬李有暹을 공부상서로, 김종현金宗鉉을 우간의대부로, 황보영皇甫穎을 어사잡단으로, 문사명門思明을 전중시어사로, 손위孫謂를 전중승으로, 박의부朴毅夫를 감찰어사로 각각 임명하여 백관들을 대폭 물갈이함으로써 새로운 정치를 위한 틀 짜기를 마무리하였다.

거란의 사신 남승안이 와서 자기 나라의 왕 성종聖宗이 죽었음을 알린 것은 그로부터 얼마 후였다. 부왕 현종과 두 차례에 걸쳐 전쟁을 치른 바 있는 성종의 죽음을 전해 듣고 덕종은 감회에 젖어 그를 애도

하는 의식을 치렀다.

또 그로부터 얼마 후 은퇴하여 물러나 있던 명장 강감찬이 죽었다는 비보가 덕종에게 날아들었다. 덕종은 그를 후하게 장사지내도록 이르는 한편 세상을 달리한 자신의 어머니 원성 왕후를 왕태후로 추존하였다.

강국에도 굴하지 않은 덕종의 외교

거란 성종의 장례식이 임박하자 공부 낭중 유교柳喬를 파견하여 위로케 하였다. 이때 덕종은 유교에게 친히 문서를 내리며 다음과 같이 명하였다.

"경은 거란에 당도하는 즉시 거란의 새로운 왕에게 이 문서를 보이고 압록강에 가설한 다리를 철폐할 것과 거란에 억류된 우리 고려 사신들을 즉각 송환해 달라고 요구하라."

거란에서는 이예균李禮均 등 고려에서 파견한 8명의 사신을 억류한 채 보내주지 않고 있었다.

그런데 달이 바뀌어 거란에 장례식 참석차 갔던 사신 일행이 고려로 돌아와 보고하기를 거란이 요구를 들어주지 않는다고 하였다.

이에 덕종은 하정사賀正使 파견을 정지하였으며, 거란과의 외교적 교류를 끊어 버릴 움직임을 보였다. 당시 고려의 상황은 현종 대부터 이어진 안정기를 바탕으로 상당히 부강한 형세를 이루고 있었다. 군사 면에서도 거란에 결코 뒤질 것이 없다는 자신감에서 덕종은 고려의 이익에 부합되는 것이 있으면 철저하게 따져서 요구를 관철하고자 노력하였다.

고려의 움직임을 간파한 거란에서 유사留使를 내원성까지 파견한 것은 그로부터 오래지 않아서였다. 그러나 덕종의 태도는 단호했다. 유사의 입국을 거부하고 삭주 영인지(현 함남 영흥), 파천(현 강원도 안변) 등의 고을에 성을 쌓아 거란의 침입에 대비한 것이다.

고려와 거란 사이에 전운이 감도는 가운데 여진과 거란에서 많은 사람이 귀순했다. 특히 거란에서는 전직殿直 고선오高善悟, 좌상도 지휘사左廂都指揮使 대광大光, 향공 진사鄕貢進士 이운형李運衡 등 관료로 지내던 자들이 대거 망명했다. 이는 성종 사후 거란이 혼란기를 맞이하고 있다는 사실을 보여주는 예라 할 수 있겠다. 그들을 통해 거란의 내부 사정을 어느 정도 파악한 덕종은 강경한 태도를 고수한다.

이에 불만을 품은 거란에서 1032년(덕종 1) 2월 초하루 통주通州를 공격해 들어왔다. 그러나 호장戶長 김거金巨와 별장別將 수견守堅이 성을 완강히 지켰을 뿐만 아니라 적의 대부大夫 마수馬首를 생포하였다. 기가 꺾인 적병은 곧 뿔뿔이 흩어져 도망쳤다.

이후 팽팽한 긴장 관계를 유지하던 중 거란이 재차 고려를 침략한 것은 1033년 10월이었다. 그러나 고려군은 이번에도 적병들을 어렵지 않게 물리쳤다.

연거푸 거란의 침입을 막아냄으로써 군사적으로 강성함을 대내외에 내보인 덕종은 적의 침입에 더욱 철저하게 방비하는 한편 내치에 힘을 기울인다.

국자감시 시행과 7대 실록

거란의 침략으로 사초가 불에 소실되자 현종 때 복원하기 시작한 7

대 실록이 덕종 대에 이르러 끝을 맺었으며 국자감시國子監試를 시행함으로써 덕종은 지방까지 두루 포용하는 인재 선발의 체계를 완성하였다. 덕종 임금의 빛나는 업적 중 하나라고 할 수 있는 국자감시에 대해 잠시 살펴보기로 한다.

국자감시는 고려 시대 국자감에서 실시한 예부시禮部試의 예비 시험이라고도 할 수 있는데 합격자는 진사로 뽑혔으므로 진사시 혹은 감시, 사마시, 남성시라고 불렀다. 진사가 되면 고려 사회의 상층 신분으로서 신역과 군역을 면제받는 특전을 누렸다.

국자감시에는 양인 출신 중 상층 향리의 자손이나 문무관 자제 이상이 응시하였는데, 특히 주목해야 할 부분은 응시 자격에 관한 기록이다. 중앙의 국자감생에게 응시 자격을 준 것은 당연한 일이었는데, 지방의 계수관시界首官試에서 선발된 향공鄕貢에게도 응시 자격을 주었다는 사실이다. 이는 성종 임금이 인재 선발을 위해 지방 교육을 강화한 이래 계수관시에서 국자감시를 거쳐 예부시까지 이어지는 하나의 체계를 마련하였다는 점에서 큰 의미가 있다.

덕종은 어찌하여 4년에 그쳤던고

원래부터 몸이 병약하였던 덕종이 병석에 누운 것은 1034년(덕종 3) 9월이었다. 덕종은 자신이 일어나지 못하리라는 것을 알았던지 다음과 같은 유언을 하였다.

"나의 병이 낫지 않고 병석에 누워 위중해졌으니 나의 사랑하는 아우 평양군 형亨으로 하여금 왕위를 계승케 하라."

유언이 끝나자 덕종은 연영전延英殿에서 죽었다. 재위 햇수는 3년이요, 향년 19세였다. 목종의 시호를 경강敬康으로 하고 묘호는 덕종德宗이라고 하였다. 북쪽 교외에 장사하니 능호는 숙릉肅陵이었다.

왕은 어려서부터 숙성하였으며 성격이 강의하고 과단성이 있었다. 또 장성하여서는 기왓장을 밟기만 하면 대번에 깨졌는데 사람들은 왕의 덕이 무겁기 때문이라고 여겼다.

이복 누이 경성 왕후 김씨와 효사 왕후 김씨 외에도 경목 현비 왕씨와 이씨, 유씨 다섯 명의 비를 맞이한 덕종은 병약한 데다 19세라는 어린 나이에 하세한 까닭에 아들을 얻지 못했다. 다행히 그에게는 다섯 명이나 되는 형제가 있어 그중 같은 어머니 소생인 동생에게 왕위를 물려줄 수 있었다.

덕종을 평한 이제현의 글을 덧붙인다.

충숙왕 시대에 두타산인頭陀山人 이승휴李承休가 『제왕운기』帝王韻紀를 지어 바쳤는데 '덕종은 어찌하여 4년에 그쳤던고? 봉鳳이 날아와서 상서를 보였도다!' 라는 구절이 있다. 그러나 실록에 상고하건대 그러한 사실을 볼 수 없고 다만 전해 오는 속담에 의하면 '봉이 위봉문에 날아와서 춤을 추었는데 뭇까마귀가 봉을 향하여 지저귀는 바람에 봉이 그만 날아가 버리므로 백성이 까마귀를 미워하여 아이 어른 할 것 없이 활을 쏘았다. 그리하여 덕종이 임금으로 있는 동안에는 서울에 까마귀가 없었다' 고 한다. 대체로 봉이란 날짐승의 영장인데 뭇까마귀에게 쫓겨 갔다면 어찌 봉이라고 하겠는가? 아마도 『제왕운기』에 있는 말이 근거 없는 듯하다.

덕종이 부모상을 당하여서는 자식으로서의 효성을 다하였고 정치를 함에 있어서는 아버지의 하던 일을 고치지 않았으며 원로들인 서눌徐訥, 왕가도王可道, 최충崔沖, 황주량黃周亮 등을 신임하여 조정에는 서로 기만하는 일이 없었고, 백성은 각각 편안한 생활을 누렸으니 비록 봉조가 오지 않았더라도 그의 시호에 '덕'德 자를 붙인 것은 역시 당연한 일이로다.

덕종의 후비와 종실들

덕종에게는 후비 다섯과 딸 둘이 있었다.

경성敬成 왕후 김씨는 현종의 딸로 1034년(덕종 3) 2월 왕후가 되었으며 1086년(선종 3) 7월에 죽었다. 시호는 경성이라 하고, 질릉質陵에 매장하였으며 1095년(숙종 1) 6월 덕종의 사당에 합사하였다. 1140년(인종 18) 4월에는 유정柔貞, 1253년(고종 40) 10월에는 관숙寬肅이라는 시호를 추가하였다.

경목敬穆 현비 왕씨는 중서령 왕가도王可道의 딸이다. 덕종이 왕위에 오르자 비로 맞아들였으며 현비로 책봉하였다. 상회殤懷 공주를 낳았으며 죽으니 시호를 경목이라고 하였다.

효사孝思 왕후 김씨金氏는 현종의 딸이다.

이씨는 부여군 사람으로 공부 시랑 이품언李禀焉의 딸이다.

유씨는 충주 사람으로 검교 소감 유총거劉寵居의 딸이다.

사기에는 이씨와 유씨의 칭호가 모두 기록되지 않았다.

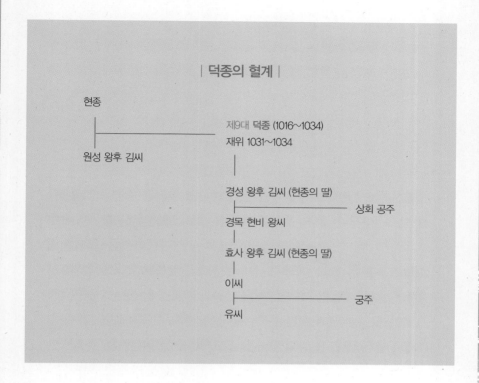

| 덕종의 혈계 |

현종

원성 왕후 김씨

제9대 덕종 (1016~1034)
재위 1031~1034

경성 왕후 김씨 (현종의 딸) ——— 상회 공주

경목 현비 왕씨

효사 왕후 김씨 (현종의 딸)

이씨 ——— 궁주

유씨

10

백성 위한
근심 그칠 날 없고

정종

高麗王朝實錄

어린 왕 치세의 틀을 마련하다

　　정종은 이름이 형亨이요, 자는 신조申照이니, 전왕 덕종의 동복 아우
로서 1018년(현종 9) 7월 무인일에 출생하였다. 그는 어려서부터 숙성하
고 총명하여 5세 때인 1022년 내사령 평양군으로 책봉되었고, 1027년
개부의동삼사 검교태사 겸 내사령이 되었으며 1034년(덕종 3) 9월 17세
의 나이로 덕종의 유언을 받아 중광전重光殿에서 왕위에 올랐다.

　　즉위년, 대신을 서경에 파견하여 팔관회를 연 데 이어 11월에는 개
경 위봉루에 나가서 팔관회를 열고 여러 관리를 위하여 주연을 베풀
었으며 송나라 등 외국 상인들에게도 예식을 관람시키는 상례를 만들
었다. 전국에 대사령을 내리고 치세의 틀이라고 할 관료들의 직위와
인물을 새롭게 선정하였다.

　　이때 정종은 자신의 아우인 서緒와 기基를 각각 수태사 겸 내사령과

수태보로 임명하였고 황주량을 예부상서 참지정사로, 최제안을 이부상서로, 유지성을 공부상서로, 이진을 호부상서로, 곽신을 전중감으로, 김영기를 어사중승으로, 김충찬과 이작충을 우산기상시로 임명하였다.

정종에 의해 중용된 인물 중 황주량黃周亮과 최제안崔齊顔을 잠시 살펴보면, 황주량은 거란의 침입으로 소실된 역대 실록의 편찬에 참여하여 1032년(덕종 1) 태조에서 목종에 이르는 『칠대실록』七代實錄 36권을 완성한 사람이다. 이후 한림원과 사관의 요직을 두루 지냈으며, 지공거知貢擧를 겸하며 과거를 주관하기도 하였다. 정종 묘정에 배향되었으며 시호는 경문景文이다. 또한 최제안은 1020년(현종 11) 천령절千齡節을 하례하려고 거란에 다녀온 바 있으며 고려 태조의 훈요십조가 병화로 망실되었을 때, 최항崔沆의 집 서고에서 이를 발견하여 후세에 전해지도록 한 사람이다. 문종 묘종에 배향되었으며 시호는 순공順恭이다.

덕종의 실리 외교를 이어가다

1031년(현종 22) 거란의 성종이 죽자 거란은 혼란 속에 빠져들었다. 성종의 뒤를 이어 즉위한 임금은 흥종興宗이었는데 16세밖에 안 되는 어린 나이였던 까닭에 흠애 태후가 섭정을 했다. 이에 불만을 품은 성종의 사위 소필적이 흥종을 폐위하려고 모의하다가 죽임을 당했다.

당시 덕종은 혼란기를 맞은 거란에 압록강 다리를 철거하고, 두 성을 헐어 고려의 영토를 돌려줄 것과 거란에 억류 중인 고려 사신을 송환하라고 요구했다. 앞서 살펴본 바와 같이 거란은 고려의 요구를 거절하였으며 그 때문에 국교가 단절된 채 두 차례의 전쟁을 치렀다.

상대가 강국이라고 해서 무조건 굽히고 들어가는 것이 아니라 요구할 것은 철저히 요구하면서 이것이 관철되었을 때 평화를 모색해 나가는 것. 덕종의 외교 정책은 이렇게 압축하여 정리할 수 있을 것이다.

덕종의 뒤를 이은 정종 또한 즉위한 이듬해인 1035년 5월에 거란의 내원성來遠城 사절인 검교 우산기상시 안서安署가 화친을 종용하는 통첩을 홍화진에 보내오자 덕종이 펼친 것과 일치되는 태도를 보였다. 안서가 보내온 통첩의 내용은 다음과 같았다.

'귀국은 우리에게 사절을 자주 보내왔었다. 그러다가 지난 시기 양국 간의 전쟁으로 말미암아 사절 왕래가 중단되었으며, 귀국은 여기서 한 발 더 나아가 여러 해가 지나도록 종래의 우호 관계를 회복하지 않고 돌 성을 쌓아 대로를 막으려 하며 목책을 세워 군사 행동을 저지시키려 하고 있다. 그러나 이것은 촉蜀나라 길이 아무리 험해도 돌소石牛의 들어갈 길은 따로 있음을 알지 못하는 격이니 귀국의 그러한 조치는 일후 심각한 결책을 면치 못할 것이다. 지금 우리 황제는 누대의 위업을 계승하여 광대한 영토를 통치하고 있다. 이에 남쪽 지역의 모든 나라에서 우리의 옳은 정치를 본받기 위하여 상호 왕래를 요구하며 정성을 다하고 있다. 그런데 오직 귀국에서 우리나라에 대한 성의를 표시하지 않으니 만일 우리 황제가 뇌성벽력 같은 위엄을 보이게 된다면 백성이 편안하겠는가?'

협박에 가까운 글이었다. 그러나 정종은 눈도 꿈쩍 않고 회답을 보냈다.

'보내온 통첩에 의하여 귀국의 태도를 잘 알았다. 그런데 우리에 대한 책망이 매우 많으니 그것을 일일이 분석해 보아야 할 것이나 우선 몇 가지에 대하여 대략 이야기하고 많은 말은 하지 않겠다. 통첩을 보면, 돌 성을 쌓아 대로를 막으려 하며 목책을 세워 군사 행동을 저지시키려 한다고 하였는데 이것으로 말하면 지점을 선택하여 요해지를 설정하는 것은 나라를 가진 자의 떳떳한 일이다. 그러므로 성과 목책을 설치하여 우리의 국토를 방비하는 것은 대개 변경 백성을 편안하게 하려는 것이요, 귀국과의 교통을 막자는 것이 아니다. 통첩에는 또한, 우리나라만이 오직 귀국에 대한 성의를 표시하지 않는다고 하였으나 사실은 지난 시기 우리의 사절 여섯 명이 귀국에 억류되었고 선주宣州 (현 선천), 정주定州 두 성은 당신들이 우리 영토 안에 들어와서 쌓은 성이 아닌가? 그런데 지금까지 사절을 돌려보내지 않으며 우리의 영토도 반환하지 않기 때문에 이는 우리의 심각한 관심사가 되고 있다. 그동안 우리가 사절을 돌려받고, 빼앗긴 땅을 찾으려고 하나 요구할 기회가 없어서 지금까지 미루어 왔는데 귀국에서 만일 성실한 태도를 보인다면 어찌 왕래가 이어지지 않겠는가?'

지난날 덕종이 거란에 요구한 것과 똑같은 내용을 적어 거란에 보내니 이는 타협의 여지를 보여 주면서 만일 요구를 거절한다면 덕종 대에 벌어진 일들이 다시 재현될 것임을 강경하게 내보인 조치였다.

평화 시대가 열리다

정종은 1035년 서북로西北路에 장성을 쌓아 변방의 수비를 강화하고 현재의 평안북도 창성昌城에 성을 쌓아 창주昌州라 이름하고 백성을 옮겨 살게 하였다. 1036년에는 제위군諸衛軍에게 토지를 더 지급하여 변경의 방비를 굳게 하였으며 동서대비원東西大悲院을 수리하여 가난하고 병든 자들에게 의복과 음식을 나누어 주었다.

한동안 회신이 없던 거란에서 해군을 동원하여 압록강에 침입한 것은 1037년(정종 3) 10월이었다. 일순 국경 지대에 전운이 감돌고 백성이 동요하기 시작하였지만 고려 조정에서는 어느 정도 예상하고 있었던 일이기 때문에 차분하게 대처했다. 정종조에 들어서도 지속적으로 국방에 힘을 기울인 결과 맥없이 당하지만은 않으리라는 자신감이 있었던 것이다. 또한 거란 입장에서도 고려는 그리 만만한 상대가 아니었다. 덕종 조에도 두 차례나 쓰라린 패배를 당한 적이 있기에 무척 조심스러웠다.

결국 해군까지 동원한 무력시위에도 불구하고 고려가 강경한 자세를 유지하자, 거란에서는 고려의 요구 조건을 들어준다. 정종은 거란에 억류되었던 사람들이 돌아오자마자 거란과 국교를 다시 맺었다. 이후 두 나라 간에는 상호 호의적인 분위기가 정착되었고, 고려는 거란의 연호를 사용함으로써 책봉을 받았다. 외침에 대한 걱정이 사라지자 정종은 내치에 더욱 힘을 집중시킬 수 있었다.

천리장성 축조와 새로운 제도들

고려 후기의 대학자 이제현의 평을 보면 정종이 거란과 화친을 맺은 것은 진심으로 그렇게 한 것이 아니라 기묘한 책략이었다고 단정 짓고 있다. 선대 임금의 유업을 계승하여 국가를 보전하고자 하였다는 것이다. 이를 뒷받침하듯 정종은 거란과 우호 관계가 회복되었음에도 북방 경비에 주력하여 덕종 대에 시작된 천리장성 축조 공사를 멈추지 않고 완성을 하게 된다.

압록강에서 동해의 도련포까지 장성이 완성되자 고려는 북방 민족의 침략 걱정으로부터 한결 자유로워졌다. 이는 고려의 군사력을 드높이는 계기가 되었으며 정종은 이러한 안정감 속에서 새로운 제도들을 속속 제정한다.

　정종은 1039년(정종 5) 노비종모법奴婢從母法을 제정하여 노비의 신분이나 종사하여야 할 역처, 그 주인을 결정할 때 모계를 따르도록 규정하였다. 1045년(정종 11)에는 악공樂工과 각 관아의 말단 이속에 속하는 잡류雜類, 그리고 오역五逆과 오천五賤, 불충·불효한 자와 향鄕과 부곡部曲(천민 부락)인의 자손이 과거에 응시하지 못하도록 하였다. 여기서 오역은 어미와 아비를 죽인 자, 파계하였거나 수행하는 사람을 죽인 자, 출가하여 몸에 피를 묻히는 자 등을 말한다. 또한 정종은 재위 마지막 해인 1046년에 장자상속과 적서의 구별을 법으로 정하기도 하였다.

　정종은 이 뿐 아니라 비서성으로 하여금『예기정의』禮記正義,『모시정의』毛詩正義 등을 간행하여 문신들에게 나누어 주어 정신 함양의 중요성도 간과하지 않았다.

임금의 마지막 조서

　정종 시대에는 자연재해가 참으로 많았다. 먼저 지진에 관한 기록을 보면 1035년(정종 1) 6월에 서울에 지진이 있었고, 8월과 9월에는 서울과 경주 지방의 19개 주에 지진이 일어났는데 마치 우레와 같았다고 기록하고 있다. 또한 1036년 6월에는 서울, 동경, 상주, 광주, 안변부 관내 주현州縣에서 지진이 일어나 수많은 가옥이 훼손되었고, 동경에서는 3일이 지나서야 멎었다고 한다.

　천재지변에서 벗어날 수 없는 것이 우리 인간들인데 지금으로부터 천년 세월 전에는 그 정도가 훨씬 심했을 것이다. 이후로도 지진에 관한 기록이 계속 보이지만 당시 정종 임금의 심기를 극히 불안하게 만든 것은 뭐니 뭐니 해도 제때에 내려 주지 않는 비였다. 농사가 나라 경제의 근간이다 보니 극심한 가뭄이 찾아올 때마다 임금은 하늘에 비를 빌었고, 스스로 반찬 수를 줄여가며 근심에 휩싸였으며 혹 이러한 천재지변이 자신의 부덕 탓이 아닌가, 혹시라도 형벌을 옳게 처리하지 못하여 백성의 원망이 하늘까지 닿은 탓이 아닌가 마음 졸이며 죄수들을 석방해 주기도 하였다.

임금이란 만인 위에 군림하는 사람처럼 보이지만 이렇듯 나라 안의 모든 일이 자신의 책임이요, 근심거리라 하루도 마음 편할 날이 없었다.

그래서였을까. 재위 12년도 채 되지 않은 29세 젊은 나이에 정종은 병이 들어 그만 자리에 눕고 만다. 자신이 다시는 일어나지 못할 것을 알아차리고 정종은 아우 낙랑군 휘徽를 병석으로 불러들여 마지막 조서를 내린다.

'내가 돌아가신 임금의 유명으로 여러 왕대의 위업을 이은 지가 열두 해나 되었다. 이 12년 동안에 천행으로 나라를 잘 다스렸는데 내가 봄, 여름 이래로 노심하던 끝에 병을 얻어 약을 써도 효능이 없고 필경은 위중한 상태에 이르렀다. 이제 나라의 중책을 덕행 있는 사람에게 맡기려고 생각한다. 내사령으로 있는 낙랑군 휘는 나의 사랑하는 아우로서 사람이 어질고 효성이 있으며 공순하고 검박하여 그의 명성이 널리 알려졌으니 왕위를 그에게 줌으로써 우리나라를 빛나게 해야 할 것이다.'

정종은 아우 휘에게 왕위를 넘겨준 뒤 그날 바로 죽었다. 성격이 너그럽고 인자하며 부모에게 효성스럽고 형제간에 우애가 있었으며 식견과 도량이 크고도 넓으며 영용하고 과단성이 있어서 사소한 절차에 구애되는 일이 없었던 왕의 죽음은 모든 백관과 백성에게 크나큰 슬픔을 안겨 주었다.

시호를 용혜容惠로, 묘호를 정종靖宗으로 하였으며 북쪽 교외에 장사하니 능호는 주릉周陵이었다.

정종의 후비와 종실들

정종에게는 후비 다섯과 아들 넷, 딸 하나가 있었다.

용신容信 왕후 한씨는 단주 사람으로 증 문하시중 한조韓祚의 딸이다. 정종이 처음 평양공으로 있을 때 맞아들여 비로 삼았으며, 왕위에 오른 후 연흥延興 궁주라는 칭호를 주었다. 1035년(정종 1) 아들 형詞을 낳았으며 혜비로 책봉하였다가 이후 정신定信 왕비로 봉하였다. 1036년(정종 2) 7월에 죽었으며 8월 현릉玄陵에 매장하였다. 1048년(문종 2) 3월에는 용신容信 왕후라는 시호를, 1056년(문종 10) 10월에는 정의定懿, 1140년(인종 18) 4월에는 명달明達, 1253년(고종 40) 10월에는 희목禧穆이라는 시호를 추가하였다.

용의容懿 왕후 한씨도 한조의 딸이다. 1038년(정종 4) 4월에 비로 책봉하고 호를 창성昌盛 궁주라고 하였으며 후에 현덕궁玄德宮이라 고치고, 1040년(정종 6) 2월 왕후로 책봉하였다. 애상군哀殤君 방昉, 낙랑후樂浪侯 경璥, 개성후開城侯 개曃를 낳았다.

용목容穆 왕후 이씨는 부여군 사람으로 공부 시랑 이품언李稟焉의 딸이다. 호를 창성昌盛 궁주라고 하였으며 도애悼哀 공주를 낳았다.

용절容節 덕비 김씨는 경주 사람으로 문하시중 김원충金元沖의 딸이다.

호를 연흥延興 궁주라고 하였으며 1102년(숙종 7) 3월에 죽으니 왕이 조문하는 글을 주고 덕비德妃로 추봉하였으며 시호를 용절이라고 하였다.

연창延昌 궁주 노씨盧氏는 그 가계가 상세하지 않다. 처음에 정종이 그의 용모가 아름답다는 말을 듣고 가만히 궁중에 들여 왔다 왕의 사랑을 독차지하게 되었다. 문종이 왕위에 오르자 전왕의 유언에 따라 연창궁을 노씨에게 주었는데 문하성과 어사대에서 논박하여 아뢰기를

"노씨는 예절을 갖추어 맞아들이지 않았으며 선왕의 좇을 수 없는 명령이니 복종할 일이 아니옵니다."

라고 하였으나 왕은 끝끝내 듣지 않았다. 1048년(문종 2) 3월에 죽었다.

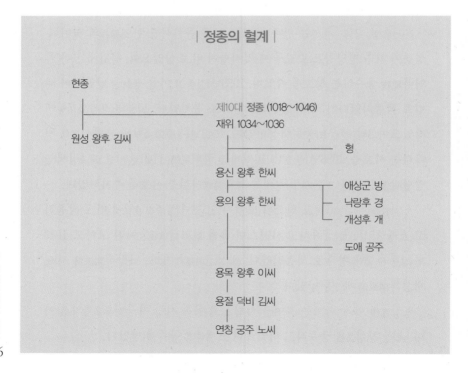

| 정종의 혈계 |

현종
┃
원성 왕후 김씨

제10대 정종 (1018~1046)
재위 1034~1036
┣━━━━━━━━━━━━ 형
용신 왕후 한씨
용의 왕후 한씨 ┣ 애상군 방
            ┣ 낙랑후 경
            ┗ 개성후 개
┣━━━━━━━━━━━━ 도애 공주
용목 왕후 이씨
┃
용절 덕비 김씨
┃
연창 궁주 노씨

11
—

고려의
황금기를 열다

문종

高麗王朝實錄

옳고 그름을 논의하라

고려 시대 최고의 황금기라 일컬어지는 문종 임금의 치세가 시작된 것은 1046년(정종 12) 5월이었다. 현종의 셋째 아들이자 원혜 태후 김씨의 소생인 문종은 1019년(현종 10) 12월에 출생하였으며 이름은 휘徽, 자는 촉유燭幽, 본 이름은 서緖였다.

문종은 즉위하자마자 화려하기 이를 데 없는 용상과 발돋움踏斗(답두), 이불과 요를 가리키며 다음과 같은 명령을 내린다.

"돌아가신 임금이 사용하던 용상과 발돋움은 전부가 금은으로 장식되어 있고 이불과 요 또한 금은 실로 짠 계금 錦(비단)으로 만들었으니 담당 관리로 하여금 견직으로 고치게 해야 할 것이다."

문종의 소박하고 검소한 성품이 잘 드러나는 대목이라 하겠다. 비록 금과 은으로 된 것이지만 있는 것을 물리고 견직으로 이불과 요를 새로 마련하고 용상과 발돋움을 수리하자면 담당 관리의 수고로움과 비용이 이중으로 드는 셈이겠지만 사소한 부분에서부터 검소함을 실천하여 모든 관료들에게 모범을 보이고자 했던 것이리라 짐작해 볼 수 있다.

즉위년 8월, 건덕전에서 조회를 받고 선정전으로 나간 문종은 시중 최제안과 평장사 최충 등을 불러들여 당면 정책의 옳고 그름을 논의해 보라고 하였다. 여러 사람의 의견에 귀를 기울여 보다 나은 정책을 정하고, 이를 시행하는 것은 정치가가 실천해야 할 기본적인 덕목이라고 할 수 있다. 문종은 1047년(문종 1)에도 4월과 6월, 7월, 11월에 군사 정책과 법률을 위시한 당면 정책의 옳고 그름에 대해 대신들에게 의견을 개진해 보라고 끝없이 요구하였다. 즉위 초에 정책의 기본 방향을 잡아보고자 신하들과 활발하게 의견 교환을 했던 것으로 보인다.

안정기를 넘어 동북아의 중심이 되기까지

최제안이 죽었으므로 최충을 시중으로 임명하고 6월 무신일에 대신들을 불러 모은 문종은 다음과 같이 명하였다.

"법률이란 형벌을 판단하는 규정이다. 그것이 분명하면 형벌에 억울하고 지나친 것이 없을 것이요, 분명치 못하면 죄상에 대한 경중이 옳게 처리될 수 없을 것이다. 현행 법률에 어떤 것은 잘못이 크므로 내 이를 못내 가슴 아프게 생각하는 바이다. 시중 최충은 여러 법관을 모아 상세한 교정을 거듭하되 되도록 타당하게 할 것이며 서산업書算業(회계 업무)에 대해서도 역시 고증 시정토록 하라."

문종의 업적을 살펴보면 새로운 법제를 마련하거나 기존 제도를 보완 발전시킨 부분이 상당히 많다. 공음전시법功蔭田柴法과 양반전시과兩班田柴科, 재면법災免法과 답험손실법踏驗損實法, 양전보수법量田步數法, 삼원신수법三員訊囚法, 고교법考校法, 선상기인법選上其人法이 바로 그것인데 정비된 법제들의 내용을 간략하게 살펴보면 아래와 같다.

공음전시법의 골자는 5품 이상 고급 관료들에게 상속할 수 있는 토지 지급을 보장해 준다는 것이었다. 1049년(문종 3)에 제정된 법으로 1품 문하시랑평장사는 전田 25결 · 시柴 12결을, 2품 참정 이상은 전 22결 · 시 12결을, 3품은 전 20결 · 시 10결을, 4품은 전 17결 · 시 8결을, 5품은 전 15결을 주었다. 이들은 모반 대역을 저질러 공신에서 제명되지 않는 한 그 자손에게 3분의 1을 상속할 수 있었다.

고려 전기의 토지제도가 최종 완비된 것은 1076년(문종 30) 때의 일이었다. 양반 전시과가 정비된 것이 바로 그것인데 문종은 이와 함께 문무백관 및 유역인有役人들에게 시행된 녹봉 제도까지 마련하여 중앙 집권적 지배 체제 속에서의 물질적 토대를 완비하였다.

차례대로 재면법과 답험손실법, 양전보수법, 삼원신수법, 고교법, 선상기인법에 대해 살펴보기로 한다.

먼저 재면법은 재난을 당하여 손해를 입었을 경우 농사의 피재액被災額에 따라서 피재액이 4분 이상일 경우 조租를 면하고, 6분인 경우 조 · 포布를 면하고, 7분인 경우 조 · 포 · 역役을 모두 다 면제해주도록 마련한 법제였다.

답험손실법은 관에서 파견된 관리가 농사 상황을 조사하여 피해의 정도에 따라서 조세를 경감, 조절해주는 제도였다.

1069년(문종 23)에는 양전보수법이 마련되어 세금을 거둬들이는 결의 면적을 확정하였다. 이전까지는 토지 1결에 세금을 5승升 징수했는데 양전보수법이 정비되면서 7승 5홉合으로 인상되었다.

삼원신수법은 1062년(문종 16)에 마련된 법인데 죄수를 신문할 때에는 반드시 형관이 3명 이상 입회하게 하여 범죄 조사가 공정하게 이루어지도록 하였고, 1063년에는 국자감 학생들의 재학 연한을 제한한 고교법을 제정하였다. 즉, 유생儒生은 9년, 율생律生은 6년으로 재학 기간을 제한하여 학업 성적을 올리지 못하는 자질 부족한 학생들을 도태시켰다. 마지막으로 선상기인법은 1077년(문종 31)에 제정된 법으로 향리의 자제를 인질로 서울까지 불러들여 지내게 하였는데 이는 중앙집권적 지배 체제의 안정과 강화를 위한 조치였다.

부왕 시절부터 이어져 내려온 안정적인 나라 상황을 바탕으로 백성의 생활과 지배 체제 강화를 위해 여러 가지 법과 제도를 마련한 문종 임금은 고려의 위상을 한층 끌어올려 놓았다. 송과 거란이라는 대국들 틈바구니에 끼어 눈치를 살피기 바빴던 고려는 어느덧 그들과 어깨를 나란히 하며 동북아의 역사를 이끌어 가는 주체 세력으로 떠오른 것이었다.

고려의 자존심

1055년(문종 9) 7월 초하루였다.

"전날 압록강 이동 지역을 우리 고려의 영토로 한다는 것을 거란에서도 인정한 바가 있으나 그들이 최근 압록강에 다리를 가설하며 점차 옛날 경계선을 넘어오고 있으니 이야말로 남의 땅을 다 빼앗지 않고서는 만족을 느끼지 못한다는 격입니다. 그런데 오늘에 와서는 우정郵亭까지 설치하여 우리 영토를 침식하고 있으니 이것은 『춘추』春秋에 이른바 '그 세력이 점점 커지게 하지 말라! 커지면 처치하기 어려울 것이다' 라는 말과 같습니다."

도병마사의 보고가 있자 문종은 눈을 부릅떴다. 이러한 일로 항의하는 서신을 보낸다면 예전의 관례를 보았을 때, 거란 조정에서는 군사를 일으켜 무력시위를 벌일지도 모를 일이었다. 그러나 문종은 비약적으로 강해진 국력에서 오는 자신감 때문이었는지 다음과 같은 국서를 동경 유수에게 보냈다.

'본국은 기자箕子의 옛 국토 그대로 압록강을 국경으로 삼아 왔고, 이는 귀국에서도 인정하는 바였다. 그럼에도 불구하고 귀국에서는 얼마 전에 우리 영역 내에 다리와 보루를 설치하였다. 그렇지 않아도 옛 지역을 돌려 달라고 누차 귀국에 요구한 적이 있는데 그에 대한 대답도 없이 최근에 내원성來遠城 군인들이 우리의 성과 박근한 곳으로 궁구문을 옮겨 오고 게다가 정사를 건축하려고 벌써 목재와 돌을 쌓아 놓았다. 바라건대 당신은 귀국 정부에 이 문제를 건의하여 옛 지역을 돌려주게 하는 동시에 성벽, 보루, 궁구란자, 정사 등 일체 시설을 전부 철거하도록 하기를 바라는 바이다.'

그러나 국서를 받아 본 거란에서는 아무리 기다려도 이렇다 저렇다 말이 없었다. 그렇다고 예전처럼 무력 도발을 해 오지도 못했다. 고려의 국력이 날로 강성해지는 때라 그저 침묵으로 일관하는 것이 상수라고 판단했는지도 모를 일이었다.

기다리다 못한 문종은 1057년(문종 11) 4월 다음과 같은 명령을 내린다.

"지난해에 거란에 사절을 파견하여 궁구문 바깥에 있는 우정을 없애라고 하였는데 지금까지 그것을 철회하지 않았을 뿐만 아니라 또 송령 동북 지대에 토지 개간 사업을 점점 확대시키고 암자를 설치하여 사람과 가축을 증식시키고 있다. 이는 필시 우리의 강토를 침범할

장본이니 마땅히 이것을 빨리 철폐하도록 요구해야 할 것이다."

늘 큰 나라의 눈치만 보아온 탓에 습관적으로 어깨가 움츠러들었던 것일까. 중서성에서 이 문제에 대하여 다음과 같이 아뢰며 문종의 뜻을 꺾으려 하였다.

"현재 거란 측에서 변경을 소란하게 하지 않을 뿐만 아니라 그들의 새 임금이 들어섰고, 책명을 보내온 뒤에 아직 회사도 하지 못했는데 국경 문제를 먼저 제기하는 것은 옳지 않은 듯합니다."

그러나 문종은 단호하였다.

"저들이 만일 우리보다 먼저 성책을 설치한다면 비단 후환이 있을 뿐 아니라 반드시 우리를 경각성이 없는 것으로 생각할 터이니 계속 사신을 파견하여 모든 시설을 철거하게 할 것이다."

이처럼 자신감에서 우러난 문종의 외교 정책은 백관과 백성에게 자긍심을 심어주었을 것이 틀림없다. 1055년(문종 9) 10월에 조정에서 일어난 일을 통해 어느 정도 짐작해 볼 수 있다. 때마침 거란에 사신으로 갔던 최종필崔宗弼이 이런 보고를 하였다.

"거란 황제 이름이 종진宗眞인 바 나의 이름이 그에 저촉된다 하여 '종' 자를 고치라고 요구하기에 표문에 있는 나의 성명을 최필로 고쳤습니다."

최종필의 보고 내용을 전해 들은 문하성에서 일제히 들고 일어났다.

"종필은 응당 그것을 우리나라에서 알지 못하여 그렇게 쓴 것이며 표문에 기록된 내용을 자의로 고칠 수 없다고 대답했어야 할 것이요. 만일 그들이 강요하였다면 글자의 한 점, 한 획 정도나 지워 버리는 것은 체면상 틀릴 바가 없겠는데 함부로 표문을 고침으로써 신성한 국가 사명을 욕되게 하였사오니 그에게 벌을 주시기 바랍니다."

문종이 너그럽게 용서해 주기는 하였지만 신하들의 자긍심이 어느 정도였는지를 엿볼 수 있는 대목이라 하겠다. 나라에 힘이 없는 상태에서 이런 일을 당했다면 아무도 문제 제기를 하지 못했을 것이다.

유교와 불교의 융성

과거제를 통한 신진 관료 선발이 정착되고 여러 법제가 마련되면서 중앙집권적 정치 체제가 안정 궤도에 접어들자 만조백관과 양반, 귀족 계층을 중심으로 유학을 배우고 생활화하려는 열풍이 불어 닥친다.

백관 관료들뿐만 아니라 일반 백성의 생활까지 두루 살펴야 할 위치에 있었기 때문에 문종은 유교만이 비대하게 성장하거나 그에 따라 관료들의 힘이 필요 이상으로 강성해지는 것을 원치 않았다. 게다가 백성의 생활 속에는 불교가 뿌리를 깊게 내리고 있었다. 이에 문종은 불교를 중심으로 민심을 통일시키고자 불교 융성책을 모색하기에 이른다. 이렇게 하여 시작된 것이 홍국사 창건이었다.

1055년(문종 9) 10월, 문종은 다음과 같은 명령을 내렸다.

"옛날 제왕들이 불교를 숭상했음은 문헌들에서 볼 수 있고, 특히 우리의 태조 이후로 대대로 사원을 세워 행복과 경사를 축원하여 왔다. 그런데 내가 왕위를 계승하여 어진 정치를 실시하지 못한 관계로 재변이 빈번하게 나타난다. 그러므로 나는 부처의 힘을 빌려서 나라를 행복하게 하려 하노니 해당 관리로 하여금 적지를 선택하여 사원을 건설하게 하라."

그러나 유교에 깊이 심취한 대신들이 문종의 명령에 반기를 들고 일어선다. 사원을 건설한다고 나라가 화평해지는 것이 아니며, 오히려 사원을 증설하기 위한 공사를 일으키면 백성이 수고롭게 되어 원성이 자자할 것이라는 이유에서였다. 일면 타당한 이야기였으나 문종은 대신들의 의견을 물리치고 송도에서 남쪽으로 이십 리 떨어진 덕적산 남쪽에 넓은 터를 잡고 자신의 뜻대로 홍왕사 창건을 밀고 나갔다.

문종의 후비와 종실들

문종은 후비 다섯에 아들 열 셋과 딸 일곱을 두었다.

인평仁平 왕후 김씨는 현종의 딸이다.

인예仁睿 순덕順德 태후 이씨는 인주 사람으로 중서령 이자연李子淵의 맏딸이며 칭호는 연덕延德 궁주라고 하였다. 1052년(문종 6) 2월에 왕비로 봉하였으며 그의 부친 이자연을 태위로 삼고 어머니 낙랑 군군樂浪郡君 김씨를 대부인으로 봉하였다.

왕비는 순종順宗, 선종宣宗, 숙종肅宗, 대각 국사大覺國師 후煦, 상안공常安公 수琇, 도생道生 승통僧統 규規, 금관후金官侯 비조, 변한후卞韓侯 음愔, 낙랑후樂浪侯 침枕, 총혜 수좌聰慧首座 경璟, 적경積慶과 보령保寧 두 궁주를 낳았다.

1086년(선종 3) 2월 태후로 책봉되었을 때 각 도에서 모두 축하문을 보내었으며 각 고을에서 예물로 바친 포목이 무려 십만여 필이었다. 탐라에서도 축하하러 와 토산물을 바쳤다.

태후는 1092년(선종 9) 9월에 서경에서 죽었는데 돌아와서 대릉戴陵에 매장하였다. 독실한 불교 신자로 국청사를 건설하였으며 또 유가 현양론瑜加顯揚論을 은 글씨銀書로 필사할 것을 발원하여, 숙종 때에 이르러 비로소 완성되었다. 1140년(인종 18) 4월에는 성선聖善, 1253년(고종 40) 10월에는 효목孝穆이라는 시호를 추가하였다.

대각국사 왕후의 자는 의천義天인데 송나라 철종의 이름자를 피하여 자로써 이름을 대행하였다. 문종이 하루는 여러 아들들에게

"누가 승려가 되어 부처를 공양하고 공덕을 닦겠느냐?"

하고 물으니 후가 일어나

"제가 승려가 될 뜻을 품고 있사오니 부왕께서 명령하시는 대로 하겠습니다."

라고 대답하여 왕이 허락하였다. 왕후는 총명하고 지혜가 있으며 학문을 즐겼는데 처음 화엄경을 배움에 5교敎에 통달하였으며 동시에 유가의 교리도 연구하였는데 정통하지 못한 것이 없었다. 후는 송나라로 가서 불도를 공부할 것을 원했으나 여러번 반대에 부딪히자 1085년(선종 2) 4월 2명의 제자와 함께 몰래 송나라 상인 임녕林寧의 배를 타고 떠났다. 고려에 돌아온 후는 천태종天台宗을 창간하였고 얼마 후 남녘 땅을 유람하러 떠나 여러 명산을 찾아다니다가 해인사에서 거주하였다. 이후 숙종이 즉위한 후 불러들여 흥왕사 주지로 삼았다. 요나라 사신 왕악王蕚이 흥왕사의 작은 종을 보고 감탄하자 후가 금종 두 개를 주조하여 요나라 황제에게 선물하기로 정하고 답례사로 가는 공목관孔目官 이복李復에게 부탁하여 이 뜻을 전하였다. 그런데 요나라 황제는 왕악이 사신으로 고려에 가서 제 마음대로 제물을 요구한 것으로 오해하고 왕악을 엄벌에 처할 터이니 종을 바치지 말라고 지시하였다.

후가 병들자 왕이 총지사摠持寺로 가서 문병하였으나 곧 사망하였다. 왕이 후에게 대각이라는 시호를 내리려 하니 중서 문하성에서 대각이라는 것은 부처라는 뜻으로 부처의 이름을 외람하게 쓰는 것에 대해 반대하였으나 왕은 듣지 않았다. 이때 정당문학 이오李頗가

"왕후는 비록 왕의 가까운 친척이라 하여도 예법에 의하면 이미 출가한 승려이니 복이 없습니다. 그러나 재주와 덕행이 모두 우수하며 명망이

요나라와 송나라에까지 드높아져서 국사國師로 추존하려 하는 터이니 복을 입지 않을 수 없습니다."

라고 하여 왕과 여러 신하들은 현관玄冠 소복素服하고 3일간 조회를 중지하였으며 부의를 후하게 주고 책명을 내려 대각 국사로 추존하였다. 그리고 또 제자들에게도 교서를 주어 조문하였다.

도생 승통道生僧統 왕규는 1070년(문종 24) 머리를 깎고 승려가 되라는 명령을 받았으며 후에 속리산 법주사法住寺에 거주하였다. 1112년(예종 7) 어떤 자가 왕규가 상서우승 김인석金仁碩, 전주 목사 이여림李汝霖과 내통하여 반란을 도모한다고 고발하여 왕은 왕규를 거제현에 귀양 보냈다. 귀양을 간 이여림, 김인석, 전중소감 하언석河彦碩, 대경 이중평李仲平, 숭교사崇敎寺의 승려 자상資尙 등 중 자상은 중도에서 죽었고 미구에 왕규가 죽었다. 왕규는 많은 재산으로 남을 잘 도와 재물을 탐하는 자들이 그에게 많이 아부하였으며 이 때문에 패망하고 말았다.

인경仁敬 현비賢妃 이씨도 이자연의 딸로 칭호를 수녕壽寧 궁주라고 불렀으며 1082년(문종 36) 정월 숙비로 봉하였다. 조선공朝鮮公 도燾, 부여공扶餘公 수㸂, 진한공辰韓公 유愉를 낳았다. 죽으니 시호를 인경이라고 하였다.

조선공 왕도의 4대손인 왕면王沔은 의종의 딸 화순 궁주和順宮主에게 장가 들었으며 신종이 그에게 수 사공 관직과 상주국 훈위를 주고 광릉후廣陵候로 봉하였다가 후에 공公으로 승진시켰다. 왕면은 1218년(고종 5) 죽었다. 그는 성격이 순후하고 침착하였으며 글씨를 잘 썼다. 또한 특별히 의술에 정통하여 약을 준비해 두고 사람을 살리는 것을 자신의 임무로 삼았다. 종기가 난 자는 모두 그의 집으로 찾아갔으나 꺼리는 기색이 조금도 없어 사람들이 모두 탄복하였다.

인절仁節 현비 이씨도 이자연의 딸로 호를 숭경崇敬 궁주라고 하였으며

1082년(문종 36) 7월에 죽으니 시호를 인절이라고 하였다.

인목仁穆 덕비 김씨는 시중 김원충金元沖의 딸로서 칭호를 숭화崇化 궁
주라고 하였다. 1094년(선종 11) 6월에 죽으니 시호를 인목이라고 하였다.

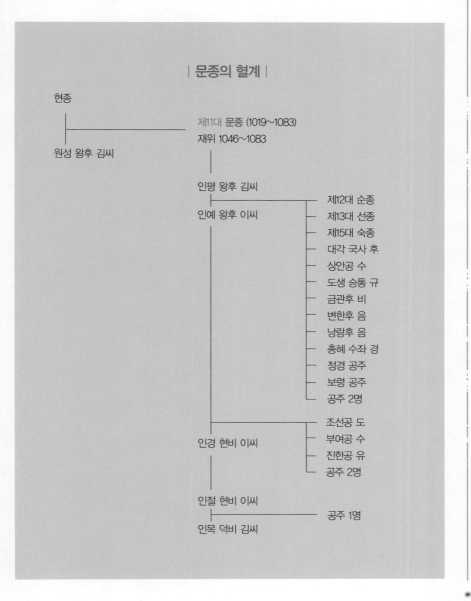

| 문종의 혈계 |

현종 — 제11대 문종 (1019~1083)
재위 1046~1083

원성 왕후 김씨

인평 왕후 김씨
인예 왕후 이씨
- 제12대 순종
- 제13대 선종
- 제15대 숙종
- 대각 국사 후
- 상안공 수
- 도생 승통 규
- 금관후 비
- 변한후 음
- 낭랑후 음
- 총혜 수좌 경
- 정경 공주
- 보령 공주
- 공주 2명

인경 현비 이씨
- 조선공 도
- 부여공 수
- 진한공 유
- 공주 2명

인절 현비 이씨
- 공주 1명
인목 덕비 김씨

12
—

부정이 그리워
세상을 놓다

순종

高麗王朝實錄

왕위에 올랐으나

순종 대왕의 이름은 훈動, 자는 의공義恭이며 본 이름은 휴烋였다. 문종의 맏아들이자 인예 태후 이씨의 소생이었던 그는 1047년(문종 1) 12월에 출생하여 8세 때인 1053년(문종 7) 2월에 태자로 책봉되었고, 1083년(문종 37) 7월, 문종이 죽자 37세의 나이로 고려 제 12대 왕에 즉위하였다.

세상만사 어떤 일이든 그 시작은 대단한 의욕이 함께하기 마련이다. 순종 또한 문종의 오랜 치세가 끝나고 새롭게 왕이 되자 자신이 해야 할 일을 생각하며 스스로 의욕을 북돋웠을 것이다. 그러나 그의 앞날은 그리 평탄치 않았다.

8월에 문종을 경릉景陵에 장사지낸 순종은 그달 경자일에 신봉루에 나가서 대사령을 내리고, 10월 초하루에는 회경전에서 3일간이나 소재도량消災道場을 베풀고 중 3만 명에게 음식을 먹였다.

이처럼 집권 초기에 왕이 된 사람들이 으레 하기 마련인 몇 가지 일을 해내며 순탄하게 치세를 해 나가는가 싶었으나 원래 병약한 몸인데다 거상 중에 너무 애통해 한 나머지 순종은 병이 위중해지고 말았다. 즉위한 지 3개월 만이었다. 결국 순종은 동복아우 국원공國原公 운運에게 명령하여 나랏일을 임시로 맡아 보게 하였다.

짧은 치세에 대한 이제현의 평

병상에 누워 있던 순종은 죽음을 예감하고 다음과 같은 최후 조서를 내린다.

'내가 근자에 부왕의 유언을 받들어 국가의 중요한 직책을 맡아 보잘것없는 역량으로 그대들과 혼연일체가 되어 장구한 계책을 강구함으로써 조상의 유업을 보전하고 그분들의 공적을 영구히 빛내려 하였더니 뜻밖에도 거상 중의 과도한 애통과 쌓인 근심으로 병이 생기게 되어 시일이 지날수록 점점 더하고 낫지 않으며 첫 겨울이 되면서부터는 마침내 위중하게 되었다. 생각하건대 풍전등화처럼 비몽사몽한 몸으로 어찌 죽기를 면하여 사직을 계속 받들 수 있겠는가! 미리 대책을 세워 뒷일을 위촉해야 되겠다. 나의 동복아우인 수태사 겸 중서령守太師兼中書令 국원공 운은 원래 재능이 많고 덕행도 나날이 발전할 뿐만 아니라 민간 실정에 밝고 자기 사업에 성통하며 정치의 잘잘못을 완전히 이해하고 있다. 만일 그가 왕위에 오르면 백성의 기대에 보답할 만하니 내가 죽거든 즉시 정권을 잡게 하라! 일체 국가 상벌에 관한 중대한 문제를 새 임금에게 문의한 후 처리할 것이며 멀리 떨어진 주, 진 관원들은 다만 본 군에서 애도의 뜻을 표할 것이요, 함부로 자기 임소를 떠나지 말게 하라. 상복 입는 기한은 하루를 한 달로 계산하고 능묘 제도는 극히 검박하게 하라. 아! 슬프다. 사람의 수명이란 한이 있으며 났다가 죽는 것이 한스럽다. 오직 바라는 것은 중대신들과 안팎 문무백관이 한맘 한뜻으로 충성을 다하여 나의 친왕을 도와주기를 부탁한다. 이렇게 함으로써 국가 운명을 길이 유지하여 이 강토를 영구히 맡길 수 있다면 내가 당장 죽은들 다시 무슨 여한이 있겠는가!'

이날 왕은 상차喪次(부모의 영위를 설치한 곳)에서 죽었다. 향년은 37세였다. 시호를 선혜宣惠라 하고 묘호를 순종順宗이라 하였으며 성 남쪽에 장사하니 능호는 성릉成陵이었다.

이제현의 평

부모가 죽어 3년간 상주 노릇을 하는 것은 임금으로부터 일반 백성에 이르기까지 마찬가지이다. 그러나 이른바 어머니의 상복을 입고 죽을 먹으며 수척한 얼굴로 슬프게 우는 것을 모든 사람들이 보고 탄복하였다는 사실은 옛날 중국의 등문공滕文公 이후로는 듣지 못하였다. 그런데 순종은 자기 아버지 문종의 상사를 당하여 과도하게 슬퍼한 나머지 병이 되어 4개월 만에 죽었으니 이를 옛날 제도에 비추어 보면 너무 지나친 바가 있기는 하나 부모를 공경하는 정신만은 지극하다 하겠다.

순종의 후비와 종실들

순종에게는 후비 셋이 있었으며 자식은 없었다.

정의貞懿 왕후 왕씨는 종실 평양공 왕기王基의 딸이다.

선희宣禧 왕후 김씨는 경주 사람으로 대경大卿 김양검金良儉의 딸이다. 순종이 태자로 있을 때 간택에 입선되어 궁으로 들어가 총애를 받았으나 문종은 김씨를 미워하여 외가로 돌아가라는 명령을 내렸다. 그런 까닭에 끝내 아들이 없었다. 칭호를 연복延福 궁주라고 하였으며 1126년(인종 4) 2월에 죽으니 선희 왕후라는 시호를 추증하였다. 1130년(인종 8) 4월 왕이 주관 관리에게 명령을 내려 태묘太廟에서 체제를 지내고 순종 사당에 합사하였다. 1140년(인종 18) 4월에는 공의恭懿라는 시호를, 1253년(고종 40) 10월에는 화순和順이라는 시호를 더하였다.

장경長慶 궁주 이씨는 인주 사람으로 호부 낭중 이호李顥의 딸이다. 순종이 왕위에 오르자 이씨를 맞아들여 비로 삼았는데 왕이 죽은 후 외궁에 거처하면서 궁노와 간통하다가 발각되어 궁주의 자리에서 쫓겨났다.

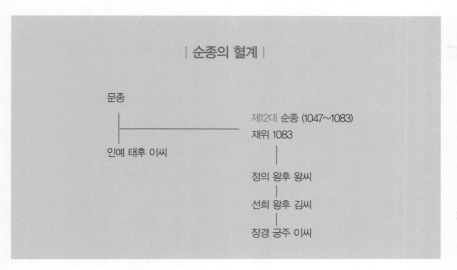

| 순종의 혈계 |

문종
┌─────────────────── 제12대 순종 (1047~1083)
│   재위 1083
│   │
인예 태후 이씨   정의 왕후 왕씨
                         │
                       선희 왕후 김씨
                         │
                       장경 궁주 이씨

13

고려, 동북아의 중심 국가로 거듭나다

선종

高麗王朝實錄

안정 속에서 이어받은 왕위

3개월 사이에 아버지와 형의 죽음을 겪고 경황이 없는 가운데 왕위에 오른 선종은 큰 변화보다는 기존 인물과 체제의 유지를 택한다. 전왕들이 정치와 국방, 사상, 문화 면에서 워낙 나라의 토대를 탄탄하게 다져 놓은 탓에 변화 없이 그대로 이어가는 것이 유익하리라는 판단 때문이기도 했을 것이다.

문종의 둘째 아들로 1049년 9월에 태어난 선종은 1056년(문종 10) 3월에 국원후國原侯로 책봉되었고, 상서령尙書令에 제수된 뒤 순종 때 수태사守太師 중서령中書令이 되는 등 여러 관직을 거쳐 1083년 10월 순종이 죽자, 그 이튿날 유언을 받들어 즉위하였다.

죽음을 예감한 순종이 임종을 앞두고 내린 최후 조서에서도 밝혔듯 선종은 어려서부터 총명하고 지혜로우며 예를 아는 인물로 고려를 이끌 자질을 충분히 갖고 있었다.

과거의 문을 활짝 열어라

즉위 이듬해인 1084년 정월, 보제사의 승려 정쌍貞雙 등이 선종에게 승과에 관한 의견을 다음과 같이 아뢰었다.

"9개의 절간에서 불교를 공부하는 중들을 진사 규정에 준하여 3년에 1차씩 승직僧職에 선발하도록 하시기 바랍니다."

이는 곧 승려들도 과거 시험을 볼 수 있도록 해달라는 청이었다. 선종은 이들의 청을 수용하여 3년에 한 번씩 승과를 치를 수 있도록 허락하였다. 승려들의 청에 의해 이러한 제도가 마련되었다는 점에서 고려 사회 전반에 불교가 차지하는 비중을 미루어 짐작해 볼 수 있는 대목이라 하겠다.

그런데 승과는 선종 즉위 후에 처음 생긴 것이 아니었다. 고려 광종 때 이미 귀화인 쌍기의 건의로 진사과와 명경과가 창설될 때 승과 역시 마련된 바 있었다. 그러나 광종 대에 마련된 승과는 비정규적이었던 데 반해 선종 대에 이르러 비로소 승과는 3년에 한 차례씩 실시하는 식년제式年制로 격상되었다.

천태종의 개창자, 대각 국사 의천

승과제 실시에서 보는 것처럼 고려의 불교는 선종의 적극적인 장려책에 힘입어 많은 발전을 거듭해 간다. 선종 대의 불교를 이야기하자면 빼놓을 수 없는 사람이 한 명 있다. 바로 대각 국사 의천이다.

의천은 문종의 넷째 아들로서 선종에게는 둘째 동생이 된다. 그는 1055년(문종 9)에 태어났으며 이름은 후煦, 자는 의천義天, 시호는 대각 국사이다.

어느 날 문종이 네 왕자를 불러들인 후에 이렇게 물었다.

"누가 출가하여 복전福田의 이익을 짓겠느냐?"

문종의 말이 떨어지기 무섭게 의천이 일어나 승려가 되겠다는 뜻을 밝히자, 문종은 이를 허락하였다. 1065년(문종 19) 5월 14일 머리를 깎고, 개경의 영통사에 머물게 되면서 그는 본격적으로 승려의 길을 걷기 시작했다.

문종이 죽고 순종이 즉위하였으나 바로 선종이 왕위를 이어받는 왕실의 우여곡절을 바라보면서도 구도의 길만을 걸어온 그가 궁궐 내전에 들어가 송나라로 건너가 구법할 뜻을 간곡히 아뢴 것은 1084년(선종 1) 정월이었다. 그러나 그의 청은 받아들여지지 않았다. 의상의 입당 구법入唐求法의 예를 들면서 눈물로 청하였건만 의천의 뜻이 받아들여지지 않은 것은 거란을 자극할 수도 있다는 대신들의 염려 때문이었다. 비록 승려이지만 그에 앞서 고려의 왕자 신분이다 보니 외교 관계를 고려하지 않을 수 없었던 것이다. 그러나 의천은 구도의 열정을 버리지 않고 선종과 어머니에게 간곡한 뜻이 담긴 편지를 남긴 뒤 제자들과 함께 송나라로 밀항을 한다.

이렇게 하여 송으로 가게 된 의천은 송나라 임금의 따뜻한 영접을 받은 것을 시작으로 14개월 동안 머물면서 50여 명의 고승들을 만나 불법을 묻기도 하고 교류하기도 하였다. 그는 먼저 흥국사에 머물며 인도 불교를 심도 있게 배웠으며 항주杭州 상부사의 주지 정원에게 화엄교를, 종간에게 천태종을 전수받으며 친밀하게 교류하였다. 훗날 고려로 돌아온 의천이 화엄종華嚴宗과 천태종天台宗의 화합을 위해 노력한 것은 정원과 종간에게 받은 영향 때문이었을 것이다.

의천은 14개월 동안 송나라에 머물면서 불교에 대한 국제적인 안목과 종합적인 시각을 키울 수 있었다. 이는 곧 고려 불교 발전의 획기적인 전기가 되었다. 의천이 불법을 공부하고 돌아왔을 때의 환영 의식은 매우 성대하였다고 한다. 의천은 불경과 경서 천 권을 바쳤고, 흥왕사興王寺에 교장도감敎藏都監을 세울 것을 건의하였으며 송, 요, 일본 등지에서 서적을 사들이니 거의 4천 권에 달하였는데 모두 간행하게 하였다.

순종은 뒤이어 1089년(선종 6) 회경전會慶殿에 13층 금탑金塔을 세우고, 인예 왕후仁睿王后의 청에 따라 천태종天台宗의 중심 사찰인 국청사國淸寺를 짓게 하였다. 이는 천태종 개창을 의미하는 것이었다. 이것 외에도 의천은 팔만대장경의 기초가 된 속장경을 마련하는 등 고려의 불교 발전에 지대한 영향을 끼쳤다.

이렇듯 의천이 왕자의 신분으로 송나라까지 다녀온 뒤 왕성한 활동을 통해 불교의 발전을 꾀할 수 있었던 것은 당대의 사회상은 물론이고 선종 임금의 정책이 불교 쪽에 많이 기울어 있었음을 보여준다 하겠다.

동북아의 외교를 주도하다

종교적 입장에서만 보면 불교와 유교는 적대적인 것이 틀림없다. 그러나 나라를 다스리는 선종의 입장에서 바라본 불교와 유교는 공히 부흥을 꾀해야 할 대상들이었다. 불교는 민심을 안정시키고 모든 백성의 심적 유대감을 유지해 나가는 데 없어서는 안 될 대상이었다. 그런가 하면 유교는 그때 이미 고려의 정치를 이끌어 가는 기본 토대를 이루고 있었다 해도 과언이 아니었다. 이런 까닭에 선종은 어느 쪽에도 치우치지 않고 유교와 불교가 균형을 이루며 발전해 갈 수 있도록 배려하였다.

의천에 의해 불교가 비약적으로 발전해 가는 동안 예부禮部의 주장을 받아들여 1091년(선종 8) 국학에 공자의 제자 72현의 초상을 벽화로 그리는데 송나라 국자감의 예를 따르게 하고 복장은 십철十哲을 모방하게 하여 제사를 지내게 한 것이 대표적이라 할 수 있을 것이다. 공자의 가르침을 언행의 기본으로 삼았던 고려 사람들이 이제는 공자를 신적인 존재로 받아들이게 되었던 것이다.

선왕들이 이룩해 놓은 빛나는 업적 위에 불교와 유교의 발전이 이어지면서 나라 상황이 더욱 튼튼해지자 고려는 곧 동북아의 중심 국가로 부상했다. 고려사에서 확인할 수 있듯 선종 대에 이르러 눈에 띄게 늘어난 송과 거란, 여진, 일본과의 교류, 교역 기록이 이를 뒷받침한다. 여진과 일본보다 국력이 우위에 있었던 고려는 그들을 부드럽게 포용하는 한편으로 강경한 정책을 병행하기도 하여 길을 들였고, 거란과 송에 대해서는 대등한 입장에서 상대에 걸맞는 정책을 펼쳐 나갔다. 즉, 늘 영토 분쟁을 겪던 거란에 대해서는 강경한 태도를 유지하며 나라의 이권을 챙기려 들었고, 문화 선진국 송으로부터는 앞선 문물을 적극적으로 받아들이며 교류를 확대해 나갔던 것이다.

이 중 특히 주의 깊게 살펴볼 부분은 거란과의 외교 변화이다. 물론 선왕 대부터 고려는 국력의 신장과 함께 거란에 대해 제 목소리를 당당하게 낼 줄 아는 국가로 발전해 왔다. 그런데 선종 대에 이르러 특히 유례를 찾아볼 수 없을 정도로 강경한 자세를 견지하였으며, 그에 대해 침묵만을 일삼던 거란이 친히 사신을 보내어 고려와의 친선을 도모하였다는 점이다. 고려는 이때 이미 변방의 귀퉁이를 차지한 조그만 국가가 아니라 동북아 최강국 거란과 전쟁을 불사할 만큼 모든 면에서 강력한 위용을 자랑하고 있었던 셈이다. 늘 강대국의 눈치를 살피며 사대 외교로 일관하였던 우리의 역사를 돌이켜 생각해 보면 참으로 통쾌하고 자랑스러운 시대가 아닐 수 없다.

이렇듯 폭넓은 외교와 힘을 바탕으로 한 자주적 통일 국가를 이끌어오던 선종이 과로로 병이 든 것은 1093년 3월의 일이었다. 꺼지기 직전의 촛불이 마지막 불꽃을 화려하게 태우듯 잠시 쾌차하여 정국을 이끌어 가던 선종은 이듬해 5월에 병이 악화하여 연영전延英殿에서 승하하였다.

1092년(선종 9) 병이 들어 의원이 처방한 약을 먹고 다음과 같은 시를 지었다고 한다.

"약효가 있고 없음이야 무엇을 염려하랴. 덧없는 인생 시작이 있었으니 어찌 끝이 없으리. 오직 원하는 것은 여러 가지 선행을 닦아 청청한 곳에 올라 부처에게 예를 드림이네."

향년 46세로 재위 기간은 10년 7개월이었다. 능은 개성에 있는 인릉仁陵이며, 시호는 사효思孝이다.

선종의 후비와 종실들

선종에게는 후비 셋과 아들 넷, 딸 셋이 있었다.

정신貞信 현비 이씨는 인주 사람으로 평장사 이예李預의 딸이다. 선종이 국원공國原公으로 있을 때에 맞아들여 비로 삼았는데 경화敬和 왕후를 낳고 죽으니 시호를 정신이라고 하였다. 1107년(예종 2)년 예종이 선종의 묘정에 합사하려 하였으나 간관들이 왕이 즉위한 후 얼마되지 않아 죽었음을 이유로 반대하자 예종은 이 말을 따랐다.

사숙思肅 태후 이씨는 인주 사람으로 공부 상서 이석李碩의 딸이다. 칭호를 연화延和 궁비라고 하였으며 처음 선종이 국원공으로 있을 때에 맞아들였다. 헌종獻宗과 수안택주遂安宅主를 낳았다. 선종이 왕위에 오르자 왕비로 책봉하고, 헌종이 즉위한 후 태후로 존칭하였으며 그의 궁전 이름을 중화전中和殿이라고 정하고 부를 설치하여 영녕부永寧府라고 하였다. 당시 왕은 나이가 어려 정무를 처결하지 못하였으므로 태후가 집정하여 군사와 행정을 포함한 일체 정사를 모두 맡아 처리하였다. 헌종이 죽으니 주관 관리가 영녕부 및 중화전의 칭호를 폐지할 것을 청하였다. 그가 죽으니 시호를 사숙 태후라고 하였다.

1140년(인종 18) 4월에는 정화貞和라는 시호를, 1253년(고종 40) 10월에는 광숙匡肅이라는 시호를 추가하였다.

원신元信 궁주 이씨는 인주 사람으로 평장사 이정李珽의 딸이다. 칭호를 원희 궁비라고 하였으며 한산후漢山侯 윤昀을 낳았다. 헌종이 왕위에 오르자 비의 오빠 추사 이자의李資義가 윤을 받들어 왕으로 삼으려고 하였으므로 즉위한 후에 궁주와 윤을 경원군으로 귀양 보냈다.

선종은 자식이 없어 셋째 부인인 원신 궁주를 맞이했으나 여전히 아이는 생기지 않았다. 이를 걱정하던 궁주의 꿈속에 어느 날 두 도승이 나타나 말하였다.

"우리는 장지산長芝山 남쪽 기슭에 있는 바위틈에 사는 사람들이오. 배가 매우 고프니 먹을 것 좀 주시오."

하고는 홀연히 사라졌다.

꿈에서 깬 궁주가 선종에게 꿈 이야기를 하자 왕은 곧 사람을 보내어 살펴보게 하였다. 장지산 아래에 큰 바위 두 개가 나란히 서 있다는 보고를 받은 선종은 즉시 이 바위에 두 불상을 새기고 사찰을 지어 불공을 드리도록 하였다. 그리하자 그해에 원신 궁주에게는 태기가 있었고, 왕자 한산후가 탄생했다는 것이다. 불상이 조성된 곳은 보물 제93호로 지정된 용미리 석불 입상이다.

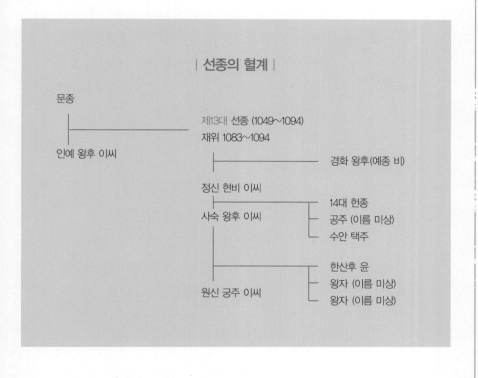

| 선종의 혈계 |

문종
├─ 인예 왕후 이씨

제13대 선종 (1049~1094)
재위 1083~1094
├─ 경화 왕후(예종 비)
정신 현비 이씨
사숙 왕후 이씨
├─ 14대 헌종
├─ 공주 (이름 미상)
└─ 수안 택주

├─ 한산후 윤
├─ 왕자 (이름 미상)
└─ 왕자 (이름 미상)
원신 궁주 이씨

14
—

어찌 임금이
되었던고!

헌종

高麗王朝實錄

누가 왕이 되어야 하나

덕종과 정종이 그러했고, 선종이 그러했던 것처럼 왕의 소생이 어리거나 없을 때는 그 동생에게 왕위를 물려주는 것이 전통처럼 굳어버린 시대였다. 선종이 재위 10년 7개월 만에 임종하자, 조정의 대신들과 왕의 형제들은 11세에 불과한 선종의 아들 욱 대신에 선종의 동생이자 문종의 셋째 아들인 계림공 왕희王熙(옹·顒)가 대권을 이어받을 줄 알았다. 그런데 선종은 세상 사람들의 믿음을 저버리고 자신의 아들 욱에게 왕위를 물려준다.

욱은 선종과 두 번째 비 사숙 태후 사이에서 1084년(선종 1) 6월에 태어났는데 아주 어려서부터 소갈증, 즉 당뇨병에 시달린 관계로 왕권을 이어받는 데 문제가 많은 사람이었다. 자리가 그 사람을 만든다지만 원래부터 어울리지 않는 사람을 왕위에 앉힘으로써 실로 오랜만에 고려 조정에서는 피비린내 나는 왕권 쟁탈이 벌어지고 만다. 자기 자식에게 왕위를 물려주고자 하는 선종의 마음을 모르는 바 아니지만 지나친 욕심이 결국 아들의 운명을 더 끔찍한 구렁텅이로 몰아넣은 셈이 되고 말았다.

기실 11세의 어린 헌종은 단 한번도 정권의 중심에 서 있을 수가 없었다. 왕위에 오른 직후에는 어머니 사숙 왕후가 섭정을 하는 바람에 그 치마폭에 휘감긴 채 병마와 싸웠고, 삼촌에게 왕위를 찬탈당한 뒤에는 얼마 남지 않은 목숨이나마 부지하고자 후궁으로 물러나 있다가 비참한 최후를 맞이했다.

당시 헌종이 이어받은 왕위를 노리는 사람은 한두 명이 아니었다. 문종과 인예 왕후 사이에서 태어난 세 번째 왕자 계림공 왕희와 상안공 왕수, 인경현비 이씨의 소생 조선공 왕도와 부여공 왕수, 진안공 왕유가 그들이었다. 게다가 선종의 제3비 원신 궁주 이씨의 소생 한산후 왕윤도 타의에 의해 왕권 쟁탈에 끼어들었다. 이렇듯 어지러운 시국 아래에서 어린 임금 헌종은 그야말로 무늬만 임금인 허수아비 같은 나날을 보내야 했다. 어찌 보면 헌종은 왕권을 노리는 후보 중 가장 강력한 인물이라 할 수 있는 계림공 왕희에게 모든 것을 넘기고 편안하게 일생을 보내는 것이 더 나을지도 모를 일이었다.

폭풍의 전조

바야흐로 헌종의 병세는 악화 일로를 걷고 있었다. 왕권을 노리는 사람들 입장에서는 결전의 시간이 속속 다가오는 셈이었다.

선종의 제3비 원신 궁주는 인주 이씨 가문 출신으로서 강력한 친정

세력을 배후에 두고 있었다. 특히 헌종이 왕위에 오른 뒤 중추원사가된 이자의李資義는 사숙 태후와 사촌지간이자, 원신 궁주의 오빠로서그 누구도 제어할 수 없을 정도로 강한 권력과 재력을 가진 사람이었다. 그는 사사로이 사병을 기르는 중이기도 하였는데 조카 한산후 왕윤의 대권을 강력하게 지원하고 있었다.

사정이 이렇다 보니 강력한 대권 경쟁자 계림공 왕희와 이자의는반목할 수밖에 없었다. 이에 따라 왕희와 이자의를 지지하는 사람들로 패가 갈렸는데 왕희를 지지하는 사람으로는 평장사 소태보邵台輔, 이자의를 지지하는 사람으로는 평장사 이자위李子威와 합문지후 장중張仲이 대표적이었다.

조정은 다시 피로 물들고

1095년(헌종 1) 정월 초하루에 해 옆에 혜성이 나타났는데 태사太史가아뢰기를

"해의 곁에 혜성이 있음은 근신近臣의 난이 있을 징조이니, 제후 중에 배반하려는 자가 있겠습니다."

라고 하였다. 이 말이 있은 지 얼마되지 않은 7월 어느 날 밤이었다.

왕희가 소태보의 집으로 은밀하게 발걸음을 내딛고 있었다. 야망에사로잡힌 그의 눈빛은 어둠 속에서 번들번들 빛을 내고 있었다.

이윽고 소태보의 집 사랑방으로 들어간 그는 영문을 몰라 어리벙벙한 표정을 짓는 소태보에게 단호한 어조로 소리쳤다.

"근자에 이자의의 움직임이 심상치 않다는 것은 누구나 다 아는 사실이오. 필시 일을 꾸미는 것이 분명하오. 당하기 전에 먼저 손을 쓰

는 것이 상수이니 군사들을 동원하여 그와 그를 따르는 무리를 없애 버려야 할 것이오."

소태보 또한 언제고 이런 날이 오리라는 것을 예상하고 있었다. 그는 왕희의 명이 떨어지기 무섭게 상장군으로 있는 왕국모에게 편지를 보냈다.

'이자의가 반란을 꾀하고 있소. 상황이 급박하니 즉시 군사를 이끌고 궁으로 들어가 왕을 호위토록 하오.'

소태보의 편지를 받아 읽은 왕국모는 곰곰 생각에 잠겼다. 상대는 그리 만만히 볼 자가 아니었다. 필시 군사를 일으켜 주변을 소란케 하면 그 또한 이에 대응하려고 군사를 모을 것이고 양쪽이 피를 흘리게 될 것이 불을 보듯 훤했다. 상장군 왕국모는 장사長史 고의화高義和를 급히 불러들였다.

"드디어 명이 떨어졌소. 새로운 왕이 일어서려는 순간이오. 즉시 군사를 데리고 가서 이자의를 없애 버리도록 하오."

고의화 또한 그리 꽉 막힌 인물이 아닌 터라 명을 받자마자 수하 장수들을 데리고 신속하게 움직였다. 마침 이자의는 궁에 있었다. 고의화는 궁궐 뜰에서 이자의와 마주치자마자 단칼에 그를 죽였다. 피를 보고자 칼을 들었으니 적의 수장뿐만 아니라 그 수하들까지 깨끗하게 청소를 해야 뒤탈이 없을 터였다. 고의화는 연달아 이자의를 따르던 합문지후 장중과 중추원 당후관 최충백 등 주요 인물들을 베어 버렸다. 뿐만 아니라 이자의의 집으로 달려가 그 아들 이지소의 목을 베고 50여 명의 관련자들을 색출하여 변방으로 귀양 보냈다. 이로써 왕희와 왕권을 다투던 이자의 세력이 몰살 당했고, 대권 경쟁의 추는 왕희 쪽으로 완전히 기울었다.

스스로 내준 왕위

이자의 세력을 몰살함으로써 나라의 권력을 한 손에 틀어쥐게 된 왕희는 즉각 이자의를 편들었던 사람들을 하나하나 가려내어 멀리 귀양 보냈다. 뿐만 아니라 선종의 비 원신 궁주와 그 소생 한산후 왕윤과 형제들마저 귀양을 보냈다.

정적들을 모두 제거한 뒤 왕희가 착수한 일은 조정의 모든 인물들을 자기 입맛에 맞는 사람으로 갈아치우는 것이었다. 소태보를 위시하여 정적을 제거하는 데 공을 세운 모든 사람에게 중책을 맡겼는데 사정이 이렇다 보니 허수아비 왕에 불과한 헌종과 모후는 그 누구에게도 관심을 받지 못했다. 심지어 백관들은 왕과 모후를 궁궐에 남겨둔 채 안건이 있을 때마다 일일이 왕희의 집으로 찾아가 국정에 대하여 보고하거나 결정을 기다리곤 하였다.

이러한 상황이다 보니 헌종과 모후는 늘 생명의 위협에 시달렸을 터였다. 공포심과 압박감을 견디다 못한 헌종은 결국 1095년 10월, 지병이 악화되었다는 핑계를 대고 왕희에게 양위한 뒤에 물러나 편안한 삶을 구하고자 하였다.

그러나 헌종은 왕위를 내놓은 뒤에도 심한 압박감과 공포에 시달려야 했다. 그 바람에 헌종은 1097년(숙종 2) 2월 14세라는 어린 나이에 죽음을 맞이하고 만다. 시호는 회상懷殤이었다가 예종 때 공상恭殤으로 바뀌었으며 능은 개성에 있는 온릉穩陵이다.

겉보기에는 양위한 것처럼 보이지만 왕희에게 왕위를 찬탈당한 것이나 마찬가지인 헌종에 대하여 이제현은 다음과 같은 평을 내렸다.

고대 중국의 하우씨夏禹氏가 왕위를 아들에게 전한 것은 후세의 찬역을 염려한 조치였던 바 그 후 유복자를 임금으로 세워 곤룡포를 입혀 놓아도 세상이 동요하지 않은 것은 명분이 정해져 있기 때문이었다. 현종의 세 아들은 형제끼리 서로 왕위를 전해서 순종에게까지 미쳤으나 순종이 거상 중에 너무 슬퍼하다가 일찍 죽고 아들이 없어서 선종에게 전했으며 선종이 죽은 다음 태자가 뒤를 이었는데 이가 헌종이었다. 나라 사람들이 여러 왕대에서 형제끼리 왕위를 주고받은데 견문이 익어서 대번에 '선종은 아우가 다섯이나 있는데 어린 아들을 세운다'고 하여 이것만을 잘못으로 여기니 어째 그리 생각하지 못하는고? 다만 문제로 되는 것은 근친 중에 주공周公과 같은 이가 없고 신하들 가운데 곽광藿光과 같은 사람이 없어서 나랏일을 맡겨 정치를 보좌하지 못하였기 때문이다. 이렇게 되면 나라의 운명이 위태롭고 정치가 어지러워질 것은 뻔한 일이다. 후세에 만일 불행한 일이 있어서 강보유아에게 중대하고 어려운 사업을 맡기게 될 때에는 이것으로써 교훈을 삼아야 할 것이다.

헌종의 후비와 종실들

어린 나이에 죽어 후비와 자식이 없다.

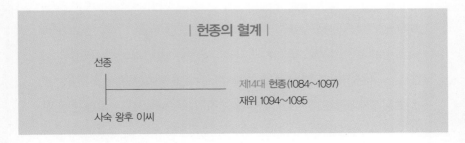

| 헌종의 혈계 |

선종
├─────────────────── 제14대 헌종(1084~1097)
│   재위 1094~1095
사숙 왕후 이씨

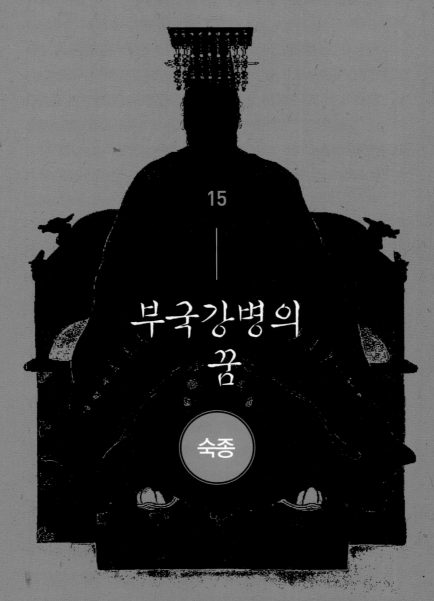

15
—

부국강병의 꿈

숙종

高麗王朝實錄

동요하는 고려

비록 조카의 왕위를 찬탈하였으나 그것이 전부 숙종의 잘못이라고 몰아붙일 수만은 없는 노릇이었다. 전왕들이 형제에게 왕위를 물려주곤 하여 남은 형제들이 적잖이 기대를 할 수밖에 없는 상황인데다 주변의 대신들까지 11세의 어린 헌종에게 왕위를 물려준 선종에 대해 언짢은 마음을 품고 있었기 때문이다. 즉, 전반적인 사회 분위기가 숙종의 욕망을 부채질하고 있었다 해도 과언이 아니었다.

사실 숙종은 아버지 문종으로부터 후일에 왕실을 부흥시킬 자라는 말을 들을 정도로 사랑을 많이 받았으며 천기 보는 사람이 임금이 될 징표를 갖춘 자라고 떠받들기까지 한 인물이었다. 총명한데다 부지런하고 검소하며 도량이 크고 기질이 굳세며 매사에 과단성이 있고 학문에도 밝았다.

헌종이 스스로 양위하는 형식으로 권좌에 오른 숙종은 정적들을 숙청하고 귀양 보내는 등 왕위 찬탈과 관련된 최종 과정을 마무리 짓고 국정과 민심 안정을 도모하기 시작한다.

그러나 한차례 피바람이 몰아친 탓에 뒤숭숭한 분위기는 좀처럼 가시지 않았다. 이에 숙종은 신봉루에 나가서 죄수들을 방면해 주는가 하면 나이 많은 노인과 환자를 돌보는 등 민심 안정에 최선을 다했다. 아울러 관료들을 새롭게 임명하고 팔관회를 열기도 하였다.

숙종의 이러한 노력 덕분에 동요하던 고려의 정세는 아주 서서히 안정을 찾아가기 시작했다. 숙종은 문종의 예언대로 고려의 부흥을 위해 많은 일을 이루어낸다.

부국강병의 꿈

고려의 왕가는 대대로 성골 왕족을 중심으로 족내혼族內婚이 성행하였다. 이는 왕가의 혈통과 뿌리를 지켜나가기 위해서였다. 그러나 족외혼族外婚과 가족 윤리를 중시하는 유학자들이 득세하면서 왕가의 이러한 전통은 알게 모르게 위협을 받는다. 주변에서 자신을 보위하는 대신들마저 유림 출신이고 보면 숙종은 족내혼 금지를 부르짖는 그들의 요구를 끝까지 무시할 수 없었을 터였다. 이에 따라 숙종은 1096년 (숙종 1) 결국 6촌 이내의 혼인을 금지시킨다. 그러나 숙종이 마지못해 받아들인 결혼 정책은 실효를 거두지 못한다. 백성 사이에서만 지켜졌을 뿐 왕족들은 여전히 왕가의 혈통과 뿌리를 지켜야 한다는 욕구가 강렬했던 것이다.

만백성의 아버지로서 권좌에 오른 임금들은 공통되는 하나의 꿈을 가슴에 품기 마련이다.

부국강병.

군대를 강하게 길러내어 외침의 위협이 없는 가운데 나라를 부유하게 하여 백성의 삶을 편안하게 만들어주는 것 말이다. 숙종은 이러한 욕구가 그 어느 임금보다 강한 사람이었다.

숙종은 1097년 주전관鑄錢官을 두고 주화를 만들어 통용시켰으며, 1101년(숙종 6)에는 본국의 지형을 본떠서 은병을 주조하고, 이듬해에는 고주법鼓鑄法(돈 만드는 법)을 제정하여 해동통보海東通寶 1만5천 관을 만들어 문무 양반과 군인들에게 분배하였다. 당시 고려 사람들의 경제 활동을 보면 물품으로 거래하는 물물교환의 형태를 띠고 있었다. 이러다 보니 한계가 분명하여 백성의 경제 활동과 국가 재정 확충에 많은 어려움이 있었다. 이를 극복하고자 마련한 화폐제도는 가히 혁명적이라 해도 과언이 아닐 정도였다.

이와 함께 숙종은 1099년(숙종 4) 김위제의 주장을 받아들여 남경 개창도감南京開創都監을 설치하고 남경(한양)에 궁궐을 조성하고자 한다. 김위제가 남경 천도를 주장하게 된 배경을 살펴보면 숙종이 이자의 무리를 주살하고 조카 헌종의 왕위를 찬탈한 일과 무관하지 않았다. 때마침 남경 부근에 심한 서리와 우박이 내린 것이다. 김위제는 이를 찬탈과 살육에 대한 하늘의 응징이라고 생각하였으며 그 대응책으로 남경 천도를 주장한 것이었다.

남경 개창도감의 설치와 함께 숙종은 최사추崔思諏와 윤관尹瓘, 문상文象 등을 양주에 파견하여 적당한 궁궐터를 찾아보도록 하였다. 이리하여 1104년(숙종 9) 5월 남경궁南京宮을 낙성하였다.

또한 숙종은 비서성에 쌓아둔 책판이 훼손되는 것을 막고, 관학을 진작시키고자 1101년(숙종 6) 국립대학인 국자감 안에 서적포書籍鋪를 설치하였다. 이는 국자감 안에 소속된 출판부라고도 할 수 있었는데 비서성에 소장된 책판을 모두 이곳으로 옮겨 인쇄하였고, 이를 널리 보급하였다.

1102년(숙종 7)에는 예부에서 다음과 같은 주장을 하였다.

"우리나라가 예의로 교화하기는 기자箕子로부터 비롯되었으니, 원컨대 그 분묘를 찾고, 사당을 세워 제사하십시오."

이에 따라 숙종은 서경에 기자사箕子祠를 세웠으며, 유학을 부흥시키고자 공자의 묘에 선비들을 배향하기도 하였다. 숙종은 여기서 그치지 않고 불교를 진흥시키는 데도 노력을 아끼지 않았다.

부국강병의 꿈을 이루려고 숙종이 이처럼 다방면에 걸쳐 노력하고 있을 때, 하나의 도전처럼 국제 관계가 급변하기 시작하였다. 거란이 힘을 잃고 약해진 틈에 여진이 날로 강성해지고 있었던 것이다. 숙종으로 하여금 여진 정벌을 결심하게 한 일련의 사건들을 자세히 살펴보기로 한다.

여진을 정벌하라

일찍이 고려 출신 의원으로서 완안부完顔部에 가 있으면서 병을 잘 고치는 사람이 있었다. 그때 동 여진의 추장 영가盈歌의 친척 중에 환자가 있었는데 만일에 병을 고친다면 의원을 고국 고려로 보내주겠다고 약속하였다. 이 말을 듣고 신이 난 의원은 정성을 다해 환자를 치료한 끝에 완치시켰다. 영가가 약속대로 사람을 시켜 의원을 국경까지 전송하였다. 고려로 돌아온 의원은 즉시 숙종 앞으로 나아가 다음과 같이 아뢰었다.

"흑수에 사는 여진인들은 그 부족이 날로 번성하며 군사가 더욱 강해지고 있습니다."

여진에 대해 크게 신경 쓰지 않던 고려에서는 의원의 말에 깜짝 놀라 여진과 사절을 교환하며 외교 관계를 열어가기 시작하였다.

비록 상호 왕래하며 교류하고 있었으나 숙종은 급변하는 국제 정세에 발맞추기 위해 애를 많이 써야 했고, 여진에 대한 경계심을 한시도 늦추지 못하였다.

그러던 중 1104년(숙종 9) 정월에 동여진의 추장 오아속烏雅束이 별부別部의 부내로夫乃老와 사이가 좋지 못하여 공형지조를 시켜 부내로를 치면서 그 기병을 정주定州 관문 밖에 주둔시켰다. 여진의 도발이 분명하다고 판단한 숙종은 곧 문하시랑평장사 임간林幹을 판동북면 병마사로 임명하고 정주를 지키게 하였다. 그러나 정주 성 밖으로 나가 여진의 기마병에 맞서 싸우던 임간은 대패하여 물러나고 만다.

숙종은 임간을 탄핵한 뒤에 추밀원사 윤관을 동북면 행영 병마 도통으로 임명하고 중광전에 나가서 병기를 주어 전선으로 다시 보냈다. 그러나 윤관 또한 여진의 기마병을 견뎌내지 못하고 화의를 체결한 뒤에 돌아왔다.

숙종은 무엇보다 부국강병의 꿈이 훼손된 것을 견디기 어려웠을 것이다. 이 때문인지 윤관이 별무반別武班 창설을 건의하자 적극 수용하였다. 이때 윤관이 주장한 내용은 다음과 같았다.

"신이 여진에게 패한 것은 저들은 기병이고, 우리는 보병이므로 대적할 수 없었습니다. 저들의 기병을 깨뜨릴 새로운 군대 창설이 필요한 줄 아뢰오."

숙종은 드디어 기병으로 구성된 신기군神騎軍, 보병으로 구성된 신보군神步軍, 승도僧徒들로 구성된 항마군降魔軍을 두어 별무반이라 칭하고 여진 정벌을 준비하게 하였다.

미완의 꿈을 남겨둔 채

안으로는 부유한 나라를 건설하고, 밖으로는 군사적으로 강한 나라를 만들어가고자 하는 숙종의 꿈은 이후에도 지속적으로 펼쳐졌다.

그러나 1105년 서경에 순행하여 동명왕東明王 묘에 제사하고 돌아오는 길에 숙종은 그만 병이 들고 만다. 하여 부랴부랴 개경으로 돌아오는데 숙종에게 남은 시간은 그리 많지 않았다. 도중에 수레 안에서 숨이 끊어지고 말았던 것이다.

왕의 향수는 52세요, 왕위에 있은 연수는 10년이었다. 시호는 명효明孝라 하고 묘호는 숙종肅宗이라 하였으며 송림현松林縣에 장사하니 능호는 영릉英陵이다.

숙종의 후비와 종실들

숙종에게는 한 명의 후비와 아들 일곱, 딸 넷이 있었다.

명의明懿 왕후 유씨는 정주 사람으로 문하시중 유홍柳洪의 딸이다. 칭호를 명복明福 궁주라고 하였다가 후에 연덕延德 궁주라고 고쳤다. 1097년(숙종2) 궁주가 아들을 낳으니 왕은 사신을 파견하여 조서를 내리고 은그릇, 비단, 포목, 곡식, 안마를 주었으며 1099년 3월로 왕비로 봉하였다.

명의 왕후는 예종睿宗 및 상당후上黨侯 필佖, 원명 국사圓明國師 징엄澄儼, 대방공帶方公 보俌, 대원공大原公 효侾, 제안공齊安公 서偦, 통의후通義侯 교

僑와 대령大寧, 흥수興壽, 안수安壽, 복녕福寧 네 궁주를 낳았다.

예종이 왕위에 오르자 왕태후의 존호를 올리고 궁을 천화전天和殿이라고 하며 부를 숭명부崇明府, 그 생일을 지원절至元節이라고 하였다.

1112년(예종 7) 7월에 왕태후의 병이 위독하므로 왕이 급히 달려가서 왕궁으로 들어가자고 청하여 행차하던 도중 신박사信朴寺까지 왔을 때 왕태후가 죽었다. 왕이 백관을 인솔하고 명의 왕태후라는 시호를 올렸다.

그해 8월 숭릉崇陵에 장사하였으며 1113년(예종 8) 요나라에서 사신을 파견하여 조문하고 제사하였는데 우리나라에서 선조 이래로 태후가 돌아가신 장사에 이웃 나라에서 사신을 파견하여 조문하고 제사지낸 예는 없었다. 1140년(인종 18) 4월에 유가柔嘉라는 시호를 추가하였고 1253년(고종 40) 10월에는 광혜光惠라는 시호를 추가하였다.

대방공 왕보의 3대손인 왕공王珙은 인종의 딸 영화 궁주永和宮主에게 장가들었고 소성백邵城伯으로 책봉되었으며 1182년(명종 12)에 수사도와 소승후로 승진되었다. 왕공은 성품이 욕심 많고 비열하여 물건을 살 때는 종을 시켜 강탈하게 하고 값을 주지 않았으며 물건 파는 사람이 혹시 값을 달라고 하면 구타와 욕설을 퍼부어 많은 사람들이 괴로워하였다. 어느 날 추밀부사 조원정曹元正의 종이 시장에 나가 꿩 두 마리를 팔고 있는 것을 공의 종이 강탈하여 조원정은 법관에게 빼앗긴 꿩을 돌려줄 것을 청하였다. 법관은 왕공의 종을 가두고 아주 혹독하게 고문하였으며 이 사건으로 왕공은 연좌되어야 했으나 조원정에게 은 6근을 뇌물로 주고 죄를 모면하였다. 이 소식을 들은 사람들은 왕공의 횡포가 좌절되고 모욕당한 것을 기뻐하였다. 왕공은 48세에 등창이 나서 죽었는데 서울 사람들이 모두 다 우리들은 살아났다고 말하며 좋아하였다.

제안공 왕서는 이자겸이 정권을 잡고 왕에게 아뢰어 대방공, 태원공과 모든 명망 높은 인물들을 귀양 보내자 자신도 모면하지 못할 것이 두려워

호위병을 철거할 것을 청원하였다. 그리고 문을 닫고 손님을 접견하지 않았으며 술을 함부로 마시면서 자기 존재를 감춘 덕분에 화를 모면할 수 있었다. 그는 시호를 사절思節이라고 하였다.

왕서의 아들 왕장王璋은 사공司空으로 있었으나 평소에 무뢰한으로 활쏘기와 말타기를 즐겼으며 직장 동정直長同正 이구수와 함께 음주, 도박하고 격구擊毬를 하였다. 의종의 아우인 승려 충희沖曦가 흥왕사에 있을 때 왕장이 자주 놀러갔는데 흥왕사 담당 내시內侍 박희준朴懷俊이 두 사람이 불측한 뜻을 품고 있다고 왕에게 아뢰었다. 그리하여 1155년(의종 9)에 왕장의 작위를 삭탈하고 이구수와 함께 인주에 귀양 보냈는데 왕장은 그곳에서 화병이 나서 죽었다.

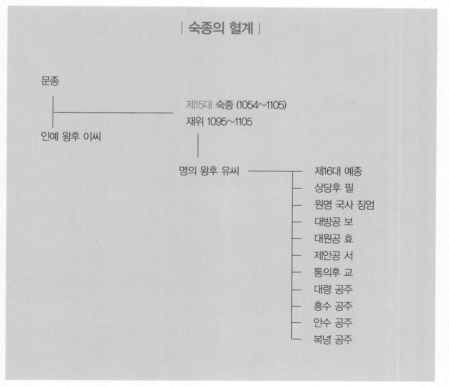

| 숙종의 혈계 |

문종
├─ 인예 왕후 이씨
└─ 제15대 숙종 (1054~1105)
    재위 1095~1105
    └─ 명의 왕후 유씨 ─┬─ 제16대 예종
                      ├─ 상당후 필
                      ├─ 원명 국사 징엄
                      ├─ 대방공 보
                      ├─ 대원공 효
                      ├─ 제안공 서
                      ├─ 통의후 교
                      ├─ 대령 공주
                      ├─ 흥수 공주
                      ├─ 안수 공주
                      └─ 복녕 공주

16
—

중립 외교로
실리를 취하다

예종

高麗王朝實錄

여진 정벌에 대한 맹세의 글

예종은 숙종과 명의 왕후 유씨 사이에서 1079년(문종 33)에 맏아들로 태어났다. 아버지 숙종이 왕위에 오른 것이 1095년이니 예종은 그때 이미 17세로서 장성한 상태였다. 이름은 우俁요, 자는 세민世民으로 어릴 때부터 침착하고 도량이 있었으며 유학을 좋아하였다.

그는 장성한 나이임에도 불구하고 태자로 책봉되지 못하다가 1100년(숙종 5)에야 왕태자가 되었다. 이렇듯 세자 책봉이 늦어진 이유는 숙종이 조카 헌종으로부터 왕위를 찬탈한 처지였던 점이 가장 커 보인다. 그의 즉위 과정을 살펴보면 왕권의 장자 상속에 반기를 든 것이나 마찬가지였다. 따라서 줄줄이 버티고 선 형제들을 외면한 채 숙종 스스로 자기 아들에게 왕권을 넘겨주기가 몹시 부담스러웠을 것이다. 당시 숙종의 형제들 중 왕권을 이어받을 만한 인물로는 문종과 인경

현비 이씨 사이에서 태어난, 숙종의 이복동생 부여공 왕수가 있었다. 그러나 왕수는 예종이 태자로 책봉되기 바로 전 해에 역모 혐의를 받고 유배 길에 오르는 신세가 되어 버린다. 게다가 숙종이 가장 아끼던 둘째 아들 상당후 왕필마저 갑작스럽게 죽자, 숙종은 예종을 태자로 책봉하기에 이른다.

비록 부왕의 절대적인 믿음 속에 태자로 책봉되지는 못하였지만 이미 장성한 나이였던 터라 예종은 숙종의 비원悲願을 잘 알고 있었고, 그것을 이루기 위해 재위 기간 내내 온갖 노력을 아끼지 않았다.

『숙종실록』 부분에서 이미 언급한 바와 같이 늘 인근 국가의 눈치를 보며 억눌려 있던 여진의 부상으로 인한 정세의 변화는 고려는 물론이고 거란에까지 파급되어 갔다. 힘이 생기면 영토에 대한 욕심이 생기고, 인근 국가들을 누르고자 하는 욕구가 생기기 마련이다. 이에 따라 동북아 일대에는 일시에 전운이 감돌기 시작했고, 몇 차례 여진의 침략을 받아 크게 패하게 되자 숙종은 비원을 품은 채 세상을 달리하였다.

숙종의 비원

그것은 숙종이 남긴 여진 정벌에 대한 서소誓疏(맹세하는 축원문)에 잘 나타나 있다. 여진은 원래 고구려의 한 부락으로서 개마산盖馬山 동편에 모여 살면서 대대로 고려에 조공하여 온 족속이었다. 그런데 갑자기 세력이 불어나며 강성해지자 고려를 배반하였다. 1105년(숙종 10)에는 고려의 경비가 약한 틈을 타서 전란을 도발하여 고려 백성을 살육했고, 납치해 노예로 삼기도 하였다. 이에 진노한 숙종은 군대를 정비하고 장차 여진을 정벌하려 하던 차에 세상을 떠나게 된 것이었다.

이러한 과정을 잘 알고 있었기 때문에 예종은 좌우 신하들에게 다음과 같이 말하였다.

"큰 효도란 어버이의 뜻을 잘 계승하는 것이다. 내가 오늘 삼년상을 마치고 국사를 총람하기 시작하였으니 어찌 정의의 칼을 들어 저 무도한 적을 정벌함으로써 선군이 당하신 치욕을 깨끗이 씻지 않을 수 있겠는가?"

예종은 이러한 말과 함께 중광전의 불감佛龕 속에 간직해 두었던 숙종의 여진 정벌에 대한 서소를 가져다가 양부 대신들에게 보였다. 대신들은 그 글을 읽고 울지 않는 자가 없었다 한다.

"선대 임금께서 남기신 뜻이 이같이 심절하신데 어찌 적에 대한 복수를 잊을 수 있으리까?"

대신들까지 한 목소리로 여진 정벌을 주장하고 나서니 예종은 거칠 것이 없었다.

출진에 앞서 민심을 돌아보다

큰 싸움을 앞두고서는 혹시 모를 배후의 적을 미리 살펴 달래는 것이 우선이다. 이와 함께 필히 챙겨야 할 것은 나라의 내실을 다지는 일이라 할 수 있을 것이다. 고려의 경우 배후의 적이 있을 리 없기 때문에 예종은 정치 체제를 전시에 맞게 개편하고, 백성의 삶을 미리 살펴 편안하게 만들어 놓는 것이 우선 과제라고 생각했다.

예종은 1105년 11월 무술일에 종실 영瑛을 수태위로, 원源을 검교 태위 수사도로, 위계정魏繼廷을 수태위 문하시중 상주국으로, 최홍사崔弘

嗣와 이오李 疏를문하시랑평장사로, 윤관尹瓘을 중서시랑평장사로, 임의任懿를 상서좌복야 참지정사로, 정문鄭文을 검교 사공 예부상서로, 김경용金景庸을 태자태사 수사공으로, 강증康拯을 지어사대사로 각각 임명하였다.

이렇게 조정을 개편하고 나서 예종이 가장 먼저 관심을 기울인 것은 선량한 백성의 빈곤한 삶이었다. 예종이 내린 조서의 내용을 잠시 살펴본다.

'내 듣건대 민간에서 사고파는 미곡과 은품銀品의 질이 몹시 나쁘다고 한다. 대개 간교한 자들이 법을 무시하고 이익에만 몰두하여 모래와 흙을 쌀에 섞으며 구리와 철을 은에 혼동 시켜 어리석은 백성에게 협잡을 부리는 것이니 이는 천지신명의 뜻에 어그러지는 것이며 백성이 빈곤해지는 원인이 되고 있으니 법으로써 징계하여야 하겠다.'

이렇듯 백성의 생활과 직결되는 유통 문제에까지 일일이 관여하여 민심을 안정시키고자 노력했던 예종은 같은 조서 내에서 요순시대의 정치를 구현하고자 하는 원대한 포부를 밝힌다.

'요순시대에는 오형五刑에 해당한 죄를 의관으로 구별하였으되 백성이 법을 위반하지 아니하여 형벌이 쓸데없게 되고 사람마다 선량하였던 것이니 나는 이를 매우 부럽게 생각한다. 바라건대 안팎 군민과 공인, 상인 등 모든 사람들이 마음을 개변하여 착한 일을 하고 죄를 범하지 않는다면 저절로 형벌이 없어지고 나의 교화가 침투될 것이다.'

예종은 백성의 행복한 생활과 태평 무사한 풍속을 조성하여 감옥이 필요 없는 세상을 꿈꾸었다. 그런데 예종이 이러한 조서를 내린 지 얼마 되지 않아 실제로 나라 안의 모든 옥이 비었다. 이에 예종은 '옥이 비었다' 獄空는 두 글자를 써서 형조의 남쪽 거리에 붙임으로써 융성한 시대에 형벌을 폐지하였다는 미덕을 표시하자는 어사대의 제안을 받아들여 그대로 시행하였다.

또한 예종은 12월이 되자 지방의 탐관오리를 축출하고 백성의 삶을 편안케 하기 위해 다음과 같은 교서를 내렸다.

'지금 여러 지방의 주군 수령들 중 백성을 진심으로 돌보아 주는 청렴한 자는 열에 한둘도 없다. 모두가 이익을 탐내고 공명에 팔려서 사욕을 채우며 백성들을 박해하고 있다. 이 때문에 유랑하고 도망하는 백성이 속출하여 열 집 중 아홉 집은 비었으니 심히 마음 아픈 일이다. 이는 성적의 우열을 고사하는 법이 실시되지 않고 사람들을 고무 징계하는 일이 없었기 때문이다. 그러므로 명망 있는 신하를 시켜 주현에 돌아다니면서 수령들의 성적을 조사 보고하게 하여야 하겠다. 추밀원 대신들은 모두 나의 뜻을 받들고 조상의 옛 법전을 상고하여 백관을 징계하고 타이르되 이것을 항례로 하라!'

여러 방면에 걸쳐 백성의 삶을 돌보는 한편 왕가와 오연총을 각각 서북면과 동북면 병마사로 임명하여 여진과의 충돌을 대비토록 한 예종은 비로소 여진 정벌을 본격적으로 준비해 나가기 시작한다.

여진 정벌과 9성 획득

1107년(예종 2) 10월, 대신들이 선왕의 뜻을 계승하여 여진을 토벌할 것을 청원하였다. 누구보다 여진 정벌 욕구가 강하였지만 예종은 결심을 잠시 유예한 채 평장사 최홍사를 태묘로 보내 길흉을 점치게 하였다. 곧바로 감지기제坎之旣濟라는 길한 괘가 나왔다고 최홍사가 알려 오자 예종은 비로소 출병을 결정한다.

임진일이 되자 예종은 순천관 남문에서 군사를 검열한 다음 은과

포를 주고 음식을 먹였으며 윤관을 원수로, 오연총을 부원수로 각각 임명하였다.

"제가 일찍이 선왕의 밀지를 받았고, 이제 또 전하의 엄명을 받았으니 어찌 감히 삼군을 통솔하고 적의 보루를 격파하여 우리 강토를 개척하고 지난날의 국치를 씻지 않겠습니까?"

원수로 임명된 윤관이 감격한 어조로 아뢰며 결의를 다졌다. 그런데 오연총이 자못 성공을 의심스럽게 생각하며 윤관에게 비관적인 어조로 속삭이는 것이었다. 이에 윤관은 개연한 어조로 오연총을 타일렀다.

"당신이나 내가 아니면 그 누가 능히 죽음의 땅으로 가서 국가의 치욕을 씻을 수 있단 말이오? 국책이 이미 결정되었는데 무엇을 의아하고 있는가?"

오연총은 부끄러운 낯빛을 감추지 못하며 잠자코 있었다.

한편, 왕이 서경으로 가서 장수를 파견해야 한다고 천문관이 아뢰자 예종은 망설임 없이 서경을 향하여 떠났다. 오래지 않아 서경에 도착한 예종은 위봉루에 올라 윤관에게 부월(통솔권의 상징으로 왕이 주던 작은 도끼와 큰 도끼)을 건네주고 출정을 명하였다.

윤관과 오연총은 동부 지방에 이르러 군대를 장춘역에 집결하였으며 약 17만 대군이었으나 20만이라고 선전하였다. 아울러 병마판관 최홍정과 황군상을 정주와 장주 두 고을에 파견하여 여진의 추장들을 꼬이도록 하였다.

"우리 조정에서 허정許貞과 나불羅佛 등을 석방하려고 하는데 너희들은 와서 명령을 받으라."

최홍정과 황군상은 이렇게 소리치면서 군대를 매복시킨 채 때를 기다리고 있었다. 여진의 추장들이 이를 곧이듣고 고라古羅를 비롯한 4

백여 명이 도착하였다. 최홍정과 황군상은 그들에게 술을 먹여 취하게 만들고는 복병을 발동시켜 한 사람도 남김없이 섬멸하였다.

고려군은 용기백배하여 여진을 향하여 진군하였다. 윤관은 5만3천여 명의 군사를 거느리고 정주 대화문으로 나가고, 중군병마사 좌복야 김한충金漢忠은 3만6천여 명을 거느리고 안륙수로 가고, 좌군병마사 좌상시 문관은 3만3천여 명을 거느리고 정주 홍화문으로 향하고, 우군병마사 병부상서 김덕진은 4만3천여 명을 거느리고 선덕진의 안해와 거방 두 초소의 중간 지점으로 나가고, 선병별감船兵別監 이부원, 외랑 양유송梁惟餗, 원흥도부 서사元興都部署使 정승용鄭崇用, 진명도부서 부사鎭溟都部署副使 견응도甄應陶 등은 해군 2천6백여 명을 인솔하고 도린포로 떠났다.

윤관이 대내파지촌을 통과하는 데는 한나절이 걸렸다. 고려 군대의 기세가 매우 강대한 것을 본 여진 사람들은 모두 도망쳤다. 그런데 문내니촌에 다다라 보니 적들이 보동음성으로 들어가서 농성하는 것이었다. 이에 윤관은 임언과 최홍정으로 하여금 정예 부대를 거느리고 가서 급격히 공격하게 하였다. 여진군은 이를 견디지 못하고 패주하였다.

고려와 여진의 병사들이 다시 충돌한 것은 석성 아래에 이르렀을 때였다. 윤관은 여진군이 모여 있는 것을 보고 통역 대언을 보내 항복할 것을 권유했다.

"우리는 한번 싸워서 승부를 결정하려는데 어째서 항복하라고 하는가?"

여진군이 이렇게 대답하며 화살과 돌을 날렸다. 고려군은 비같이 쏟아지는 화살과 돌 때문에 진공할 수 없었다. 윤관이 척준경을 바라보며 급하게 명령하였다.

"날이 저물면 사태가 위급하게 될 터이니 그대는 장군 이관진과 합력하여 공격하라."

척준경은 자못 감격한 얼굴로 윤관에게 대답하였다.

"제가 일찍이 장주에서 종군하다가 과오로 죄를 범한 적이 있었는데 그때 당신이 나를 장사라고 하며 조정에 특청하여 용서 받았으니 오늘이야말로 바로 저의 한 몸을 희생하여 국가에 보답할 날입니다!"

척준경은 날이 어두워지자, 석성 아래로 가서 갑옷을 입고 방패를 들고 적진으로 뛰어들어 추장 몇 명을 쳐 죽였다. 이때를 타서 윤관의 휘하 대군과 좌군이 합세하여 죽음을 무릅쓰고 격전하여 적을 크게 무찔렀다. 또한 최홍정과 김부필, 이준양을 파견하여 이위동의 적을 공격함으로써 대승을 거두었고 우군과 중군, 좌군은 각각 광탄, 고사한, 심곤 등을 공격하여 백여 개에 이르는 촌락을 격파하였으며 수많은 적을 죽이거나 포로로 잡아들였다.

윤관이 이러한 승전보를 예종에게 알리니 왕은 기뻐하며 두 원수와 여러 장령들에게 격려하는 조서를 내리고 각각 차등 있게 상품을 주었다.

윤관은 거기서 만족하지 않고 다시 병사들을 독촉하여 국경선을 획정하였다. 동으론 화곶령, 북으론 궁한이령, 서로는 몽라골령에까지 고려의 영토가 넓어진 셈이었다. 이렇게 하여 윤관은 영주성과 웅주성, 복주성, 길주성을 쌓았다.

윤관과 오연총은 이듬해에 정병 8천 명을 거느리고 가한촌의 병모가지 소로에 다다랐다. 그런데 소로 부근 숲속에 매복하고 있던 적들이 갑자기 들이닥쳐 윤관의 부대를 덮쳤다. 이 때문에 윤관의 부대는 모두 괴멸되고 겨우 10여 명만 살아남아 적에게 포위되었다. 윤관은 다행히 다치지 않았으나 오연총은 화살에 맞아 형세가 심히 위급하였다. 이를 본 척준경이 용사 10여 명을 인솔하고 윤관과 병사들을 구원하러 가려 하였다. 그런데 그의 아우 낭장 척준신이 그를 말리면서 이렇게 말했다.

"적진이 견고하여 좀처럼 돌파하지 못할 것 같은데 공연히 쓸데없는 죽음을 당하는 것이 무슨 이익이 있겠소?"

이에 척준경은 크게 노하여 호통을 쳤다.

"너는 돌아가서 늙은 아버님을 봉양하라! 나는 한 몸을 국가에 바쳤으니 의리상 가만히 있을 수 없다."

곧바로 적진 속으로 뛰어든 척준경은 여진군 10여 명을 순식간에 쳐 죽였다. 이때 최홍정과 이관진 등이 산골짜기로부터 군대를 인솔하고 나와서 구원하니 적들이 드디어 포위를 풀고 도망쳤으며 고려군은 그들을 추격하여 36명을 죽였다.

윤관은 해가 기울자 병사들을 이끌고 영주성으로 돌아갔다. 윤관은 성에 도착하자마자 척준경의 손을 잡으며 감사의 눈물을 흘렸다.

"이제부터 나는 너를 자식과 같이 생각할 터이니 너는 나를 아비와 같이 여겨 달라!"

윤관의 보고를 들은 예종이 척준경을 합문지후로 임명하였다.

날이 밝자, 적의 보병과 기병 2만 명이 영주성 남쪽에 나타나 싸움을 걸어왔다.

"적병은 다수이고 아군은 소수이니 대적할 길이 없다. 그저 방어만 하는 것이 상책이다."

윤관과 임언이 상의하는 것을 들은 척준경이 발끈하여 소리쳤다.

"만일 출전하지 않고 있다가 적병은 날마다 증가되고 성 안의 양식은 점점 없어지며 외부의 원조도 오지 않을 경우에는 어떻게 하실 작정이십니까? 지난날 승리한 예를 보지 않았습니까? 오늘도 또 죽을힘을 다하여 싸울 터이니 여러분들은 성 위에서 보고 계십시오."

척준경은 곧 결사전에 지원하는 용사들을 인솔하여 성 밖으로 나갔다. 척준경이 동에 번쩍 서에 번쩍하며 적병 19명을 순식간에 죽이니 적들이 패하여 북녘으로 도망쳤다. 이에 척준경이 북을 치고 젓대를 불며 개선하니 윤관 등이 성루에서 내려와 영접하며 손을 잡고 서로 절하였다.

윤관과 오연총은 곧 중성 대도독부로 여러 장령들을 소집하였다. 그런데 권지승선 왕자지王字之가 부대를 인솔하고 공험성으로부터 도독부로 오는 도중에 적의 추장 사현의 군대를 만나 싸우다가 패전하였다. 이 소식을 전해들은 척준경은 즉시 힘센 군사를 데리고 구원하러 가서 적을 격파하고 돌아왔다.

이때 여진군 수만 명이 웅주를 포위하였다. 최홍정이 사졸을 격려하니 전체 대원들이 모두 적과 결사적으로 싸울 것을 결심하였다. 최홍정은 곧 군사들과 함께 성문을 열고 일시에 뛰어나가 힘껏 싸웠다. 고려군의 기세에 눌린 여진군은 대패하여 도망쳤고 척준경 또한 통태진, 자야등포를 거쳐 길주에 이르러 적을 만나자 크게 격파하였다.

여러 장수들의 눈부신 활약과 병졸들의 결사적인 싸움 덕분에 윤관은 다시 영주, 복주, 길주, 함주와 공험진에 성을 쌓았다.

이때 윤관의 군대가 새로 설치한 여섯 개 성은 대략 다음과 같다. 첫째는 함주 대도독부이니 여기에 속한 병민이 1948호이며, 둘째는 영주 방어사이니 병민이 1238호이고, 셋째는 웅주 방어사이니 병민이 1436호였다. 또한 넷째는 길주 방어사이니 병민이 680호요, 다섯째는 복주 방어사이니 병민이 632호이고, 여섯째는 공험진 방어사이니 여기에 속한 병민이 532호였다. 상기한 여섯 개 성 외에 의주, 통태진, 평융진 세 성을 지방에 쌓아 모두 9개의 성을 축성하였다. 윤관은 임언에게 명하여 승전한 실황을 기술하게 하여 비석에 새겨 예종의 업적을 길이 전하게 하였으며 왕은 남녘 지방 백성들을 이곳으로 이민하여 살게 하였다.

대세를 따라 9성을 반환하다

1108년(예종 3) 4월 윤관과 오연총이 군사들을 이끌고 개선하였다. 예종은 기뻐하며 군악대를 시켜 그들을 맞이하였고, 연회를 열어 군사들을 위로하였다. 오래지 않아 경령전에 이른 윤관과 오연총은 왕에게 복명을 하고 병기를 도로 바쳤다.

병기까지 모두 바쳤으니 여진과의 전쟁이 모두 끝났는가 싶었을 것이다. 그러나 싸움은 아직 끝난 것이 아니었다. 땅을 빼앗긴 여진은 툭하면 달려와 성을 에워싼 채 싸움을 걸어오곤 했다. 『고려사』를 살펴보면 1108년 5월 오연총이 웅주에서 여진과 싸워 이긴 기록이 있으며, 6월에는 예종이 직접 행영병마사 원수 문하시중 윤관에게 명령하여 여진을 다시 치게 하기까지 하였다. 그런데도 여진의 기세가 수그러들지 않고 계속 성을 넘보며 싸움을 걸어오는 통에 병사들은 날로 피로도가 심각하여 졌다. 예종이 직접 변방의 적이 물러가도록 해 달라고 하늘에 빌 정도였다 하니 당시의 고려에게는 참으로 귀찮으면서도 심각한 일이 아닐 수 없었다.

실제로 여진과 크고 작은 싸움을 치르는 과정에서 고려의 병사들은 여진 못지않게 손실을 많이 입었다. 여기저기서 아홉 성을 여진에게 돌려주어야 한다는 의견이 고개를 들고 있었으나 부왕의 비원을 기억하는 예종은 결코 이를 용납하지 않았다.

그러던 중 1109년 5월에 선덕전에 침입한 여진이 고려의 백성을 함부로 죽이며 재물을 약탈하고 있다는 급보가 날아든다. 여진이 변경에 침입한 사건과 관련하여 예종은 여진 정벌을 재차 시도하고자 재상들을 불러들여 의논했다. 최홍사가 안 될 일이라고 하였지만 예종은 끝내 오연총과 윤관을 파견하였다. 그러나 먼저 파견한 오연총이 패한데 이어 군사를 거느리고 길주를 구원하러 가던 윤관도 적이 화친을 청한다는 말을 듣고 정주로 돌아왔다.

조정의 분위기가 침체 일로를 걷고 있을 즈음 여진에서 사신을 파견하여 강화를 청하면서 옛 땅을 되돌려 달라고 애원하자, 예종은 회의를 열었다. 그러나 의견이 구구하였으며 왕도 망설이며 결정을 내리지 못했다. 이때 우간의대부 이재가 임금에게 글을 올렸다.

'여진의 침략이 종식되지 않았고 주둔군이 물러가지 않은 상황입니다. 최근 그들이 간사하게 화친을 청하며 아홉 개 성을 돌려달라고 하는데 이에 솔깃하여 우리 영토를 돌려주려 하는 것은 심히 옳지 못하오니 신중히 처리하시기를 바랍니다.'

이재뿐만 아니라 호부 낭중 한상과 예부 낭중 박승중 등이 아홉 개 성의 반환을 반대하며 반환을 찬성하는 김인존과 평장사 최홍사를 비롯한 28명의 대신들과 연일 언쟁을 벌이고 있었다. 이 중 김인존은 애초에 고려에서 여진을 정벌하려 할 때 홀로 상소하여 불가하다고 극력 간언한 사람으로 잘 알려져 있었다. 그가 아홉 성의 반환을 주장하며 진언한 내용을 살펴보면 다음과 같다.

"토지란 원래 백성을 기르기 위한 것인데 이제 성을 다투면서 인명만 살상하니 차라리 그 땅을 여진에게 돌려주어 백성을 안식시키는 편이 상책이요, 만일 이번에 돌려주지 않으면 반드시 거란과 분쟁을 일으킬 것입니다."

거란과 분쟁이 일어난다는 말에 깜짝 놀란 예종이 까닭을 물으니 김인존이 차분하게 대답하였다.

"최초 아홉 개 성을 축조할 때에 거란에 통고하기를 '여진이 강점한 땅은 옛날 우리의 영토요, 주민들 또한 우리 국적을 가진 사람인데 여진에서 근래에 자주 국경을 침범하여 그곳에 성을 쌓는다'고 하였습니다. 그러나 그 지역 추장들은 거란의 관직을 받은 자가 많으므로 거란 측에 대해 우리가 한 말이 허위라 생각하며 다음과 같은 공문을 보냈습니다.

'토지의 소속과 호구의 귀속 여하를 이미 해당 부문 관리에게 지시하여 자세히 조사하고 있으니 판명되는 대로 우리의 입장을 밝히겠다.'

이러한 공문 내용으로 볼 때 우리가 아홉 성을 반환하지 않으면 거란이 반드시 양도하라고 강요할 것입니다. 만일 우리가 동으로 여진을 방비하고 북으로 거란을 방어하지 않을 수 없게 된다면 소신의 생각으로는 아홉 성을 다투는 것은 우리의 복이 못될까 두려워하는 바입니다."

예종은 김인존의 말을 옳게 여겼다. 그러나 이때까지도 찬반 양쪽이 팽팽하게 맞선 상황이라 예종은 쉽게 결정을 내릴 수가 없었다.

그로부터 얼마 후에 여진에서 요불, 사현 등의 사신들이 내조하였다. 예종이 온 이유를 물으니 요불이 앞으로 나서며 아뢰었다.

"지난날 우리의 태사 영가는 우리 조상이 큰 나라 고려에서 출생하였으니 의리상 자손의 대에 이르도록 거기에 종속되어야 한다고 말한 적이 있었고, 지금 태사 오아속도 역시 큰 나라를 부모의 나라로 생각하고 있습니다. 갑신년에는 궁한촌 사람으로서 태사의 지도에 순종하지 않는 자가 있어서 군사를 출동하여 그의 버릇을 고치려 하였더니 큰 나라에서는 우리가 국경을 침범한다고 생각하여 군사를 보내어 우리를 쳤으나 그 후 우리와의 우호 관계를 수락하였으므로 우리는 그

것을 믿고 조공을 계속하여 왔던 것입니다. 그런데 지난해에는 뜻밖의 대규모 병력을 우리 경내에 들여보내 늙은이와 어린이를 죽이고 아홉 개 성을 설치함으로써 유리 분산된 백성들로 하여금 의지할 곳이 없게 하였습니다. 그러므로 태사가 우리를 시켜 옛 땅을 돌려주실 것을 청하게 한 것이오니 만일 아홉 개 성을 돌려주어 백성의 생활을 안착시키신다면 우리들은 하늘을 두고 맹세하여 대대손손에 이르기까지 정성을 다하여 공물을 바칠 것이요, 감히 기와 조각 하나라도 국경에 던지지 않겠습니다."

예종은 문무 3품관 이상을 선정전에 모은 뒤에 성을 돌려주는 문제에 대한 가부를 물었다. 놀랍게도 모두 '가하다' 고 대답하자 예종은 요불 등을 다시 불러들여 아홉 개 성을 돌려주겠다고 하였다. 요불이 감격하여 눈물을 흘리면서 사례하였다.

아홉 성의 반환이 결정되자 행영병마별감 승선 최홍정과 이부상서 문관이 여진의 추장 거위이에게 찾아가 함주 성문 밖에 단을 설치하고 하늘에 맹세하도록 요구하였다. 이에 거위이가 다음과 같은 맹세를 하였다.

"지금 이후로는 대대손손에 이르기까지 악한 마음을 먹지 않고 공물을 계속 바치겠습니다. 이 맹세를 위반하면 우리는 멸망할 것입니다."

이에 고려군은 여진 정벌을 통해 획득한 아홉 성을 여진에게 다시 돌려주었다.

전쟁의 후유증을 치유하라

나라 간의 전쟁은 그 나라의 운명, 혹은 백성의 생사를 걸고 벌이는 것이기 때문에 동원 가능한 모든 여력을 쏟아 붓기 마련이다. 비록 2년이 되지 않아서 끝난 전쟁이었지만 고려와 여진이 겪은 후유증은 만만치 않았을 것이다.

예종은 전쟁의 후유증을 말끔히 치유하고 평화기에 걸맞은 정치를 펼쳐가기 위해 윤관을 수태보 문하시중에 임명하는 등 조정 개편을 단행한다. 그러나 1110년(예종 5) 4월로 접어들면서 엎친 데 덮친 격으로 전염병이 크게 유행한다. 시체와 해골이 길에 그대로 널렸고, 백성의 삶은 피폐해질 대로 피폐해졌다.

또한 여름이 멀지 않은 때이건만 때 아닌 우박이 내려 그 이튿날에야 녹는 기상 이변이 일어나 백성의 마음을 더욱 어둡게 만들었다.

보다 못한 예종은 다음과 같은 조서를 내렸다.

"3, 4년 동안 농사에 흉년이 들고 백성들은 질병과 기아에 신음하고 있으니 안타까운 마음 금할 길이 없다. 더구나 하늘의 변괴가 날마다 나타나고 있으니 두려운 마음으로 백성의 마음을 위로하여 화기를 조성함으로써 나라를 평안하게 하려고 한다."

예종은 이런 조서와 함께 유형 이하 죄수들의 형을 모두 면제해 주고 유배 중인 사람들을 가까운 곳으로 옮겨 주거나 처자가 모여 살 수 있게 해 주었다. 그러나 예종의 근심과 배려에도 불구하고 민심은 날로 흉흉해지고 있었다.

그러던 중 1112년(예종 7) 8월에 뜻밖의 사건이 일어나 고려 땅을 뒤흔들어 놓는다.

문종의 여섯째 아들 왕규는 일찍이 출가하여 속리사(俗離寺) 주지 승통(住持僧統)이 되었다. 그런데 정체를 알 수 없는 어떤 자가 '주지 승통 왕규가 상서우승 김인석과 전주 목사 이여림 등과 작당하여 불궤를 도모하려 한다'고 고변을 한 것이었다.

이 때문에 승통 왕규는 거제현으로 귀양을 갔으며 김인석과 이여림 뿐만 아니라 전중소감 하언석, 형부상서 임신행, 대경 이중평, 형부원 외랑 이일숙, 장군 김택신·송영한, 별장 김유상, 남원 부사 이류, 영삭 진사 이일연, 숭교사의 승려 자상 등이 먼 지방으로 귀양을 갔다. 승려 자상은 귀양을 가던 중 목이 잘렸으며 김인석, 이여림, 임신행, 하언석의 아들들 또한 귀양살이를 면치 못하였다.

백성의 삶이 피폐하고 나라에 기근과 전염병까지 덮쳐 경황이 없는 터에 모반 사건까지 겪은 예종은 더욱 조심하며 민심을 보살피는 일에 전력하였다.

1112년에 가난한 백성의 질병을 고치기 위하여 혜민국惠民局을 설치한 일이 대표적이라 하겠다. 혜민국에는 판관判官 네 명을 두었는데, 본업本業 및 산직散職으로 교차하고 을과乙科에 급제한 사람이 임시로 사무를 맡아서 보았다.

또한 예종은 그 이듬해에 예의상정소禮儀詳定所를 설치하여 신분에 따른 의복 제도와 공문서 양식 및 예의 등을 새로 제정하였다. 소속 관원의 직책 및 존속 기간에 관한 기록은 찾아볼 수가 없는데 아마도 상설 관서가 아니라 특별한 일이 있을 때마다 적임자를 선발하여 일을 맡아 보도록 한 것으로 보인다.

역사의 소용돌이 속에서 길을 찾다

1115년(예종 10) 정월, 여진의 완안 아골타가 스스로 황제라 칭하며 이름을 민旻으로 고치고, 국호를 금金이라 하였다. 수도를 북경으로 정한 금나라는 이후 120년 동안 중국 대륙을 호령한다.

금나라를 세운 여진족은 풍속이 흉노匈奴와 같아서 모든 부락에는 성책이 없고 들에 분산되어 살며 문자가 없다 보니 언어나 노끈 매듭으로 언약과 증표를 삼았다. 그 지방에는 돼지, 양, 소, 말들이 흔한데 특히 말은 우량한 것이 많고 어떤 것은 하루 천 리를 달리는 것도 있었다. 사람들은 사납고 날쌔, 아이 적부터 활을 잘 다루어 그것으로 새와 쥐를 쏘았고, 장년이 되면 누구나 강병이 되었다. 그러나 모든 부락이 제각기 뽐내어 그들을 통일시키는 수가 없었다.

여진은 서쪽으로는 거란에 닿고, 남쪽으로는 고려와 인접되어 있다 보니 일찍이 거란과 고려를 섬겨 왔다.

옛적에 동주 성숙사星宿寺의 금준이라는 승려가 있었는데 품행이 단정치 못하고 여색을 밝혀 파계당한 뒤 여진족이 사는 동북으로 도망갔다. 금준의 유일한 장기는 병을 잘 고치는 것이었는데 이 재주로 아지고촌 촌장의 세 딸을 꼬드겨 모두 부인으로 삼았고, 이 후손들이 금나라의 선조가 되었다는 이야기가 전해진다. 또 한편으로는 평주의 승려 김행지의 아들 극수가 처음 여진의 아지고촌에 들어가서 여진인 여자와 결혼하여 아들 고을 태사를 낳았고, 고을은 활라 태사를 낳았다는 기록이 『고려사』에 전해진다. 활라에게는 아들이 여럿 있었다. 맏이는 핵리발劾里鉢이요, 다음은 영가盈歌였는데 영가가 가장 돋보이는 인물로서 인심을 얻었다. 영가가 죽은 뒤 핵리발의 맏아들 오아속烏雅束이 그 뒤를 이었고 오아속이 죽자 그의 아우 아골타가 금나라를 세우게 된 것이었다.

금나라가 대륙의 강자로 떠오르게 된 것은 거란의 세력 약화와 무관하지 않았다. 즉, 거란의 힘에 눌려 있던 여진이 거란의 세력이 약화된 틈에 융성기를 맞이하게 된 것이었다.

부상하는 금나라 때문에 위압감을 느낀 거란은 초기에 그들을 정벌할 속셈으로 고려에 원병을 청하였다. 국제 정세의 변화로부터 결코 자유로울 수 없다는 것을 잘 아는 예종은 갈등에 사로잡힌다. 그러나 예종은 쉽사리 나아갈 바를 결정할 수가 없었다. 금나라의 부상이 고려에게도 크나큰 부담감으로 작용하고 있었던 것은 사실이나 섣불리 거란의 청에 응하여 금나라를 폐하려 하였다가 돌이킬 수 없는 전란 속으로 휘말려들 위험성이 다분했기에 예종은 재상들을 위시하여 도병마판관 및 각 위位의 대장 이상을 불러 놓고 대책을 물었다.

"북방의 사태가 어수선해서 요에서 사신이 와 금나라를 협공하자고 청하는데 경들의 의향은 어떠하오?"

그러자 많은 대신들은 요와의 그동안 친분을 이야기하며 도움을 주자는 이상론을 폈으나, 직접 금나라 군사와 전투를 치른 경험이 있는 척준경과 예부 낭중 김부일金富佾의 반대에 부딪쳐 아무런 결정을 짓지 못하였다.

이에 거란에서는 1115년 11월에 다시 관찰사 야율의와 소경 손양모를 고려에 보내어 출병을 독촉하였다. 고려의 군사는 이전부터 검열이 잘 되어 있어 언제든 출병할 수 있지 않느냐고 야율의와 손양모가 간절하게 애원하자 예종은 다시 신하들을 불러들여 의논을 했다. 그러나 의견은 좀처럼 통일되지 않았고, 예종은 이 때문에 돌아가는 정세를 예의 주시할 뿐 거란의 사신들에게 확답을 주지 않았다.

그런데 이듬해 4월 신미일에 중서문하에서 다음과 같이 제의하였다.

"거란이 여진의 침공을 받아 멸망하게 될 상태에 놓였으므로 그들의 연호를 쓸 수 없으니 지금부터는 공사 문건에 천경이라는 연호를 제거하고 간지만을 써야 하겠습니다."

예종은 이러한 제의를 좇는 한편 8월 경신일에 금나라 장수 살갈이 거란의 내원과 포주 두 성을 쳐서 거의 함락될 상황에 놓이자, 급히 금

나라로 사신을 보내어 포주는 원래 고려의 옛 땅이니 돌려 달라고 하였다. 이에 금나라 황제 아골타는,

"당신들 자체로 그 성을 탈취하라."

고 대답하였다.

그런데 1117년(예종 12) 3월 거란의 내원성에서 쌀 5만 석을 빌려달라는 공문을 보내왔다. 전쟁 때문에 농작물을 거두지 못한 탓에 백성들이 먹을 식량이 부족하다는 것이었다. 예종은 판병마사 김연을 시켜 내원성 통군을 타일렀다.

"우리의 두 성과 백성들을 돌려주면 쌀을 꾸어갈 필요가 없지 않은가."

결국 내원과 포주 두 성은 물론이고 백성들까지 돌려달라는 이야기였다. 그러나 거란은 쉽사리 성과 백성을 돌려주지 않았다. 그러다가 금나라의 군사들이 거란의 개주를 탈취하고, 이어서 내원성과 대부, 걸타, 류백 세 병영을 습격하여 병선을 모조리 불태우고 피해를 입은 다음에야 내원과 포주 두 성을 고려에 돌려주었다.

거란과 힘을 합쳐 금나라를 치는 대신 중립을 지키고 있다가 내원과 포주 두 성을 얻음으로써 국토를 넓힌 예종의 정책은 소용돌이치는 역사 속에서 고려가 나아가야 할 길을 제대로 짚어낸 결과였다고 할 수 있을 것이다. 이러한 정책은 금나라에도 그대로 적용하였다.

같은 달 계축일에 금나라 임금 아골타가 고려에 편지를 보내왔다.

'형뻘 되는 대여진 금국 황제는 아우 고려국 왕에게 이 편지를 보낸다. 우리 할아버지 때부터 한쪽 지방에 끼어 있으면서 거란을 대국이라 하고 고려를 부모의 나라라 하여 조심스럽게 섬겨 왔는데 거란이 오만하게도 우리 국토를 유린하고 우리 백성을 노예로 생각하였으며 번번이 까닭 없는 군사 행동을 감행하였다. 우리가 하는 수 없이 그에

항거하여 나섰더니 다행히 하늘의 도움을 받아 그들을 섬멸하게 되었다. 고려 왕은 우리에게 화친을 허락하고 형제의 의를 맺어 영세무궁한 우호 관계를 갖도록 해주기 바란다.'

예종은 즉시 대신을 모아놓고 이에 대해 논의를 하였다. 그러나 김부철金富轍을 제외한 대부분의 신하들이 금나라와 같이 미천한 나라와 화친하는 것은 불가하다며 반대를 하였고, 결국 예종은 아골타의 제의를 거절할 수밖에 없었다. 그런데도 아골타는 1119년(예종 14) 2월 말 한 필을 예종에게 선물로 보내면서 편지로 거란을 여러 번 패배시켰을 뿐만 아니라 북쪽 상경으로부터 남쪽 바다에 이르기까지 모든 부족들을 평정하였다는 사실을 알려왔다. 이에 예종은 그해 12월에 혹시 있을지 모를 여진의 침략에 대비하기 위하여 천리장성의 높이를 석 자나 더 높였다. 금나라 변방 관리가 군사를 발동하여 이를 방해하려 하였으나 고려가 단호한 태도를 보이며 성을 계속 쌓자, 아골타도 더는 어쩌지 못하고 묵인하였다.

예종의 죽음

부왕의 뜻을 받들어 여진을 정벌하기도 하였으며 혼란해진 국제 정세 속에서 중립 정책을 선택하여 나라의 영토를 넓히고 고려의 위상을 드높인 예종은 백성의 편안한 삶과 문화 발전에도 크게 기여한 왕이었다. 1116년에 청연각靑讌閣과 보문각寶文閣을 짓고 학사를 두어 경적을 토론하게 함으로써 유학을 부흥시켰으며 송나라에서 아악雅樂이라는 궁중음악을 들여오기도 하였다. 뿐만 아니라 1119년에는 양현고養賢庫라는 장학 재단을 국학에 설립하였고, 유사에게 명하여 학사를 널리 설치하였으며 국학 7재國學七齋의 정원을 유학 60명, 무학 17명으로 하여 명유를 뽑아 가르치게 하였으며 이로 인해 문풍이 크게 진작되었다. 예종은 죽기 2년 전인 1120년에 팔관회를 열고 태조의 공신인 신숭겸과 김락을 추도하여 도이장가悼二將歌를 짓기도 하였다.

이렇게 재위 16년 6개월 동안 많은 업적을 이룩한 예종이 병에 걸린 것은 1122년 3월이었다.

"내가 덕이 없음으로 하여 하늘이 벌을 내리고 병이 낫지 아니하니 어떻게 신민의 윗자리에 앉아서 군국 대사를 총람하겠는가. 태자가 비록 나이는 어리나 원래 덕행이 있으니 그대들은 한 마음으로 그를 도와서 조상의 유업을 그르치지 않게 하라."

1122년 4월 을미일, 병이 위중해지자 부축을 받고 앉아서 재상들에게 위와 같이 이른 예종은 병신일에 승하하였다. 향년은 45세요, 시호는 문효文孝이고 묘호를 예종睿宗이라 하였으며 성 남쪽에 장사지내니 능호는 유릉裕陵이다.

사관의 평

예종은 천품이 명철하여 일찍이 태자로 있을 때에 어진 선비들을 예절로 대접하고 효성과 우애심을 훌륭히 나타냈으며 왕위에 오른 뒤로는 밤낮으로 나랏일을 알뜰히 근심하였고 정치를 잘 하기 위하여 노력을 경주하였다.

그런데 영토를 넓히는 데 뜻을 두고 변방에서의 전공을 요행수로 기대하여 외적과의 혼란이 계속되었으며 송나라 문화를 흠모하였고, 호종단胡宗旦(송나라 사람으로서 고려에 와서 벼슬을 하였음)을 신임하여 잘못된 그의 말에 미혹됨으로써 실수를 면치 못한 바가 있었다.

그러나 군사를 발동하는 것이 어려운 일임을 알았기 때문에 원한을 참고 우호 관계를 맺음으로써 인접 지대의 백성들을 감복시켜 그들로 하여금 귀순하게 하였으며 홀아비와 과부들을 돌보아 주고 늙은이들을 존경하여 학교를 설치, 선비들을 양성하였으며 청연각과 보문각을 두어 날마다 문신들과 함께 6경을 강론하였으며 전쟁을 중지하고 문화를 숭상하여 예악으로써 아름다운 풍속을 조성하려 하였다. 일찍이 한안인韓安仁은 예종의 17년간 통치는 후세의 모범으로 될 만하다고 하였으니 이 말이 옳도다!

예종의 후비와 종실들

예종에게는 후비 넷과 아들 하나, 딸 둘이 있었다.

경화敬和 왕후 이씨는 선종의 딸로서 외가에서 자랐으며 연화延和 공주로 봉하고 예종이 맞아들여 비로 삼았다. 용모와 태도가 현숙하고 아름다워 왕이 매우 총애하였으나 31세라는 나이로 일찍 세상을 떠났다. 자릉慈陵에 장사하고 시호를 경화 왕후라고 하였다.

순덕順德 왕후 이씨는 조선국공朝鮮國公 이자겸의 둘째 딸로서 칭호를 연덕延德 궁주라고 하였다. 1109년(예종 4) 인종仁宗을 낳았으며 1114년(예종 9) 왕비로 책봉되었다.

왕후는 인종仁宗과 승덕承德, 흥경興慶 두 궁주를 낳고 1118년(예종 13) 죽었다. 왕후는 성질이 유순하고 선량하며, 총명하고 슬기로워 왕의 총애를

받았다. 왕후가 병석에 눕자 왕이 친히 약을 조제하였으며 왕후가 죽으니
여러 차례 통곡하였다. 시호는 순덕 왕후라고 하고 수릉綏陵에 안장하였
다. 이때 왕이 친히 신봉문神鳳門 밖까지 나가 조제弔祭를 드려 영구를 송
별했으며 그 후 또한 혼당魂堂에도 갔다. 이에 간관들이 태후에게 지나친
예를 보임이 우려가 된다는 상소를 올리자 왕은 송나라 임금의 예를 들며
반박하였다.

인종이 왕위에 오르자 문경 왕태후로 추존하였으며 1140년(인종 18) 4월
자정慈靖이라는 시호를 추가하였다.

문정文貞 왕후는 종실 진한후辰韓侯 왕유王愉의 딸로 간택에 입선되어
궁에 들어갔다가 왕이 죽은 후 영정궁永貞宮으로 나와서 거처하였다.
1129년(인종 7) 숙비로 봉하였으며 1138년(인종 16) 죽었는데 왕이 정전正殿
을 피하며 3일간 소복을 입었고 백관들도 역시 소복을 사흘 동안 입었다.
시호는 문정 왕후라고 하였다.

숙비淑妃 최씨는 참정參政 최용崔湧의 딸로서 입선되어 후궁에 들어왔
다. 장신 궁주라고 불렀으며 1129년 숙비로 봉하였다. 1144년(인종 22) 그
의 부친 최용에게 수사공 상서우복야 참지정사를 추증하였다. 1184년(명
종 14) 죽었다.

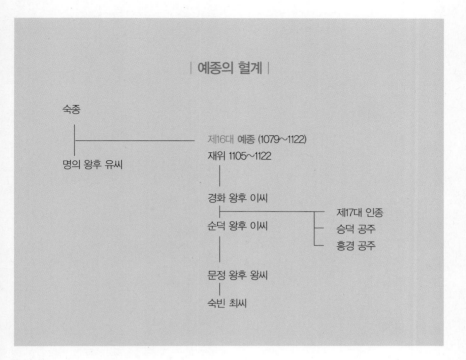

| 예종의 혈계 |

숙종

제16대 **예종** (1079~1122)
재위 1105~1122

명의 왕후 유씨

경화 왕후 이씨
　　　　　　　　　　　　　　제17대 인종
순덕 왕후 이씨　　　　　　　　승덕 공주
　　　　　　　　　　　　　　흥경 공주

문정 왕후 왕씨

숙빈 최씨

부록

高麗王朝實錄

한국사	주변국 정세
	B.C. 3,100년경 한족(漢族), 황하(黃河) 유역에 부락을 이룩함. B.C. 2,600년경 중국 황제, 황하 유역에 정주함 (중국 역사의 시작).
B.C. 2,333년경 戊辰 고조선의 단군왕검(檀君王儉)이 아사달(阿斯達)에 도읍을 정하고 나라를 열어 조선(朝鮮)이라 일컬음 (단군조선의 건국). 『삼국유사』(三國遺事)에는 위서(魏書)를 인용하여 당고唐高(堯)와 동시대라 하였고, 또 『고기』(古記)를 인용하고 당요(唐堯) 즉위 50년인 경인(庚寅)이라고 하였으나, 지금 사용하는 단군 기원은 『동국통감』(東國通鑑)에 의한 당요 무신년설(戊辰年說)을 좇는 것임.	
	B.C. 2,205년 중국 우왕(禹王), 하(夏)나라를 세움. B.C. 1,766년 중국 탕왕(湯王), 상(商)나라를 세움. B.C. 1,760년 중국에 은(殷) 왕조가 성립됨. B.C. 1,401년 중국 은(殷)나라 건국.
B.C. 1,122년 己卯 소위 은(殷)의 기자(箕子)가 조선에 들어와 기자조선(箕子朝鮮)을 세움. 고조선 8조(八條)의 법을 정함.	
	B.C. 1,120년 중국 은나라 망하고 무왕(武王)이 주(周)나라를 세움. B.C. 770년 중국 춘추전국시대(春秋戰國時代) 시작됨(~B.C. 403년) B.C. 551년 중국에서 공자(孔子) 탄생(~B.C. 479년). B.C. 403년 중국 전국시대(戰國時代)가 시작됨

한국사	주변국 정세
	(~B.C. 221년).
B.C. 400년 辛巳 흉노족이 청동기 문화를 전래함 (스키타이 계통의 문화).	B.C. 400년 중국에서 철제 농기구가 제작되고 우경(牛耕)이 시작됨.
	B.C. 372년 중국에서 맹자(孟子) 탄생.
	B.C. 221년 진(秦)나라, 중국 천하를 통일.
B.C. 195년 丙午 연인(燕人) 위만(衛滿)이 조선에 망명해 옴. 준왕(準王)이 그를 박사(博士)로 삼고 서계(西界)를 지키게 함.	
B.C. 194년 丁未 위만이 조선을 공취하여 왕검성(王儉城)에 도읍을 정함 (위만조선의 건국).	
B.C. 190년 辛亥 위만이 진번(眞蕃)·임둔(臨屯)을 예속시킴. 준왕은 남쪽으로 달아나 한(韓)에 이르러 한왕(韓王)을 칭함.	
B.C. 128년 癸丑 남여(南閭)의 예왕(濊王) 등 호구 28만 명으로 한(漢)에게 내부(內附)를 맡김. 한(漢), 그 땅에 창해군(滄海郡)을 설치.	
B.C. 126년 乙卯 한(漢), 창해군(滄海郡)을 폐지.	
B.C. 110년 辛未 우거왕(右渠王)이 진국(辰國)의 대한 통교(對韓通交)를 방해함.	
B.C. 109년 壬申 위만의 우거(右渠)가 한(漢)의 요동(遼東) 도위(都尉)를 공격하여 죽임. 한영, 수륙으로 내침하여 왕검성을 포위.	
B.C. 108년 壬申 위만조선의 이계상삼(尼谿相參), 왕 우거(右渠)를 죽이고 한나라에 항복. 위만조선 멸망. 한나라, 그 땅에 낙랑(樂浪)·임둔(臨屯)·현도·진번(眞蕃)의 4군을 설치.	
B.C. 82년 己亥 한나라, 진번군(眞番郡)을 폐하고 그 일부를 낙랑군(樂浪郡)에, 또 임둔군(臨屯郡)을 폐하여 그 일부를 현도군에 합함.	
B.C. 75년 丙午 한나라, 요동 현도성을 쌓고 군치(郡治)를 이곳에 옮김.	

한국사	주변국 정세
B.C. 69년 壬子 경주에서 혁거세(赫居世) 탄생 B.C. 59년 壬戌 천제(天帝) 해모수(解慕漱)가 북부여(北扶餘)를 세웠다 함. B.C. 58년 癸亥 동부여에서 주몽(朱蒙) 탄생.	

B.C. 57 ~ B.C. 1년

한국사	주변국 정세
	B.C. 206년 중국 유방(劉邦), 한나라를 세움. B.C. 154년 오월 칠국(吳越七國)의 난. B.C 97년 중국 사마천(司馬遷), 『사기』(史記)를 완성.
B.C. 57년 甲子 신라 시조 혁거세(赫居世) 즉위. 왕호를 거서간(居西干), 국호를 서나벌(徐那伐)이라고 함 (신라의 건국).	
B.C. 53년 戊辰 신라(혁거세 5), 알영(閼英)을 세워서 비(妃)로 삼음.	B.C. 54년 상평창(常平倉) 설치.
B.C. 50년 辛未 왜(倭)가 신라 변경을 침범하려다 돌아감.	B.C. 52년 흉노(匈奴), 조공을 청함.
	B.C. 49년 중국 원제(元帝) 즉위. B.C. 48년 공전(公田)·원지(苑地)를 빈민에게 나눠 줌. B.C. 44년 상평창 폐지.
B.C. 41년 庚辰 신라(혁거세 17), 왕 알영과 함께 6부를 순무(巡撫)하고 농상(農桑)을 권함. B.C. 39년 壬午 신라(혁거세 19)에 변한(卞韓)이 항복함. B.C. 37년 甲申 신라(혁거세 21), 금성(金城)을 쌓음. 고구려 시조 주몽(朱蒙-동명왕)이 졸본부	

한국사	주변국 정세
여(卒本扶餘)에서 즉위 (고구려의 건국).	
B.C. 36년 乙酉 고구려(동명 2)에 비류국의 왕인 송양(松讓), 항복해 옴.	
B.C. 34년 丁亥 7월 고구려, 성곽과 궁실(宮室)을 세움.	
	B.C. 33년 성제(成帝) 즉위.
B.C. 32년 己丑 고구려(동명 6), 태백산 동쪽 신라 금성에 궁실을 세움.	
	B.C. 31년 흉노 호한사선우(呼韓邪禪于) 죽음.
	B.C. 29년 중국 중서상서(中書尙書)를 설치. 일본 수인 천황(垂仁天皇) 즉위.
B.C. 28년 癸巳 고구려(동명 10), 북옥저(北沃沮)를 멸함. 낙랑군이 신라(혁거세 30)를 침입.	
B.C. 19년 壬寅 고구려 동명왕 죽고 제2대 유리왕(瑠璃王 · 琉璃王) 즉위.	
B.C. 18년 癸卯 백제 시조 온조왕(溫祚王)이 위례성(尉禮城)에서 즉위 (백제국 건국). 고구려(유리 2) 시조 동명왕 묘(東明王廟)를 세움.	
B.C. 17년 甲辰 백제, 을음(乙音)을 우보(右輔)로 삼음. 고구려 유리왕 「황조가」(黃鳥歌)를 지음.	
B.C. 16년 乙巳 말갈(靺鞨), 백제(온조 3)의 북경 침범.	
B.C. 15년 丙午 백제(온조 4), 낙랑과 수호함.	B.C. 15년 중국 왕상(王商), 대사마(大司馬)가 됨.
B.C. 11년 庚戌 말갈, 백제(온조 8) 위례성을 공격함. 대부현(大斧峴)에서 격파. 백제, 마수성(馬首城)을 쌓고 병산책(瓶山柵)을 세워 낙랑과 화친을 깸.	
B.C. 9년 壬子 고구려(유리 11), 선비(鮮卑)를 쳐서 항복시킴. 말갈, 백제(온조 10) 북경 침입.	
B.C. 8년 癸丑 낙랑, 말갈로 하여금 백제(瓶山柵)을 습격케 함. 백제, 향산(香山) · 구천책(拘川	B.C. 8년 왕망(王莽), 대사마가 됨.

한국사	주변국 정세
柵)을 구축하고 낙랑로(路)를 막음.	
	B.C. 7년 성제 죽음.
B.C. 6년 乙卯 백제(온조 13), 한산(漢山) 아래에 책(柵)을 세우고 위례성의 민가를 옮김.	
B.C. 5년 丙辰 백제(온조 14), 도읍을 한산으로 옮김. 한강(漢江) 서북쪽에 성을 쌓음.	
B.C. 4년 丁巳 백제, 궁실을 지음.	
B.C. 2년 己未 낙랑, 백제(온조 17) 위례성을 침범함. 백제 국모묘(國母廟)를 세움.	
B.C. 1년 庚申 백제가 말갈을 칠중하(七重河)에서 격퇴시키고 말갈 추장을 사로잡음.	

한국사	주변국 정세
	1년 1월 왕망, 스스로 태부(太傅)가 됨.
	2년 불교가 중국에 전래됨. 4월 종실(宗室) 및 공신(功臣)을 봉함.
3년 癸亥 고구려(유리 22), 도읍을 국내성(國內城)으로 옮기고 위나암성(慰那巖城)을 쌓음.	3년 왕망, 상주(上奏)하여 제도를 정함.
4년 甲子 신라 혁거세거서간(赫居世居西干) 죽고, 2대 남해차차웅(南解次次雄) 즉위. 낙랑이 신라를 습격. 백제가 석두(石頭)와 고목성(高木城)을 쌓음. 백제가 말갈을 부근현(父斤峴)에서 격파함.	4년 왕망이 스스로 재형(宰衡)의 호를 더함.
	5년 12월 왕망의 평제(平帝)를 독살함.
6년 丙寅 신라(남해 3)가 시조 묘(始祖廟)를 세움. 백제(온조 24)가 마한(馬韓)의 땅을 침범.	6년 5월 왕망, 가황제(假皇帝)라 칭하게 함.
8년 戊辰 백제(온조 26)가 마한을 멸하고 그 땅을 병합.	8년 12월 왕망이 스스로 신(新) 황제라 함.
9년 己巳 마한의 원산(圓山)과 금현(錦峴) 두 성	9년 1월 왕망(王莽)이 유자영(孺子嬰)을 폐함. 4

한국사	주변국 정세
이 백제에 항복함. 백제가 대두산성(大豆山城)을 쌓음. 부여 대소왕(帶素王)이 고구려에 사대(事大)를 권고함.	월 유쾌(劉快)가 군사를 일으켰다가 패하여 죽음. 노비(奴婢) 매매를 금함.
10년 庚午 신라(남해 7)가 석탈해(昔脫解)를 대보(大輔)로 삼음.	10년 2월 왕망, 한나라 여러 왕후(王侯)를 폐함.
	11년 흉노 쳐들어옴. 각 지방에서 군사 일어남.
12년 壬申 왕망(王莽)이 흉노를 치려고 원병을 청하나, 고구려(유리 31) 응하지 않음.	12년 낙양(洛陽)을 동도(東都), 장안(長安)을 서도(西都)라 함.
13년 癸酉 백제(온조 31)가 국내 민호(民戶)를 남북 2부(部)로 나눔. 부여가 고구려(유리 32)를 침범하였으나 크게 패함.	13년 서역(西域) 와해(瓦解)함.
14년 甲戌 고구려(유리 33)가 양맥(梁貊)을 멸하고 한나라의 고구려 현(縣)을 쳐 빼앗음.	14년 중국이 통일됨. 북변(北邊)에 대기근 일어남.
15년 乙亥 백제(온조 33)가 동서 2부를 더 둠.	15년 2월 흉노 선우(匈奴單于)를 공노 선우(恭奴善于)로 고침.
16년 丙子 마하의 구장(舊將)이 우곡성(牛谷城)에서 백제(온조 34)에 배반하였으나 곧 평정.	16년 처음으로 이록(吏祿)을 둠. 왕준(王駿) 피살.
	17년 모토(茅土)를 제후(諸侯)에게 줌.
18년 戊寅 고구려, 유리왕이 죽고, 제3대 대무신왕(大武神王:無) 즉위.	
19년 乙卯 북명(北溟-현 강릉)인이 밭에서 얻은 예왕인(濊王印)을 신라에 바침. 한수(漢水) 동북부 지방의 기근으로 백제 1천여 호가 고구려로 건너감.	
20년 庚辰 백제의 온조왕이 경내(境內)를 순무(巡撫)함. 동은 주양(走壤), 북은 패하(浿河)에 이름. 고구려(대무신 3), 동명왕 묘를 세움.	20년 구묘(九廟)를 일으킴.
22년 壬午 고구려(대무신 5), 부여를 치고 왕 대소(帶素)를 죽임.	
23년 癸未 백제, 해루(解婁)를 우보(右輔)로 삼고 위례성(慰禮城)을 고침.	23년 2월 유현(劉玄), 황제를 칭함. 9월 왕망(王莽), 유수에게 패하여 죽음. 외효·공손술(公孫

한국사	주변국 정세
	述)이 군사를 일으킴.
24년 甲申 신라, 제2대 남해왕 죽고 제3대 유리 이사금(儒理尼師今) 즉위.	
25년 乙酉 고구려, 을두지(乙豆智)를 우보(右輔)로 삼고 군국사(軍國事)를 맡김. 남옥저인(南沃沮人) 20여 집안이 부양(斧壤-현 평양)에 이르러 백제에 투항해 옴.	**25년** 공손술, 촉제(蜀帝)를 칭함. 유현을 회양왕(淮陽王)으로 함. 후한(後漢) 성립(~220년).
26년 丙戌 고구려(대무신 6), 개마국(蓋馬國)을 멸함. 구다국(句茶國)이 고구려에 투항함.	**26년** 여러 종실을 왕후(王侯)로 봉함.
	27년 팽총(彭寵)이 연왕(燕王)을 칭함. 이헌(李憲) 및 아들 양(陽)이 각각 황제를 칭함.
28년 戊子 백제 온조왕(溫祚王) 죽고 제2대 다루왕(多婁王) 즉위.	
	29년 제(齊)나라 땅 평정됨. 대학을 일으킴.
30년 庚寅 한나라, 낙랑군(樂浪郡)이 동부도위(東部都尉)를 폐하고 영동칠현(嶺東七縣)을 버림.	**30년** 12월 전조(田租)의 구제(舊制)를 복구.
31년 辛卯 백제, 말갈을 고목성(高木城)에서 격파함.	
32년 壬辰 신라(유리 9), 6부의 이름을 고치고, 관(官) 17등(等) 설치.	
33년 癸巳 백제(다루 6), 국남주군(國南州郡)으로 하여금 처음으로 도전(稻田)을 짓게 함.	
34년 甲午 말갈이 백제(다루 7)를 침범.	
	35년 오한(吳漢) 등이 촉(蜀)나라를 침. 잠팽(岑彭)피살.
36년 丙午 낙랑, 신라 북방의 타산성(朶山城)을 함락함.	
37년 丙寅 고구려, 낙랑을 공격하여 멸하고 낙랑인 5천 명과 대방인(帶方人)을 신라에 돌려보냄.	
	40년 오수전(五銖錢)을 발행함.

한국사	주변국 정세
42년 壬寅 가락국(駕洛國) 시조 수로왕(首露王) 건국. 신라(유리 19)가 이서국(伊西國)을 멸함. **44년(甲辰)** 고구려, 제3대 대무신왕(大武神王) 죽고 제4대 민중왕(閔中王-해색주) 즉위.	

한국사	주변국 정세
47년 丁未 고구려(민중 4) 잠지부락(蠶支部落) 의 대가(大加)인 대승(戴升) 등이 한나라의 낙랑 에 투항. **48년 戊申** 고구려, 민중왕 죽고 제5대 모본왕 (慕本王-해우) 즉위. **49년己酉** 고구려(모본 2)가 한나라의 북평(北 平)·어양(漁陽)·상곡(上谷)·대원(大原) 등을 습격.	
	51년 삼공(三公)을 태위(太尉)·사도(司徒)·사 공(司空)으로 고침.
53년 癸丑 고구려 두노(杜魯), 왕을 죽임. 백성들 이 궁(宮)을 제6대 태조왕(太祖王)으로 삼음. **55년 乙卯** 말갈이 백제(다루 28)의 북쪽 변경에 침입. **56년 丙辰** 백제가 우곡성(牛谷城)을 쌓아 말갈 침입에 대비함. 고구려(태조 4)가 동옥저(東沃 沮)를 토멸. **57년 丁巳** 신라, 유리왕 죽고 제4대 탈해이사 금(脫解尼師今) 즉위. **58년 戊午** 신라(탈해 2), 호공(瓠公)을 대보(大 輔)로 삼음.	**56년** 도참(圖讖)을 전국에 선포.
	59년 대사례(大射禮)를 행함. 양로례(養老禮)를 행함.

한국사	주변국 정세
63년 癸亥 백제(다루 36), 땅을 개척하여 낭자곡성(娘子谷城)에 이름.	
64년 甲子 백제가 신라 와산성(蛙山城)과 구양성(狗壤城)을 습격하였으나 신라 기병 2천 명에게 패함.	**64년** 송균(宋均), 상서령(尙書令)이 됨.
65년 乙丑 신라(탈해 9), 시림(始林)에서 한 사내아이 김알지(金閼智)를 얻은 뒤 시림을 계림(鷄林)으로 고치고 이를 국호로 삼음.	**65년** 채음(蔡愔) 등을 서역(西域)으로 보내어 불교를 구하게 함 (인도에 이름).
66년 丙寅 백제, 신라의 와산성(蛙山城) 재침함.	
67년 丁卯 신라, 박(朴)씨로 하여금 주군(州郡)을 관장케 하고, 주주(州主) 또는 군주(郡主)라 칭함. 순정(順貞)을 이벌찬(伊伐飡)으로 삼아 정사를 다스림.	
68년 戊辰 갈사국(曷思國)이 고구려(태조 16)에 투항함.	**68년** 동평왕(東平王)에게 창(蒼) 등 내조(來朝).
	70년 초왕(楚王)이 영(英) 폐위.
72년 壬申 고구려(태조 20)가 조나국(藻那國)을 쳐서 그 왕을 사로잡음.	**72년** 황제, 동순(東巡)하고 공자의 집을 방문.
73년 癸酉 왜인이 신라 목출도(木出島) 습격함.	
74년 甲戌 고구려(태조 22), 주나국(朱那國)을 쳐서 그 왕자를 사로잡음.	
	75년 명제(明帝) 죽음. 진목(陳睦) 죽음.
77년 丁丑 백제, 다루왕(多婁王)죽고 제3대 기루왕(己婁王) 즉위. 신라(탈해 21)와 가야가 황산진구(黃山津口)에서 싸움.	
79년 乙卯 신라, 우호산국(于尸山國)과 거칠산국(居漆山國)을 멸함.	
80년 庚辰 신라, 탈해왕(脫解王) 죽고 제5대 파사이사금(婆娑尼師今) 즉위.	
	84년 공거법(貢擧法)을 의론.
	85년 사분력(四分曆)을 행함. 남북의 선우(單于)

한국사	주변국 정세
	서로 싸움.
	86년 조포(曹褒)가 한례(韓禮) 150편을 저술함.
	88년 장제(章帝) 죽음.
90년 庚寅 신라, 10명의 어사(御史)를 전국에 파견시켜 순찰케 함.	
	93년 안국(安國) 건립.
94년 甲午 가야, 신라(파사 15)의 마두성(馬頭城)을 포위.	
96년 丙申 가야, 신라(파사 17)의 남쪽 변경을 습격.	
98년 戊戌 고구려(태조 46) 왕, 동순(東巡)하여 책성(柵城)에 이름.	98년 남선우(南單于) 사자(師子) 죽고 단(壇)나라 건립.

서기 100 ~ 153년

한국사	주변국 정세
	100년 미당(迷唐), 또 반란.
101년 辛丑 신라(파사 22), 월성(月城:在成)을 쌓고 왕이 월성으로 거처를 옮김.	
102년 壬寅 신라(파사 23)가 음즙벌(晉汁伐)·실직(悉直)·압독(押督)의 삼국을 병합.	102년 정중(鄭衆), 후(侯)로 피봉. 환관(宦官) 봉휘(封侯)의 시초.
104년 甲辰 신라, 실직국이 모반을 꽤했으나 평정함.	
105년 乙巳 고구려(태조 53), 한나라의 요동(遼東) 6현(縣)을 침략.	105년 화제(和帝) 죽음.
106년 丙午 신라(파사 27)가 가야를 침.	106년 황제 죽음.
	107년 여러 강(羌)이 또 반란.
108년 戊申 말갈, 백제(가루 32)의 우곡(牛谷)에 들어가 민가를 약탈. 신라(파사 29), 비지(比只)·다벌(多伐)·초팔(草八)의 삼국을 병합.	108년 공전(公田)을 빈민에게 나눠 줌.
109년 己酉 고구려(태조 57)가 사신을 한나라	

한국사	주변국 정세
에 보냄.	
111년 辛亥 고구려(태조 59)가 한나라에 사신을 보내어 현도군에 속하기를 청함.	
112년 壬子 신라, 파사왕(婆娑王) 죽고 제6대 지마이사금(祗摩尼師今) 즉위.	
115년 乙卯 가야, 신라(지마 4)의 남쪽 변경을 침략. 신라, 가야를 치다가 황산하(黃山河)에서 패함.	
116년 丙辰 신라(지마 5), 가야를 침.	
	117년 사공(司空) 원창(袁敞) 자살.
118년 戊午 고구려(태조 66), 예맥(濊貊)과 함께 한나라의 현도군을 습격.	118년 임상(任尙) 피살.
120년 庚申 부여, 왕자 위구태(尉仇台)를 후한에 사신으로 보냄.	
121년 辛酉 신라(지마 10), 대증산성(大甑山城)을 쌓음. 고구려(태조 69), 여름에 선비(鮮卑)와 함께 요대현(遼隊縣)을 치고 요동 태수 채풍(蔡諷)을 죽임. 고구려, 겨울에 예맥과 함께 한나라의 현도 성을 포위 공격.	
122년 壬戌 고구려(태조 70)가 마한·예맥과 요동(遼東)을 침. 부여, 요동을 도움. 7월 고구려가 한나라에 항복하여 포로를 돌려보냄.	
123년 癸亥 신라가 왜국과 수교를 맺음.	123년 반용(班勇)이 서역 장사(長史)가 됨.
124년 甲子 고구려, 후한에 사신을 파견함.	
125년 乙丑 말갈, 신라의 북쪽 변경을 침략하고 노략질함.	125년 3월 안제(安帝) 죽음. 태후가 북향후(北鄕侯)를 황제로 세움. 10월 북향후 죽음. 11월 손정(孫程) 등이 순제(順帝)를 세움. 손정 등 19명 열후가 됨.
128년 戊辰 백제, 기루왕(己婁王) 죽고 제4대 개루왕(蓋婁王) 즉위.	128년 흉노의 선우(單于)가 죽고 아우 휴리(休利)가 섬.
132년 壬申 백제(개루 5), 북한산성을 쌓음.	132년 효렴연한과시법(孝廉年限課試法) 세움.

한국사	주변국 정세
134년 甲戌 신라, 지마왕(祗摩王) 죽고 제7대 일성이사금(逸聖尼師今) 즉위.	
136년 丙子 부여 왕 후한에 다녀옴.	
137년 丁丑 말갈, 신라(일성 4)의 장령(長嶺) 오책(五柵)을 불지름.	
138년 戊寅 신라(일성 5), 정사당(政事堂)을 금성(金城)에 둠.	
139년 乙卯 말갈, 신라(일성 6)의 장령(長嶺) 오책(五柵)을 불지름.	139년 장규(張逵) 등 사형됨.
140년 庚辰 신라(일성 7)가 장령에 책(柵)을 세워 말갈을 막음.	
	141년 이고(李固)가 태산 태수(泰山太守)가 됨.
144년 甲申 신라, 민간에서의 금은 주옥(金銀珠玉) 사용을 금지하고 전국에 제방을 보수함.	144년 조충(趙冲), 강(羌)과 싸워 죽음. 순제 죽음.
	145년 마면(馬勉) 피살.
146년 丙戌 고구려(태조 94)가 한나라 요동군(遼東郡)의 서안평(西安平) 쳐서 대방령(帶方令)을 죽이고 낙랑 태수(樂浪太守)의 부인과 자녀를 잡아옴. 고구려 제7대 차대왕(次大王) 즉위.	146년 태학생을 3만여 명으로 늘임. 양익(梁翼), 황제를 죽이고 환제(桓帝)를 세움.
	147년 월지국(月氏國)의 승려 지참(支讖), 낙양(洛陽)에 이르러 불교 강의.
148년 戊子 신라(일성 15), 박아도(朴阿道)를 봉하여 갈문왕(葛文王)으로 책봉함.	148년 안식(安息)의 승려 안세고(安世高)가 낙양에 이르러 불경을 번역함.

서기 154 ~ 199년

한국사	주변국 정세
	151년 최식(崔寔), 『정론』(政論)을 저술.
	152년 서역(西域) 장사(長史) 왕경(王敬)이 우치왕(于寘王)을 죽임. 왕경, 우치 사람에게 피살.
	153년 기주(冀州)에 대기근.

한국사	주변국 정세
154년 甲午 신라, 일성왕(逸聖王) 죽고 제8대 아달라이사금(阿達羅尼師今) 즉위.	
156년 丙申 신라(아달라 3) 계립영로(鷄立嶺路)를 개통.	
157년 丁酉 신라의 연오랑(延烏郎)과 세오녀(細烏女)가 왜에 건너감. 신라 왕이 장연진(長嶺鎭)을 순행함.	
158년 戊戌 신라(아달라 5), 죽령로(竹嶺路)를 개통.	
	159년 환관 선초(單超) 등이 열후(列侯)가 됨.
	160년 1월, 선초(單超) 죽음.
165년 乙巳 고구려 차대왕(次大王)이 명림답부(明臨答夫)에게 시해되어 동생 제8대 신대왕(新大王 - 백고) 즉위.	165년 처음으로 전무(田畝)의 세금을 징수.
166년 丙午 백제, 개루왕 죽고, 제5대 초고왕(肖古王) 즉위.	
167년 丁未 백제(초고 2)가 신라의 서쪽 변경을 침범.	167년 환제(桓帝) 죽음. 역병(疫病)이 세계적으로 유행.
	168년 진번(陳蕃)과 두무(竇武)가 환관을 죽이려다 피살됨.
169년 乙酉 한나라의 현도 태수(玄僟太守) 경림(耿臨), 고구려(신대 5)를 침.	
170년 庚戌 백제(초고 5)가 신라의 변경 침범.	
172년 壬子 후한이 고구려를 침공하였으나 고구려가 좌원(坐原)에서 대파함.	172년 발해 왕 피살.
	176년 조난(曹鸞)을 죽이고 오속(五屬)을 가둠.
	178년 홍도문학(鴻都門學)을 둠. 황후 송(宋)씨 피살.
179년 己未 고구려, 국상(國相) 명림답부 죽음. 고구려 신대왕 죽고, 제9대 고국천왕(故國川王-남무) 즉위.	

한국사	주변국 정세
180년 庚申 고구려, 제나부(堤那部)의 우씨(于氏)를 왕후로 삼음. 182년 壬戌 한성전(韓姓傳), 봉산 당토성(唐土城)에서 출호됨.	180년 하(何)씨, 황후가 됨.
	183년 일남(日南)의 국경 밖 나라에서 불경을 받침. 직례(直隷) 거록(鉅鹿)의 장각(長角)이 돌아다니며 민심을 현혹시킴(황건적).
184년 甲子 신라 아달라왕(阿達羅王) 죽고, 제9대 벌휴이사금(伐休尼師今-석씨) 즉위. 고구려(고국천 6), 한나라 요동 태수의 침입을 물리침. 185년 乙丑 신라(벌휴 2), 소문국(所文國)을 공격함.	184년 황건적(黃巾賊) 장각 등이 봉기. 황보숭(黃甫嵩)이 조조(曹操)와 함께 황건적을 쳐부숨. 장각 죽음.
188년 戊辰 백제(초고 23)가 신라의 모산성(母山城)을 침. 189년 己巳 신라(벌휴 6)가 백제(초고 24)와 구양(狗壤)에서 싸움. 190년 庚午 백제(초고 25)가 신라를 침. 고구려(고국천 12), 평자(評者) 좌가려(左可慮) 등이 모반을 일으킴. 191년 辛未 고구려(고국천 13), 좌가려 등의 모반을 평정하고 을파소(乙巴素)를 국상(國相)으로 함.	188년 자사(刺史)를 목백(牧伯)으로 고침. 황건적이 다시 봉기. 189년 영제(靈帝) 죽고 아들 변(辯)이 즉위. 동탁(董卓)이 황제를 폐하여 홍농왕(弘農王)으로 함. 190년 동탁이 홍농왕 죽이고 도읍을 장안(長安)으로 옮김. 조조, 동탁과 영양(榮陽)에서 싸움.
	192년 동탁 피살.
194년 甲戌 고구려, 진대법(賑貸法)을 실시함.	
	195년 이각(李傕)이 곽범(郭汜)을 치고 황제를 맞이함.
196년 丙午 신라, 벌휴왕(伐休王) 죽고 제10대 내해이사금(奈解尼師今) 즉위. 197년 丁丑 고구려 고국천왕(故國川王-男武)죽고 제10대 산상왕(山上王-연우) 즉위. 산상왕의 형인 발기(發岐)가 불복(不服)해 난을 일으켰으	196년 황제가 낙양(洛陽)에 귀환. 조조(曹操)가 황제를 허(許)로 옮김. 원소(袁紹)가 태위(太尉)가 되고, 조조가 사공(司空)이 됨.

부
록
305

한국사	주변국 정세
나 패하여 죽음. 이때 피난하여 고구려에 투항한 한인(漢人)이 많음. 198년 戊寅 고구려(산상 1), 환도성(丸都城)을 쌓음. 199년 己卯 백제(초고 34), 신라의 변경을 침. 가락국(駕洛國)의 제2대 거등왕(居登王) 즉위.	199년 공손찬(公孫瓚) 자살. 유비(劉備)가 조조를 공격.

서기 200 ~ 299년

한국사	주변국 정세
201년 辛巳 가야가 신라에 화친을 요청함.	201년 조조가 원소(袁紹)를 공격함. 조조가 유비를 여남(汝南)에서 치자 유비가 형주(荊州)로 달아남. 202년 조조가 손권(孫權)에게 볼모를 요구하였으나 손권 불응함.
203년 癸未 고구려(산상 7) 국상인 을파소 죽음. 말갈이 신라(내해 8)의 변경을 침범.	
	204년 조조, 위나라의 수도 업(鄴)을 침. 조조가 산동(山東)의 평원(平原)을 함락. 공손탁(公孫度) 죽음.
206년경 공손강(公孫康), 낙랑군 남부를 나누어 대방군(帶方郡) 설치.	206년 조조가 고간(高幹)을 베어 죽임. 오환(烏桓)이 쳐들어옴. 207년 조조가 오환을 쳐서 답돈선우(鄡踏頓于)를 죽임. 유비가 제갈공명(諸葛孔單明)을 만남.
208년 戊子 왜(倭)가 신라 변경을 침범. 209년 乙丑 신라(내해 14), 포상팔국(浦上八國)이 가야를 공격하자 가야를 도와 물리침. 고구려(산상 13)가 환도(丸都)로 도읍을 옮김. 210년 庚寅 백제가 적현성(赤峴城)과 사도성(沙道城)을 쌓음. 말갈이 백제 사도성을 습격함.	208년 호북(湖北) 적벽(赤壁)의 싸움.
	211년 조조가 장노(張魯)를 침. 유장(劉璋)이 유

한국사	주변국 정세
	비를 맞아들임.
	213년 조조가 위공(魏公)이 되어 구석(九錫)을 더함.
214년 甲午 백제(구수 1)가 신라(내해 19)의 요차성(腰車城)을 치고, 신라병이 백제 사현성(沙峴城)을 격파. 말갈이 백제에 쳐들어와 술천(述川)에 이름. 백제, 초고왕(肖古王) 죽고, 제6대 구수왕(仇首王) 즉위.	214년 조조, 손권 치고 황후 및 두 황자를 죽임.
	215년 유비·손권이 형주(荊州)를 나눔.
216년 丙申 백제(구수 3)가 사도성 아래에서 말갈을 크게 무찌름.	216년 조조가 위왕(魏王)이 됨. 조조가 손권을 공격함.
217년 丁酉 한나라의 평주인(平州人) 하요(夏瑤) 등 천여 개의 가구가 고구려(산상 21)에 투항하여 옴.	217년 조조, 황제의 거복(車服)을 사용.
218년 戊戌 백제(구수 5), 신라의 장산성(獐山城)을 포위하였다가 패함.	
	220년 조조 죽음. 조비(曹丕)가 헌제(獻帝)를 폐하고 후한(後漢)을 무너뜨린 후 황제가 됨.
	221년 유비가 촉(蜀)나라 황제(소열제)에 즉위.
222년 壬寅 백제(구수 9)가 신라의 우두주(牛頭州)를 침.	
	223년 소열제(昭烈帝) 죽음. 공명(孔明)이 무향후(武鄕侯)가 됨.
224년 甲辰 신라(내해 29)가 봉산성(烽山城)에서 백제를 격파.	
	226년 위나라 문제(文帝) 죽음.
227년 丁未 고구려, 산상왕이 죽고 아들 위위거(優位居)가 즉위함.	227년 공명이 출사표(出師表)를 올리고 위나라를 침.
229년 己酉 백제(구수 16), 말갈이 우곡(牛谷)을 쳐서 노략질 함.	229년 오나라 왕 손권이 황제를 칭함.
230년 庚戌 신라 내해왕 죽고 제11대 조분이사	

금(助賁尼師今) 즉위.

231년 辛亥 신라(조분 2), 감문국(甘文國) 멸함.

233년 癸丑 오나라 왕 손권(孫權)의 사자가 요동에서 고구려(동천 7)로 도망하여 왔으나 고구려가 이를 돌려보냄.

234년 甲寅 백제, 구수왕 죽고 장자 제7대 사반왕(沙伴王) 즉위. 나이가 어려서 초고왕(肖古王)의 아우인 제8대 고이왕(古爾王) 즉위.

236년 丙辰 골벌국(骨伐國)이 신라(조분 7)에 투항. 고구려(동천 10)가 손권(孫權)의 사신을 죽이고 위(魏)로 보냄.

238년 戊午 고구려(동천 10)가 출병하여 사마의(司馬懿)를 도와 공손연(公孫淵)을 격파. 낙랑과 대방 2군(郡)이 위(魏)에 속함.

242년 壬戌 백제(고이 9)가 남택(南澤)에 논을 풀음. 고구려(동천 16)가 요동의 서안평(西安平)을 습격하여 무찌름.

243년 癸亥 백제(고이 10), 큰 제단(祭壇)을 만들고 천지 산천(天地山川)에 제사.

245년 乙丑 현도 태수 왕기(王頎)가 다시 고구려(동천 19)에 침입. 왕, 옥저로 달아남. 낙랑태수 유무(劉茂)와 대방 태수 궁준(弓遵)이 영동(嶺東)의 예(濊)를 침.

246년 丙寅 위나라(정시正始 5)의 유주 자사(幽州刺史) 관구검(毌丘儉)이 고구려(동천 18)의 환도성(丸都城)을 침.

247년 丁卯 고구려(동천 21)가 평양성(平壤城)을 쌓음.

248년 戊辰 신라(첨해 2), 고구려와 화친. 신라의 조분왕 죽고 제12대 첨해이사금(沾解尼師

234년 제갈공명이 진중(陳中)에서 죽음.

235년 위나라가 낙양군(洛陽郡)을 지음.

238년 사마의, 공손연(公孫淵)을 죽임.

한국사	주변국 정세
今) 즉위.	
249년 己巳 신라(첨해 3)가 남당(南堂-도당都堂)을 궁남(弓南)에 세움.	
251년 辛未 신라(첨해 5) 왕이 처음으로 남당에서 청정(聽政).	
	252년 오나라 왕 손권(孫權) 죽음. 태자 양(亮) 즉위(회계왕).
253년 癸酉 금관가야 거등왕(居燈王) 죽음.	
255년 乙亥 백제(고이 22)가 신라를 쳐서 괴곡(槐谷)의 서쪽에서 싸우고 봉산성(烽山城)을 침.	
258년 戊寅 말갈이 백제에 사신을 보내 양마(良馬)를 바침.	258년 오나라 손침(孫綝)이 왕 양(亮)을 폐하고 휴(休-경제景帝)를 세움.
259년 己卯 위나라 장수 위지해(尉遲楷), 고구려(중천 12)에 침입했다가 양맥(梁貊)의 골짜기에서 대패. 가락국 제3대 마품왕(麻品王) 즉위.	
260년 庚辰 백제(고이 27)가 관위(官位) 16품(品)을 정하고 공복(公服)의 제(制)를 정함.	260년 위왕(魏王) 피살되고 환(奐-원제元帝) 즉위함.
261년 辛巳 신라(첨해 15)가 다벌성(多伐城)을 쌓음. 12월에 첨해왕(沾解王) 죽음.	
262년 壬午 신라 제13대 미추이사금(味鄒尼師今-김씨 왕의 시초) 즉위.	
263년 癸未 신라(미추 2)왕, 국조 묘(國祖廟)에 제사하고, 죽은 아버지 구도(仇道)를 갈문왕(葛文王)에 봉함.	263년 사마소(司馬昭)가 진공(晋公)이 됨. 뒤를 이은 왕이 위나라에 항복. 촉나라 멸망.
	264년 위나라의 사마소가 진왕(晋王)이 됨.
	265년 진왕 사마소 죽음. 진왕 사마염(司馬炎)이 황제를 칭함. 위나라가 진(晋)나라에 멸망.
266년 丙戌 백제(고이 33), 신라의 봉산성(烽山城)을 침.	
	267년 성기(星氣)와 참위(讖緯)의 학문 금함.
270년 庚寅 고구려 중천왕(中川王) 죽고 아들	

한국사	주변국 정세
약노(藥盧)가 즉위함.	
272년 壬辰 백제(고이 39)가 신라의 변경을 침략함.	272년 흉노, 진나라에 항복.
274년 甲午 낙랑·대방(帶方)·현도 등의 제군(諸郡), 진나라의 평주(平州)에 속하게 됨.	
278년 戊戌 백제(고이 45)가 신라의 괴곡성(槐谷城)을 포위.	
280년 庚子 숙신(肅愼)이 고구려(서천 11)에 침입했으나 왕제(王弟) 달가(達賈)가 이를 격파함.	280년 오나라 왕 호(晧)가 항복해 옴. 오나라 4세 52년으로 멸망. 천하 통일됨.
	282년 가충(賈充) 죽음.
283년 癸卯 백제(고이 50)가 신라의 변경을 침범하고 괴곡성을 포위.	283년 황제 유(攸) 죽음. 낭사왕(琅邪王) 주 죽음. 전 오나라 왕 호(晧) 죽음.
284년 甲辰 신라 미추왕(味鄒王) 죽고 제14대 유례이사금(儒禮尼師今-조분왕助賁王의 큰아들) 즉위.	
285년 乙巳 선비(鮮卑)족 모용외(慕容廆)가 부여를 침입하자 왕은 자살하고 자제들은 옥저(沃沮)로 달아남. 백제(고이 52)의 박사 왕인(王仁)이 『논어』(論語)·『천자문』(千字文)을 왜에 전함.	
286년 丙午 백제 고이왕(古爾王) 죽고 제9대 책계왕(責稽王) 즉위. 고구려(서천 17)가 대방(帶方)을 치자 백제 이를 구원함. 백제가 아차성(阿且城)·사성(蛇城)을 수축하여 고구려에 대비함. 부여가 진나라의 동이 교위(東夷校尉)의 원조로 나라를 회복함.	
	290년 무제(武帝) 죽음. 낭사 왕 근(觀) 죽음.
292년 壬子 고구려의 사천왕(西川王) 죽고 제14대 봉산왕(烽上王) 즉위.	
293년 癸丑 고구려(봉산 2)가 모용외의 침략을 격퇴.	
296년 丙辰 고구려(봉산 5)가 북부대형(北部大	

한국사	주변국 정세
兄) 고노자(高奴子)를 신성 태수(新城太守)로 삼아 모용씨(慕容氏)를 막게 함. 297년 丁巳 이서국(伊西國)이 신라(유례 14)를 공격해 금성(金城)을 포위. 298년 戊午 한나라가 맥인(貊人)과 함께 백제에 침입하여 백제 왕이 전사함. 제10대 분서왕(汾西王) 즉위. 신라 유례왕(儒禮王) 죽고 제15대 기림이사금(基臨尼師今) 즉위.	297년 『삼국지』(三國志)의 저자 진수(陳壽) 죽음.

서기 300 ~ 365년

한국사	주변국 정세
300년 庚申 고구려 국상(國相) 창조리(倉租利), 왕을 폐하고 제15대 미천왕(美川王-을불乙弗)을 세움.	300년 조왕(趙王) 윤(倫)이 가후(賈后) 및 장화(張華)를 죽임.
	301년 윤(倫)이 황제를 칭하고 피살.
302년 壬戌 고구려(미천 3)가 진나라 현도군(玄 俊郡)을 쳐서 8천 명을 사로잡음.	302년 장사왕(長沙王), 제나라 왕 경(鷗)을 죽임.
304년 甲子 백제가 낙랑군 서현(西縣)을 쳐 빼앗음. 백제 왕이 낙랑의 자객에게 피살. 제11대 비류왕(比流王) 즉위.	304년 장사왕 피살. 동안왕(東安王) 피살. 이웅이(李雄) 성도왕(成都王)을, 유연(劉淵)이 한왕(漢王)을 칭함.
	306년 성도왕(成都王) 영(穎), 하간왕(河間王) 옹(勒) 각각 피살. 8왕의 난 끝이 남.
307년 丁卯 신라(기림 10), 국호를 신라(新羅)로 고침.	
	308년 한나라 왕 연(淵)이 황제를 칭함.
310년 庚午 신라 기임왕(基臨王) 죽고 제16대 흘해이사금(訖解尼師今) 즉위.	
311년 辛未 고구려(미천 12)가 요동군(遼東郡)의 서안평(西安平)을 탈취.	
312년 壬申 왜왕(倭王)이 왕자를 위해 혼인을	

한국사	주변국 정세
청하여 아찬 급리(急利)의 딸을 보냄. 백제가 해구(解仇)를 병관 좌평(兵官佐平)으로 삼음. 313년 癸酉 고구려(미천 14)가 낙랑군을 치고 남녀 2천여 명을 사로잡음. 낙랑군 멸망. 314년 甲戌 고구려(미천 15)가 대방군(帶方郡)을 공격함. 315년 乙亥 고구려가 현도군을 탈취함.	313년 유총(劉聰)이 회제(懷帝)를 죽임. 민제(愍帝)가 장안(長安)에서 즉위. 316년 유요(劉曜)가 장안을 함락. 민제(愍帝)가 한나라에 항복. 서진(西晉)이 4주(主) 52년으로 멸망. 317년 유총이 민제를 죽임. 사마예(司馬睿)가 진왕(晉王-동진)으로 즉위. 조적(祖狄)이 석호(石虎)를 정성(鄄城)에서 격파.
319년 乙卯 고구려(미천 20)가 진나라의 평주자사(平州刺史) 최비(崔毖) 및 단씨(段氏)·우문씨(宇文氏)와 함께 모용외를 치다가 폐하고 고구려로 달아남. 320년 庚辰 고구려(미천 21)가 요동을 침. 321년 辛巳 백제가 우복(優福)을 내신 좌평으로 삼음.	319년 한나라가 조(趙)나라로 개칭. 석륵(石勒)이 조왕(趙王)을 칭함 (후조後趙). 323년 조장무(趙長茂)를 양(涼) 왕으로 함(후량後涼).
327년 丁亥 백제(비류 24) 좌평(佐平) 우복(優福)이 북한산성에서 반란을 일으켰으나 평정. 330년 庚寅 고구려(미천 31)가 후조(後趙)의 석륵(石勒)에게 사신을 보냄. 331년 辛卯 고구려 미천왕(美川王) 죽고 제16대 고국원왕(故國原王) 기유(期由) 즉위. 334년 甲午 고구려가 평양성 증축함. 335년 乙未 고구려(고국원 5)가 나라의 북쪽에 신성(新城)을 쌓음.	

한국사	주변국 정세
336년 丙申 고구려(고국원 6), 진나라에 사신을 보냄.	
337년 丁酉 신라가 백제에 사신을 보내 친교를 맺음.	337년 태학(太學)을 세움.
339년 乙亥 연왕(燕王) 황(疫)이 고구려(고국원 9)를 쳐서 신성(新城)에 이름.	
340년 庚子 고구려가 세자를 연(燕)에 보냄.	340년 후조(後趙)가 전연(前燕)을 침.
	341년 모용황(慕容疫)을 연왕(燕王)에 봉함.
342년 壬寅 연왕 황이 고구려(고국원 12)의 환도(丸都)를 함락시킴. 미천왕의 묘를 파고 왕모(王母)를 데리고 감.	
343년 癸卯 고구려(고국원 13)가 사신을 연나라에 보냄. 연나라가 미천왕의 시신을 돌려보냄. 고구려가 진나라에 사신을 보냄.	
344년 甲辰 백제 비류왕(比流王) 죽고 제12대 계왕(契王) 즉위.	344년 강제(康帝) 죽고 태후가 정권을 잡음.
345년 乙巳 모용각(慕容恪)이 고구려(고국원 15)의 남소성(南蘇城)을 빼앗음.	
346년 丙午 백제 계왕 죽고 제13대왕 근초고왕(近肖古王) 즉위. 가락국 제5대 이시품왕(伊尸品王) 즉위. 연나라 왕 황이 아들 준(僬) 등을 보내 부여를 침.	
	347년 한나라 왕 세(勢)가 진나라에 항복(4주 44년).
	349년 후조의 석호(石虎)가 황제를 칭함. 후조의 석감(石鑒)이 자신의 왕인 준(遵)을 죽이고 자립.
	350년 후조의 석민(石閔)이 자신의 왕인 석감을 죽이고 국호를 위(魏)라 고침. 석호의 아들 석기(石祇)가 황제를 칭함.
355년 乙卯 고구려가 연나라에 사신을 보내어	영화永和 11-수광壽光 1 윤 9월 전양(前涼) 장

한국사	주변국 정세
공헌(貢獻)함. 연나라 고구려 왕모(王母) 주(周)씨를 돌려보냄.	조(張祚) 살해되고 장현정(張玄靚) 즉위.
356년 丙辰 신라 흘해왕(訖解王) 죽고 제17대 내물이사금(奈勿泥師今) 즉위.	永和 12-壽光 2 8월 환온(桓溫)이 이수(李水)에서 요양(姚襄)을 격파.
	승평升平 1-영흥永興 1 4월 전진(前秦)이 요양(姚襄)을 죽임. 6월 전진 부견(符堅) 자립. 11월 전연(前燕)이 업(鄴)을 수도로 정함.
358년 丙午 내물왕이 신라 시조 묘(始祖廟)에 제사 지냄.	升平 2-永興 2 전연(前燕)이 하남(河南)을 정복.
	升平 3-감로甘露 1 가을에 제갈유(諸葛攸)가 전연을 쳤으나 패함. 12월 전진이 왕맹(王猛)에게 국정을 맡김.
	升平 4-甘露 2 1월 전연의 모용준(慕容儁) 죽고 아들 위(暐)가 즉위.
	升平 5-甘露 3 5월 목제(穆帝) 죽음. 10월 전진이 장평(張平)을 멸망시킴.
	애제 융화哀帝 隆和 1-甘露 4 1월 전조(田租)를 감함. 전연, 낙양(洛陽)을 공격하고 7월에 회군.
	흥녕興寧 1-甘露 5 8월 전양(前涼) 장천석(張天錫)이 임금을 죽이고 자립.
364년 甲子 4월 왜병이 신라에 침입하였으나 부현(斧峴) 동쪽 벌판에서 격파함.	興寧 2-甘露 6 전연이 허창(許昌)과 여남(汝南)을 함락시킴.
	興寧 3-건원建元 1 3월 애제(哀帝) 죽음. 전연이 낙양을 함락.

서기 366 ~ 449년

한국사	주변국 정세
366년(내물奈勿 11-고국원故國原 36-근초고近肖古 21)丙寅 3월 백제가 신라와 교빙(交聘).	동진東晉 폐제혁 廢帝奕 태화太和 1-전진前秦 建元 2 10월 회계왕(會稽王) 욱(昱), 승상(丞相)이 됨.

한국사	주변국 정세
	太和 2-建元 3 2월 전연의 모용각(慕容恪)이 죽음. 겨울 대왕(代王) 습익건(什翼健)이 흉노(匈奴)의 유위진(劉衛辰)을 침.
368년(奈勿 13-故國原 38-近肖古 23)戊辰 백제가 신라에 사신을 보냄.	太和 3-建元 4 12월 환온(桓溫)에게 수례(殊禮)를 가함.
369년(奈勿 14-故國原 39-近肖古 24)己巳 9월 고구려가 백제를 공격했다가 치양(雉壤)에서 패함.	太和 4-建元 5 9월 환온, 방두(枋頭)에서 전연의 군사와 싸웠으나 불리. 12월 전진(前秦)이 낙양(洛陽)을 뺏음.
370년(奈勿 15-故國原 40-近肖古 25)庚午 연나라 대부(大傳) 모용평(慕容評)이 고구려에 망명하였으나 고구려 왕이 이를 잡아 진나라에 보냄.	太和 5-建元 6 11월 부견이 업에 감. 전연 멸망.
371년(奈勿 16-소수림小獸林 1-近肖古 26)庚午 고구려가 백제를 침. 10월 백제가 고구려 평양성을 공격하다 고국원왕 전사. 17대 소수림왕(小獸林王) 즉위. 백제가 한산(漢山)으로 도읍을 옮김.	간문제簡文帝 함안咸安 1-建元 7 토곡혼(吐谷渾)이 전진(前秦)에 공납. 11월 환온이 황제를 폐하고 회계왕(會稽王) 욱(昱)을 세움.
372년(奈勿 17-小獸林 2-近肖古 27)壬申 6월 전진(前秦) 왕 부견(符堅)이 사자와 승려 순도(順道)를 고구려에 보냄으로써 처음으로 고구려에 불교가 전래됨. 고구려가 태학(太學)을 세움.	咸安 2-建元 8 6월 전진(前秦)의 왕맹(王猛) 재상이 됨. 7월 간문제(簡文帝) 죽음.
373년(奈勿 18-小獸林 3-近肖古 28)癸酉 2월 백제가 진나라에 사신을 보냄. 7월 백제가 청목령(靑木嶺)에 성을 쌓음. 고구려, 처음으로 율령(律令)을 반포.	흥무제孝武帝 영강寧康 1-建元 9 7월 환온 죽음. 9월 사안(謝安) 왕탄지(王坦之)가 정사를 보살핌. 겨울에 전진 침입.
374년(奈勿 19-小獸林 4-近肖古 29)甲戌 승려 아도(阿道)가 고구려에 옴.	
375년(奈勿 20-小獸林 5-근구수近仇首 1)乙亥 2월 고구려가 초문사(肖門寺)에 승려 순도를, 이불란사(伊佛蘭寺)에 승려 아도를 둠. 11월 백제, 근초고왕 죽고, 근구수왕(近仇首王) 즉위. 백제	寧康 3-建元 11 10월 전진(前秦), 노장(老壯)·도참학(圖讖學)을 금함.

한국사	주변국 정세
의 고흥(高興)이 『서기』(書記)를 편찬.	
376년(奈勿 21-小獸林 6-近仇首 2)丙子 11월 고구려가 백제 북부를 침공.	동진東晉 효무제孝武帝 태원太元 1-建元 12 8월 장천석(張天錫)이 전진에 항복. 전양(前涼) 멸망. 12월 전진이 대(代)를 멸함.
377년(奈勿 22-小獸林 7-近仇首 3)丁丑 10월 백제가 고구려의 평양성을 침. 11월 고구려가 백제를 침. 고구려가 진(秦)에 사신을 보냄.	太元 2-建元 13 서남 오랑캐가 전진에 공물을 바침.
378년(奈勿 23-小獸林 8-近仇首 4)戊寅 9월 거란(契丹)이 고구려의 북변에 침입하여 8부락을 함락.	太元 3-建元 14 4월 전진이 남양(南陽)을 함락시킴. 왕희지 죽음.
	太元 4-建元 15 2월 전진이 양양(襄陽)을 함락.
	太元 5-建元 16 2월 전진(前秦)이 교무당(教武堂)을 세움. 4월 사안(謝安)이 위장군(衞將軍)이 됨. 6월 부배(苻丕)가 기주목(冀州牧)이 됨.
381년(奈勿 26-小獸林 11-近仇首 7)辛巳 신라, 위두(衞頭)를 진(秦)에 보내어 방물(方物)을 바침.	太元 6-建元 17 1월 불정사(佛精舍)를 궁궐 안에 세움. 2월 동이(東夷)・서역 62개국, 전진(前秦)에 입공(入貢).
	太元 7-建元 18 9월 전진이 서역(西域)을 침. 동이(東夷) 5국이 사신을 보내어 공물을 바침.
	太元 8-建元 19 11월 사석(謝石)・비수(淝水)에서 진군(秦軍)을 격파.
384년(奈勿 29-故國壤 1-枕流 1)甲申 4월 백제, 근구수왕 죽고 제15대 침류왕 즉위. 9월 마라난타가 백제에 불교를 전함. 11월 고구려, 소수림왕 죽고 제18대 고국양왕 즉위.	太元 9-建元 20 1월 모용수(慕容垂)가 왕을 칭함. 4월 요장(姚萇)이 진왕(秦王)을 칭함. 12월 모용충(慕容沖)이 황제를 칭함.
385년(奈勿 30-故國壤 2-辰斯 1)乙酉 6월 고구려가 요동・현도군을 함락. 11월 모용농(慕容農)이 고구려를 침입하여 요동・현도 2군을 회복. 백제 침류왕 죽고 제16대 진사왕(辰斯王) 즉위.	太元 10-태안太安 1 8월 요장이 부견(苻堅)을 죽임. 사안(謝安) 죽음. 서연(西燕)・서진(西秦) 건국.
386년(奈勿 31-故國壤 3-辰斯 2)丙戌 백제, 관	太元 11-태초太初 1-북위北魏 등국登國 1 척발

한국사	주변국 정세
방(關防)을 설치. 8월 고구려가 백제를 침.	규(拓跋珪)가 대(代)나라 왕이 됨. 2월 모용충 피살. 4월 대 국호를 위(魏)로 고침(북위北魏).
387년(奈勿 32-故國壤 4-辰斯 3)丁亥 9월 백제, 관미령(關彌嶺)에서 말갈과 싸움.	
	太元 13-太初 3-登國 3 6월 서진(西秦) 걸복국인(乞伏國仁) 죽음.
389년(奈勿 34-故國壤 6-辰斯 5)乙丑 9월 백제가 고구려의 남부를 침.	太元 14-太初 4-登國 4 2월 여광(呂光)이 삼하왕(三河王)이라 자칭. 11월 범녕(範寧), 예장 태수(豫章太守)가 됨.
390년(奈勿 35-故國壤 7-辰斯 6)庚寅 9월 백제가 고구려의 도압성(都押城)을 공격하여 쳐들어옴.	太元 15-太初 5-登國 5 1월 서연(西燕), 낙양(洛陽)에 침입. 후진(後秦)이 전진군(前秦軍) 격파.
391년(奈勿 36-광개토廣開土 1-辰斯 7)辛卯 고구려 제19대 광개토왕 즉위(호태왕비好太王碑 기년紀年에 의거)함. 『삼국사기』에는 392년). 말갈이 백제 북부의 적현성(赤峴城)을 함락.	太元 16-太初 6-登國 6 10월 북위(北魏)의 척발규가 유연(柔然)을 격파. 흉노의 유위진(劉衛辰) 죽고 여러 고을이 북위에 항복.
392년(奈勿 37-廣開土 2-아신阿莘 1)壬辰 신라가 실성(實聖)을 고구려에 볼모로 보냄. 7월 고구려가 백제 북부를 공격해 10여 성을 함락. 11월 백제의 진사왕 죽고 제17대 아신왕(阿莘王) 즉위.	太元 17-太初 7-登國 7 7월 전진(前秦)이 후진(後秦)을 침.
393년(奈勿 38-廣開土 3-阿莘 2)癸巳 5월 왜가 신라 금성(金城)을 포위. 고구려, 평양에 9사(寺)를 창건.	太元 18-太初 8-登國 8 10월 후연(後燕)이 서연(西燕)을 침. 12월 후진(後秦)의 요장 죽음.
394년(奈勿 39-廣開土 4-阿莘 3)甲午 7월 백제가 고구려와 수곡성(水谷城) 아래서 싸워 패함. 8월 고구려가 남방에 7성을 쌓고 백제에 대비.	太元 19-登國 9 모용수가 모용영(慕容永)을 죽임. 서연(西燕) 망함. 요흥(姚興)이 전진(前秦)의 부등(符登)을 죽임. 전진 망함.
395년(奈勿 40-廣開土 5-阿莘 4)甲午 8월 말갈이 신라 북변을 침범. 8월 백제가 고구려를 치다가 패수(浿水)에서 대패. 고구려가 비려(稗麗)를 침.	太元 20-登國 10 북위(北魏)의 척발규가 후연군(後燕軍)을 삼합파(參合陂)에서 격파.

한국사	주변국 정세
396년(奈勿 41-廣開土 6-阿莘 5)丙申 고구려의 광개토왕이 수군을 거느리고 백제를 거쳐 58성을 함락하고 도성에 육박. 백제가 항복하고 왕의 동생으로 볼모를 삼음.	太元 21-북위北魏 황시皇始 1 4월 후연(後燕)의 모용수 죽음. 여광(呂光)이 양왕(涼王)으로 칭함. 효무제(孝武帝) 피살.
397년(奈勿 42-廣開土 7-阿莘 6)丁酉 5월 백제가 왜국과 결호(結好)하고 태자 전지(瀑支)를 볼모로 보냄.	안제安帝 융안隆安 1-皇始 2 1월 독발오호(禿髮烏狐)가 서평왕(西平王)을 칭함(南). 하나라의 단업(段業)이 북량(北䡄)을 세움.
398년(奈勿 43-廣開土 8-阿莘 7)戊戌 3월 백제가 쌍현성(雙峴城)을 쌓음.	隆安 2-천흥天興 1 1월 모용덕(慕容德)이 연왕(燕王)을 칭함. 5월 후연(後燕)의 모용보(慕容寶) 피살.
399년(奈勿 44-廣開土 9-阿莘 8)乙亥 8월 백제가 고구려를 정벌키 위해 병마를 징발하자 백성들 신라로 도망. 왜가 신라를 침범하자 신라가 고구려에 구원을 청함.	隆安 3-天興 2 8월 독발오호 죽음. 12월 여광 피살. 법현(法顯)의 인도 순례.
400년(奈勿 45-廣開土 10-阿莘 9)庚子 2월 연이 고구려의 신성(新城) · 남소(南蘇) 2성을 함락. 고구려가 보병과 기병 5만으로 왜구를 토벌하여 신라를 구함.	隆安 4-天興 3 7월 걸복건귀(乞伏乾歸)가 후진(後秦)에 항복. 이고(李暠)가 양공(涼公)을 자칭.
401년(奈勿 46-廣開土 11-阿莘 10)辛丑 7월 신라의 볼모 실성(實聖)이 고구려에서 돌아옴.	隆安 5-天興 4 2월 여초(呂超)가 여찬(呂纂)을 죽이고 동생 융(隆)을 세움. 9월 여융이 후진(後秦)에게 항복.
402년(실성實聖 1-廣開土 12-阿莘 11)壬寅 2월 신라, 내물왕 죽고 실성이사금(實聖泥師今) 즉위. 3월 신라가 왜국과 통호(通好)하고 왕자 마사흔을 볼모로 보냄. 고구려가 연나라의 숙군성(宿軍城)을 공격.	원흥元興 1-天興 5 유연(柔然)이 막북(漠北)에 근거지를 두고 가한(可汗)이라 칭함.
403년(實聖 2-廣開土 13-阿莘 12)癸卯 2월 왜국이 백제에 사신을 보냄. 7월 백제가 신라의 변경을 침입.	元興 2-天興 6 7월 후량(後䡄) 망함. 12월 환현(桓玄)이 황제를 칭함.
404년(實聖 3-廣開土 14-阿莘 13)甲辰 11월 고구려가 연나라를 공격. 왜(倭)가 대방(帶方)의	元興 3-천사天賜 1 유유(劉裕), 환현을 침. 5월 환현 항복하고 처형됨. 승려 지용(智勇) 인도로

한국사	주변국 정세
지경에 침입.	감. 일본, 리중(履中) 천황 죽음.
405년(實聖 4-廣開土 15-전지滇支 1)乙巳 1월 후연(後燕) 왕이 고구려의 요동성을 공격하고 돌아감. 4월 왜병이 신라의 명활성(明活城)을 공격했으나 실패. 9월 백제 아산왕 죽고 제18대 전지왕(腆支王)이 즉위.	동진東晋 안제安帝 의희義熙 1-天賜 2 1월 후진(後秦)이 구마라십(鳩摩羅什)을 국사(國師)로 삼음. 일본, 한제이(反正) 천황 즉위.
406년(實聖 5-廣開土 16-滇支 2)丙午 2월 백제가 진(秦)에 사신을 보냄. 12월 연왕 희(熙)가 고구려 목저성(木底城)을 쳤으나 패하여 돌아감.	義熙 2-天賜 3 7월 남량(南涼)의 독발녹단이 북량을 침.
407년(實聖 6-廣開土 17-滇支 3)丁未 왜병이 신라를 침범함. 가락국 제6대 좌지왕(坐知王) 즉위함.	義熙 3-天賜 4 혁련발발(赫連勃勃)이 하나라 왕을 칭함. 후연(後燕)의 고운(高雲)이 임금을 죽이고 자립.
408년(實聖 7-廣開土 18-滇支 4)戊申 3월 고구려가 사신을 북연(北燕)에 보냄. 북연왕 운(雲)이 시어사(侍御史) 이발(李拔)을 고구려에 보내어 보답.	義熙 4-天賜 5 후연(後燕)이 남량과 하나라를 공격했으나 패배. 11월 남량의 독발녹단이 왕을 칭함.
409년(實聖 8-廣開土 19-滇支 5)乙酉 7월 고구려가 동쪽 독산(禿山) 등 6성을 쌓고 평양 백성을 옮김. 왜국이 사신 야명주(夜明珠)를 백제에 보냄.	義熙 5-영흥永興 1 유유가 남연(南燕)을 침. 풍발(馮跋)이 북연(北燕)을 세움. 북위(北魏)의 척발규 피살. 명나라 원제(元帝) 자립.
410년(實聖 9-廣開土 20-滇支 6)庚戌 고구려가 동부여(東夫餘)를 쳐서 64성을 공파. 1천 4백여 촌(村)을 점령.	義熙 6-永興 2 2월 유유(劉裕)가 모용초(慕容超)를 죽이고 남연(南燕)을 멸망.
	義熙 7-永興 3 1월 서진(西秦)이 다시 후진(後秦)에 항복. 3월 유유 태위(太衛)가 됨.
412년(實聖 11-廣開土 22-滇支 8)壬子 신라, 내물왕자 복호(卜好)를 고구려에 보내어 볼모로 삼음.	義熙 8-永興 4 서진(西秦)의 걸복공부(乞伏公府)가 임금을 죽임. 북량이 수도를 고장(姑臧)으로 옮김.
413년(實聖 12-장수長壽 1-滇支 9)癸표 10월 고구려 광개토왕 죽고 장수왕(長壽王) 즉위. 신라, 평양주(州)에 큰 다리를 완성. 고구려가 고익	義熙 9-永興 5 3월 토단법(土斷法)을 시행. 하나라, 통만성(統萬城)을 쌓음.

한국사	주변국 정세
(高翼) 등을 진나라에 사신으로 보냄.	
414년(實聖 13-長壽 2-濂支 10)甲寅 고구려 광개토왕비(碑) 세움.	義熙 10-신서神瑞 1 서진(西秦)이 남량을 멸망. 일본, 양의(良醫)를 신라에 구하자 김파진(金波鎭)·한기무(漢紀武)가 가서 천황의 병을 고침.
415년(實聖 14-長壽 3-濂支 11)乙卯 8월 신라, 왜병과 풍도(風島)에서 싸움.	義熙 11-神瑞 2 유유가 형주(荊州)를 침. 북량이 서진(西秦)을 침.
416년(實聖 15-長壽 4-濂支 12)丙辰 진(晋), 백재왕을 책봉.	義熙 12-태상泰常 1 2월 유유가 중외대도독(中外埑都督)이 됨. 10월 장군 단도제(檀道濟)가 낙양에서 승리.
417년(訥祇 1-長壽 5-濂支 13)丁巳 5월 신라, 눌지가 실성왕을 죽이고 자립하여 마립간(麻立干)이라 칭하여 제19대 왕위에 오름. 7월 백제가 사구성(沙口城)을 쌓음.	義熙 13-泰常 2 2월 서량(西䑞)의 이고(李暠) 죽음. 8월 유유가 후진(後秦)을 멸함.
418년(訥祇 2-長壽 6-濂支 14)戊午 1월 신라 왕제(王弟)가 고구려로부터 돌아옴. 신라 왕제가 미사흔 왜국으로부터 도망하여 옴.	義熙 14-泰常 3 유유가 송곡구석(宋公九錫)의 벼슬에 오름. 하나라의 혁련발발(赫連勃勃), 황제를 칭함.
	공제恭帝 원희元熙 1-泰常 4 하나라 왕이 위조사(韋祖思)를 죽임. 7월 유유가 진작(進爵).
420년(訥祇 4-長壽 8-久爾辛 1)庚申 3월 백제, 전지왕(濂支王)이 죽고 제19대 구이신왕(久爾辛王)이 즉위.	송宋 무제武帝 영초永初 1-泰常 5 6월 유유가 공제(恭帝)를 폐하고 황제가 되어 국호를 송(宋)이라 함.
421년(訥祇 5-長壽 9-구이신久爾辛 2)辛酉 가락국 제7대 취희왕(吹希王) 즉위.	永初 2-泰常 6 송나라가 음사를 없애고, 9월 무제(武帝)가 폐제(廢帝-공제)를 죽임. 서량 망함. 12월 사첨(謝瞻) 죽음.
	永初 3-泰常 7 송나라 무제 죽음. 위나라 왕이 아들 도(燾)를 태자감국(太子監國)으로 함. 10월 위나라가 송나라를 침.
423년(訥祇 7-長壽 11-久爾辛 4)癸亥 4월 신라가 남당(南堂)에서 경로회(敬老會)를 행함.	소제小帝 경평景平 1-泰常 8 위가 장성(長城)을 쌓음. 북위(北魏)의 명원제(明元帝) 죽음. 북위가 천사도량(天師道燭)을 세움.
424년(訥祇 8-長壽 12-久爾辛 5)甲子 2월 신라	송宋 문제文帝 원가元嘉 1-북위北魏 시광始光 1

한국사	주변국 정세
가 고구려에 사신을 보내어 교류함.	북위(北魏)의 태무제(太武帝) 즉위. 서선지(徐羨之) 등이 소제(小帝)를 폐하고 문제(文帝)를 세움. 유연이 위나라에 침입.
425년(訥祗 9-長壽 13-久爾辛 6)乙丑 고구려가 위나라에 사신을 보냄.	元嘉 2-始光 2 8월 하나라의 발발(勃勃) 죽음. 10월 북위(北魏) 태무제(太武帝), 유연을 침.
	元嘉 3-始光 3 송나라 서선지(徐羨之)를 죽임. 사회(謝晦), 강릉에서 반란. 2월 사회가 사형됨.
427년(訥祗 11-長壽 15-비유毗有 1)丁卯 12월 백제 구이신왕 죽고 제20대 비유왕(毘有王) 즉위. 고구려가 평양으로 도읍을 옮김.	元嘉 4-始光 4 6월 위나라, 하나라의 통만성(通萬城)을 함락. 11월 위나라 양현(楊玄)을 남진(南秦) 왕으로 함. 도연명(陶淵明) 죽음.
428년(訥祗 12-長壽 16-毗有 2)戊辰 왜나라 사자가 백제에 옴.	元嘉 5-신가神䴥 1 위가 하나라 왕 혁련창(赫連昌)을 잡음. 왕 혁련정(赫連定)이 평량에서 황제를 칭함. 서진(西秦)의 걸복치반(乞伏熾磐) 죽음.
429년(訥祗 13-長壽 17-毗有 3)己巳 백제가 송나라에 사신을 보냄. 신라가 새로 시제(矢堤)를 쌓음.	元嘉 6-神䴥 2 위나라가 유연을 침. 위나라, 최호(崔浩)를 무군대장군(撫軍大將軍)으로 함.
430년(訥祗 14-長壽 18-毗有 4)庚午 4월 백제에 송나라 사신이 와서 선왕의 작호(爵號)를 책수(册授)함.	元嘉 7-神䴥 3 송나라가 북위(北魏)를 침. 9월 북연(北燕)의 풍발(馮跋) 죽음. 동생 홍(弘) 자립. 10월 송나라가 사수전(四銖錢)을 주조.
431년(訥祗 15-長壽 19-毗有 5)辛未 4월 왜병이 신라 동변으로 침입하여 명활성을 포위했으나 격퇴시킴.	元嘉 8-神䴥 4 1월 하나라, 서진(西秦)을 멸망시킴. 6월 하나라 망함. 10월 위나라의 최호(崔浩) 율령을 정함.
432년(訥祗 16-長壽 20-毗有 6)壬申 9월 위나라가 묘동·낙랑·대방·현도·영구·성주의 6군민, 3만의 가구를 유주(幽州)에 이주시킴.	元嘉 9-연화延和 1 7월 송나라 조광(趙廣) 반란.
433년(訥祗 17-長壽 21-毗有 7)癸酉 7월 백제가 신라에 사신을 보내어 화친.	元嘉 10-延和 2 4월 북량의 저거몽손(沮渠蒙遜) 죽음. 11월 송나라 사령운(謝靈運) 사형.
434년(訥祗 18-長壽 22-毗有 8)甲戌 2월 백제가 신라에 좋은 말(馬)을 보냄. 9월에 백제가 흰 매를 신라에 보냄. 10월 신라가 황금과 명주(明珠)로 백제에 보답.	元嘉 11-延和 3 북연의 왕인 홍(弘)이 위나라에 제후국을 자칭함. 2월 위나라가 유연과 화평.

한국사	주변국 정세
435년(訥祗 19·長壽 23·毗有 9)乙亥 2월 신라가 역대의 원릉(園陵)을 수리. 6월 고구려가 사신을 위나라에 보냄. 위나라 왕이 고구려 왕을 책봉함.	元嘉 12·태연太延 1 북연(北燕) 왕인 홍이 다시 송나라 제후국을 자칭함. 2월 서역의 여러 나라가 위에 조공함.
436년(訥祗 20·長壽 24·毗有 10)丙子 4월 연나라 왕 풍홍(馮弘)이 고구려에 투항. 6월 위나라 사신이 고구려에 와서 연왕을 돌려 달라함.	元嘉 13·太延 2 3월 송나라가 단도제(檀道濟)를 죽임. 여름 위나라가 북연을 멸망시킴.
437년(訥祗 21·長壽 25·毗有 11)丁丑 2월 고구려가 위나라에 사신을 보냄.	元嘉 14·太延 3 서역 16국 위나라에 조공. 8월 위나라가 모리연(慕利延)을 서평왕(西平王)으로 함.
438년(訥祗 22·長壽 26·毗有 12)戊寅 3월 고구려의 연왕 풍홍(馮弘)을 북풍(北豊)에서 죽임. 4월 신라, 백성들에게 우차법(牛車法)을 가르침.	元嘉 15·太延 4 송나라가 모리연(慕利延)을 농서왕(蘢西王)으로 함. 겨울 송나라가 사학(社學)을 세움.
439년(訥祗 23·長壽 27·毗有 13)乙卯 11월 고구려가 위나라에 사신을 보냄. 12월 고구려, 다시 위나라에 사신을 보냄.	元嘉 16·太延 5 6월 위나라가 북량을 공격하여 9월에 멸망시킴. 12월 위가 최호(崔浩)·고윤(高允)에게 국사(國史)를 편찬케 함.
440년(訥祗 24·長壽 28·毗有 14)庚辰 왜인이 신라 변경 침범. 10월 백제가 송나라에 사신을 보냄.	元嘉 17·북위北魏 태평진군太平眞君 1 이때부터 남조인 송나라와 북조인 위나라 대립 시작.
441년(訥祗 25·長壽 29·毗有 15)辛巳 고구려가 송나라에 사신을 보냄.	元嘉 18·太平眞君 2 의강(義康)을 도독삼주군사(都督三州軍事)로 함. 양난당(楊難當)이 송나라에 침입. 훈족(族), 아르메니아·시리아 등에 침입.
	元嘉 19·太平眞君 3 송나라가 양난당(楊難當)을 정벌. 송나라 저거무위(沮渠無諱)를 서하왕(西河王)으로 함.
443년(訥祗 27·長壽 31·毗有 17)癸未 고구려와 백제가 송나라에 사신을 보냄.	元嘉 20·太平眞君 4 송나라와 위나라 전쟁. 9월 위나라가 유연을 격파.
	元嘉 21·太平眞君 5 위나라가 승려 무당을 사사로이 양성함을 금함. 유연, 처라가한(處羅可汗) 즉위.

한국사	주변국 정세
	元嘉 22-太平眞君 6 1월 송나라, 원가력(元嘉曆)을 씀. 8월 위나라가 선선을 항복시킴. 12월 범엽(范曄-『후한서』後漢書 편자) 사형.
	元嘉 23-太平眞君 7 위나라, 승려를 죽이고 불교 책과 불상을 파괴. 6월에 송군(宋軍)이 임읍(林邑)을 토벌.
447년(訥祇 31-長壽 35-毗有 21)丁亥 7월 백제에 기근이 들어 백성들이 신라로 많이 들어감.	元嘉 24-太平眞君 8 3월 위나라, 하서왕(河西王)을 죽임. 6월 송나라가 대전(大錢)을 주조.
	元嘉 25-太平眞君 9 5월 송나라 대전(大錢) 폐지. 12월 위나라가 서역을 토벌.
	元嘉 26-太平眞君 10 9월 위나라가 유연을 격파하여 유연 쇠퇴.

서기 450 ~ 549년

한국사	주변국 정세
450년(訥祇 34-長壽 38-毗有 24)庚寅 7월 신라, 하슬라(何瑟羅) 성주(城主)인 삼직(三直)이 고구려의 변장을 실직(悉直)들에서 죽임. 이에 고구려 왕이 신라 서변을 침.	元嘉 27-太平眞君 11 6월 위나라, 최호(崔浩)를 죽임. 7월 송나라가 위나라를 공격.
451년(訥祇 35-長壽 39-毗有 25)辛卯 가락국 제8대 질지왕(銍知王) 즉위.	元嘉 28-正本 1 6월 위나라가 율령을 다시 제정. 가을 송과 위나라 화평.
452년(訥祇 36-長壽 40-毗有 26)壬辰 가락국이 왕후사(王后寺)를 창건함.	元嘉 29-문성제文成帝 흥안興安 1 10월 위나라 종애(宗愛)가 임금을 죽임. 문성제(文成帝) 즉위. 위나라가 불도(佛圖)를 세우고 출가를 허용.
453년(訥祇 37-長壽 41-毗有 27)癸巳 신라, 각종 악인(樂人) 80여 명을 일본에 보냄.	元嘉 30-興安 2 2월 송나라 태자 소(劭)가 임금을 죽임. 5월 소 처형됨.
454년(訥祇 38-長壽 42-毗有 28)甲午 8월 고구려가 신라 북변을 침.	송宋 효무제孝武帝 건원孝建 1-흥광興光 1 1월 사수전(四銖錢)을 주조. 2월 장질(藏質) 반란을 일으켰다가 여름에 사형됨.
455년(訥祇 39-長壽 43-개로蓋鹵 1)乙未 9월	孝建 2-북위北魏 문성제文成帝 태안太安 1 송

한국사	주변국 정세
백제, 비유왕(毗有王) 죽고 제21대 왕 개로왕(蓋鹵王-경사) 즉위. 10월 고구려, 백제를 치자 신라가 백제를 구함. 고구려가 송나라에 사신을 보냄.	나라의 심경지(沈慶之) 파면. 10월 왕후가 제도를 정비함.
	孝建 3-太安 2 8월 위나라, 이오(伊吾)지역 정벌. 12월 안연지(顔延之) 죽음.
457년(訥祇 41-長壽 45-蓋鹵 3)丁酉 가락의 왕궁사(王宮寺)·장유사(長遊寺) 완성됨.	대명大明 1-太安 3 1월 위나라가 송나라를 공격. 우전 등 50여 국 위나라에 조공함.
458년(자비慈悲 1-長壽 46-蓋鹵 4)戊戌 신라, 우식악(優息樂)을 지음. 8월 신라 눌지왕 죽고 제20대 자비왕(慈悲王) 즉위.	大明 2-太安 4 위나라, 술(酒)을 금하는 관청을 둠. 3월 위나라, 고윤(高允)을 중서령(中書令)으로 함. 10월 위나라가 산동(山東)을 침.
459년(慈悲 2-長壽 47-蓋鹵 5)乙亥 4월 왜가 동변을 습격하고 금성을 포위함.	大明 3-太安 5 4월 송나라의 경릉왕(竟陵王) 탄(誕)이 반란으로 사형됨. 9월 송나라가 교단(郊壇)을 옮기고 5로(五路)를 만듦.
	大明 4-화평和平 1 6월 위나라가 토곡혼을 정벌. 위나라의 사신이 송나라에 이름.
461년(慈悲 4-長壽 49-蓋鹵 7)辛丑 백제가 왕제(王弟)를 일본에 보냄.	大明 5-和平 2 5월 송나라가 명당(明堂)을 세움. 해릉왕(海陵王)이 송을 배반하여 사형됨. 12월 송나라, 사족(士族)의 잡혼(雜婚)을 금함.
462년(慈悲 5-長壽 50-蓋鹵 8)壬寅 3월 고구려, 위나라에 사신을 보냄. 5월 왜가 신라 활개성(活開城)을 침.	大明 6-和平 3 3월 심회문(心懷文)을 죽임. 송나라, 왜나라 왕세자 흥(興)을 안동장군(安東將軍)으로 함.
463년(慈悲 6-長壽 51-蓋鹵 9)癸卯 2월 왜가 신라 삽량성(插良城)을 침. 송나라, 고구려 왕을 거기대장군개부의동삼사(車騎大將軍開府儀同三司)에 책봉.	大明 7-和平 4 5월 원찬(袁粲)이 이부상서(吏部尚書)가 됨. 10월 위나라의 사절이 송나라에 감. 11월 수군을 훈련.
	大明 8-和平 5 5월 송나라 효문제(孝武帝) 죽음. 7월 유연의 처라가한(處羅可汗) 죽음.
465년(慈悲 8-長壽 53-蓋鹵 11)乙巳 2월 고구려가 위나라에 사신을 보냄.	폐제廢帝 경화景和 1-和平 6 위나라 문성제 죽음. 송나라 임금 피살.
466년(慈悲 9-長壽 54-蓋鹵 12)丙午 3월 고구	송宋 명제明帝 태시泰始 2-헌문제獻文帝 천안

한국사	주변국 정세
려가 위나라에 사신을 보냄.	天安 1 1월 진안왕(晋安王) 자운이 황제를 칭함. 9월 위나라, 군학(郡學)을 세움.
467년(慈悲 10-長壽 55-蓋鹵 13)丁未 2월 고구려가 위나라에 사신을 보냄. 신라가 전함을 수리함.	泰始 3-황흥皇興 1 위가 송나라 땅에 침입. 위나라 헌문제(獻文帝)가 처음으로 친정(親政).
468년(慈悲 11-長壽 56-蓋鹵 14)戊申 2월 고구려가 말갈과 함께 신라의 실직성(悉直城)을 습격. 4월 고구려가 위나라에 사신을 보냄. 9월 신라가 이하(泥河)에 성을 쌓음.	泰始 4-皇興 2 위나라가 송나라를 침.
469년(慈悲 12-長壽 57-蓋鹵 15)乙酉 1월 신라가 경도(京都) 방리(方里)의 이름을 정함. 8월 백제가 고구려 남부를 침. 10월 백제가 쌍현성(雙峴城)을 수리.	泰始 5-皇興 3 1월 위나라가 송나라의 청주(淸州)를 빼앗음. 2월 위나라가 수조(輸組) 3등을 세우고 잡조(雜組)를 없애버림. 11월 위나라와 송나라 수호함.
470년(慈悲 13-長壽 58-蓋鹵 16)庚戌 2월 고구려가 위나라에 사신을 보냄. 신라가 삼년산성(三年山城)을 쌓음.	泰始 6-皇興 4 송나라의 소도성(蕭道成)이 황문시랑(黃門侍郞)이 됨. 8월 유연이 위나라를 치다가 패함.
471년(慈悲 14-長壽 59-蓋鹵 17)辛亥 2월 신라가 모로성(芼老城)을 쌓음. 9월 고구려의 민노각(民奴各) 등이 위나라로 도망.	泰始 7-북위北魏 효문제孝文帝 연흥延興 1 7월 소도성이 산기상시(散騎常侍)가 됨. 8월 위나라 효문제(孝文帝) 즉위.
472년(慈悲 15-長壽 60-蓋鹵 18)壬子 고구려, 위나라에 사신을 보냄. 백제가 사여례(史餘禮) 등을 위나라에 보내어 고구려의 남침을 호소하고 걸사(乞師)함.	태예泰豫 1- 延興 2 환탄(桓誕)이 위나라에 항복. 2월 유연이 위나라를 침. 4월 송나라 명제(明帝) 죽음.
473년(慈悲 16-長壽 61-蓋鹵 19)癸丑 고구려가 위나라에 사신을 보냄. 7월 신라가 명활성을 수리.	후폐제後廢帝 원휘元徽 1-延興 3 4월 위나라가 토곡혼(吐谷渾)을 침. 7월 위나라가 하남(河南) 6주의 부법(賻法)을 정함.
474년(慈悲 17-長壽 62-蓋鹵 20)甲寅 고구려와 위나라가 송나라에 사신을 보냄. 신라가 일모(一牟)·사시(沙尸)·구례(仇禮) 등의 성을 쌓음.	元徽 2-延興 4 송나라 계양왕(桂陽王) 휴범(休範)이 반란을 일으켜 사형됨.
475년(慈悲 18-長壽 63-문주文周 1)乙卯 9월 고구려 장수왕이 백제 왕도 한성(漢城)을 함락	元徽 3-延興 5 6월 위나라, 소와 말의 도살을 금지.

한국사	주변국 정세
하고 개로왕을 죽임. 10월 백제 문주왕(文周王) 즉위, 웅진으로 천도.	
476년(慈悲 19-長壽 64-文周 2)丙辰 고구려가 위나라에 사신을 보냄. 백제가 대두산성을 쌓음. 3월 백제가 송나라에 사신을 보냄. 4월 탐라국이 백제에 조공.	元徽 4-승명承明 1 7월 건평왕(建平王) 경소(景素)가 반란에 실패해 죽음.
477년(慈悲 20-長壽 65-삼근三斤 1)乙巳 고구려가 위나라에 사신을 보냄. 왜가 5도로 신라에 침입. 백제 해구(解仇)가 문주왕을 죽이고 삼근왕(三斤王)을 세움.	순제順帝 승명昇明 1-태화太和 1 7월 소도성(蕭道成)이 폐제(廢帝)를 죽임. 11월 원찬(袁粲) 등이 소도성을 치다가 패하여 죽음.
478년(慈悲 21-長壽 66-三斤 2)戊午 백제 해구(解仇) 등이 대두성(大豆城)에서 반란을 일으킴. 고구려, 송나라에 사신을 보냄.	昇明 2-太和 2 1월 심유지(沈攸之) 죽음. 송나라가, 왜왕(倭王) 무(武)를 안동대장군(安東大將軍)으로 함. 12월 송나라 음악을 정함.
479년(소지昭知 1-長壽 67-동성東城 1)己未 2월 신라 자비왕 죽고 제21대 소지마리비간 즉위. 신라 백결선생(百結先生), 대악을 지음. 11월 백제 삼근왕 죽고 동성왕 즉위.	제齊 고제高帝 건원建元 1-太和 3 4월 소도성(蕭道成)이 황제를 칭하고 국호를 제(齊)라 함. 송나라 망하고 거란이 위나라에 굴복.
480년(昭知 2-長壽 68-東城 2)庚申 4월 남제(南濟)가 고구려 왕을 표기대장군(驃騎大將軍)에 책봉. 11월 말갈이 신라 북변을 침범.	建元 2-太和 4 제(齊)나라가 호적을 검정(檢定).
481년(昭知 3-長壽 69-東城 3)辛酉 3월 고구려가 말갈과 함께 신라 북변 고명(孤鳴) 등 7성을 점령. 신라와 가야(加耶)가 함께 이하(泥河) 서쪽에서 물리침.	建元 3-太和 5 1월 제나라, 위군(魏軍)을 격파. 2월 위나라 승려 법수(法秀)가 모반하여 사형됨.
482년(昭知 4-長壽 70-東城 4)壬戌 5월 왜가 신라의 변경을 침입. 9월 말갈이 백제 한산성(漢山城)을 공격.	建元 4-太和 6 3월 제나라 고제(高帝) 죽음. 저연(褚淵)이 정치를 보필함.
483년(昭知 5-長壽 71-東城 5)癸亥 백제가 남제(南濟)에 사신을 보냄. 7월 고구려가 신라 북변을 침. 10월 고구려가 위나라에 사신을 보냄.	무제武帝 영명永明 1-太和 7 제(齊)가 군현관(郡縣官)의 전질(田秩)을 회복. 제나라의 장경아(長敬兒) 사형. 동성(同姓) 혼인을 금함.
484년(昭知 6-長壽 72-東城 6)甲子 2월 신라가	永明 2-太和 8 제(齊) 장릉왕(章陵王)의 아들 양

한국사	주변국 정세
구벌성(仇伐城)을 쌓음. 5월 백제가 신라와 교빙(交聘). 고구려가 위나라에 사신을 보냄.	(涼)이 사도(司徒)가 됨. 6월 위나라가 처음으로 관리에게 녹봉을 줌.
485년(炤知 7-長壽 73-東城 7)乙丑 4월 신라, 시조 묘에 제사 지내고 묘(廟)에 20집을 증축함.	永明 3-太和 9 1월 위나라, 참위무복(讖緯巫卜)을 금함. 국학(國學)을 다시 세움. 10월 위나라가 균전(均田) 제도를 세움.
486년(炤知 8-長壽 74-東城 8)丙寅 백제가 남제에 사신을 보냄. 4월 왜가 신라를 침범. 고구려가 남제에 사신을 보냄. 백제가 궁실을 중수하고 우두성(牛頭城)을 쌓음.	永明 4-太和 10 1월 위나라 왕이 처음으로 곤면(衰冕)을 사용. 2월 위나라 호적을 정함. 5월 위가 5등급의 공복(公服)을 제정.
487년(炤知 9-長壽 75-東城 9)乙卯 3월 신라가 사방에 우편역(郵便驛)을 둠. 5월 고구려가 위나라에 사신을 보냄. 7월 신라가 월성(月城)을 수리함.	永明 5-太和 11 2월 제나라가 위군(魏軍)을 격파. 8월 고차(高車)의 아복지라(阿伏至羅)가 왕을 칭함. 유연이 위나라에 침입.
488년(炤知 10-長壽 76-東城 10)戊辰 1월 신라 왕이 월성(月城)으로 이주함. 고구려가 위나라에 사신을 보냄. 7월 신라가 도나성을 쌓음. 위가 백제를 침.	永明 6-太和 12 12월 유연이 위나라에 굴복.
489년(炤知 11-長壽 77-東城 11)己巳 1월 신라가 무위도식하는 백성을 농업에 종사시킴. 9월 고구려가 신라 북변을 침. 10월 고구려가 신라의 고산성을 함락.	永明 7-太和 13 5월 제나라의 왕검(王儉) 죽음. 12월 제나라와 위나라 수호함.
490년(炤知 12-長壽 78-東城 12)庚午 1월 신라 비라성(鄙羅城)을 증축. 3월 신라, 처음으로 경사(京師)에 시사(市肆)를 둠. 백제가 사현(沙峴)과 이산(耳山)의 2성을 쌓음.	永明 8-太和 14 파동왕(巴東王)의 아들 향(響) 사형. 고차(高車)가 사신을 위나라에 보냄.
491년(炤知 13-長壽 79-東城 13)辛未 5월 고구려가 위나라에 사신을 보냄. 7월 백제, 기근으로 백성 6백여 호 신라로 들어감. 12월 고구려 장수왕 죽고 제21대 문자왕(文咨王) 즉위.	永明 9-太和 15 12월 제나라 율서(律書) 완성.
492년(炤知 14-문자文咨 1-東城 14)壬申 고구려가 위나라에 사신을 보냄. 위나라, 효문제(孝	永明 10-太和 16 7월 토곡혼, 위나라에 조공을 바침. 제나라, 심약(沈約)에게 『송서』(宋書)를 편

한국사	주변국 정세

文帝), 고구려 왕을 책봉. 가락국 제9대 겸지왕(鉗知王) 즉위.

493년(炤知 15·文咨 2·東城 15)癸酉 3월 백제왕이 신라에 청혼(請婚)하자 신라가 이벌찬 비지(比智)의 딸을 보냄. 7월 신라가 임해·장령 2진(鎭)을 설치하고 왜적에 대비.

494년(炤知 16·文咨 3·東城 16)甲戌 1월 부여왕이 고구려에 항복. 7월 신라의 실죽(實竹) 등이 고구려와 살수(薩水) 등에서 싸우다가 패하니 백제가 구원병을 보냄.

495년(炤知 17·文咨 4·東城 17)乙亥 2월 고구려가 위나라에 사신을 보냄. 8월 고구려가 백제의 치양성(雉壤城)을 포위하자 백제가 신라의 구원병을 얻어 이를 물리침.

496년(炤知 18·文咨 5·東城 18)丙子 2월 가야국이 신라에 흰 꿩을 바침. 7월 고구려가 신라의 우산성(于山城)을 치자 신라가 니하(泥河)에서 물리침.

497년(炤知 19·文咨 6·東城 19)丁丑 4월 왜가 신라의 변경을 침입. 8월 고구려가 신라의 우산성을 함락.

498년(炤知 20·文咨 7·東城 20)戊寅 백제가 웅진교(雄津橋)를 가설. 7월 백제가 사정성(沙井城)을 쌓음. 8월 백제가 탐라를 치려고 함. 탐라, 사신을 보내 용서를 구함.

499년(炤知 21·文咨 8·東城 21)乙卯 백제의 기근으로 2천여 명이 고구려로 도망.

500년(지증智證 1·文咨 9·東城 22)庚辰 3월 왜가 신라의 장봉진(長峰鎭)을 함락. 백제가 왕궁 동쪽에 임류각(臨流閣)을 지음. 11월 신라 제22

찬케 함.

永明 11·융창隆昌 1·太和 17 6월 위나라가 제나라를 공격.

해륙海陸 연흥延興 건무建武 1·太和 18 제나라의 소란(蕭鸞)이 황제를 죽이고, 소문(昭文)을 폐제해릉왕(廢帝海陵王)으로 세움. 10월에 폐하고 자립. 11월 위나라, 낙양(洛陽)으로 천도.

명제明帝 建武 2·太和 19 2월 위나라 왕, 제나라를 공격. 6월 위나라, 호어(胡語)를 금함. 12월 위나라가 오수전(五銖錢)을 주조.

建武 3·太和 20 1월 위나라 족성(族姓)을 정하고 상평창(常平倉)을 둠.

建武 4·太和 21 1월 제나라, 왕안(王安)을 죽임. 위나라, 저(嘷)를 정벌.

영태永泰 1·太和 22 4월 제나라의 왕경칙(王敬則)이 반란을 일으켰다가 패하여 죽음. 제나라 명제(明帝) 죽음.

동혼후東昏候 영원永元 1·太和 23 제나라가 위나라를 치다가 패함. 4월 위나라 왕 죽음. 9월 황제, 소탄지(蕭坦之) 등을 죽임.

永元 2·선무제宣武帝 견명景明 1 1월 제나라 배숙업(裵叔業)이 반란을 일으켰다가 패하여 죽음. 10월 황제가 소의(蕭懿)를 죽임. 11월 소연

한국사	주변국 정세
대 지증왕(智證王) 즉위.	(蕭衍)이 군사를 일으킴.
501년(智證 2-文咨 10-무령武寧 1)辛巳 7월 백제가 탄현(炭峴)에 책(柵)을 세워 신라에 대비. 8월 백제가 가림성(加林城)을 쌓음. 12월 백제의 백가(百加)가 동성왕(東城王)을 죽임.	제齊 중화和帝 중흥中興 1-景明 2 3월 안강왕(安康王) 보융(寶融) 자립함. 7월 장흔태(張欣泰) 패하여 죽음.
502년(智證 3-文咨 11-武寧 2)壬午 1월 백제의 백가가 가림성에서 반란. 2월 신라가 순장법(殉葬法)을 금함. 3월 신라가 처음으로 우경법(牛耕法)을 씀. 11월 백제가 고구려를 공격.	양梁 무제武帝 천감天監 1-景明 3 2월 소연(蕭懿)이 양나라 왕이 됨. 4월 양왕 연이 황제를 칭함. 제나라 망함.
503년(智證 4-文咨 12-武寧 3)庚辰 9월 말갈이 백제의 마수책(馬首柵)을 태우고 고목성(高木城)을 공격. 10월 신라가 처음으로 국호를 신라(新羅)라 정함.	天監 2-景明 4 4월 양나라가 신률(新律)을 반포함. 7월 부남(扶南)·구자(龜玆) 등의 사신이 양나라에 공물을 바침.
504년(智證 5-文咨 13-武寧 4)甲申 4월 신라, 상복법(喪服法)을 제정. 4월 고구려가 예실불(芮悉弗)을 위나라에 보냄. 9월 신라가 파리(波里)·미실(彌實)·진덕(珍德)·골화(骨火) 등 12성을 쌓음.	天監 3-정시正始 1 9월 위나라가 북변(北邊)에 9성을 쌓음. 11월 위나라, 국학을 경영함.
505년(智證 6-文咨 14-武寧 5)乙酉 2월 신라의 주(州)·군(郡)·현(縣)을 정함. 실직주(實直州)를 설치하고 이사부(異斯夫)를 군주(軍主)로 삼음. 11월 신라가 처음으로 얼음을 저장하여 쓰게 함.	天監 4-正始 2 1월 주군(主郡)에 학교를 세움. 8월 위나라 쳐들어옴. 10월 위나라를 침. 파서(巴西)가 위나라에 배반하여 양나라에 항복.
506년(智證 7-文咨 15-武寧 6)丙戌 7월 말갈이 백제의 고목성을 공격하여 파괴. 9월 고구려가 위에 사신을 보냄. 11월 고구려가 백제를 정벌하려다가 눈이 내려 회군.	天監 5-正始 3 4월 위나라가 양나라 군사를 막음. 5월 위나라가 여러 성을 빼앗음. 일본, 무열(武烈) 천황 죽음.
507년(智證 8-文咨 16-武寧 7)丁亥 5월 백제, 고목성에 2책(柵)을 세우고 장령성(長嶺城)을 쌓음. 10월 고구려가 위나라에 사신을 보냄. 10월 말갈과 함께 백제를 공격.	天監 6-正始 4 3월 위군(魏軍)을 안휘(安徽)의 종리(鐘離)에서 쳐부숨.

한국사	주변국 정세
508년(智證 9-文咨 17-武事 8)戊子 양(梁)나라 고구려 왕을 책봉. 5월 고구려가 사신을 위나라에 보냄. 12월 고구려가 위에 사신을 보냄. 신라 가동시전(東市典)을 설치.	天監 7-영평永平 1 1월 관품(官品)을 정하여 18반(班)으로 함. 9월 양나라와 위나라 교전.
509년(智證 10-文咨 18-武事 9)己巳 1월 신라가 경도(京都)에 동시(東市)를 둠. 3월 신라, 함정을 파서 맹수의 해를 막음. 5월 고구려가 위나라에 사신을 보냄.	天監 8-永平 2 3월 양나라가 위군(魏軍)의 침입을 격파. 11월 위나라 왕이 친히 불서(佛書)를 강(講)함.
510년(智證 11-文咨 19-武事 10)庚寅 1월 백제가 제방(堤防)을 쌓고 유민(遊民)들을 정착케 함. 6월과 12월 고구려가 위나라에 사신을 보냄.	天監 9-永平 3 3월 양무제(梁武帝)가 국자학(國子學)에 감. 10월 대명력(大明曆)을 사용.
	天監 10-永平 4 1월 위나라가 처음으로 신무(新舞)를 채용. 5월 위나라가 천문학(天文學)을 금함. 10월 일본이 통성(筒城)으로 천도.
512년(智證 13-文咨 21-武事 12)壬辰 3월 고구려가 양나라에 사신을 보냄. 4월 백제가 양나라에 사신을 보냄. 6월 신라가 아슬라주(阿瑟羅州) 군주(軍主) 이사부(異斯夫), 우산국(于山國)을 항복시킴.	天監 11-연창延昌 1 1월 위나라 고조(高肇)가 사도(司徒)가 됨. 11월 오례(五禮) 이루어짐.
513년(智證 14-文咨 22-武事 13)癸巳 1월·5월·12월 고구려가 위나라에 사신을 보냄.	天監 12-延昌 2 2월 양나라 울주(鬱州)가 위나라에 항복. 윤 3월 심약(沈約) 죽음.
514년(법흥法興 1-文咨 23-武事 14)甲午 1월 신라가 아시촌(阿尸村)에 소경(小京)을 둠. 11월 고구려가 위나라에 사신을 보냄. 신라의 지증왕 죽고 제23대 법흥왕(法興王) 즉위. 시호법(諡號法)을 처음으로 시작.	天監 13-延昌 3 2월 황제가 적전(籍田)을 경작. 3월 위나라, 노생(魯生)을 격파. 희언(淮堰)을 쌓음.
515년(法興 2-文咨 24-武事 15)乙未 10월 고구려가 위나라에 사신을 보냄.	天監 14-延昌 4 1월 위나라 선무제(宣武帝) 죽음. 효명제(孝明帝) 즉위. 2월 위나라가 고조(高肇)를 사형.
516년(法興 3-文咨 25-武事 16)丙午 4월 고구려가 양나라에 사신을 보냄.	天監 15-북위北魏 효명제孝明帝 희평熙平 1 위나라 군사를 격파. 유연이 고차(高車)를 정벌

	해 왕을 죽임.
517년(法興 4-文咨 26-武寧 17)丁酉 4월 신라가 처음으로 병부(兵部)를 설치. 4월 고구려가 위나라에 사신을 보냄.	**天監 16-熙平 2** 위나라, 전화(錢貨)를 유통케 함. 4월 종묘(宗廟)의 희생을 채소와 과일로 대신. 11월 모한총(牟漢寵)이 반란을 일으키고 위나라에 투항.
518년(法興 5-文咨 27-武寧 18)戊戌 2월 신라가 주산성(株山城)을 쌓음. 고구려가 위나라에 사신을 보냄.	**天監 17-신귀神龜 1** 위나라, 불서(佛書)를 서역에서 구함. 위나라의 송운(宋雲)과 혜생(慧生) 인도에 감.
519년(法興 6-안장安藏 1-武寧 19)乙亥 고구려 문자왕(文咨王) 죽고 제22대 안장왕(安藏王) 즉위함.	**天監 18-神龜 2** 2월 위나라 우림호분(羽林虎賁)이 난을 일으킴. 11월 위나라 임성왕(任城王) 징(澄) 죽음. 승려 혜교가 『고승전』(高僧傳)을 지음.
520년(法興 7-安藏 2-武寧 20)庚子 1월 신라가 율령을 반포하고 처음으로 백관의 공복을 제정. 1월 고구려가 양나라에 사신을 보냄. 2월 위나라·양나라, 고구려 왕을 책봉.	**普通 1-정광正光 1** 부남(扶南)·고구려(高句麗)가 양나라에 조공을 바침. 위나라 아나양(阿那壤)을 연연왕(蝡蝡王)으로 함. 양나라와 위나라가 처음으로 수호함.
521년(法興 8-安藏 3-武寧 21)辛丑 11월 백제가 양나라에 사신을 보냄. 12월 양나라, 백제 왕을 책봉함. 신라가 양나라에 사신을 보냄. 가락국 구충왕(仇衝王) 즉위.	**普通 2-正光 2** 1월 양나라가 고독원(孤獨園)을 두고 빈민을 구제. 8월 유연의 가한(可汗)이 위나라에 항복. 11월 위나라가 유연을 2분함.
522년(法興 9-安藏 4-武寧 22)庚子 3월 가양왕(伽耶王)이 신라에 청혼(請婚)하자 이찬(伊飡) 비조부(比助夫)의 누이를 보냄.	**普通 3-正光 3** 4월 고차왕(高車王)의 동생이 왕을 죽이고 자립. 11월 위나라, 정광력(正光曆)을 씀.
523년(法興 10-安藏 5-성성聖 1)癸卯 5월 백제, 무령왕(武寧王) 죽고 제26대 성왕(聖王) 즉위함. 8월 고구려, 백제에 침입. 11월 고구려가 위나라에 말(馬)을 바침.	**普通 4-正光 4** 위나라 최광(崔光) 죽음. 12월 철전(鐵錢)을 만듦. 승려 송운(宋雲)이 서역에서 돌아옴.
524년(法興 11-安藏 6-聖 2)甲辰 9월 신라 왕이 남쪽 변경을 순시하다 가야 왕이 와서 만남. 신라가 군사당주(軍師幢主)를 둠. 양나라, 백제 왕을 책봉.	**普通 5-正光 5** 8월 위나라, 진(鎭)을 주(州)로 고침. 9월 위나라의 수용(秀容)이 반란을 일으킴.
525년(法興 12-安藏 7-聖 3)乙巳 2월 신라가	**普通 6-효창孝昌 1** 1월 위나라의 원법승(元法僧)

한국사	주변국 정세
사벌주(沙伐州)에 군주(軍主)를 둠. 2월 백제가 신라와 교빙.	이 모반하여 양나라에 항복. 양의 배수(裵邃)가 수양(壽陽)에서 위군을 격파. 철륵(鐵勒)이 위에 항복.
526년(法興 13-安藏 8-聖 4)丙午 3월 고구려가 양나라에 사신을 보냄. 10월 백제가 웅진성(熊津城)을 수리하고 사정책(沙井柵)을 세움.	普通 7-孝昌 2 갈영(葛榮) 자립. 11월 양나라가 위나라의 수양(壽陽)을 점령.
527년(法興 14-安藏 9-聖 5)丁未 신라가 처음으로 불법(佛法)을 공인(528년이란 설도 있음).	大通 1-孝昌 3 갈영(葛榮)이 위나라에 침입. 3월 양나라 무제(武帝)가 동태사(同泰寺)에 사신(捨身).
528년(法興 15-安藏 10-聖 6)戊申 신라, 화엄사(華嚴寺)를 창건.	大通 2-효장제孝莊帝 영안永安 1 위나라 호태후(胡太后)가 왕을 죽임. 효장제(孝莊帝) 즉위.
529년(法興 16-安藏 11-聖 7)己酉 10월 고구려가 오곡원(五谷原)에서 백제와 싸움. 신라, 살생을 금함.	양梁 무제武帝 중대통中大通 1-永安 2 7월 위나라가 처음으로 오수전(五銖錢)을 만듦. 9월 무제(武帝), 또 동태사에 사신(捨身).
	中大通 2-건명建明 1 3월 위나라, 만애취노를 침. 위나라의 우문태(宇文泰)가 정서장군(征西將軍)이 됨.
531년(法興 18-안원安原 1-聖 9)辛亥 3월 신라, 제방을 수리. 4월 신라가 처음으로 상대등(上大等)의 관직을 둠. 5월 고구려 안장왕 죽고 제23대 안원왕(安原王) 즉위.	中大通 3-북위北魏 절민제節閔帝 진태普泰 1 2월 위나라의 이주세륭(爾朱世隆)이 왕을 폐하고 절민제(節閔帝)를 세움. 11월 위의 고환(高歡)이 폐제(廢帝)를 세움.
532년(法興 19-安原 2-聖 10)壬子 3월 위나라, 고구려 왕을 책봉. 금관가야 구형왕(仇衡王)이 신라에 항복. 신라, 금관가야에 금관군(郡)을 둠.	中大通 4-효무제孝武帝 영희永熙 1 이주세륭(爾朱世隆) 사형. 고환(高歡) 폐립을 단행. 효무제(孝武帝)를 세움.
533년(法興 20-安原 3-聖 11)癸丑 2월 고구려가 위나라에 사신을 보냄.	中大通 5-永熙 2 위나라의 고환(高歡)이 이주조(爾朱兆)를 죽임. 5월 위나라 하비성(下丕城)이 양나라에 항복.
534년(法興 21-安原 4-聖 12)甲寅 3월 백제가 양나라에 사신을 보냄. 동위(東魏), 고구려 왕 책봉. 고구려가 위나라에 사신을 보냄.	中大通 6-永熙 3 고환이 효정제(孝靜帝)를 세움(동위東魏). 우문태(宇文泰)가 효무제를 죽임. 북위(北魏) 망함.

한국사	주변국 정세
535년(法興 22-安原 5-聖 13)乙卯 2월 고구려가 양나라에 사신을 보냄.	대동大同 1-서위西魏 문제文帝 대통大統 1 우문태가 문제(文帝)를 세움(서위西魏). 위나라 동서로 갈림. 12월 동위(東魏), 문수 관록을 정함.
536년(法興 23-安原 6-聖 14)丙辰 신라, 처음으로 연호를 사용. 건원 원년(建元元年)이라 함. 고구려가 동위(東魏)에 사신을 보냄.	大同 2-大統 2 양나라 도홍경(陶弘景) 죽음. 12월 동위(東魏)가 양나라와 화친.
537년(法興 24-安原 7-聖 15)丁巳 12월 고구려가 동위에 사신을 보냄.	大同 3-大統 3 12월 동위와 서위가 위곡(渭曲)에서 싸움. 남제서(南濟書)의 편자 소자현(蕭子顯) 죽음.
538년(法興 25-安原 8-聖 16)戊午 1월 신라, 외관(外官)에게 가족을 데리고 부임함을 허락. 백제, 도읍을 사비(泗批)로 옮기고 국호를 남부여(南夫餘)라 고침.	大同 4-大統 4 12월 동위가 함부로 사찰을 세우는 것을 금함.
539년(法興 26-安原 9-聖 17)乙未 5월 고구려, 동위(東魏)에 사신을 보냄.	大同 5-大統 5 11월 양나라, 여러 주(州)를 5품(五品)으로 구분.
540년(진흥眞興 1-安原 10-聖 18)庚申 7월 신라, 법흥왕 죽고 제24대 진흥왕(眞興王) 즉위. 9월 백제가 고구려의 수산성을 침.	大同 6-大統 6 유연이 서위를 침.
541년(眞興 2-安原 11-聖 19)辛酉 백제가 신라에 화친을 청함. 백제가 양나라에 사신을 보내어 불서(佛書)와 공장(工匠)·화사(畵師)를 청함.	大同 7-大統 7 9월 서위가 관원을 감하고 둔전(屯田)을 둠. 10월 동위, 인지격(麟趾格)을 반포. 12월 이분(李賁) 반란.
542년(眞興 3-安原 12-聖 20)壬戌 12월 고구려가 동위(東魏)에 사신을 보냄.	大同 8-大統 8 왕승변(王僧辯)이 요인(妖人)의 난을 평정. 서위가 6군(六軍)을 설치. 진패선(陣霸先)이 노자격(盧子格)의 난을 평정.
543년(眞興 4-安原 13-聖 21)癸亥 11월 고구려가 동위(東魏)에 사신을 보냄.	大同 9-大統 9 동위와 서위, 망상(邙山)에서 싸움. 11월 동위가 장성(長城)을 쌓음.
544년(眞興 5-安原 14-聖 22)甲子 2월 신라 흥륜사(興輪寺) 창건. 3월 신라, 출가하여 승려가 됨을 허락. 신라, 대당(大幢) 10정(停)을 설치함.	大同 10-大統 10 7월 서위, 권형두량(權衡斗量) 개정.
545년(眞興 6-양원陽原 1-聖 23)乙丑 3월 고구려 제23대 안원왕(安原王) 즉위. 7월 신라가 거	大同 11-大統 11 서위가 사신을 돌궐에 파견. 이분(李賁) 반란. 다음 해 진패선이 평정.

한국사	주변국 정세
칠부 등에게 명하여 국사(國史)를 편찬케 함. 12월 고구려가 동위에 사신을 보냄.	
546년(眞興 7-陽原 2-聖 24)丙寅 11월 고구려가 동위에 사신을 보냄.	양梁 무제武帝 중대동中大同 1-大統 12 3월 양나라 무제(武帝)가 동태사(同泰寺)에서 불서(佛書)를 친강(親講).
547년(眞興 8-陽原 3-聖 25)丁卯 7월 고구려가 백암성(白巖城)을 다시 쌓고 신성(新城)을 수리. 고구려, 동위에 사신을 보냄.	태청太淸 1-大統 13 1월 동위의 고환(高歡) 죽음. 3월 무제가 동태사에 사신(捨身).
548년(眞興 9-陽原 4-聖 26)戊辰 1월 고구려가 예(濊)와 함께 백제의 독산성(獨山城)을 쳤으나 백제가 신라의 구원으로 이를 물리침. 고구려, 동위에 사신을 보냄.	太淸 2-大統 14 2월 양나라, 동위에 사신을 파견하여 화평을 청함. 8월 양나라의 소정덕(蕭正德) 반란.
549년(眞興 10-陽原 5-聖 27)己巳 신라의 입학승(入學僧) 각덕(覺德)이 양나라 사신과 함께 처음으로 불사리(佛舍利)를 가지고 돌아옴.	太淸 3-大統 15 2월 후경(候景)이 스스로 대승상(大丞相)이 됨. 8월 동위의 고징(高澄) 피살. 12월 진패선이 후경을 침.

서기 550 ~ 649년

한국사	주변국 정세
550년(眞興 11-陽原 6-聖 28)庚午 1월 백제, 고구려의 도살성(道薩城)을 침공. 3월 고구려, 백제의 금현성(金峴城)을 공격하여 파괴. 9월 북제가 고구려 왕을 책봉.	간문제簡文帝 태보太寶 1-大統 16 동위의 고양(高洋)이 왕을 패하고 황제를 칭함(북제北齊-문성제). 동위 망함.
551년(眞興 12-陽原 7-聖 29)辛未 신라가 개국(開國)이라 개원(改元). 신라가 고구려의 10성을 취함. 신라가 처음으로 백좌강회(百座講會) 및 팔관회법(八關會法)을 설치.	太寶 2-大統 17 10월 양나라의 후경(候景)이 황제를 죽임. 11월 후경이 한제(漢帝)를 자칭. 비단 만드는 법 유럽에 전달.
552년(眞興 13-陽原 8-聖 30)壬申 신라가 계고(階古)·법지(法知)·만덕(萬德)으로 우륵(于勒)에게 음악을 배우게 함. 신라 상주정(上州停)을 설치.	원제元帝 승성承聖 1-폐제廢帝 1 1월 돌궐의 토문(土門)이 유연의 두병가한(頭兵可汗)을 죽이고 이리가한(伊利可汗)을 칭함. 11월 양나라 원제(元帝) 즉위.

한국사	주변국 정세
553년(眞興 14-陽原 9-聖 31)癸酉 2월 신라가 신궁(新宮)을 황룡사(黃龍寺)로 고침. 7월 신라가 백제의 동북부를 쳐서 신주(新州)를 설치. 신라 법주사(法住寺) 창건.	承聖 2-廢帝 2 돌궐 이리가한 죽음. 제왕(齊王)이 거란을 격파. 돌궐이 황제에 자진 항복.
554년(眞興 15-陽原 10-위덕威德 1)甲戌 7월 백제 성왕이 신라의 관산성(管山城)을 치다가 전사. 위덕왕(威德王) 즉위. 10월 고구려, 백제의 웅천성(熊川城)을 침. 백제의 승려 담혜(曇慧) 등 9명 일본에 감.	承聖 3-공제恭帝 1 1월 서위 우문태(宇文泰), 공제(恭帝)를 세움. 서, 양나라 원제(元帝)를 죽임.
555년(眞興 16-陽原 11-威德 2)乙亥 1월 신라가 완산주(完山州)를 둠. 10월 신라 진흥왕이 북한산을 순시. 국경을 개척함. 고구려가 북제(北齊)에 사신을 보냄.	경제敬帝 소태紹泰 1-恭帝 2 후량(後梁) 왕 황제를 칭함. 진패선(陳霸先)이 왕승변(王僧辯)을 죽임. 돌궐이 유연을 멸함.
556년(眞興 17-陽原 12-威德 3)乙亥 7월 신라가 이렬홀주(比列忽州)를 설치. 신라가 혜명 대사(惠命大師) 갑사(甲寺)를 중건.	태평太平 1-恭帝 3 우문태(宇文泰) 죽음. 12월 아들 각(覺)이 주공(周公)을 칭함. 제나라, 장성(長城)을 쌓음.
557년(眞興 18-陽原 13-威德 4)丁丑 신라가 국원(國原)을 소경(小京)으로 함. 사벌주(沙伐州)를 폐하고 감문주(甘文州)를 두고, 신주(新州) 폐하고 북한산주(北漢山州)를 둠.	진陳 무제武帝 영정永定 1-북위北周 효민제孝閔帝 1 1월 우문각(宇文覺)이 공제(恭帝)를 폐하고 후주(後周)를 세움. 서위(西魏) 망함. 10월 진패선(陳霸先)이 황제를 칭함. 양나라 망함.
558년(眞興 19-陽原 14-威德 5)戊寅 2월 신라의 귀족 자제와 6분의 호민(豪民)을 국원(國原)에 옮겨 살게 함. 신라가 포노(砲弩)를 만듦.	永定 2-명제明帝 1 3월 왕임이 후양(後梁)의 재상이 됨.
559년(眞興 20-평원平原 1-威德 6)己卯 3월 고구려 양원왕(陽原王) 죽고 제25대 평원왕(平原王-양성) 즉위.	永定 3-명제明帝 무성武成 1 진무제(陳武帝) 죽음. 8월 주나라 왕이 홍제를 칭하고 건원(建元). 북제(北齊)의 문선제(文宣帝) 죽고 폐제(廢帝)가 은(殷) 즉위.
560년(眞興 21-平原 2-威德 7)庚辰 2월 북제(北齊), 고구려 왕을 책봉.	진陳 문제文帝 천가天嘉 1-武成 1 4월 주나라의 우문호(宇文護)가 효명제(孝明帝)를 폐하고 무제(武帝)를 세움. 8월 제나라 상산왕(常山王) 자립 (효소제).

한국사	주변국 정세
561년(眞興 22-平原 3-威德 8)辛巳 2월 신라 · 비자벌(比子伐)에서 군신(群臣)이 회의. 11월 고구려가 진(陳)에 사신을 보냄.	天嘉 2-북주北周 무제武帝 보정保定 1 제나라 효소제(孝昭帝) 죽음. 진나라, 염부각고법(鹽賦佅喋法)을 제정.
562년(眞興 23-平原 4-威德 9)壬午 7월 백제가 신라의 변경을 침략. 9월 신라, 가야가 배반하므로 이사부 등으로 토벌케 함. 신라가 제감(弟監) · 소감(少監)을 둠.	天嘉 3-保定 2 윤 2월 오수전(五銖錢)을 개조. 후양(後梁) 왕 죽고 문제(文帝) 즉위.
563년(眞興 24-平原 5-威德 10)癸未 신라, 금동계미명(金銅癸未銘) 삼존불(三尊佛) 만듦.	天嘉 4-保定 3 2월 주나라, 대율(大律)을 반포. 9월 주나라, 돌궐과 함께 황제를 침.
564년(眞興 25-平原 6-威德 11)甲申 신라와 고구려가 각각 북제(北齊)에 사신을 보냄. 신라가 처음으로 사신(仕臣) 5명을 둠.	天嘉 5-保定 4 제나라, 주나라의 군사를 격파. 제나라, 율령을 반포하고 전부(田賦)를 제정. 제나라, 낙양(洛陽)에서 주나라 군사를 격파.
565년(眞興 26-平原 7-威德 12)乙酉 신라, 대야주(大耶州)를 설치. 진나라 신라의 석씨경론(釋氏經論)을 정함.	天嘉 6-保定 5 4월 제나라 왕, 아들에게 양위.
566년(眞興 27-平原 8-威德 13)丙戌 2월 신라, 기원(祇園)과 실제(實際) 두 개의 절을 지음. 신라 황룡사의 공사를 마침. 신라가 진나라에 사신을 보냄.	임해臨海 천강天康 1-천화天和 1 4월 진문제(陳文帝) 죽고 폐제(廢帝) 즉위. 제나라, 처음으로 사인(士人)을 현령(縣令)으로 함.
567년(眞興 28-平原 9-威德 14)丁亥 3월 신라가 진(陳)에 사신을 보냄. 9월 백제가 진나라에 사신을 보냄.	대광大光 1-天和 2 진나라 안성왕(安成王), 유사지(劉師知)를 죽임.
568년(眞興 29-平原 10-威德 15)戊子 신라가 연호를 대창(大昌)이라 고침. 10월 신라가 북한산주를 폐하고 남천주를 비열홀주를 폐하고 달호주를 둠.	大光 2-天和 3 11월 진나라 안성왕(安成王), 황제를 폐하고 자립. 제나라 태상왕(太上王) 죽음.
	진陳 선제宣帝 태건太建 1-天和 4 1월 진나라 선제(宣帝) 즉위. 제나라, 조군왕(趙郡王) 예(叡)를 죽임. 12월 주나라 · 진나라 통호(通好).
570년(眞興 31-平原 12-威德 17)庚寅 6월 신라가 진(陳)에 사신을 보냄.	太建 2-天和 5 제나라, 진나라의 구양흘(歐陽紇)을 죽임. 진나라, 양나라를 침.

한국사	주변국 정세
571년(眞興 32-平原 13-威德 18)辛卯 2월 고구려, 진(陳)에 사신을 보냄. 8월 고구려 궁실을 중수함. 신라가 진(陳)에 사신을 보냄.	**太建 3-天和 6** 1월 제나라, 분북(汾北)에서 주군(周軍)을 격파.
572년(眞興 33-平原 14-威德 19)壬辰 1월 신라가 연호를 홍제(鴻濟)라 고침. 10월 20일 신라가 전사장병(戰死將兵)을 위하여 외사(外寺)에서 팔관연회를 베품.	**太建 4-북주北周 무제武帝 건덕建德 1** 주무제(周武帝), 우무호(宇文護)를 죽이고 친정. 돌궐의 목간가한(木杆可汗) 죽은 뒤 동서로 갈라섬.
573년(眞興 34-平原 15-威德 20)癸巳 고구려, 북제(北齊)에 사신을 보냄.	**太建 5-建德 2** 1월 제나라, 문림관(文林館)을 둠. 4월 진(陳)의 오명철(吳明徹), 제나라 여러 군(郡)을 점령.
574년(眞興 35-平原 16-威德 21)甲午 1월 고구려가 진나라에 사신을 보냄. 3월 신라, 황룡사와 장육상(丈六像)을 주조(鑄造).	**太建 6-建德 3** 5월 주(周), 불교·도교를 폐하고 음사(淫祠)를 없애버림. 6월 주나라, 오행대포전(五行大布錢)을 다시 만듬.
575년(眞興 36-平原 17-威德 22)乙未 신라 동립사(東笠寺) 창건. 신라에 도령가(徒領歌)가 유행됨.	**太建 7-建德 4** 주무제, 제나라 공격. 윤 9월 진나라, 제나라 군대를 여량(呂梁)에서 격파.
576년(진지眞智 1-平原 18-威德 23)丙申 신라에 원화(源花) 제도 시작. 신라의 안홍 법사(安弘法師)가 호승(胡僧) 비마라(毗摩羅) 등과 돌아옴. 신라 진흥왕 죽고 제25대 진지왕(眞智王) 즉위.	**太建 8-建德 5** 2월 주나라, 토곡혼(吐谷渾)을 침. 10월 주나라, 제나라의 평양(平壤)을 점령.
577년(眞智 2-平原 19-威德 24)丁酉 7월 백제, 진(陳)과 주(周)에 사신을 보냄. 10월 백제, 신라의 서변을 침. 신라, 내리서성(內利西城)을 쌓음.	**太建 9-建德 6** 1월 제나라 왕, 태자에게 양위. 주나라, 제나라를 멸망시킴.
578년(眞智 3-平原 20-威德 25)戊戌 7월 신라, 진나라에 사신을 보냄. 신라, 야산성(也山城)에서 백제와 싸움. 백제, 주나라에 사신을 보냄.	**太建 10-선제宣帝 선정宣政 1** 2월 주나라, 진나라의 오명철(吳明徹)을 잡음. 6월 주나라 무제(武帝) 죽음.
579년(眞平 1-平原 21-威德 26)乙亥 2월 백제, 웅현성(熊峴城)을 쌓음. 7월 신라 진지왕 죽고 제26대 진평왕(眞平王) 즉위.	**太建 11-정제靜帝 대상大象1** 2월 주나라 정제(靜帝) 즉위. 10월 주나라, 불교·도교를 복구. 12월 주나라, 진나라의 강북(江北)을 점령.
	太建 12-靜帝 大象2 5월 주나라 선제(宣帝) 죽음. 11월 주나라의 위효관(韋孝寬) 죽음. 12월

한국사	주변국 정세
581년(眞平 3-平原 23-威德 28)辛丑 1월 신라가 처음으로 위화부(位和府)를 둠. 12월 고구려와 백제가 각각 수나라에 사신을 보내고 왕의 책봉을 받음. 백제 선운사(禪雲寺) 창건.	주나라의 양견(楊堅), 수왕(隋王)이 됨. 太建 13-隋 문제文帝 개황開皇 1 2월 양견, 임금을 죽이고 황제를 칭함. 수나라, 관명(官名)을 고침. 11월 수나라 새 법률을 씀. 12월 돌궐 4분할 됨.
582년(眞平 4-平原 24-威德 29)壬寅 고구려 · 백제, 각각 수나라에 사신을 보냄.	太建 14-開皇 2 1월 진나라 선제(宣帝) 죽음. 6월 수나라, 용수원(龍首原)에 새 도읍을 경영.
583년(眞平 5-平原 25-威德 30)癸卯 1월 신라가 처음으로 선부서(船府署)를 둠. 2월 고구려가 백성들에게 농사와 양잠을 장려. 신라가 처음으로 서당(誓幢)을 둠.	후주後主 지덕至德 1-開皇 3 3월 수나라, 대흥성(大興城)에 서울을 옮김. 4월 수나라, 돌궐을 격파. 11월 진나라, 군(郡)을 주(州)로 고침.
584년(眞平 6-平原 26-威德 31)甲辰 2월 신라, 연호를 건복(建福)이라 개원(改元)함. 3월 신라, 조부령(調府令) 각 1명을 둠.	至德 2-開皇 4 2월 돌궐 달두가한(達頭可汗), 수나라에 항복. 수나라, 돌궐과 화친.
585년(眞平 7-平原 27-威德 32)乙巳 7월 신라 승려 지명(智明), 불법(佛法)을 구하러 진나라에 들어감. 신라, 대궁(大宮) · 사량궁(沙梁宮)의 3궁에 각각 사신(私臣)을 둠.	至德 3-開皇 5 1월 수나라, 오례(五禮)를 반포. 5월 수나라 처음으로 의창(義倉)을 둠.
586년(眞平 8-平原 28-威德 33)丙午 1월 신라, 예부(禮部)를 설치함. 고구려, 도읍을 장안성(長安城)으로 옮김. 백제, 진나라에 사신을 보냄.	至德 4-開皇 6 1월 당항강(黨項羌), 수나라에 굴복. 수, 돌궐에 역서(曆書)를 줌. 10월 토곡혼, 수나라에 항복하기를 원함.
587년(眞平 9-平原 29-威德 34)丁未 신라, 대승사(大乘寺) 세움.	정명禎明 1-開皇 7 2월 수나라, 대운하의 일부인 산양독(山陽瀆)을 개통. 돌궐, 사발략가한(沙鉢略可汗) 죽음. 9월 수, 후량(後梁)을 멸함.
588년(眞平 10-平原 30-威德 35)戊申 신라, 경주에 남산사(南山寺) 창건. 백제, 불사리(佛舍利)와 사공(寺工) · 와사(瓦師) · 화공(畫工) 등을 일본에 보냄.	禎明 2-開皇 8 3월 수나라, 벌진조(伐陳詔)를 내림. 10월 수나라 진왕(晉王), 광(廣)을 행군원수(行軍元帥)로 함.
589년(眞平 11-平原 31-威德 36)乙酉 3월 신라, 원광 법사 진나라에 들어감. 신라, 집사성(執事省)에 대사(大舍), 병부(丙部)에 제감(弟監)	禎明 3-開皇 9 1월 진(陳), 멸망. 수나라 천하를 통일. 2월 향정(鄕正) · 이장(里長)을 둠. 12월 아악(雅樂)을 정함.

한국사	주변국 정세
2인씩을 둠.	
590년(眞平 12-영양極陽 1-威德 37)庚戌 고구려, 수(隋)가 진(陳)을 멸망시킨 소식을 듣고 국방을 엄히 함. 10월 고구려, 평원왕 죽고 영양왕 즉위. 고구려, 온달 장군 전사.	開皇 10 군인을 주현(州縣)에 속하게 함. 6월 50세가 되면 부역을 면하게 함. 11월 강남(江南)에서 난이 일어남.
591년(眞平 13-極陽 2 -威德 38)辛亥 2월 신라, 영객부(領客部)에 영(令) 2명을 둠. 7월 신라 남산성(南山城) 쌓음. 신라, 사천당(四千幢)을 둠.	開皇 11 유광(劉曠), 거주자사(絁州刺使)가 됨. 등왕찬(絁王瓚)을 죽임.
592년(眞平 14-極陽 3-威德 39)壬子 1월 고구려, 수나라에 사신을 보냄.	開皇 12 여러 주(州)의 사형을 대리(大理)의 관할로 함. 균전사(均田使)를 파견. 일본 숭준(崇峻) 천황 피살. 스이코(推古) 천황 즉위.
593년(眞平 15-極陽 4-威德 40)癸丑 7월 신라의 명활성(明活城)·서형산성(西兄山城)을 고쳐 쌓음.	開皇 13 7월 명당 제도(明堂制度)를 의결. 돌궐 돌리가한(突利可汗)의 청혼을 허락.
594년(眞平 16-極陽 5-威德 41)甲寅 수나라, 신라 왕 책봉.	開皇 14 4월 신악(新樂)을 행함. 6월 공경(公卿) 이하에게 직전(職田)을 줌.
595년(眞平 17-極陽 6-威德 42)乙卯 신라, 김유신(金庾信) 출생(~673년).	開皇 15 1월 태산(泰山)에 제사. 2월 천하의 무기(武器)를 거둠. 3월 인수궁(人壽宮) 완성.
596년(眞平 18-極陽 7-威德 43)丙辰 3월 신라 승려 담육(曇育) 수나라에 들어감. 신라, 수나라에 사신을 보냄. 10월 신라 영흥사(永興寺)에 화재.	開皇 16 6월 공상(工商)의 사진(仕進)을 정지. 사죄(死罪)는 세 번 주(奏)한 뒤 집행케 함.
597년(眞平 19-極陽 8-威德 44)乙巳 5월 고구려, 수나라에 사신을 보냄. 신라, 삼랑사(三郞寺)를 창건.	開皇 17 운남(雲南)의 남령만(南寧蠻)을 평정. 신력(新歷)을 쓰게 함.
598년(眞平 20-極陽 9-혜惠 1)戊午 고구려, 말갈병을 거느리고 요서(遼西)를 침. 수나라, 30만 대군으로 고구려를 침입했으나 패하여 돌아감. 백제 위덕왕 승하(昇遐)하고 혜왕 즉위.	開皇 18 2월 고구려, 요서(遼西)에 쳐들어옴. 12월 행궁(行宮) 12소(所)를 설치.
599년(眞平 21-極陽 10-법法 1)己未 백제 혜왕(惠王) 죽고 제29대 법왕(法王-선) 즉위. 12월 백	開皇 19 2월 돌궐을 침. 10월 의성 공주(義城公主)를 돌궐 계민가한(啓民可汗)에게 시집보냄.

한국사	주변국 정세
제, 살생을 금함. 백제 지명 법사(智明法師), 수덕사(修德寺)·금산사(金山寺)를 창건.	
600년(眞平 22-極陽 11-武 1)庚申 백제 왕흥사 창건. 백제 법왕 죽고 무왕 즉위. 신라, 수나라에서 원광 법사 돌아옴. 고구려, 이문진에게 신집(新集) 5권을 짓게 함.	開皇 20 태자 용(勇)을 폐함. 진왕(晋王), 광(廣)을 태자로 세움. 불상(佛像) 훼손을 금지.
	인수仁壽 1 돌궐족 9만 명 항복. 사신을 파견하여 풍속을 살핌. 태학(太學) 및 주현학(州縣學)을 폐하고 국자학(國子學)을 태학으로 함.
602년(眞平 24-極陽 13-武 3)壬戌 신라, 대내마(大奈麻) 상군(上軍)을 수나라에 보냄. 8월 백제, 신라의 아막산성을 공격함. 9월 신라 승려 지명(智明), 수나라에서 돌아옴. 신라, 급당(急幢)을 둠.	仁壽 2 돌궐 침입하나 양소(楊素)가 이를 격파. 촉왕(蜀王) 수(秀)를 폐하여 서인으로 함.
603년(眞平 25-極陽 14-武 4)癸亥 8월 고구려, 신라의 북한산성을 침.	仁壽 3 9월 상평창(常平倉)을 둠. 문중자(文中子), 태평십이개조(太平十二個條)를 올림.
604년(眞平 26-極陽 15-武 5)甲子 7월 신라, 대내마(大奈麻) 만세(萬世)·혜문(惠文) 등을 수나라에 보냄. 신라, 남천주를 폐하고 북한산주를 둠. 신라, 군사당(軍師幢)을 둠.	仁壽 4 태자 광(廣), 황제를 죽임. 한왕(漢王) 양(諒) 난을 일으킴. 낙양(洛陽)을 동경(東京)으로 함. 역서(曆書)를 처음 사용.
605년(眞平 27-極陽 16-武 6)乙丑 2월 백제, 각 산성을 쌓음. 3월 신라 담육(曇育), 수나라에서 돌아옴. 8월 신라, 백제의 동부를 침. 신라, 급당(急幢)을 둠.	수隋 양제煬帝 대업大業 1 통제거(通濟渠)·방구(邦溝) 개통. 5월 서원(西苑)을 쌓음. 거란 침입. 철륵(鐵勒), 반란을 일으킴.
	大業 2 주(州)와 현(縣)을 정비. 7월 양소(楊素) 죽음. 10월 율령을 개수(改修). 처음으로 진사과(進仕科)를 설치.
607년(眞平 29-極陽 18-武 8)丁卯 3월 백제, 연문지(燕文進)를 수나라에 보내어 고구려 정벌을 청함. 5월 고구려, 백제의 송산성(松山城)·석두성(石頭城)을 침.	大業 3 관제(官制)를 다시 제정. 5월 토곡혼(吐谷渾)·고창(高昌) 입공. 10월 배구(裵矩)에게 서역(西域)을 치게 함.

한국사	주변국 정세
608년(眞平 30-極陽 19-武 9)戊辰 신라, 수나라에게 고구려 정벌을 청함. 4월 고구려, 신라의 우명산성을 함락. 고구려 승려 담징(曇徵) 일본에 감.	大業 4 1월 영제거(永濟渠) 개통. 2월 서돌궐 입공. 배구(裵矩), 철륵을 격파.
609년(眞平 31-極陽 20-武 10)乙巳 고구려, 수나라에 사신을 보냄.	大業 5 1월 민간의 병기를 금함. 4월 서역 여러 나라 조공함. 계민가한(啓民可汗) 죽음.
610년(眞平 32-極陽 21-武 11)庚午 백제, 송산성(松山城)·석두성(石頭城) 축성. 신라, 우명산성(牛明山城) 축성. 담징(曇徵), 일본 법륭사에 벽화 그림.	大業 6 유구(琉求)를 치고 그 왕을 죽임.
611년(眞平 33-極陽 22-武 12)辛未 2월 수나라 양제(煬帝), 고구려 정벌을 명령함. 8월 백제, 적암성을 쌓음. 10월 백제, 신라의 가잠성을 공취함.	大業 7 고구려에 원정 갈 군사를 징집. 황제, 탁군(踱郡)의 임삭궁(臨朔宮)에 이름.
612년(眞平 34-極陽 23-武 13)壬申 2월 수나라, 대군으로 고구려의 요동성(遼東城)을 포위함. 수장 내호아(來護兒), 수군을 거느리고 패수에 진격. 7월 고구려 을지문덕, 살수에서 수군을 섬멸함.	大業 8 1월 서돌궐 삼등분 됨. 7월 고구려 원정군 패하고 돌아옴. 9월 장형(長衡) 피살. 계일왕(戒日王), 북부 인도를 평정함.
613년(眞平 35-極陽 24-武 14)癸酉 4월 수나라 양제 재차 고구려에 침입해 우문술(宇文述) 등 여러 장수들로 공격했으나 패배함. 신라, 서당(誓幢)을 녹금서당(綠衿誓幢)으로 고침.	大業 9 양제(煬帝), 다시 고구려를 공격. 양제, 고구려에 패배하고 회군함. 당공(唐公) 이연(李淵), 홍화 유수(弘化留守)가 됨.
614년(眞平 36-極陽 25-武 15)甲戌 2월 신라, 사벌주를 폐하고 일선주(一善州)를 둠. 2월 수나라 재차 고구려에 침입. 7월 수나라 양제 회원진에 도착함. 고구려 항복을 청함에 수나라 군대 철수함.	大業 10 고구려를 다시 공격하여 고구려가 항복을 청함. 묘왕(苗王), 군사를 일으킴.
615년(眞平 37-極陽 26-武 16)乙亥 1월 신라, 수나라에 사신을 보냄. 고구려 승려 혜자(惠慈), 일본에서 귀국함.	大業 11 8월 돌궐 침입. 용주(龍舟)를 만듦. 이자통(李子通), 해릉(海陵)에 근거.

한국사	주변국 정세
616년(眞平 38-極陽 27-武 17)丙子 10월 백제, 신라의 모산성(母山城)을 침.	大業 12 12월 임사홍(林士弘), 초제(楚帝)를 칭함. 이연, 태원 유수(太原留守)가 됨.
617년(眞平 39-極陽 28-武 18)丁丑 고구려, 605년부터 수나라의 구부기(九部伎)에 고구려 악(樂)이 참여함으로써 악기 및 공의(工衣)가 완비됨.	공제恭帝 의령義寧 1 4월 설거(薛擧), 서진(西秦)의 패왕(霸王)이라 자칭. 5월 이연, 태원(太原)에서 군사를 일으킴. 11월 이연, 장안에서 이김.
618년(眞平 40-영류榮留 1-武 19)戊寅 9월 고구려 영양왕 죽고 제27대 영류왕(榮留王-건무) 즉위. 신라, 백제를 쳐서 가잠성(假岑城)을 회복.	당唐 고조高祖 무덕武德 1 3월 양제(煬帝), 강도(江都)에서 피살. 5월 이연, 황제를 칭함(당고조 唐高祖).
619년(眞平 41-榮留 2-武 20)乙卯 2월 고구려, 당(唐)에 사신을 보냄.	武德 2 2월 조 · 용 · 조법(租庸調法)을 정함. 주(州)에 종사(宗師) 1명씩을 둠. 7월 십이군(十二軍)을 둠. 서돌궐 조공을 바침.
	武德 3 관명(官名)을 고침. 노자 묘를 세움. 왕세충(王世充) 등 항복을 청함.
621년(眞平 43-榮留 4-武 22)辛巳 고구려 · 백제 각각 사신을 보냄. 신라, 왜전(倭典)을 영객전(領客典)으로 고침. 신라 설계두 당에 들어감.	武德 4 처음으로 개원통보전(開元通寶錢)을 만들어 씀. 11월 이자통(李子通)을 붙잡음.
622년(眞平 44-榮留 5-武 23)壬午 2월 신라, 내성사신(內省私臣) 1명을 두고 대궁 · 양궁 · 사량궁의 3궁을 장악케 함. 고구려, 수나라 포로를 돌려보냄.	武德 5 유흑달(劉黑), 한동왕(漢東王)이라 자칭. 돌궐 침입.
623년(眞平 45-榮留 6-武 24)癸未 백제, 신라의 늑노현(勒弩縣)을 침. 신라 · 고구려 각각 당나라에 사신을 보냄.	武德 6 유흑달 피살. 한동(漢東) 망함. 임읍(林邑) 조공을 바침.
624년(眞平 46-榮留 7-武 25)甲申 고구려에 도사(道士) 와서 노자(老子)를 강술(講述). 10월 백제, 신라의 속함(速含) 등 6성을 공취.	武德 7 주현에 향학(鄕學)을 설치. 관제(官制)를 제정하고 새 율령을 반포. 균전(均田) · 조 · 용 · 조법(租庸調法)을 정함.
625년(眞平 47-榮留 8-武 26)乙酉 11월 신라, 고구려가 조공의 길을 막는다고 당나라에 호소. 고구려, 당에서 불노(佛老)의 교법(敎法)을 배움. 신라, 낭당(郎幢)을 둠.	武德 8 4월 서돌궐의 청혼을 허락. 12군을 다시 둠. 9월 권량(權量)을 검사.

이 야 기 고 려 왕 조 실 록

한국사	주변국 정세
626년(眞平 48-榮留 9-武 27)丙戌 8월 백제, 신라의 주제성을 공격. 신라, 고허성을 쌓음. 신라와 백제, 당에 사신을 보내어 고구려가 당에 들어서는 것을 방해함을 호소.	武德 9 태자 건성(建成)과 제왕(濟王) 원길(元吉) 피살. 태종 즉위. 홍문관(弘文館)을 둠.
627년(眞平 49-榮留 10-武 28)丁亥 7월 백제, 신라 서북쪽의 2성을 공취. 8월 당나라, 백제와 신라 사이의 화친을 조종.	태종太宗 정관貞觀 1 1월 연군왕(燕郡王) 이예(李藝) 반란. 2월 전국을 10도(道)로 나눔.
628년(眞平 50-榮留 11-武 29)戊子 2월 백제, 신라의 가잠성을 공격. 9월 고구려, 당나라에 봉역도(封域圖)를 보냄. 신라, 기근으로 자녀를 매매.	貞觀 2 4월 양사도(梁師都) 피살, 천하 통일.
629년(眞平 51-榮留 12-武 30)己丑 8월 신라의 김유신(金庾信), 고구려 낭비성(娘臂城)을 공파함. 9월 신라·고구려·백제, 당나라에 사신을 보냄.	貞觀 3 11월 이정(李靖), 돌궐을 침. 승려 현장(玄奘), 인도에 감.
630년(眞平 52-榮留 13-武 31)庚寅 2월 백제, 사비궁(泗㳍宮)을 중수함.	貞觀 4 2월 이정, 돌궐을 격파. 두여회(杜如晦) 죽음. 11월 편배형(鞭背刑)을 없앰.
631년(眞平 53-榮留 14-武 32)辛卯 2월 고구려, 동북쪽 부여성에서 동남해(海)에 이르는 천여 리의 긴 성을 쌓음. 5월 신라 칠숙(柒宿)과 석품(石品)이 모반을 일으킴.	貞觀 5 8월 대리승(大理丞) 장온고(張蘊古)를 죽임. 10월 임읍(林邑)과 신라 입공함.
632년(善德 1-榮留 15-武 33)壬辰 1월 신라 진평왕 죽고, 선덕 여왕 즉위. 진평왕 때인 날현인(捺絃引)의 악(樂)을 만들고, 청주(淸州)를 폐함. 7월 백제, 신라를 침.	貞觀 6 2월 삼사관(三師官)을 둠.
633년(善德 2-榮留 16-武 34)癸巳 8월 백제, 신라의 서곡성(西谷城)을 침. 신라 혜구(惠求), 내소사(來蘇寺)를 세움.	貞觀 7 9월 사형수를 특사함. 11월 장손무기(長孫無忌)를 사공(司公)으로 함.
634년(善德 3-榮留 17-武 35)甲午 1월 신라, 연호를 인평(仁平)이라 고침. 분황사(芬皇寺)를 창건. 2월 백제 왕흥사(王興寺) 창건.	貞觀 8 1월 출척 대사(黜陟大使)를 파견. 11월 토번 입공.

한국사	주변국 정세
635년(善德 4-榮留 18-武 36)乙未 당나라, 신라왕을 책봉. 신라, 영묘사(靈廟寺)를 세움.	**貞觀 9** 민자(民資)를 9등으로 구분. 이정, 토곡혼을 격파.
636년(善德 5-榮留 19-武 37)丙申 2월 백제, 당나라에 사신을 보냄. 5월 백제, 신라의 독산성(獨山城)을 침. 신라의 승려 자장(慈藏), 당나라에 유학.	**貞觀 10** 1월 돌궐의 아사나사이(阿史那社爾), 당나라에 항복.
637년(善德 6-榮留 20-武 38)丁酉 신라, 우수주(牛首州)를 설치.	**貞觀 11** 1월 율령을 정함. 3월 신례(新禮)를 행함. 10월 무(武)씨를 재인(才人)으로 함.
638년(善德 7-榮留 21-武 39)戊戌 10월 고구려, 신라의 칠중성(七重城)을 침. 11월 신라, 고구려 군사를 칠중성에서 격파함.	**貞觀 12** 1월 『씨족지』(氏族志)를 반포. 서돌궐 을비독륙가한(乙毘鈠陸可汗) 즉위.
639년(善德 8-榮留 22-武 40)乙亥 2월 신라, 아스라주(阿瑟羅州)를 북소경(北小京)으로 함. 10월 백제, 당나라에 사신을 보냄.	**貞觀 13** 습봉자사(襲封刺史)를 폐함. 8월 이사마(李思摩), 돌궐 가한(突厥可汗)이 됨.
640년(善德 9-榮留 23-武 41)庚子 고구려, 세자 항권(恒權)을 당나라에 보냄. 고구려 · 백제 · 신라 자제들을 당나라에 보내어 국학(國學)에 입학하기를 청함. 신라 원광 법사 죽음.	**貞觀 14** 후군집(候君集), 고창(高昌)을 멸함. 오경정의(五經定義)를 정함.
641년(善德 10-榮留 24-의자義慈 1)辛丑 3월 백제 무왕 죽고 의자왕 즉위. 당나라, 고구려 태자의 입조.	**貞觀 15** 문성 공주(文成公主)를 토번에게 시집보냄.
642년(善德 11-보장寶藏 1-義慈 2)壬寅 백제, 신라의 미후성 등 40여 성을 빼앗고 대야성을 함락. 백제, 고구려와 함께 신라의 당항성을 빼앗음. 고구려 개소문, 영류왕 죽이고 보장왕을 세움.	**貞觀 16** 위왕(魏王) 태(泰) 『괄지지』(括地誌)를 올림. 10월 신흥 공주(新興公主), 설연타(薛延陀)에게 시집감.
643년(善德 12-寶藏 2-義慈 3)癸卯 신라의 승려 자장 당나라로부터 돌아옴. 당나라, 고구려에 『노자도덕경』(老子道德經)을 전함. 신라, 당나라에 고구려 · 백제의 침략을 호소.	**貞觀 17** 1월 위징(魏徵) 죽음. 4월 태자 승건(承乾) 반란을 일으켜 서인(庶人)으로 함. 9월 신라, 구원병을 청함.
644년(善德 13-寶藏 3-義慈 4)甲辰 1월 당나	**貞觀 18** 11월 고구려를 친정(親征).

한국사	주변국 정세
라, 고구려에 신라를 침략하지 말 것을 권유. 9월 신라의 김유신, 백제의 7성을 빼앗음. 11월 당나라의 장량·이세적, 고구려에 침입.	
645년(善德 14-寶藏 4-義慈 5)乙巳 3월 신라, 황룡사 탑을 창건. 5월 백제, 신라의 7성을 빼앗음. 5월 고구려의 요동·백암 2성. 당에 항복. 고구려 안시성, 당군에 포위됨.	貞觀 19 1월 승려 현장, 서인도에서 돌아옴. 5월 고구려의 요동성(遼東城)을 함락. 9월 진주 가한(眞珠可汗) 죽음.
646년(善德 15-寶藏 5-義慈 6)丙午 5월 고구려, 당나라에 사신을 보내어 사죄함.	貞觀 20 고구려의 사죄를 물리침. 6월 서돌궐 입공. 8월 설연타 항복.
647년(진덕眞德 1-寶藏 6-義慈 7)丁未 1월 신라 선덕 여왕 죽고, 진덕 여왕 즉위. 선덕 여왕, 첨성대(瞻星臺)를 세움. 2월 당나라 이세적(李世勣) 등 고구려에 침입. 10월 백제, 신라의 무산·감물·동잠 3성을 침.	貞觀 21 1월 고구려를 침. 5월 골리간(骨利幹). 입공. 일본, 13계(階)의 관(冠)을 정함. 인도, 계일왕(戒日王) 죽음.
648년(眞德 2-寶藏 7-義慈 8)戊申 당나라, 설만철 바다로 고구려에 침입. 당나라, 신라의 연호 사용을 꾸짖음. 신라 김춘추의 아들을 당나라에 보내어 백제 정벌을 청함.	貞觀 22 5월 왕현책(王玄策)을 인도에 보냄. 12월 구자왕(龜玆王)을 붙잡음. 왕현책, 굽타 왕조의 찬탈자에게 습격당함.
649년(眞德 3-寶藏 8-義慈 9)乙酉 신라, 처음으로 당나라의 의관(衣冠)을 사용. 백제, 신라의 석토(石吐) 등 7성을 빼앗으려 하나 신라 김유신이 도살성에서 이를 격파.	貞觀 23 5월 이정(李靖) 죽음. 6월 고종(高宗) 즉위. 9월 이적(李勣), 좌복야(左僕射)가 됨.

서기 650 ~ 749년

한국사	주변국 정세
650년(眞德 4-寶藏 9-義慈 10)庚戌 신라, 진골(眞骨) 지위에 있는 자에게 아홀(牙笏)을 가지게 함. 신라, 법민을 당나라에 보내어 대평송(大平頌)을 바침. 당의 연호를 사용.	당唐 고종高宗 영휘永徽 1 9월 고간(高侃), 돌궐의 거비 가한(車鼻可汗)을 잡음. 사라센과 중국 통상. 일본, 개원(改元)의 시초.
651년(眞德 5-寶藏 10-義慈 11)辛亥 1월 신라,	永徽 2 7월 서돌궐(西突厥), 반(叛)하여 사발라

한국사	주변국 정세
처음으로 하정례(賀正禮)를 거행. 2월 신라, 품주(稟主)를 고쳐 집사부(執事部)로 함. 신라, 조부(調府) 이하 각서(各署)의 인원을 정함.	가한(沙鉢羅可汗) 자립. 대식(大食), 당나라에 조공.
652년(眞德 6-寶藏 11-義慈 12)壬子 1월 신라 · 고구려 · 백제, 당나라에 사신을 보냄. 신라, 한산주(漢山州)에 궁척(弓尺)을 둠.	永徽 3 1월 토곡혼(吐谷渾), 신라, 고구려, 백제 입공(入貢). 일본, 호적(戶籍)을 작성.
653년(眞德 7-寶藏 12-義慈 13)癸丑 8월 백제, 왜국(倭國)과 통호.	永徽 4 2월 방유애(房遺愛) · 고양(高陽) 공주 등 모반으로 사형됨. 서돌궐 돌륙가한(敍陸可汗) 죽음.
654년(무열武烈 1-寶藏 13-義慈 14)甲寅 3월 신라 진덕 여왕 죽고, 태종 무열왕 즉위. 5월 신라, 이방부격(理方府格) 60여 조를 수정. 신라, 계금당(衿幢)을 둠.	永徽 5 10월 경사(京師) 나곽(羅郭)을 축조.
655년(武烈 2-寶藏 14-義慈 15)乙卯 신라, 고구려를 침. 5월 고구려, 귀단수(貴湍水)에서 당군에 패함. 9월 신라, 백제의 도비성(刀比城)을 침.	永徽 6 2월 정면전(程名振), 소정방(蘇定方)을 보내어 고구려를 공격케 함.
656년(武烈 3-寶藏 15-義慈 16)丙辰 백제 좌평 성충(成忠) 죽음. 신라 김인문 당에서 돌아옴. 이를 군주(軍主)에 임명하고 장산성을 쌓게 함. 신라 문왕(文王)을 당에 보냄.	현경顯慶 1 1월 태자 충(忠)을 폐하고, 무후(武后)의 아들 홍(弘)을 세움.
657년(武烈 4-寶藏 16-義慈 17)丁巳 1월 백제, 왕 서자(王庶子) 41명을 좌평(佐平)에 임명. 신라, 대일임전(大日任典)을 설치.	顯慶 2 10월 소정방, 돌궐 사발라가한(沙鉢羅可汗)을 생포. 두 가한 분립.
658년(武烈 5-寶藏 17-義慈 18)戊午 6월 당나라, 설인귀(薛仁貴) 등으로 고구려를 공격. 신라, 제감(弟監)을 대사(大舍)로 고침. 실직정(悉直停)을 파하고 하서정(河西停)을 설치.	顯慶 3 5월 안서(安西) 도후부를 구자(龜玆)에 옮김. 일본의 아베(阿倍比羅夫), 에조(蝦夷) · 숙신(肅愼)을 침.
659년(武烈 6-寶藏 18-義慈 19)己未 4월 백제, 신라의 독산 · 동잠 두 성을 침. 11월 고구려, 횡산(橫山)에서 당의 설인귀를 물리침. 신라, 사정부(司正府)를 설치.	顯慶 4 계필하력(契苾何力)으로 요동(遼東)을 경략케 함. 『씨족지』(氏族志)를 『성씨록』(姓氏錄)으로 고침. 장손무기(長孫無忌) 등 피살.

한국사	주변국 정세
660년(武烈 7-寶藏 19-義慈 20)庚寅 신라 김유신, 소정방과 함께 백제를 공격. 백제, 황산벌에서 패하고 웅진성에서 항복. 백제의 옛 땅에 5도독부를 둠.	顯慶 5 3월 소정방 등에게 백제를 공격하게 함. 10월 처음으로 주사(奏事)를 무후에게 재가(裁可)케 함.
661년(문무文武 1-寶藏 20)辛酉 1월 백제 복신·도침 등 주류성에서 거병. 신라 무열왕 죽고 문무왕 즉위.	용삭龍朔 1 4월 임아상(任雅相) 등으로 고구려를 치게 함. 6월 서역 여러 나라를 76주 8부(府)로 함.
662년(文武 2-寶藏 21)壬戌 고구려, 개소문 당군을 사수(蛇水)에서 격파. 소정방 후퇴. 2월 탐라, 신라에 항복. 7월 백제 복신, 당군에게 패함.	龍朔 2 1월 백관(百官)의 이름을 고침. 3월 철륵(鐵勒)을 천산(天山)에서 격파.
663년(文武 3-寶藏 22)癸亥 9월 신라, 당군과 함께 주류성을 함락. 부여풍(扶餘豊), 고구려로 도망. 백제 평정됨.	龍朔 3 유인궤를 백제에 유진(留鎭)시켜 대방주자사(帶方州刺史)로 삼음.
664년(文武 4-寶藏 23)甲子 2월 신라, 김인문·유인원·부여융, 웅진에서 회맹. 7월 김인문 고구려 돌사성(突沙城)을 빼앗음.	인덕麟德 1 1월 은(殷) 왕 욱륜(旭輪)을 선우대도호(單于大都護)로 함. 일본, 관위(冠位) 26계(階)를 제정.
665년(文武 5-寶藏 24)乙丑 8월 신라 왕, 유인원·부여융과 취리산(就利山)에서 회맹. 신라 승려 혜통(惠通) 당에서 돌아옴.	麟德 2 5월 인덕력(麟德曆)을 사용. 12월 황제, 태산(泰山)에 이름.
666년(文武 6-寶藏 25)丙寅 4월 신라, 한림(漢林) 등을 당에 보내어 고구려 정벌군을 청함. 고구려 개소문 죽자 아들 형제간에 불화. 8월 남건(南建)이 막리지가 됨. 고구려 연정토(淵淨土) 신라에 항복.	당唐 고종高宗 건봉乾封 1 1월 태산(泰山)을 봉(封)함. 이의부(李義府) 죽음. 12월 이적(李勣)에게 고구려를 치게 함. 건봉천보전(乾封天寶錢)을 주조.
667년(文武 7-寶藏 26)丁卯 8월 신라 왕, 김유신 등 30명의 장군을 이끌고 서울을 출발. 9월 당나라 이세적은 고구려의 신성(新城)을 함락하고, 설인귀는 남소(南蘇), 목저(木低), 창암(蒼巖)을 함락함.	乾封 2 2월 토번, 생강(生羌) 12주(州)를 격파. 9월 이적, 고구려 17성을 함락. 일본, 오미(近江) 대진관(大津官)에 천도(遷都).
668년(文武 8-寶藏 27)戊辰 9월 나·당군, 고구려 평양성을 함락(고구려 멸망). 12월 당나라,	총장總章 1 1월 유인궤(劉仁軌)를 요동도(遼東道) 부대총관(副大總管)으로 함.

한국사	주변국 정세
고구려의 옛 땅을 9도독부 42주(州)로 구분.	
669년(文武 9)己巳 1월 신혜 법사(信惠法師)를 정관대서성(政官大書省)에 임명.	**總章 2** 개원통보전(開元通寶錢)을 주행(鑄行). 이적 죽음. 전주법(銓注法)을 정함.
670년(文武 10)庚午 4월 고구려 유민 검모잠(劍牟岑), 왕족 안승(安勝)을 추대. 8월 안승을 금마저(金馬渚)에 두어 고구려 왕에 책봉.	**함정咸亨 1** 8월 설인귀(薛仁貴), 토번을 쳐서 패함. 일본, 호적(戶籍-경우연적庚牛年籍)을 만듦.
671년(文武 11)辛未 6월 장군 죽지(竹旨) 등 석성(石城)에서 당군을 격파. 10월 당의 조선(漕船) 70여 척을 격파. 12월 승려 의상(義湘) 당에서 돌아옴.	**咸亨 2** 서돌궐 아사나도지(阿史那都支), 좌요위대장군(左驍衛大將軍)이 됨. 승려 의정(義淨), 불경을 구하러 인도로 감.
672년(文武 12)壬申 1월 백제의 고성(古省)·가임(加林)성을 함락. 8월 당나라 고간(高侃)과 이근행(李謹行), 번병(蕃兵) 40만으로 평양에 주둔. 8월 고구려병과 함께 당의 백수성(白水城)을 공격하나 석문(石門)에서 패함.	**咸亨 3** 2월 토곡혼을 영주(靈州)로 옮김. 4월 토번 입공. 8월 허경종(許敬宗) 죽음. 일본, 임신(壬申)의 난.
673년(文武 13)癸酉 7월 김유신 죽음(595년~). 아찬 대토(大吐) 모반. 8월 사열산성을 쌓음. 9월 당나라, 말갈과 거란을 이끌고 침입.	**咸亨 4** 3월 유인궤에게 국사를 개수토록 함.
674년(文武 14)甲戌 1월 당나라의 역술(曆術)을 배워 신역법을 씀. 의안 법사(義安法師)를 대서성(大書省)으로 하고, 안승(安勝)을 보덕왕(報德王)에 책봉.	**상원上元 1** 1월 유인궤를 계림대총관(鷄林大總管)으로 하여 신라를 공격하게 함. 8월 제(齊)를 천황(天皇), 후(后)를 천후(天后)라 부름.
675년(文武 15)乙亥 2월 당 유인궤(劉仁軌), 칠중성을 공격. 9월 이근행(李謹行), 설인귀를 격퇴. 안북하(安北河)에 관성과 철관성을 쌓음.	**上元 2** 8월 대지덕(戴至德)과 유인궤(劉仁軌), 좌우복야(左右僕射)가 됨. 왕발(王勃) 죽음. 일본, 처음으로 점성대(占星臺)를 세움.
676년(文武 16)丙子 2월 당 안동도호부(安東都護府)를 요동은 고성(故城)으로, 웅진도독부를 건안(建安) 고성으로 옮김. 승려 의상(義湘), 부석사(浮石寺) 창건. 당병(唐兵) 22회 공격하나 이를 격퇴함.	**의봉儀鳳 1** 3월 토번 입공. 안동도호부(安東都護府)를 요동(遼東)으로 옮김. 『후한서』(後漢書)의 주(注) 이루어짐.
677년(文武 17)丁丑 2월 당나라, 안동도호부를	**儀鳳 2** 2월 고장(高藏)을 조선 군왕(朝鮮郡王),

한국사	주변국 정세
신성(新城)에 옮김. 3월 좌사록관(左司祿館)을 설치함. 낭당(郞幢)을 자금서당(紫衿誓幢)으로 고침.	부여융(扶餘隆)을 대방 군왕(帶方君王)으로 함. 12월 토번을 침.
678년(文武 18)戊寅 1월 선부(船府)를 설치하고 북원소경(北原小京)을 둠.	儀鳳 3 9월 이경현(李敬玄), 토번과 싸워 패함.
679년(文武 19)乙卯 2월 탐라를 경략(經略). 10월 동궁(東宮)과 사천왕사(四天王寺) 창건.	조로調露 1 2월 토번 찬보(贊普) 죽음. 6월 배행검(裵行儉)을 보내어 페르시아 왕을 세움.
680년(文武 20)己卯 3월 왕의 누이를 보덕왕(報德王) 안승(安勝)에게 시집보냄. 가야군(加耶郡)에 금관소경(金官小京)을 둠. 본피궁(本彼宮)을 세움.	
681년(신문神文 1)辛丑 7월 문무왕 죽고, 신문왕 즉위. 8월 소판(蘇判) 김흠돌(金欽突) 등 모반하여 사형됨. 10월 시위부감(侍衛府監)을 파하고 장군 6인을 둠.	당唐 고종高宗 계요開耀 1 9월 배행검(裵行儉), 돌궐 아사나복념(阿史那伏念)을 토평. 일본, 금무(禁武) 92조를 세워 복색(服色)을 정함.
682년(神文 2)壬午 4월 위화부(位和府)에 금하신(衿荷臣)을 둠. 6월 국학을 세움. 7월 부여 융, 낙양에서 죽음. 감은사(感恩寺) 창건.	영순永淳 1 4월 왕방익(王方翼), 돌궐을 평정. 7월 설인귀(薛仁貴), 돌궐 가한 골독록(骨篤錄)의 입구(入寇)를 격파함.
683년(神文 3)癸未 보덕왕 안승에게 소판의 위(位)와 김(金)씨 성을 주어 서울에 머물게 함. 고구려 사람으로 황금서당(黃衿誓幢)을 둠.	홍도弘道 1 3월 돌궐, 선우도호부(禪于都護府)를 포위. 5월 돌궐 쳐들어 옴. 12월 고종 죽음. 일본, 동전(銅錢)을 사용.
684년(神文 4)甲申 11월 보덕왕 안승의 아들 대문(大文)이 금마저(金馬渚)에서 모반하여 사형됨. 금마저, 금마군(郡)이 됨. 영흥사 성전(永興寺成典) 설치함.	중종中宗 사성嗣聖 1 2월 태후(太后), 중종을 폐함. 9월 태후, 무씨(武氏)의 5묘(廟)를 세움. 이경업(李敬業), 군사를 일으켜 패사(敗死).
685년(神文 5)乙酉 3월 서원(西原) 소경(小京)·남원(南原) 소경을 설치. 완산주(完山州)·청주(淸州)를 설치. 하주정(下州停)을 파하고 완산정(完山停) 설치.	嗣聖 2 3월 태후, 중종(中宗)을 방주(房州)로 옮기고 수공격(垂拱格)을 반포. 7월 태후, 승려 회의(懷義)를 백마사주(白馬寺主)로 함.
686년(神文 6)乙酉 2월 백제의 옛 땅에 주군(州郡)을 둠. 3월 원효(元曉) 죽음. 고구려의 항인	嗣聖 3 1월 태후 집정함. 3월 태후, 동궤(銅匭)를 두어 밀주(密奏)를 받음. 10월 일본, 대율(大

한국사	주변국 정세
(降人)에 관작을 줌.	律) 황자를 사사(賜死).
687년(神文 7)丁亥 3월 사벌주(沙伐州)를 다시 둠. 5월 문무관에게 요전(僚田)을 나누어 줌. 백제의 유민으로 청금서당(靑衿誓幢)을 설치. 9 서당 편성 완료.	嗣聖 4 7월 돌궐 쳐들어 옴.
688년(神文 8)戊子 1월 이찬 원수를 중시(中侍)로 함. 황금년무당(黃衿年武幢)을 설치함.	嗣聖 5 6월 적인걸(狄仁傑), 주(奏)하여 음사(淫祠)를 부숨. 8월 태후, 당나라 종실(宗室)을 많이 죽임.
689년(神文 9)乙丑 1월 내·외관에게 녹읍(祿邑)을 파하고 축년조(逐年租)를 줌. 윤 9월 서원경성(西原京城)을 쌓음. 황금무당(黃衿武幢)을 설치.	嗣聖 6 위현동(魏玄同)에게 사사(賜死). 태후, 조(庸)라 칭하고 조(詔)를 제(制)로 고침. 종실의 속적(屬籍)을 없애버림.
690년(神文 10)庚寅 10월 전야산군(轉也山郡)을 설치. 계지극당(皆知戟幢)·삼변수당(三邊守幢)을 설치.	嗣聖 7 8월 태후, 당나라 종실을 거의 다 없애버림. 9월 무씨(武氏), 국호를 주(周)로 고치고 황제를 칭함.
691년(神文 11)辛卯 남원성(南原城)을 쌓음.	嗣聖 8 7월 주나라, 관내(關內)의 백성 수십만을 낙양(洛陽)으로 옮김. 일본, 노비 제도를 정함.
692년(효소孝昭 1)壬辰 7월 신문왕 죽고 효소왕 즉위. 강수(强首) 죽음. 8월 승려 도증(道證) 당으로부터 돌아와 천문도(天文圖)를 바침. 의학(醫學)을 설치.	嗣聖 9 1월 주나라, 적인걸 등을 귀양 보냄. 주나라, 도살 채포(屠殺採捕)를 금함.
693년(孝昭 2)癸巳 장창당(長槍幢)을 고쳐 비금서당(緋衿誓幢)으로 함.	嗣聖 10 9월 무씨, 자칭 금륜성신황제(金輪聖神皇帝)라 함.
694년(孝昭 3)甲午 4월 김인문(金仁問), 당나라에서 죽음. 송악(松嶽)과 우잠(牛岑) 두 성을 쌓음.	嗣聖 11 1월 돌궐 가한 죽음. 마니교(摩尼敎)의 경문(經文)을 가져옴.
695년(孝昭 4)乙未 건자월(建子月)로서 정월(正月)로 함. 서시전(西市典)을 설치.	嗣聖 12 2월 승려 회의(懷義) 사형됨. 승려 의정(義級) 귀국.
696년(孝昭 5)丙申 이찬 당원(幢元)을 중시(中侍)로 함. 영각사(靈覺寺) 창건.	嗣聖 13 1월 토번을 대파(大破). 5월 거란의 입구(入寇)를 부숨. 토번, 화의를 청함. 10월 거란 또 쳐들어옴.

한국사	주변국 정세
697년(孝昭 6)丁酉 석가사(釋迦寺)·불무사(佛無寺) 창건.	嗣聖 14 4월 주나라, 구정(九鼎)을 주조(鑄造).
698년(孝昭 7)戊戌 3월 일본 사신 들어옴.	嗣聖 15 3월 임금, 동도(東都)로 돌아감. 8월 돌궐 쳐들어옴. 적인걸(狄仁傑) 등 이를 침. 7월 일본, 처음으로 태법(笞法)을 제정.
699년(孝昭 8-발해渤海 고高 천통天統 1)己亥 당나라, 안동도호부를 안동도독부(安東都督府)로 고침. 발해 시조 대조영(大祚榮), 나라를 세워 진(震)이라 함.	嗣聖 16 4월 토번의 찬파궁인(贊婆弓仁) 항부(降附). 8월 누사덕(婁師德) 죽음. 이계고로 하여금 거란의 여당을 치게 함.
700년(孝昭 9-天統 2)己亥 건인월(建寅月)로서 다시 정월(正月)로 정함. 5월 이찬(李湌) 경영(慶永) 모반하여 복주됨.	嗣聖 17 9월 적인걸(狄仁傑) 죽음. 10월 주정(周正)을 사용.
701년(孝昭 10-天統 3)辛丑 영암 태수 일길찬 제일(一吉湌諸逸) 유배됨.	嗣聖 18 1월 개원. 일본, 3월 개원함. 8월 대보율령(大寶律命) 이룩됨. 10월 장안(長安)이라 개원함.
702년(성덕聖德 1-天統 4)壬寅 7월 효소왕 죽고 제33대왕 성덕왕(聖德王-융기) 즉위. 승려 의상(義湘) 죽음.	嗣聖 19 1월 주나라, 무거(武擧)를 둠. 7월 돌궐 쳐들어옴. 10월 토번을 부숨. 10월 일본 대보율명(大寶律命)을 반포.
703년(聖德 2-天統 5)癸卯 7월 아찬(阿湌) 김사양(金思讓)을 당에 보냄.	嗣聖 20 9월 주나라, 위원충(魏元忠)과 장열(張說)을 귀양 보냄. 토번의 찬보(贊普) 기노실롱(器弩悉弄) 죽음.
704년(聖德 3-天統 6)甲辰 3월 김사양, 당에서 돌아와 『최승왕경』(最勝王經)을 바침. 김대문(金大問), 한산주 총관(漢山州摠管)이 됨.	嗣聖 21 4월 주나라, 승니(僧尼)에게 과(課)하여 대상(大像)을 만듦. 일본, 4월 제국(諸國)의 인(印)을 주조(鑄造), 5월 개원(改元).
705년(聖德 4-天統 7)乙巳 안동도독부를 안동도호부로 고침. 발해, 대문예(大門藝)를 당나라에 보내어 입시(入侍)케 함.	중종中宗 신룡神龍 1 1월 장간지(張柬之) 등 군사를 일으켜 장창종(張昌宗) 등 사형. 황제 복위.
706년(聖德 5-天統 8)丙午 1월 이찬 인품(仁品)을 상대등(上大等)으로 함. 황복사(皇福寺) 석탑 내 금동 불상(金銅佛像) 조성됨.	神龍 2 7월 장간지 등 무삼사(武三思)에게 피살. 12월 돌궐 쳐들어옴. 일본, 처음으로 전조법(田租法)을 정함.
707년(聖德 6-天統 9)丁未 1월 아사자(餓死者)	경룡景龍 1 7월 태자 경준(庚俊), 무삼사를 죽이

한국사	주변국 정세
가 많으므로 1인 1일 1승(升)의 조(粟)를 지급함. 12월 당에 사신을 보냄.	고 패사함. 위원충 죽음.
708년(聖德 7-天統 10)戊申 4월 대사령(大赦令)을 발표함.	景龍 2 3월 장인덕(張仁德), 삼수강성(三受降城)을 축조. 4월 수문관학사(修文館學士)를 둠. 일본, 화동개진을 주조(鑄造).
709년(聖德 8-天統 11)己酉 6월 당나라에 사신을 보냄.	景龍 3 8월 일본, 은전(銀錢)을 폐하고 동전을 사용.
710년(聖德 9-天統 12)庚戌 1월 당나라에 사신을 보냄.	당唐 예종睿宗 경운景雲 1 6월 황후 위(韋)씨, 중종(中宗)을 죽이고 온왕(溫王) 중무(重茂)를 세움. 임치왕(臨淄王) 융기(隆基-현종), 위씨를 죽이고 예종(睿宗)을 세움.
711년(聖德 10-天統 13)辛亥 11월 왕, 백관잠(百官箴)을 만들어 군신에게 보임. 12월 당나라에 사신을 보냄.	景雲 2 4월 정사(政事) 모두 태자의 처분을 받음. 6월 10도(道) 안찰사를 둠. 일본, 녹법(祿法)을 정함.
712년(聖德 11-天統 14)壬子 2월 당나라에 사신을 보냄. 3월 당나라, 왕명을 고치게 하므로 왕휘(王諱) 융기(隆基)를 흥광(興光)으로 고침.	태극太極 1-선천先天 1 8월 융기 즉위. 10월 사타금산(沙陀金山), 입공. 일본의 태안만여(太安萬侶)『고사기』(古事記)를 바침.
713년(聖德 12-天統 15)癸丑 2월 전사서(典祀署)를 둠. 당나라에 사신을 보냄. 12월 개성(開城)에 성을 쌓음. 진(震), 국호를 발해(渤海)로 고침.	당唐 현종玄宗 개원開元 1 3월 대조영을 발해 군왕(渤海郡王)으로 함. 7월 태평(太平) 공주 모역하여 사사(賜死)함. 일본, 권형도량(權衡度量)을 반포.
714년(聖德 13-天統 16)甲寅 상문사(詳文司)를 통문박사(通文博士)로 고침. 왕자 김수충(金守忠)을 당나라에 숙위(宿衛)케 함.	開元 2 7월 주옥 금수(珠玉錦繡)를 태움. 12월 유주절도경략대사(幽州節度經略大使)를 둠.
715년(聖德 14-天統 17)乙卯 3월 김풍후(金楓厚)를 당나라에 사신으로 보냄.	開元 3 9월 처음으로 시독관(侍讀官)을 둠. 서역(西域) 8국, 항복을 청함.
	開元 4 발예고(拔曳固), 돌궐의 묵철(默綴)을 죽이고 항복.
717년(聖德 16-天統 19)丁巳 의(醫)박사·산(算)박사 각 1명을 둠. 김수충 당에서 돌아와 공자 10철(哲) 72제자도(弟子圖)를 바침. 이를 대학(大學)에 둠.	開元 5 1월 황제, 동도(東都)에 감.

한국사	주변국 정세
718년(聖德 17-天統 20)己未 6월 처음으로 누각(漏刻)을 만들고, 누각전(典)을 설치. 10월 한산주 관내의 여러 성을 쌓음. 연사전(煙舍典)을 설치.	開元 6 8월 주현(州縣)으로 하여금 매년 12월 향음주례(鄕飮酒禮)를 행하게 함.
719년(聖德 18-발해 무武 인안仁安 1)己未 2월 승려 아찬(阿飡) 김지성(金志誠), 감산사(甘山寺)를 창건. 발해 고왕(高王) 죽음. 무왕 즉위하고 연호를 인안(仁安)이라 함.	開元 7 2월 돌궐 강거(康居) 등 대식(大食)에게 침략되어 구원을 청함.
720년(聖德 19-仁安 2)庚申 황룡사(皇龍寺) 9층탑 중수.	開元 8 1월 송경(宋景)과 소정(蘇頲)을 파면. 11월 돌궐, 양주(涼州)에 침입. 일본『일본서기』(日本書紀) 이룩됨.
721년(聖德 20-仁安 3)辛酉 7월 아슬라도(阿瑟羅道)의 장정을 징발하여 북경(北境)에 장성(長城)을 쌓음.	開元 9 돌궐, 화의를 청함. 4월 현령(縣令)을 거용(擧用). 9월 요숭(姚崇)과 유여기(劉如幾) 죽음. 일본, 추방국(諏方國)을 둠.
722년(聖德 21-仁安 4)壬戌 8월 백성에게 정전(丁田)을 반급(班給). 10월 모벌군(毛伐郡)에 성을 쌓아서 일본의 침입을 막음. 소내학생(所內學生)을 둠.	開元 10 7월 내시 양사조, 안남의 난을 토평함(환관 전병宦官專兵의 시작). 9월 처음으로 모병, 숙위(宿衞)에 충당. 일본, 여의박사(女醫博士)를 둠.
723년(聖德 22-仁安 5)癸亥 4월 당나라에 사신을 보내어 과하마(果下馬) 등을 바침. 쌍계사(雙溪寺) 창건.	開元 11 1월 병주(幷州)를 태원부(太原府)로 하여 북도(北都)를 둠. 5월 여정서원(麗正書院)을 둠. 11월 장종숙위(長從宿衞)를 둠.
724년(聖德 23-仁安 6)甲子 12월 당나라에 사신을 보내어 포정(泡貞)과 정완(貞婉) 두 미녀를 바침. 상원사(上院寺) 창건.	開元 12 5월 모든 도(道)에 안찰사(按察使)를 둠. 7월 양사조, 보국대장군(輔國大將軍)이 됨. 7월 황후 왕(王)씨를 폐함.
725년(聖德 24-仁安 7)乙丑 법천사(法泉寺) 창건.	開元 13 장종 숙위를 광기로 고침. 10월 천문 관측기구인 수운혼천의(水運渾天儀) 제작.
726년(聖德 25-仁安 8)丙寅 4월 김충신(金忠臣), 당나라에 사신으로 감. 발해 왕의 아우 문예(文藝)를 보내어 흑수말갈을 치게 함. 문예, 당나라로 도망.	開元 14 1월 장열(張說)에게 오례(五禮)를 닦게 함. 일본 전국에 역병(疫病) 유행.
727년(聖德 26-仁安 9)丁卯 혜초(慧超), 인도 성	開元 15 1월 토번 쳐들어 옴. 7월 소정(蘇頲) 죽

한국사	주변국 정세
지를 순례하고 귀국함. 『왕오천축국전』(往五天竺國傳) 3권을 지음.	음. 9월 토번 과주(瓜州)를 함락. 윤 9월 도적 왕군작(王君爵)을 죽임.
728년(聖德 27-仁安 10)戊辰 7월 왕의 아우 김사종(金嗣宗)을 당나라에 보내어 자제들이 국학에 들어가는 것을 청함.	開元 16 광기를 우림비기(羽林飛騎)라 함. 8월 개원 대연력(開元大衍曆)을 사용. 12월 장정병(長征兵)의 분번수훈법(分番酬勳法)을 세움.
	開元 17 8월 황제의 생일을 천추절(千秋節)이라 함. 동연석(銅鉛錫)의 사매(私賣)를 금함. 3년에 한 번씩 승적(僧籍)을 만들게 함.
730년(聖德 29-仁安 12)庚午 2월 왕질(王姪) 지만(志滿), 당나라에 들어가 숙위(宿衛)함.	開元 18 6월 해족(奚族) 거란을 침.
731년(聖德 30-仁安 13)辛未 2월 김지량(金志良)을 당나라에 사신으로 보냄. 4월 일본, 병선 3백 척으로 동변(東邊)을 침입하나 이를 대파함.	開元 19 1월 왕모중(王毛仲) 사사(賜死).
732년(聖德 31-仁安 14)壬申 경성주작전(京城周作典)을 둠. 발해, 당나라의 등주(登州)를 침.	開元 20 1월 신안왕(信安王) 의(禕), 해족(奚族) 거란 대파.
733년(聖德 32-仁安 15)癸酉 7월 당나라, 발해 정벌을 청함. 눈(雪)이 많이 내려 싸우지 못하고 돌아옴. 경성주작전에 경(卿) 6인을 둠.	開元 21 1월 발해를 쳤으나 이기지 못함. 10월 천하를 15도(道)로 구분하고 채방사(採訪使)를 둠.
	開元 22 5월 장구령(張九齡), 중서령(中書令)이 됨. 12월 유주(幽州) 절도사 장수규(張守珪), 거란왕 굴렬(屈烈)을 죽임.
735년(聖德 34-仁安 17)乙亥 2월 당나라, 신라의 패강(浿江-현 대동강) 이남 영유(領有)를 승인함.	開元 23 3월 장황(張瑝)과 장수(長琇) 피살. 12월 수왕비(壽王妃) 양(楊)씨를 책립. 일본, 천연두 유행.
736년(聖德 35-仁安 18)丙子 6월 당나라에 사신을 보내어 패강 이남의 땅을 준 것을 진사(陣謝)함. 평양과 우두(牛頭) 2 주(州)의 지세(地勢)를 조사함.	開元 24 8월 장구령, 『천추금감록』(千秋金鑑錄)을 올림.
737년(효성孝成 1-문文 1)丁丑 2월 사찬 김포질(金泡質)을 당의 사신으로 보냄. 성덕왕 죽고, 효성왕 즉위. 발해 무왕 죽고, 문왕 즉위.	開元 25 2월 진사시경법(進士試經法)을 세움. 2월 최희일(崔希逸), 토번을 침. 10월 송경(宋璟), 죽음.

한국사	주변국 정세
738년(孝成 2-文 2)戊寅 4월 당나라, 신라에 사신을 보내어 『노자도덕경』(老子道德經) 등 서적을 바침.	開元 26 1월 천하 주현에 학(學)을 두게 함. 9월 남조(南詔)를 운남왕(雲南王)으로 책봉.
739년(孝成 3-文 3)己卯 선천궁(善天宮) 창건. 5월 파진찬 헌영(憲英)을 태자에 봉함.	開元 27 8월 공자를 문선왕(文宣王)이라 추시(追諡).
740년(孝成 4-文 4)庚辰 8월 파진찬 영종(永宗)이 모반하다 사형됨.	開元 28 2월 장구령(張九齡) 죽음. 서돌궐 멸망.
	開元 29 8월 안녹산, 영주도독(營州都督)이 됨.
742년(경덕景德 1-文 6)壬午 5월 효성왕 죽고 제35대 경덕왕(景德王-헌영) 즉위. 10월 일본 사신, 신라에 도착하나 이를 못 들어오게 함.	天寶 1 1월 안녹산, 평로 절도사(平爐節度使)가 됨. 일본, 태제부(太帝府)를 폐지.
743년(景德 2-文 7)癸未 5월 당나라, 사신 위요(魏曜)를 보내어 신라 왕을 책봉.	天寶 2 일본, 축자진서부(筑紫鎭西府)를 둠.
744년(景德 3-文 8)甲申 1월 이찬 유정(惟正)을 중시(中侍)로 함.	天寶 3 8월 회흘(回紇)의 골력(骨力) 배라(裴羅)를 회인가한(懷仁可汗)으로 함. 일본, 나니와(難波)로 천도(遷都).
745년(景德 4-文 9)乙酉 7월 사정부(司正府) · 소년감전(少年監典) · 예궁전(穢宮典) 설치.	天寶 4 1월 회인가한 죽음. 돌궐의 땅 모두 회흘의 것이 됨. 8월 양태진(楊太眞)을 귀비(貴妃)로 삼음.
746년(景德 5-文 10)丙戌 내사정전(內司正典)을 둠. 이찬 김사인(金思仁), 종(鐘) 1개를 만들어 무진사(无盡寺)에 시입(施入).	天寶 5 왕사충(王嗣忠), 하서(河西) · 농우(隴右) · 삭방(朔方) · 하동(河東)의 절도사가 됨. 4월 이적지(李適之) 파면됨.
747년(景德 6-文 11)丁亥 1월 집사성의 중시(中侍)를 시중(侍中)으로, 전대등(典大等)을 시랑(侍郞)으로 각각 고침. 국학에 제업 박사(諸業博士) · 조교(助敎)를 둠.	天寶 6 1월 이옹(李邕) · 위견(韋堅) 등을 죽이고 왕거(王琚) 이적지를 자살케 함. 전국의 세공(歲貢)을 이임보(李林甫)에게 줌.
748년(景德 7-大興 12)戊子 8월 정찰(貞察) 1명을 두어 백관을 규정함. 대곡성(大谷城) 등 14군현(郡縣)을 설치.	天寶 7 4월 고역사(高力士), 표기대장군(驃騎大將軍)이 됨. 11월 양귀비의 3자(姊)를 국부인(國夫人)으로 함.
749년(景德 8-大興 13)己丑 3월 천문박사(天文博士) · 누각박사(漏刻博士)를 둠.	天寶 8 『정광정요』(貞觀政要)의 편자 오긍(吳兢) 죽음.

한국사	주변국 정세
750년(景德 9-大興 14)庚寅 2월 어룡성(御龍省)에 봉어(奉御) 2명을 둠.	天寶 9 5월 안녹산에게 동평군왕(東平郡王)의 작(爵)을 내림.
751년(景德 10-大興 15)辛卯 대상(大相) 김대성(金大城)이 불국사(佛國寺) 창건.	天寶 10 7월 고선지, 대식(大食)을 쳐서 패함.
752년(景德 11-大興 16)壬辰 8월 동궁아관(東宮衙官)을 둠. 창부사(倉部史) 3명을 더 둠.	天寶 11 3월 안녹산(安祿山), 거란을 공격. 일본 도다이사(東大寺) 대불(大佛)에 개안(開眼).
753년(景德 12-大興 17)癸巳 8월 일본 사신이 왔으나 왕이 이를 만나지 않음.	天寶 12 2월 이임보(李林甫)의 관작을 추삭(追削). 8월 가서한(哥舒翰), 하서절도사(河西節度使)를 겸함.
754년(景德 13-大興 18)甲午 5월 성덕왕비(聖德王碑)를 세움. 7월 왕명으로 영흥(永興)과 원정(元廷) 두 절을 수리. 황룡사(皇龍寺) 종(鐘)을 주조.	天寶 13 6월 검남 유후(劍南留後) 이밀(李宓), 남조(南詔)를 치나 패사.
755년(景德 14-大興 19)乙未 효자 향덕(向德)에게 조(租) 3백 곡(斛)과 구분전(口分田) 약간을 줌. 4월 당나라에 사신을 보냄. 분황사의 약사동상(藥師銅像)을 주조.	天寶 14 11월 안녹산 반란. 12월 환관 고선지를 부원수로 함. 안녹산, 동경 함락. 안진경(顏眞卿) 등 군사를 일으켜 적을 침.
756년(景德 15-大興 20)渤海 文 丙申 발해, 도읍을 상경(上京) 용천부(龍泉府)에 옮김.	당唐 현종玄宗 지덕至德 1 1월 안녹산, 참호(僭號)함. 6월 적(賊) 입관(入關)함. 황제 마외(馬嵬)로 피란. 양국충(楊國忠)·양귀비(楊貴妃) 피살.
757년(景德 16-大興 21)丁酉 3월 신라, 내외관(內外官)의 월봉을 없애고 다시 녹읍(祿邑)을 줌. 12월 신라, 전국에 9주(州)를 두고 군현(郡縣)의 명칭을 고침.	숙종肅宗 지덕至德 2 1월 안경서(安慶緒), 안녹산을 죽임. 9월 곽자의(郭子儀), 서경(西京)을 회복. 장순(長巡)과 허원(許遠) 전사.
758년(景德 17-大興 22)戊戌 2월 신라, 내외관(內外官)의 휴가일이 60일 이상되는 자는 벼슬자리를 내놓게 함. 4월 신라, 율령박사(律令博士)를 둠.	건원乾元 1 6월 사사명(史思明), 반란. 7월 신전(新錢)을 주조. 영국(寧國) 공주, 회흘(回紇) 영무가한(英武可汗)에게 시집감.
759년(景德 18-大興 23)己亥 1월 신라, 관호(官號)를 개정함.	乾元 2 1월 사사명, 연왕(燕王)을 칭함. 3월 사사명, 안경서(安慶緒)를 죽임. 왕유(王維) 죽음. 일본, 상평창(常平倉)을 둠.

한국사	주변국 정세
760년(景德 19·大興 24)庚子 7월 신라, 왕자 건운(乾運)을 태자에 봉함.	**상원上元 1** 7월 이보국(李輔國), 태상황(太上皇)을 서내(西內)로 옮김. 11월 유전(劉展) 반란. 이 무렵 예술가이자 문인인 왕유(王維) 죽음. **上元 2** 1월 유전 사형시킴. 3월 사조의(史朝義), 사사명을 죽임. 9월 도량(道場)을 3전(殿)에 둠.
762년(景德 21·大興 26)壬寅 5월 오곡(五谷)·휴암(㻌巖)·장색(獐塞)·한성(漢城)·지성(池城)·덕곡(德谷) 6성을 쌓고 각각 태수를 둠. 9월 당나라에 사신을 보냄.	**보응寶應 1** 4월 황제 숙종 죽음. 도적, 이보국(李輔國)을 죽임. 11월 이백(李白) 죽음.
	대종代宗 광덕廣德 1 1월 이회천(李懷遷), 사조의를 죽임. 8월 복고회은(僕固懷恩) 반란.
764년(景德 23·大興 28)甲辰 영묘사(靈妙寺) 장육상(丈六像)을 다시 만듦. 고달사(古達寺) 세움.	**廣德 2** 5월 오기력(五紀曆)을 사용. 7월 청묘전(靑苗錢)에 과세(課稅). 8월 복고회은, 회흘, 토번 쳐들어옴.
765년(혜공惠恭 1·大興 29)乙巳 6월 경덕왕 죽고 제36대 혜공왕(惠恭王-건운) 8세로 즉위. 국학에 사(史) 2인을 둠. 승려 충담사(忠談師), 안민가(安民歌)를 지음.	**영태永泰 1** 9월 복고회은, 회흘, 토번 쳐들어옴. 윤 10월 일본의 도쿄(道鏡), 태정대신선사(太政大臣禪師)가 됨.
766년(惠恭 2·大興 30)丙午 5월 승려 진표(眞表), 금산사(金山寺) 금당(金堂)에 미륵장육상(彌勒丈六像)을 주조하여 안치.	**당唐 대종代宗 대력大曆 1** 1월 국자학생(國子學生)을 다시 임명함. 6월 일본에서 백제 왕의 후예 경복(敬福) 69세의 나이로 죽음. 10월 일본의 도쿄, 법왕(法王)이 됨.
767년(惠恭 3·大興 31)丁未 7월 당나라에 사신을 보냄.	**大曆 2** 2월 곽자의 입조. 4월 토번과 동맹. 9월 토번 쳐들어옴. 일본, 개원.
768년(惠恭 4·大興 32)戊申 당나라, 귀숭경(貴崇敬), 육정(陸挺), 고음(顧愔)을 신라에 보내어 왕을 책봉. 고음 『신라국기』(新羅國記) 1권을 지음. 7월 일길찬(一吉湌) 대공(大恭)과 아찬 대렴(大廉), 모반하다가 주살.	**大曆 3** 1월 황제, 승니(僧尼) 천 명에게 도첩(度牒)을 줌. 8월 토번, 영무(靈武)에 쳐들어옴.
	大曆 4 1월 곽자의 입조. 일본의 도쿄, 화기청마(和氣淸麿)를 오스미(大隅) 반도로 귀양 보냄.

한국사	주변국 정세
770년(惠恭 6·大興 34)乙酉 1월 왕, 서원경(西原京)에 순행. 8월 대아찬(大阿湌) 김융(金融), 모반하려다 주살. 12월 승려 진표(眞表), 발연사(鉢淵寺)를 창건.	大曆 5 3월 어조은(魚朝恩) 사형됨. 두보(杜甫) 죽음. 일본, 칭덕(稱德) 천황 죽음, 광인(光人) 천황 즉위 개원. 도쿄 좌천.
771년(惠恭 7·渤海 文 大興 35)辛亥 12월 성덕왕(聖德王) 신종(新種) 주조.	大曆 6 4월 토번, 화의를 청함. 8월 이서균(李栖均)을 어사대부(御史大夫)로 함.
772년(惠恭 8·大興 36)壬子 김표석(金標石)을 당나라에 사신으로 보냄.	大曆 7 7월 노룡절도사(盧龍節度使) 조희채(朱希彩), 부하에게 피살.
773년(惠恭 9·大興 37)癸丑 당나라에 사신을 여섯 차례 보냄.	大曆 8 1월 설숭(薛嵩) 죽음. 2월 고창(孤彰) 죽음. 9월 가서황(哥敍晃) 반란.
774년(惠恭 10·大興 38)甲寅 9월 이찬 김양상(金良相)을 상대등(上大等)으로 함. 고선사(高先寺)에 원효대사비(碑) 건립함.	大曆 9 2월 곽자의 입조. 9월 노룡절도사 주자(朱泚), 입조.
775년(惠恭 11·大興 39)乙卯 이찬 김은거(金隱居), 모반하려다 사형. 8월 이찬 염상(廉相)·시중 정문(正門), 모반하다가 사형.	大曆 10 1월 전승사(田承嗣) 반란. 4월 각 도의 군사로 하여금 전승사를 치게 함.
776년(惠恭 12·大興 40)丙辰 1월 백관(白官)의 칭호를 복구. 3월 창부사(倉部史) 8명을 더 둠.	大曆 11 2월 전승사의 죄를 용서함. 5월 변송군(鎧宋軍), 난을 일으킴. 12월 마린(馬璘) 죽음.
777년(惠恭 13·大興 41)丙辰 4월 상대등 김양상, 상소하여 시정(時政)을 논함. 10월 이찬 주원(周元)을 시중(侍中)으로 함.	大曆 12 3월 원재(元載) 사형. 7월 양관(楊綰) 죽음. 9월 단수실(段秀實), 경원(涇原) 절도사가 됨.
778년(惠恭 14·大興 42)戊午 왕, 효자 성각(聖覺)에게 조 3백 석을 내림.	大曆 13 회흘, 태원(太原)에 쳐들어옴. 대주도독(大州都督) 장광성(張光星) 이를 격퇴.
779년(惠恭 15·大興 43)己未 3월 백좌법회(百座法會)를 베품. 10월 승려 신행(神行) 죽음.	大曆 14 2월 전승사 죽음. 2월 회서(淮西)의 장군 그 절도사를 쫓고 유후(留後)가 됨. 토번과 남조가 쳐들어옴.
780년(선덕宣德 1·大興 44)庚申 4월 이찬 지정(志貞), 모반하여 혜공왕을 죽임. 김양상 신라 제37대 선덕왕(宣德王)으로 즉위.	덕종德宗 건중建中 2 5월 상세(商稅)를 증가. 5월 전열(田悅) 쳐들어옴. 6월 곽자의 죽음. 대진경교유행중국비(大秦景敎流行中國碑)를 세움.
781년(宣德 2·大興 45)辛酉 7월 사람을 보내어 패강(浿江) 이남 주군(州郡)을 안무(安撫).	

한국사	주변국 정세
782년(宣德 3-大興 46)壬戌 2월 한산주(漢山州)에 행차하고 민호(民戶)를 패강진(浿江鎭)으로 옮김. 패강진전(浿江鎭典)에 전두상대감(典頭上大監) 1명을 둠.	建中 3 11월 주도(朱滔), 전열(田悅), 무준(武俊), 이납(李納) 각각 왕으로 칭함.
783년(宣德 4-大興 47)癸亥 1월 아찬 체신(體信), 대곡진(大谷鎭) 군주(軍主)가 됨.	建中 4 1월 이희열(李希烈), 여주(汝州)를 함락. 10월 주자, 난을 일으켜 장안(長安)을 근거로 함.
784년(宣德 5-大興 48)甲子 승려 명적(明寂)이 사신 김양공(金讓恭)을 따라 당나라에 감.	興元 1 1월 이희열 참호(僭號) 함. 2월 이희광(李希光) 반란. 6월 이성(李晟), 경성(京城)을 회복하고 주자 사형됨.
785년(원성元聖 1-大興 49)乙丑 1월 선덕왕 죽고, 상대등(上大等) 경신(敬信) 원성왕(元聖王)으로 즉위. 총관(摠管)을 도독(都督)으로 고침. 승관(僧官)을 두고 정법전(政法典)이라 함.	당唐 덕종德宗 정원貞元 1 3월 마수(馬燧), 이희광을 쳐부숨. 8월 이희광 자살.
786년(元聖 2-大興 50)丙寅 발해, 도읍을 동경(東京) 용원부(龍原府)로 옮김. 4월 김원전(金元全)을 당나라에 보냄.	貞元 2 진선기(陳仙奇), 이희열을 죽이고 항복.
787년(元聖 3-大興 51)丁卯 소년서성(少年書省) 2명을 둠.	貞元 3 1월 운남왕(雲南王) 이모심(異牟尋), 항복을 청함.
788년(元聖 4-大興 52)戊辰 독서출신과(讀書出身科) 설치.	貞元 4 2월 여러 도(道)의 세외전백(稅外錢帛)을 대영고(大盈庫)로 수송. 10월 회흘(回紇)을 회골(回鶻)로 개칭.
789년(元聖 5-大興 53)己巳 당나라 유학생을 채용키로 함.	貞元 5 이필(李泌) 죽음. 위고(韋皐), 동만(東蠻) 및 토번을 쳐부숨. 회골 천친가한(天親可汗) 죽고 아들이 뒤를 이음.
790년(元聖 6-大興 54)庚午 전주(全州) 등 7주의 백성을 징발하여 벽골제(碧骨堤)를 증축. 전읍서(田邑署)에 2인을 둠.	貞元 6 3월 회골 충정가한(忠貞可汗) 피살. 6월 토번, 안서(安西)를 함락. 10월 곽봉(郭鋒), 회골에서 돌아옴.
791년(元聖 7-大興 55)辛未 1월 이찬 제공(梯恭), 모반했다가 사형. 김생(金生) 죽음.	貞元 7 회골, 봉성가한(奉誠可汗)을 세움. 육지(陸贄)를 병부시랑(兵部侍郎)으로 함.
792년(元聖 8-大興 56)壬申 7월 당나라에 사신을 보내어 미녀를 바침. 8월 상대등 충렴(忠廉) 죽음.	貞元 8 5월 평로절도사(平盧節度使) 이납(李納) 죽음.

한국사	주변국 정세
793년(元聖 9-폐廢)癸酉 발해 문왕(文王) 죽고, 4대왕 원의(元義) 즉위.	貞元 9 1월 처음으로 차(茶)에 과세(課稅). 5월 운남왕 이모심(異牟尋), 표(表)를 올림.
794년(元聖 10-발해 성成 1)甲戌 7월 연회국사 (緣會國師), 견성사(見性寺-봉은사)를 창건. 발해, 문왕을 죽이고 성왕(成王)을 세움. 연호를 중흥(中興)이라 고침.	貞元 10 1월 운남왕, 토번을 대파. 6월 이모심, 남조왕(南詔王)으로 함. 12월 육지(陸贄), 태자 빈객(太子賓客)이 됨.
795년(元聖 11-발해 강康 1)乙亥 발해 성왕 죽고 제6대 강왕(康王) 즉위함. 연호를 정력(正曆) 이라 고침.	貞元 11 4월 회골의 봉성가한 죽고 회신 가한(懷信) 왕의 자리를 이어받음. 8월 마수 죽음.
796년(元聖 12-康 2)丙子 4월 시중 언승(彦昇) 을 병부병(兵部兵), 이찬 지원(智源)을 시중(侍中)으로 함.	貞元 12 4월 위박 절도사(魏博節度使) 전서(田緒) 죽음. 9월 배연령(裵延齡) 죽음.
797년(元聖 13-康 3)丁丑 좌이방부(左異方府) 의 사(史) 15명에서 5명을 감원.	貞元 13 1월 토번, 화의를 청해 옴. 2월 일본 『속일본기』(續日本紀) 이룩됨.
798년(元聖 14-康 4)戊寅 12월 원성왕(元聖王) 죽고 제39대 소성왕(昭成王-준옹) 즉위.	貞元 14 2월 징관 법사(澄觀法師)『신역화엄경』(新譯華嚴經)을 이룩함. 9월 오소성(吳少誠), 반란.
799년(소성昭聖 1-康 5)乙卯 3월 청주(淸州) 노거현(老居縣)을 학생(學生)의 녹읍(祿邑)으로 함.	貞元 15 2월 선무(宣武) 절도사 동진(董晋) 죽음. 군사 흩어짐.
800년(애장哀莊 1-康 6)庚辰 소성왕 죽고, 40대 애장왕(哀莊王) 즉위. 왕의 외삼촌 병부령(兵部令) 언승(彦昇)이 섭정(攝政).	貞元 16 10월 이열(李說) 죽음. 10월 오소성을 용서함.
801년(哀莊 2-康 7)辛巳 3월 5묘(廟)의 제도를 고침. 어룡성(御龍省) 사신을 둠. 10월 탐라국, 사신을 보내옴.	貞元 17 6월 성덕(成德) 절도사 왕무준(王武俊) 죽음. 11월 가탐(賈耽), 지도 '해내화이도(海內華夷圖)' 를 제작하고『고금군국현도사이술』(古今郡國縣道四夷述)을 저술하여 올림.
802년(哀莊 3-康 8)壬午 8월 가야산(伽倻山) 해인사(海印寺) 창건. 감은사(感恩寺) 창건.	貞元 18 7월 백관(百官)의 정아지도주사(正牙奏事)를 금함.
803년(哀莊 4-康 9)癸未 4월 일본과 교빙.	貞元 19 12월 정순유 대신이 되고, 한유(韓愈) 양산령(陽山令)으로 좌천.
804년(哀莊 5-康 10)甲申 5월 일본, 신라에 사	貞元 20 토번의 찬보 죽음. 8월 노종사(盧從史),

한국사	주변국 정세
신을 보내어 황금 3백 냥을 바침. 7월 임해전(臨海殿)을 중수.	소의(昭義) 절도사가 됨. 일본 승려 사이초(最澄)와 구카 당나라에 감.
805년(哀莊 6-康 11)乙酉 8월 공식(公式) 20여 조(條)를 반포. 11월 위화부의 금하신(衿荷臣)을 영(令)으로, 영창궁 성전의 상당(上堂)을 경(卿)으로 각각 고침.	順宗 永貞 1 육지(陸贄)와 양성(陽城) 죽음. 8월 순종(順宗) 양위. 8월 위고(韋皐) 죽음. 8월 사관(史官), 일력(日曆)을 지음. 가침(賈眈), 죽음.
806년(哀莊 7-康 12)丙戌 3월 조원전(朝元殿)에서 일본국 사신을 인견(引見)함. 불사(佛寺) 신창(新創)을 금함,	당唐 덕종德宗 元和 1 1월 태상황(太上皇) 죽음. 8월 이사고(李師古) 죽음. 9월 유벽(劉闢)을 사형시킴. 일본 간무(桓武) 천황 죽고 평성(平城) 천황 즉위.
807년(哀莊 8-康 13)丙戌 1월 이찬 김헌창(金憲昌)을 시중으로 함.	元和 2 10월 이기(李錡), 반란을 꾀하다 11월 사형 당함. 일본, 헌법 15조를 반포. 이임보(李林甫)『원화국계부』(元和國計簿)를 지음.
808년(哀莊 9-康 14)戊子 2월 일본, 신라에 사신을 보냄. 2월 12도(道)에 사신을 보내어 군(郡)과 읍(邑)의 경계를 정함. 김력기(金力奇)를 당나라에 사신으로 보냄.	元和 3 4월 현량방정(賢良方正)한 선비를 거용(擧用). 5월 사타(沙陀), 항복해 옴. 두황산(杜黃裳) 죽음.
809년(헌덕憲德 1-발해 정定 1)乙丑 7월 왕의 숙부 언승(彦昇)·이찬 제옹(悌邕) 등 난을 일으켜 애장왕을 죽이고 헌덕왕(憲德王)을 즉위케 함. 발해 강왕 죽고 정왕 즉위.	元和 4 4월 숭인(嵩璘) 죽음. 9월 왕승종(王承宗) 반란. 12월 오소성 죽음.
810년(憲德 2-定 2)庚寅 2월 국내 각 제방(堤防)을 수리. 10월 왕자 김헌장(金憲章)을 당나라에 보내어 금은 불상과 불경을 바침.	元和 5 1월 왕승종을 공략하나 이기지 못함. 이를 용서함. 12월 이강(李絳), 중서사인(中書舍人)이 됨.
811년(憲德 3-定 3)辛卯 2월 이찬 웅원(雄元), 완산주(完山州) 도독(都督)이 됨. 4월 왕 처음으로 평의전(平議殿)에서 청정(聽政).	元和 6 12월 이강, 대신이 됨. 일본, 농민의 식어음주(食魚飲酒)를 금함.
812년(憲德 4-定 4)壬辰 9월 급찬(級湌) 숭정(嵩正)을 북국(北國)에 사신으로 보냄.	元和 7 1월 원의방(元義方), 관찰사가 됨. 8월 위박 절도사 전계안(田季安) 죽음. 11월 토번이 쳐들어옴. 11월 영전(營田)을 둠.
813년(憲德 5-발해 희僖 1)癸丑 1월 이찬 김헌창(金憲昌), 무진주(武珍州) 도독이 됨. 발해 정	元和 8 이길보(李吉甫)『육대략』(六代略) 등을 지어 올림.

한국사	주변국 정세
왕 죽고 제8대 희왕 즉위. 연호를 주작(朱雀)이라고 고침.	
814년(憲德 6-僖 2)甲午 5월 나라의 서쪽에 홍수로 1년간 조조(租調)를 면제. 승려 혜철(慧徹) 당나라에 들어감.	元和 9 윤 7월 창의(彰義) 절도사 오소양(吳少陽) 죽음. 10월 이길보 죽음.
815년(憲德 7-僖 3)乙未 8월 서쪽 주군(州郡)에 기근이 들어 도적이 일어남.	元和 10 1월 오원제 반란. 6월 무원형(武元衡), 도적에게 피살. 배도(裴度), 대신이 됨.
816년(憲德 8-僖 4)丙申 1월 김헌창(金憲昌), 청주(淸州) 도독이 됨. 흉년으로 당나라 절동(浙東)에 가서 걸식하는 자가 생김.	元和 11 1월 왕승종을 공격함. 일본 승려 구카이(空海), 고야산(高野山)을 열어 금강봉사(金剛峰寺)를 세움.
817년(憲德 9-僖 5)丁酉 왕자 김장렴(金張廉)을 당나라에 사신으로 보냄. 흉년으로 기사(飢死)하는 자가 많아 주군의 창곡(倉穀)을 풀어줌. 발해 희왕(僖王) 죽고 간왕(簡王) 즉위.	元和 12 6월 오원제, 항복을 청함. 9월 이봉길(李逢吉) 파면. 10월 이삭, 오원제를 처형.
818년(憲德 10-간태시簡太始 1-선宣 1)戊戌 발해 간왕 죽고 제10대 선왕(宣王-인수) 즉위.	元和 13 1월 이사도(李師道), 3주(州)를 바침. 4월 왕승종, 2주를 바침. 7월 이사도를 공격. 12월 정홍정(田弘正), 운주(鄆州)에 육박.
819년(憲德 11-建興 2)己亥 초적(草賊)이 일어남. 주군에 명령하여 이를 토평(討平). 김웅원(金雄元), 당나라 이사도(李師道)의 반란을 평정함.	元和 14 불골(佛骨)을 맞아들임. 한유(漢愈), 이를 논하여 좌천됨. 이사도를 죽임. 일본 후지와라 등 『일본후기』(日本後紀)를 착수.
820년(憲德 12-建興 3)庚子 11월 당나라에 사신을 보냄. 겨울에 백성들 굶주림.	元和 15 2월 토번 쳐들어옴. 10월 성덕(成德) 절도사 왕승종 죽음. 전홍정(田弘正), 이를 이어받음.
821년(憲德 13-建興 4)辛丑 봄 기근이 심하여 자손(子孫)을 팔아서 생활하는 일이 생김. 승려 도의(道義), 당에서 귀국하여 남선(南禪)을 전함.	목종穆宗 장경長慶 1 4월 이종민(李宗閔) 좌천됨. 5월 태화장(太和長) 공주를 회골의 숭덕가한(崇德可汗)에게 시집보냄. 7월 전홍정 피살.
822년(憲德 14-建興 5)壬寅 3월 웅천주(熊川州) 도독 김헌창, 반란을 일으켜 국호를 장안(長安)이라 하고, 연호를 경안(慶安)이라 함. 왕, 이를 토벌. 김헌창 자살.	長慶 2 2월 원진(元滇), 대신이 되고 배도, 사공 동경유수(司空東京留守)가 됨. 12월 선명력(宣明曆)을 사용.
823년(憲德 15-建興 6)癸卯 1월 당나라, 신라	長慶 3 2월 우승유(牛僧孺), 대신이 됨. 6월 한

한국사	주변국 정세
인을 사서 노비로 하는 것을 금하고 이미 당나라에 있는 자들은 돌려 보내게 함. 2월 당은현을 수성군(水城郡)에 합함.	유(韓愈), 경조윤(京兆尹)이 되고 9월 이부시랑(吏部侍郎)이 됨. 일본, 정화(淳和) 천황 즉위.
	長慶 4 목종(穆宗) 죽음. 배도, 대신이 됨. 페르시아, 침향(沈香)을 바침. 회골의 숭덕가한 죽음. 한유 죽음.
825년(憲德 17-建興 8)乙巳 1월 범문(梵文), 평양(平壤)에 도읍하고 반란하여 북한산주(北漢山州)를 침. 5월 왕자 김흔(金昕)을 당나라에 사신으로 보냄.	경종敬宗 보력寶曆 1 2월 이덕유(李德裕) 『단의육잠』(丹房六箴)을 바침. 7월 경도선(競渡船)을 만듦.
826년(흥덕興德 1-建興 9)丙午 한산(漢山) 북쪽 여러 군의 백성을 징발하여 패강(浿江)의 장성(長城) 3백 리를 쌓음. 헌덕왕 죽고 흥덕왕 즉위.	寶曆 2 5월 직예(直隷)의 유주군(幽州軍), 난을 일으킴. 11월 이봉길(李逢吉) 파면.
827년(興德 2-建興 10)丁未 2월 신라, 중초사(中初寺) 당간(幢杆) 석주(石柱)를 완성. 3월 고구려 승려 구덕(丘德) 당으로부터 불경을 갖고 돌아옴.	당唐 문종文宗 태화太和 1 6월 왕파(王播), 은기(銀器)와 능견(綾絹)을 바치고 대신이 됨. 8월 이동첩(李同捷) 반란.
828년(興德 3-建興 11)戊申 4월 장보고, 청해진 대사(靑海鎭大使)가 됨. 12월 대렴(大廉), 당에서 차(茶)의 종자를 가져와 이를 지리산에 심게 함.	太和 2 3월 유귀(劉貴), 환관의 전횡을 논함. 6월 봉주 자사(峰州刺史) 왕승조(王昇朝), 모반하여 사형됨.
829년(興德 4-建興 12)乙酉 2월 당은군(唐恩郡)을 당성진(唐城鎭)으로 함. 집사부(執事部)를 집사성(執事省)으로 고침. 원곡양전(源谷羊典)을 설치.	太和 3 6월 위덕(魏德)의 난군(亂軍)을 평정. 11월 남소(南昭) 쳐들어옴.
830년(興德 5-이진彛震 함화咸和 1)庚戌 승려 혜소, 당나라로부터 돌아옴. 발해, 선왕 죽고 제11대 왕이진(王彛震) 즉위. 연호를 함화(咸和)로 고침.	太和 4 1월 이종민과 우승유를 대신으로 하고, 이덕유의 당을 배척.
831년(興德 6-咸和 2)辛亥 1월 신라 이찬 윤분(尹芬), 시중(侍中)이 됨. 4월 당나라, 신라에 사	太和 5 1월 양지성(楊志誠), 노룡(盧龍) 절도사를 쫓고, 2월 유후사(留後司)가 됨. 8월 토번의

한국사	주변국 정세
신을 보내어 왕을 책봉. 11월 신라, 당나라에 사신을 보냄.	장수 항복해 옴. 일본, 『비부략』(秘府略) 천 권 이록됨.
832년(興德 7-咸和 3)壬子 8월 신라에 기근으로 도적이 일어남.	太和 6 3월 회골의 소례가한(昭禮可汗) 피살. 12월 우승유 파면, 이덕유 병부상서가 됨. 유종간(劉從諫) 입조.
833년(興德 8-咸和 4)癸丑 3월 신라, 청주(靑酒) 연지사(蓮池寺) 종(鐘)을 만듦.	太和 7 2월 이덕유, 대신이 됨. 6월 이종민 파면. 8월 진사시(進士試)에 시부(時賦)를 없앰. 일본『영의해』(令義解) 이록됨. 정화 천황 양위, 인명(仁明) 천황 즉위.
834년(興德 9-咸和 5)甲寅 1월 신라의 우징(祐徵), 시중이 됨. 10월 신라 왕, 남방 주군을 순행. 신라, 백성의 복색 제도를 발표.	太和 8 10월 유주군(幽州軍), 난을 일으킴. 절도사 진홍지(陳弘志) 사형됨. 이종민 대신이 되고 이덕유 파면. 전사시에 다시 시부(時賦)를 둠.
835년(興德 10-咸和 6)乙卯 2월 신라의 김균정(金均貞), 상대등이 되고 대아찬 김명(金明), 시중이 됨.	太和 9 5월 구사량(仇士良), 신책 중위(神策中尉)가 됨. 6월 이종민 좌천됨. 9월 환관 진홍지 사형. 10월 환관 왕수징 사형. 11월 감로의 변 일어남. 일본 쇼오와쇼오호오젠(錢)을 주조.
836년(희강僖康 1-咸和 7)丙辰 12월 신라 흥덕왕(興德王) 죽음. 왕의 아우 균정(均貞), 조카 제륭(悌隆)과 왕위를 다툼. 제륭, 균정을 죽이고 즉위.	개성開成 1 4월 이고언(李固言), 대신이 됨.
837년(僖康 2-咸和 8)丁巳 1월 신라의 김명, 상대등이 되고 아찬 이홍(李弘)은 시중이 됨. 5월 아찬 우징(祐徵), 청해진 대사(靑海鎭大使) 장궁복(張弓福)에게로 도망. 6월 신라의 아찬 예징(禮徵)과 양순(良順) 투항.	開成 2 4월 유공권(柳公權), 간의대부(諫議大夫)가 됨. 6월 이집방(李執方), 하양군(河陽軍)의 반란을 진압. 10월 국자감 석경(石經) 이록됨.
838년(僖康 3-咸和 9)戊午 1월 신라의 상대등 김명(金明)과 시중 이홍 등 난을 일으킴. 희강왕(僖康王) 자살하고 김명 자립. 2월 신라, 김양(金陽), 우징을 추대하고 청해진에서 궁복의 군사로 모반. 3월 김양의 군사, 무주성을 함락.	開成 3 9월 의무(義武) 절도사 장번(張伶) 죽음. 토번의 이태찬보 죽고 아우 달마(達磨)가 계승.
839년(신무神武 1-문성文聖 1-咸和 10)己未 윤	開成 4 3월 배도(裵度) 죽음. 5월 정가(鄭賈)와

한국사	주변국 정세
1월 신라의 김양과 우징, 달구벌에서 왕군을 대파. 민애왕(閔哀王) 피살. 2월 신라의 승려 혜철, 당에서 돌아옴. 4월 신라의 우징, 신무왕으로 즉위. 청해진 대사 궁복을 감의군사에 봉함. 7월 신무왕 죽음.	진이행(陳夷行) 파면. 7월 최단(崔鄲), 대신이 됨. 10월 진왕(陳王) 성미(成美) 태자가 됨. 회골의 창신가한(彰信可汗) 피살.
840년(文聖 2-咸和 11)庚申 1월 신라의 예징(禮徵), 상대등(上大等)이 됨. 2월 신라의 승려 체징(體澄), 당나라에서 돌아옴. 4월 당나라 신라의 볼모 및 학생 105인을 돌려보냄.	開成 5 1월 문종(文宗) 죽고 태제(太弟) 전(瀍), 진왕(陳王) 성미(成美)를 죽이고 즉위. 9월 이덕유 대신이 됨.
841년(文聖 3-咸和 12)辛酉 신라의 일길찬(一吉湌) 홍필(弘弼), 모반하다가 사형됨. 7월 신라의 김운경(金雲卿), 당나라로부터 돌아옴.	무종武宗 회창會昌 1 6월 조귀진(趙歸眞), 법록을 바침. 9월 하동(河東)으로 하여금 회골에 대비케 함. 10월 장중무(張仲武), 노룡군(盧龍軍)의 난 진압.
	會昌 2 6월 회골, 올몰사(㳿沒斯)를 좌금오대장군으로 함. 9월 백민중(白敏中), 한림학사가 됨. 토번의 달마찬보(達磨贊普) 죽음.
843년(文聖 5-咸和 14)癸亥 1월 이찬 김양순(金良順)을 시중(侍中)으로 함.	
844년(文聖 6-咸和 15)甲子 8월 혈구진(穴口鎭)을 둠.	會昌 4 3월 조귀진을 도문교수선생(道門敎授先生)으로 함. 8월 곽의(郭誼)와 유진(劉㴑) 사형당함.
845년(文聖 7-咸和 16)乙丑 3월 청해진 대사 장궁복(張弓福)의 딸로 왕비를 삼으려 했으나 신하들이 반대함. 승려 무염(無廉) 당나라에서 돌아옴.	會昌 5 8월 불사(佛寺) 4만여 채를 부수고 승니 26만여 명을 환속시킴. 10월 유원정(劉元靜)을 숭원관 학사(崇元館學士)로 함.
846년(文聖 8-咸和 17)丙寅 봄 청해진 대사 장궁복 청해진에서 모반함. 무주인(武州人) 염장(閻長)이 궁복을 죽임(일설에는 문성왕文聖王 3년 11월).	會昌 6 4월 조귀진 등 사형. 10월 황제, 법록을 도사(道士)로부터 받음.
847년(文聖 9-咸和 18)丁卯 2월 평의전(平議殿)과 임해전(臨海殿) 중수. 5월 김양순과 흥종	선종宣宗 대중大中 1 4월 폐사를 복구. 12월 이덕유를 좌천. 우승유와 백거이 죽음.

한국사	주변국 정세
(興宗) 모반하다가 주살됨. 승려 범일(梵日)과 도윤(道允) 당에서 돌아옴.	
848년(文聖 10-咸和 19)戊辰 파진찬 김계명(金啓明) 시중이 됨.	大中 2 1월 할알사(黠戞斯), 실위(室韋)를 격파. 2월 영호도(令狐綯), 한림학사(翰林學士)가 됨. 5월 태황태후(太皇太后) 곽씨(郭氏) 죽음.
849년(文聖 11-咸和 20)己巳 9월 이찬 김식(金式)과 대흔(大昕) 등 모반하다가 주살됨.	大中 3 4월 주지(周墀), 동천(東川) 절도사로 좌천. 5월 무령군(武寧軍), 난을 일으킴.

한국사	주변국 정세
850년(文聖 12-咸和 21)庚午 1월 승려 혜소(慧昭) 죽음.	大中 4 9월 토번, 하서(河西)를 약탈. 10월 영호도(令狐綯), 대신이 됨. 12월 이업(李業)과 이식(李拭), 초토당항사(招討黨項使)가 됨.
851년(文聖 13-咸和 22)辛未 2월 청해진(靑海鎭)을 없애고 그곳 사람들을 벽골군(碧骨郡)에 옮김. 4월 원홍(元弘), 당에서 불경 등을 가지고 돌아옴.	大中 5 배휴, 염철전운사(鹽鐵轉運使)가 됨. 토번의 논공숙(論恐熱), 입조.
852년(文聖 14-咸和 23)壬申 2월 파진찬 진량(眞亮), 웅주(熊州) 도독이 됨. 7월 명학루(鳴鶴樓)를 중수.	大中 6 2월 계산군(鷄山郡)의 도적 쳐들어옴. 왕지홍(王贊弘), 이를 토평. 8월 배휴, 대신이 됨.
	大中 7 4월 장태법(杖笞法)을 정함. 12월 정광(鄭光), 우우림통군(右羽林統軍)이 됨.
854년(文聖 16-咸和 25)甲戌 쌍계사(雙溪寺)를 세움.	大中 8 9월 고소일(高少逸), 협곡 관찰사(陝綯觀察使)가 됨. 10월 황제, 감로(甘露)의 변의 억울함을 씻어줌.
855년(文聖 17-咸和 26)乙亥 1월 관원을 파견하여 서남주군(西南州郡)의 백성을 안무(安撫). 윤 4월 창림사(昌林寺)에 무구정탑(無垢淨塔)을 세움.	大中 9 윤 4월 주현에 차과부(差科簿)를 만들게 함. 7월 절동군(浙東軍), 난을 일으킴. 일본 도다이사(東大寺) 대불(大佛)의 머리가 떨어짐.
856년(文聖 18-咸和 27)丙子 8월 규흥사(竅興	大中 10 1월 정낭(鄭朗), 대신이 됨. 5월 위오(韋

한국사	주변국 정세
寺) 종(鐘) 주조. 승려 대통(大通), 하정사(賀正使)를 따라서 당나라에 들어감.	澳), 경조윤(京兆尹)이 됨. 6월 배휴 파면.
857년(헌안憲安 1-咸和 28)丁丑 8월 시중 김양(金陽) 죽음. 9월 문성왕 죽고 제47대 헌안왕(憲安王-의정) 즉위.	大中 11 5월 용주군(容州軍) 반란. 10월 도사(道士) 헌원집(軒轅集)을 맞아들임. 일본, 대연력(大衍曆)을 폐하고 오기력(五紀曆)을 사용.
858년(憲安 2-건황虔晃 1)戊寅 승려 순지(舜之), 사신을 따라 당나라에 들어감. 발해 왕 이진(尋震) 죽고 제12대 왕 건황(虔晃) 즉위.	大中 12 5월 유전(劉瑑) 죽음. 6월 남만(南蠻), 안남(安南)에 침입. 7월 선주군(宣州軍) 반란.
859년(憲安 3-虔晃 2)乙卯 4월 제방(堤防)을 수리하고 농업을 장려.	大中 13 8월 선종(宣宗), 도사의 약을 먹고 죽음. 운왕(鄆王) 최(漼), 즉위. 12월 남조(南詔)의 추룡(酋龍), 황제를 지칭. 국호를 대리(大理)라 함.
860년(憲安 4-虔晃 3)庚辰 9월 왕녀(王女)를 응렴에게 시집보냄.	당唐 의종懿宗 함통咸通 1 1월 절동(浙東)의 도적 구보 반란. 6월 주현의 세외율(稅外率) 금함.
861년(경문景文 1-虔晃 4)辛巳 1월 헌안왕 죽고, 왕의 사위 응렴이 경문왕으로 즉위. 2월 승려 혜철 죽음.	咸通 2 1월 백민중(白敏中) 파면, 두종(杜悰), 대신이 됨. 3월 일본 도다이사 대불 수리 끝남. 6월 일본, 선명력(宣明曆)을 사용.
862년(景文 2-虔晃 5)壬午 8월 입당 사신(入唐使臣) 아찬 부량(富良) 등 바다에서 익사.	咸通 3 4월 계단(戒壇)을 두어 승니에 도첩(度牒)을 줌.
863년(景文 3-虔晃 6)癸未 2월 왕, 국학에서 청강. 11월 영화 부인(寧花夫人-왕비)의 동생으로 둘째 왕후를 삼음.	咸通 4 1월 남조(南詔), 교지(交趾)를 함락. 8월 오덕응(吳德應), 관역사(館驛使)가 됨.
864년(景文 4-虔晃 7)甲申 2월 왕, 감은사(感恩寺)에서 바다를 구경. 4월 일본 사신 내조.	咸通 5 4월 남조(南詔), 쳐들어와 관군(官軍)을 대패시킴. 7월 강승훈(康承訓), 장군이 됨. 일본 승려 원인(圓仁) 죽음.
865년(景文 5-虔晃 8)乙酉 1월 철원군 도피사(到彼寺)의 비로자나불 철상(鐵像)을 주조. 4월 당나라, 사신 호귀후(胡歸厚) 등을 보내어 헌안왕을 조제(弔祭).	咸通 6 1월 두선유(杜宣猷), 선흡(宣歙) 관찰사가 됨. 3월 숙치(肅剝) 죽음.
866년(景文 6-虔晃 9)丙戌 1월 왕, 황룡사(皇龍寺)에서 관등(觀燈). 10월 윤흥(允興), 아우 숙흥·계흥과 더불어 모반하다가 발각되어 잡혀 죽음.	咸通 7 10월 고변(高駢), 남조(南詔)를 대파. 교지(交趾)를 회복. 토번의 논공숙(論恐熟) 피살.

한국사	주변국 정세
867년(景文 7-虔晃 10)丁亥 1월 임해전(臨海殿)을 중수. 8월 큰 홍수. 승려 보조(普照), 완주군(完州郡)에 송광사(松廣寺)를 세움.	
868년(景文 8-虔晃 11)戊子 1월 김예(金銳)·김현(金鉉) 등 모반하다가 사형됨. 4월 승려 도윤(道允) 죽음(798년~). 8월 조원전(朝元殿)을 중수.	咸通 9 12월 방훈(龐勛), 사주(泗州)를 침.
869년(景文 9-虔晃 12)乙丑 7월 왕자인 소판(蘇判) 김윤(金胤) 등을 당나라에 사신으로 보냄. 11월 승려 현욱(玄昱) 죽음.	咸通 10 2월 강승훈, 왕홍립을 쳐부숨. 일본 『정관격』(貞觀格), 『속일본후기』(續日本後紀)이 룩됨.
870년(景文 10-경景 1)庚寅 2월 승려 김인(金因)을 당에 보내어 숙위케 함. 발해 왕 건황(虔晃) 죽고, 경왕(景王-玄錫) 즉위.	
	咸通 12 4월 노암(路巖) 파면. 일본, 정관식(貞觀式) 반포.
872년(景文 12-景 3)壬辰 1월 황룡사 탑 개조. 2월 상루(上樓) 중수. 낭공 대사(朗空大師), 당나라에 유학.	咸通 13 1월 유주(幽州) 절도사 장윤신(張允伸) 죽음.
873년(景文 13-景 4)癸巳 봄 기근과 질병이 유행하여 국가에서 구제. 9월 황룡사 9층 탑 수조(修造)하여 9층 23장 이룩됨.	咸通 14 1월 사신을 보내어 불골(佛骨)을 맞이함. 4월 도착. 12월 일본 육오(陸奧)의 고쿠분사(國分寺)에 보살상(菩薩像)을 둠.
874년(景文 14-景 5)甲午 5월 근종(近宗), 반역하여 궁궐에 침입했으나 금군(禁軍)에게 패하여 사형됨. 최치원(崔致遠), 당나라에서 과거에 급제.	당唐 희종僖宗 건부乾符 1 1월 노암, 사사(賜死). 5월 배탄(裵坦) 죽고, 유첨(劉瞻) 대신이 됨. 8월 유첨 죽음.
875년(헌강憲康 1-景 6)乙未 2월 당나라의 연호 건부(乾符)를 사용. 7월 경문왕 죽고 제49대 헌강왕(憲康王-晸) 즉위.	乾符 2 6월 소방(蘇倣) 죽고 이울(李蔚) 대신이 됨. 6월 왕선지(王仙芝), 여러 주(州)를 함락. 황소(黃巢), 이에 응함.
876년(憲康 2-渤海 景 7)丙申 2월 왕, 황룡사에서 백고좌(百高座)를 베풀고 불경을 강론케 함.	乾符 3 7월 송위(宋威), 왕선지 격파.
877년(憲康 3-景 8)丁酉 왕건(王建-고려 태조),	乾符 4 2월 남조(南詔)의 추룡(酋龍) 죽음. 7월

송악군(松岳郡)에서 출생(~943년).

878년(憲康 4-景 9)戊戌 4월 당나라, 사신을 보내어 신라 왕을 책봉. 7월 당나라에 사신을 보내려다가 황소(黃巢)의 난이 일어남을 듣고 그만둠. 8월 일본, 신라에 사신을 보내옴.

879년(憲康 5-景 10)乙亥 3월 왕, 국동(國東) 주군(州郡)을 행차. 6월 신홍(信弘), 모반하다가 사형됨. 지증 국사(智證國師), 문경군 봉암사(鳳巖寺)를 창건.

880년(憲康 6-景 11)庚子 4월 승려 체징(體澄) 죽음. 시호를 보조 선사(普照禪師)라 함.

881년(憲康 7-景 12)辛丑 3월 임해전(臨海殿)에서 군신들에게 연회를 베품.

882년(憲康 8-景 13)壬寅 4월 일본, 신라에 사신을 보내어 황금과 명주(明珠)를 바침. 5월 당의 연호 중화(中和)를 사용. 승려 지서(智詵) 죽음(824년~).

883년(憲康 9-景 14)癸卯 2월 왕, 삼랑사(三郎寺)에 가서 문신(文臣)에게 각각 시 한 수를 짓게 함. 10월 승려 대통(大通) 죽음(816년~).

885년(憲康 11-景 16)乙巳 3월 최치원 당에서 돌아와 시독 겸 한림학사 수병부시랑(侍讀兼 翰林學士 守兵部侍郎)이 됨. 승려 행적(行寂), 당나라에서 귀국.

886년(정강定康 1-景 17)丙午 6월 황룡사에 백고좌를 개최. 당의 연호 광계(光啓)를 사용. 7월 헌강왕 죽고 정강왕 즉위.

887년(진성眞聖 1-景 18)丁未 한주(漢州)의 이

왕선지와 황소, 여러 주(州)를 함락함.

乾符 5 2월 증원유(曾元裕), 왕선지를 죽임.

乾符 6 고변, 황소를 대파. 유한굉(劉漢宏), 난을 일으킴. 유거용(劉巨容), 황소를 대파.

광명廣明 1 1월 사타부(沙陁部), 진양(晋陽)에 육박. 7월 유한굉 항복. 12월 황소, 장안(長安)에서 제제(齊帝)라 참호(僭號)함.

중화中和 1 4월 관군(官軍) 장안에 들어감. 황소 다시 장안에 들어감.

中和 2 4월 왕탁(王鐸), 장안(長安)에 육박. 8월 동창(董昌), 유한굉의 침입을 격파. 9월 주온(朱溫) 항복.

中和 3 3월 이극용(李克用), 황소를 쳐서 4월에 장안을 수복. 7월 주전충(朱全忠), 선무(宣武) 절도사가 됨.

中和 4 6월 상양(尙讓), 황소를 격파. 황소의 무리 황소를 죽이고 항복.

광계光啓 1 12월 이극용(李克用), 서울에 육박. 황제, 섬서(陝西)로 달아남.

光啓 2 8월 이전충 죽음. 10월 주매(朱玫), 양왕(襄王) 온(熅)을 세워 황제를 칭함.

光啓 3 2월 이국창(李國昌) 죽음. 9월 고변 피

한국사	주변국 정세
찬 김요(金饒), 모반하다가 사형됨. 7월 정강왕 죽고 진성 여왕 즉위.	살. 10월 주전충, 양행밀(楊行密)을 공격하나 패함.
888년(眞聖 2-景 19)戊申 2월 위홍에게 명하여 대구(大矩) 화상과 더불어 향가(鄕歌)를 수집하여 『삼대목』(三代目)을 짓게 함. 11월 승려 무염(無染) 죽음.	문덕文德 1 4월 손유(孫儒), 양주(楊州)를 함락. 12월 신총(申叢), 진종권(秦宗權)을 잡아 주전충에게 항복.
889년(眞聖 3-景 20)乙酉 여러 고을에서 공부(貢賦)를 바치지 않아 국가 재정이 궁핍하여짐. 원종(元宗)과 애노(哀奴) 등 사벌주(沙伐州)에서 반란을 일으킴.	당唐 소종昭宗 용기龍紀 1 2월 진종권 사형. 3월 주전충을 동평 군왕(東平郡王)으로 함.
890년(眞聖 4-景 21)庚戌 1월 왕, 황룡사에서 관등(觀燈). 최승우(崔承祐), 당나라에 들어가 국학에 입학.	당唐 소종昭宗 대순大順 1 10월 왕건(王建), 사천(四川)의 촉주(蜀州)를 뺏음. 12월 일본의 후지와라 모토쓰네(藤原基經), 관백(關白)을 사임.
891년(眞聖 5-景 22)辛亥 10월 양길(梁吉), 부하 궁예(弓裔)를 보내어 신라의 군현(郡縣)을 공격. 승려 형미(洞微)와 도육(道育), 당나라에 유학.	大順 2 8월 왕건, 성도(成都)에서 이김. 10월 양복공(楊復恭) 반란.
892년(眞聖 6-景 23)壬子 견훤(甄萱), 완산주(完山州)에서 반란을 일으킴. 무진주(武珍州)를 쳐서 스스로 왕을 칭함 (후백제의 건국).	경복景福 1 6월 양행밀, 손유를 죽임.
893년(眞聖 7-景 24)癸丑 5월 승려 수철(秀鐵), 양주(良州) 심원사(深源寺)에서 죽음(817년~). 병부시랑 김처회(金處誨) 당나라에 가다 익사.	景福 2 9월 이무정, 관군을 쳐부숨. 9월 일본 관원도진(管原道眞) 『신찬만엽집』(新撰萬葉集)을 바침.
894년(眞聖 8-景 25)甲寅 2월 최치원, 시무 십여조(時務十餘條)를 올림. 10월 궁예, 무리 3천 5백 명을 이끌고 장군이라 칭함. 양주군 보광사(普光寺) 창건.	건명乾寧 1 6월 이극용(李克用), 토곡혼을 대파.
895년(眞聖 9-景 26)乙卯 8월 궁예, 스스로 왕을 칭하며 내외 관직을 설치. 왕건(王建), 궁예에게 투항하여 철원군 태수가 됨.	乾寧 2 11월 왕행유 사형. 이극용을 진왕(晋王)으로 함.
896년(眞聖 10-景 27)丙辰 궁예, 승령과 임강 두 현을 쳐 빼앗은 뒤 발어참성(勃御塹城)을 쌓	乾寧 3 5월 동창(董昌) 사형. 7월 이무정(李茂貞), 재차 대궐을 침범. 황제, 섬서(陝西)로 감.

한국사	주변국 정세
아 왕건을 성주로 삼음. 897년(효공孝恭 1-景 28)丁巳 6월 진덕 여왕, 태자 요(嶢-제52대 효공왕)에게 선위. 12월 진성 여왕 죽음.	乾寧 4 6월 왕건 좌천. 10월 이무정을 무찌름.
898년(孝恭 2-景 29)戊午 7월 궁예, 송악으로 도읍을 옮김. 11월 궁예, 처음으로 팔관회를 행함. 승려 도선(道詵) 죽음(827년~).	광화光化 1 8월 황제, 장안(長安)으로 환도. 12월 이한지(李罕之), 산서(山西) 노주에 기거함.
899년(孝恭 3-景 30)己未 3월 효공왕, 이찬 예겸(乂謙)의 딸로 왕비를 삼음. 7월 양길(梁吉), 궁예를 공략하다가 비뇌성(非惱城) 아래에서 패함.	光化 2 3월 주전충, 하동(河東)을 쳐서 대패. 6월 보의군(保義軍) 반란. 11월 호남(湖南) 평정됨.
900년(孝恭 4-景 31)庚申 11월 궁예, 왕건을 보내어 국원(國原)·청주(靑州) 등을 쳐 빼앗음. 후백제의 견훤, 완산(完山)에서 후백제 왕이라 자칭하고 각 관직을 둠.	光化 3 2월 이극용, 산서(山西)의 진양성(晉陽城)을 다스림. 4월 주전충, 유인공을 침. 10월 마은(馬殷), 여러 주(州)를 항복시킴.
901년(孝恭 5-애哀 1)辛酉 8월 후백제, 대야성(大耶城)을 공격. 궁예 자립하여 왕을 칭함. 발해의 경왕(景王) 죽음.	천복天復 1 1월 주전충을 동평왕(東平王), 이무정을 기왕(岐王)으로 함. 10월 주전충, 대거(大擧)하여 대량(大梁)을 출발.
902년(孝恭 6-哀 2)壬戌 3월 신라의 대아찬, 시중이 됨.	天復 2 3월 양행밀을 오왕(吳王)으로 함. 12월 이계소(李繼昭), 주전충에게 항복.
903년(孝恭 7-哀 3)癸亥 3월 왕건, 수군(水軍)을 거느리고 금성(錦城) 등 10여 성을 공취하고 금성을 나주(羅州)라 개명.	天復 3 1월 황제, 장안으로 돌아옴. 환관(宦官)을 많이 사형. 2월 주전충을 양왕(梁王)으로, 8월 왕건을 촉왕(蜀王)으로 각각 진작(進爵).
904년(孝恭 8-哀 4)甲子 궁예, 국호를 마진(摩震), 연호를 무태(武泰)라 함. 신라의 관제를 모방. 7월 마진, 도읍을 철원으로 정함.	애제哀帝(소선제昭宣帝) 천우天祐 1 4월 황제, 낙양(洛陽)으로 감. 4월 전유를 오왕(吳王)으로 갱봉(更封).
905년(孝恭 9-哀 5)乙丑 7월 마진, 새 수도에 들어가 궁실을 수리하고 연호를 성책(聖册)으로 고침. 평양 성주 금용(黔用), 궁예에게 투항.	天祐 2 2월 주전충, 덕왕(德王) 유(裕) 등을 죽임. 11월 양행밀 죽음. 12월 주전충, 태후를 죽임.
906년(孝恭 10-哀 6)丙寅 4월 마진, 왕건을 보내어 상주(尙州) 사화진(沙火鎭)에서 견훤과 싸워 이김. 신라 승려 현휘(玄暉) 당나라에 들어감.	天祐 3 7월 양왕 주전충, 대량(大梁)으로 돌아감. 10월 왕건, 행대(行臺)를 촉나라에 세움.

한국사	주변국 정세
907년(孝恭 11-효 7)丁卯 후백제, 일선군(一善郡-현 구미) 이남 10여 성을 쳐 빼앗음. 발해, 양나라에 서신을 보냄.	天祐 4-후량後梁 태조太祖 개평開平 1-거란 태조太祖 1 4월 주전충, 애제(哀帝)를 폐하고 황제를 칭함. 당나라 멸망.
908년(孝恭 12-효 8)戊辰 7월 신라의 승려 여엄(麗嚴), 당나라로부터 돌아옴.	開平 2-太祖 2 1월 진왕 이극용 죽고 아들 존훈(存勛) 계승. 1월 후량(後梁), 애제를 죽임.
909년(孝恭 13-효 9)己巳 6월 왕건, 나주에서 진(鎭)을 두었으며 오월(吳越)로 가는 후백제 사신의 선박을 잡음. 왕 또한 진도 및 고이도 점령.	開平 3-太祖 3 1월 낙양(洛陽)으로 천도. 7월 유수광을 연왕(燕王)으로 함.
910년(孝恭 14-효 10)庚午 마진의 왕건, 나주 포구에서 견훤의 군대를 대파.	開平 4-太祖 4 2월 회남(淮南), 오나라를 칭함.
911년(孝恭 15-효 11)辛未 1월 궁예, 국호를 태봉(泰封)이라 고치고 연호를 수덕만세(水德萬歲)라 함.	건화乾化 1-太祖 5 연왕 유수광, 황제를 칭함.
912년(神德 1-효 12)壬申 4월 신라의 효공왕 죽고, 아달라왕(阿達羅王)의 원손(遠孫) 박경휘(朴景暉) 즉위. 견훤, 궁예의 군대와 덕진포(德津浦)에서 싸움.	乾化 2-太祖 6 3월 직례(直隷) 와교관(瓦橋關)의 싸움.
913년(神德 2-효 13)癸酉 4월 태봉의 왕건, 파진찬 겸 시중이 됨. 왕건, 화가 미칠 것을 두려워하여 외직(外職)을 구함.	乾化 3-太祖 7 2월 우규(友珪) 피살. 우정(友貞-말제) 즉위. 8월 고계창(高季昌), 발해 왕으로 진작.
914년(神德 3-효 14)甲戌 태봉의 왕건, 백강 장군(百舡將軍)이 되어 수군(水軍)을 거느리고 나주에 출진. 태봉, 연호를 정개(政開)라 고침.	乾化 4-太祖 8 1월 유인공과 유수광 사형. 4월 초(楚)나라, 오(吳)나라를 공격. 11월 남조(南詔), 촉(蜀)나라에 침입.
915년(神德 4-효 15)乙亥 태봉의 궁예, 부인 강씨(康氏)가 그의 비행을 간함에 강씨 및 두 아들을 죽임.	말제末帝 정명貞明 1-太祖 9 4월 위(魏)나라, 진(晋)나라에 항복. 10월 우경(友敬) 사형. 11월 촉나라 기(岐)나라를 공격.
916년(神德 5-효 16)丙子 2월 신라의 승려 행적(行寂) 죽음(822년~). 8월 후백제, 대야성(大耶城)을 공격하나 이기지 못함.	貞明 2-神冊 1 2월 양(梁)나라, 진양(晋梁)을 침. 12월 거란의 아보기(阿保機), 황제를 칭함.
917년(경명景明 1-효 17)丁丑 7월 신라의 신덕왕 죽음. 신라의 승려 형미(逈微) 죽음.	貞明 3-神冊 2 거란, 유주(幽州)를 포위함. 진나라, 거란을 격파. 유공(劉龑), 황제를 칭함.

한국사	주변국 정세
918년(景明 2-哀 18-고려高麗 태조太祖 1)戊寅 6월 고려의 왕건 추대되어 즉위. 국호를 고려, 연호를 천수(天授)라 함. 궁예 도망가다 피살.	貞明 4-神冊 3 8월 진왕(晉王), 양나라를 침. 11월 월(越)나라, 한(漢)이라고 고침.
919년(景明 3-哀 19-太祖 2)乙卯 1월 고려, 송악(松嶽)에 도읍. 10월 고려 평양성 축조. 거란, 요양 고성을 수축하고 발해 백성을 이루게 함.	貞明 5-神冊 4 4월 오나라 융연(隆演) 건국. 8월 오나라, 오월(吳越)과 화의함.
920년(景明 4-哀 20-太祖 3)庚辰 1월 신라, 고려에 사신을 보내어 교빙함. 9월 후백제, 고려에 사신을 보냄.	貞明 6-神冊 5 4월 주우겸(朱友謙), 진나라에 항복. 11월 촉나라, 기나라를 공략함.
921년(景明 5-哀 21-太祖 4)辛巳 2월 흑수말갈 추장 고자라(高子羅), 고려에 투항. 10월 고려 대흥사(大興寺)를 창건.	후량後梁 말제末帝 용덕龍德 1-태조太祖 신책神冊 6 12월 진나라의 이사원(李嗣源), 대신이 됨. 12월 거란, 유주(幽州)를 치고 탁주(涿州)를 함락.
922년(景明 6-哀 22-太祖 5)壬午 7월 신라의 명주(溟州) 장군 순식(順式) 고려에 투항. 고려 태조 서경(西京-현 평양)에 거둥하여 관부를 설치하고 재성(在城)을 쌓게 함.	龍德 2-천찬天贊 1 1월 진왕(晉王), 거란을 부숨. 4월 진나라 이사소(李嗣昭) 전사.
923년(景明 7-哀 23-太祖 6)癸未 6월 고려의 윤질(尹質), 양에서 돌아와 오백나한화상(五百羅漢畵像)을 바침. 7월 신라의 명지성(命旨城)과 경산부(京山府), 고려에 투항.	후당後唐 장종莊宗 동광同光 1-天贊 2 2월 후량(後梁), 전유를 오월왕(吳越王)으로 함. 4월 진나라, 당(唐-後書)이라 개칭. 10월 후당(後唐), 후량을 멸함.
924년(경애景哀 1-哀 24-太祖 7)甲申 2월 신라, 황룡사에서 백좌(百座)를 베품. 8월 신라의 경명왕 죽음. 발해, 거란을 쳐서 요주 자사(遼州刺史)를 죽임.	同光 2-天贊 3 1월 이무정(李茂貞), 항복. 기나라 멸망. 3월 고계흥(高季興)을 남평왕(南平王)으로 함.
925년(景哀 2-哀 25-太祖 8)乙酉 발해의 신덕(申德) 등 5백 명 고려에 투항. 고려, 후백제의 연산진(燕山鎭)과 임존군(壬存郡)을 공취(攻取). 거란, 발해의 부여성을 포위.	同光 3-天贊 4 3월 낙양(洛陽)을 동도(東都)로 함. 11월 촉나라를 멸망시킴 (2왕 35년).
926년(景哀 3-哀 26-太祖 9)丙戌 2월 거란, 발해 국도 홀한성(忽汗城)을 쳐 빼앗음. 발해 멸망.	명종明宗 천성天成 1-거란 태종太宗 천현天顯 1 7월 거란왕 아보기 죽고 아들 덕광(德光) 즉위.

한국사	주변국 정세
4월 후백제의 질자 진호(眞虎), 고려에서 죽음. 견훤, 고려의 질자 왕신(王信)을 죽이고 고려를 침. 고려 장빈(張彬)을 후당(後唐)에 보냄.	거란, 발해(渤海)를 멸하고 그 땅에 동단국(東丹國)을 세움.
927년(경순敬順 1-太祖 10)丁亥 11월 견훤, 금성(金城)에 침입하여 경애왕을 자살케 하고 경순왕을 세움. 고려 태조, 공산 동수(公山桐藪)에서 견훤에게 대패.	天成 2-天顯 2 1월 풍도(馮道), 대신이 됨. 6월 마은(馬殷)을 초나라 왕으로 함. 11월 오왕(吳王), 양부(楊溥) 황제를 칭함.
928년(敬順 2-太祖 11)撫字 5월 견훤, 강주(康州)를 공격. 8월 고려 승려 홍경(洪慶), 후당에서 돌아와 대장경을 바침. 11월 견훤, 고려의 부곡성(缶谷城)을 공격.	天成 3-天顯 3 종영(從榮)을 북도 유수(北都留守)로 함. 왕연조(王延釣)를 민왕(閔王)으로 함. 고계흥(高季興) 죽음.
929년(敬順 3-太祖 12)乙丑 고려에 천축국의 삼장마후라(三藏摩睺羅) 옴. 견훤, 의성불 순주를 공격. 고려, 안수·흥덕에 성을 쌓음. 견훤, 고창군(古昌郡)을 공격.	天成 4-天顯 4 3월 초왕(楚王) 은(殷), 그 아들 희성(希聲)에게 정치를 맡김.
930년(敬順 4-太祖 13)庚寅 1월 고려, 고창군(高昌郡)에서 견훤군을 대파함. 8월 고려, 청주(靑州)에 나성(羅城)을 쌓음. 12월 고려, 서경에 학교를 창설.	장흥長興 1-天顯 5 8월 삼사사(三司使)를 둠. 8월 맹지상(孟知祥) 반란. 9월 다이고(醍醐) 양위(讓位). 후지와라 다다히라(藤原忠平) 섭정(攝政). 다이고 천황 죽음.
931년(敬順 5-太祖 14)辛卯 2월 태조, 신라 서울을 방문. 8월 고려, 보윤(甫尹)과 선규(善規) 등을 신라에 보내어 예물을 줌. 11월 태조, 서경에 거동.	長興 2-天顯 6 3월 전유(錢)의 관작을 회복. 윤 5월 안중회(安重誨)를 죽임. 6월 전세(田稅)를 균등케 함. 9월 응준(鷹準)을 석방.
932년(敬順 6-太祖 15)壬辰 6월 후백제의 공직(龔直), 고려에 투항. 7월 고려, 일모 산성(一牟山城)을 정벌. 9월 후백제의 상귀(相貴), 예성강을 공격.	長興 3-天顯 7 2월 처음으로 구경(九經)의 판(版)을 인각(印刻). 3월 전유 죽고, 아들 원관(元瓘)이 대를 이음.
933년(敬順 7-太祖 16)癸巳 3월 후당(後唐), 고려에 사신을 보냄. 고려, 후당의 연호를 사용. 고려, 병금관(兵禁官) 설치.	長興 4-天顯 8 1월 민왕(閔王) 연조(延釣), 황제를 칭함. 2월 맹지상을 촉왕(蜀王)으로 함. 7월 전원관(錢元瓘)을 오왕(吳王)으로 함.
934년(敬順 8-太祖 17)甲午 7월 발해의 세자	민제閔帝 1-天顯 9 1월 촉왕 맹지상, 황제를 칭

한국사	주변국 정세
대광현(大光顯), 수만 군중을 이끌고 고려에 투항. 후백제의 웅진 등 30여 성, 고려에 투항.	함. 4월 후당(後堂)의 노왕(潞王), 종가(從珂) 반란. 악왕(鄂王), 종후(從厚)를 죽이고 즉위.
935년(敬順 9-太祖 18)乙未 3월 후백제 신검(神劍), 왕이 됨. 6월 견훤, 고려에 투항. 12월 경순왕, 고려에 투항. 신라 멸망.	폐제廢帝 1-天顯 10 10월 민왕 인(璘), 백성에게 피살당함.
936년(太祖 19)丙申 9월 고려, 신검군(神劍軍)을 대파. 후백제 멸망. 견훤 죽음. 12월 배현경(裵玄慶)과 홍유(洪儒) 죽음.	후진後晉 고조高祖 천복天福 1-後丹 天顯 11 11월 거란, 석경당(夕敬塘)을 진제(晉帝)로 세움. 후당, 4주 14년으로 망함.
937년(太祖 20)丁酉 5월 경순왕, 진평왕(眞平王)의 옥대(玉帶)를 바침. 9월 진공 대사(眞空大師), 죽음.	天福 2-天顯 12 10월 오서고(吳徐誥), 황제를 칭하고 국호를 당(唐)이라 함(후당後唐). 오나라 망함 (4주 46년).
938년(太祖 21)戊戌 3월 서인도의 승려 홍범(洪梵), 진나라로부터 고려로 들어옴. 7월 진나라의 연호를 사용. 12월 탐라국 태자 말로(末老), 고려에 옴.	天福 3-회동會同 1 백성의 동기(銅器) 제작을 금함. 동서 양경(東西兩京)을 정함. 공사(公社) 주전(鑄錢)을 허락.
939년(太祖 22)乙亥 4월 보리사에 대경 대사 현기(玄機)의 탑비(塔碑)를 세움. 8월 진공 대사 보법(普法)의 탑비를 세움.	天福 4-會同 2 사전(私錢)을 금함. 민왕 희, 그 주(主)를 죽이고 자립. 11월 일본의 다이라(平將門) 반란. 12월 일본의 후지와라(藤原純友) 반란.
940년(太祖 23)庚子 3월 경주(慶州)를 대도독부(大都督府)로 하고, 주부군현(州府郡縣)의 이름을 고침. 7월 역분전(役分田)을 정함.	天福 5-會同 3 2월 초나라, 여러 야만족을 평정. 2월 일본 다이라(平貞盛), 후지와라 등 다이라(平將門)를 죽임.
941년(太祖 24)辛丑 4월 대광(大匡) 유금필 죽음. 태상(太相) 왕신일(王申一)을 진나라에 사신으로 보냄.	天福 6-會同 4 11월 일본, 후지와라(藤原忠平) 섭정(攝政)을 그만두고 간파꾸(關白)가 됨. 12월 안중영(安重榮)의 난을 평정.
942년(太祖 25)壬寅 10월 거란, 고려에 사신을 보내어 낙타 50필을 보냄. 10월 태조, 거란 사자를 해도(海島)에 유배하고 낙타를 굶겨 죽임.	天福 7-會同 5 4월 남한왕(南漢王) 유공(劉龑) 죽고 분(鏹), 대를 이음.
943년(太祖 26)癸卯 4월 태조가 박술희(朴述熙)에게 훈요십조(訓要十條)를 친수(親授)함. 5월 태조 죽음. 6월 충주(忠州) 정토사(淨土寺)에 법경대사 자등탑비를 세움.	天福 8-會同 6 2월 민(閩)나라 연정(延政)이 황제를 칭하고 은(殷)이라 칭함. 3월 한홍희(漢弘熙)가 그 주(主)를 죽이고 자립.

한국사	주변국 정세
944년(혜종惠宗 1)甲辰 5월 오룡사(五龍寺)에 법경대사(法鏡大師) 보조혜광탑비(普照慧光塔碑)를 세움. 12월 한림원 영평정사 최언(崔彦) 죽음(~868년). 945년(惠宗 2)乙巳 9월 혜종(惠宗) 죽음. 9월 왕규(王規) 사형됨. 12월 승려 윤다(尹多-廣慈大師) 죽음(864년~).	출제出帝 계운開運 1-會同 7 1월 거란이 여러 주(州)를 함락. 9월 일본 동경(東京) 등에 대풍(大風). 윤 12월에 민나라 망함. 開運 2-會同 8 1월 은(殷)나라를 민나라로 개칭. 8월 남당(南唐)이 민나라를 멸함. 7주 약 60년.

한국사	주변국 정세
946년(정종定宗 1)丙午 5월 무위갑사(無爲岬寺)에 선각 대사 편광령 탑비를 세움. 왕(王), 대사원(大寺院)들에 곡(穀) 7만 석을 바치고, 불명경보(佛名經寶) 광학보(廣學惠)를 둠. 947년(定宗 2)丁未 4월 승려 경보(慶甫) 죽음(868년~). 서경에 왕성(王城)을 쌓음. 광군사(光軍司)를 두고 30만 군으로 거란 침입에 대비. 948년(定宗 3)戊申 9월 동여진(東女眞), 소무개(蘇無蓋) 등을 보내어 말(馬)과 방물을 바침. 후한(後漢)의 연호를 사용. 949년(定宗 4)乙酉 3월 정종(定宗) 죽음(923년~). 8월 국초의 유공자들에게 미곡(米穀)을 내림. 9월 주현의 세공액(勢貢額)을 정함.	開運 3-會同 9 4월 진(晉)의 손방간(孫方簡)이 거란에 항복. 10월 두위(杜威)가 거란을 침. 12월 진이 거란에 항복하고 멸망함. 2주 12년. 후한後漢 고조高祖 천복天福 1-세종世宗 천록天祿 1 2월 유지원(劉知遠)이 진양(晉陽)에서 황제를 칭함. 6월 유지원이 대량(大梁)에서 한(漢)이라 칭함. 건우乾祐 1-天祿 2 1월 황제(高祖) 죽음. 3월 이수정(李守貞) 반란. 10월 종회(從誨) 죽음. 乾祐 2-天祿 3 7월 이수정이 싸움에 지고 자살. 8월 일본의 간빠꾸(關白) 후지와라(藤原忠平) 죽음. 12월 왕경숭(王景崇) 자살.

한국사	주변국 정세
950년(광종光宗 1)庚戌 광덕(光德)이라 건원(建元)함. 장청진(長靑鎭)·위화진(威化鎭)에 성을	乾祐 3-天祿 4 11월 마희악(馬希崿)이 마희광(馬希廣)을 죽이고 자립. 12월 곽위(郭威) 자립,

한국사	주변국 정세
쌓음.	후한(後漢) 망함(2주 2년).
951년(光宗 2)辛亥 12월 후주(後周)의 연호 광순(廣順)을 사용. 성남(城南)에 대봉은사(大奉恩寺)를 창건하고 태조의 원당(願堂)으로 함.	후주後周 태조太祖 광순廣順 1-요遼 목종穆宗 응력應曆 1 북한(北漢)의 유숭(劉崇)이 진양(晋陽)에서 황제를 칭함. 10월 남당(南唐)이 마희숭(馬希崇)을 쳐서 초나라를 멸망시킴. 초나라 6주 56년.
952년(光宗 3)壬子 봄에 북계(北界) 안삭진(安朔鎭)에 성을 쌓음.	廣順 2-應曆 2 고행주(高行周) 죽음. 유언(劉言)이 호남(湖南)을 빼앗음. 소송법(訴訟法)을 설정.
953년(光宗 4)癸丑 10월 황룡사(皇龍寺) 9층탑에 재화(災禍)가 있음. 후주(後周)에서 사신을 보내어 고려 왕을 책봉.	廣順 3-應曆 3 6월 『구경』(九經)의 인쇄판 완성. 8월 왕규(王逵)가 호남(湖南)을 거점으로 삼음.
954년(光宗 5)甲寅 7월 태자사(太子寺)에 낭공대사 백월서운지탑비(白月栖雲之塔碑)를 세움. 선비(先碑)의 추복(追福)을 위하여 숭선사(崇善寺)를 창건.	세종世宗 현덕顯德 1-應曆 4 1월 후주(後周) 태조(太祖) 죽음. 2월 북한(北漢) 왕이 거란병으로 후주를 침.
955년(光宗 6)乙卯 가을 대상(大相) 왕융(王融)을 후주(後周)에 사신으로 보냄. 광평시랑(廣評侍郎) 순질(筍質)을 후주에 사신으로 보냄.	顯德 2-應曆 5 5월 촉나라를 침.
956년(光宗 7)丙辰 8월 승려 긍양(兢讓-정진 대사) 죽음(878년~). 8월 후주의 쌍기가 사신을 따라 고려에 옴.	顯德 3-應曆 6 2월 조광윤(趙匡胤)에게 남당(南唐)을 치게 함. 4월 강소(江蘇) 육합(六合)의 싸움. 10월 남당의 사신 손성(孫晟)을 죽임.
	顯德 4-應曆 7 3월 당병(唐兵)을 대파. 10월 현량(賢良)·경학(經學) 등의 과(科)를 설치. 일본에서 곡물 가격이 뛰어오르자 상평소(上平所)를 둠.
958년(光宗 9)戊午 5월 쌍기의 건의로 처음으로 과거제를 실시하고, 쌍기를 지공거(知貢擧)로 삼음. 후주에서 비단 수천 필로 동(銅)을 바꾸어 감.	顯德 5-應曆 8 1월 강소(江蘇)의 관수를 팜. 3월 남당(南唐), 강북(江北)의 땅을 바치고 제호(帝號)를 제거. 일본 도적, 대장성(大藏省)에 침입.
959년(光宗 10)己未 후주에 『효경』(孝經) 등 경전(經典)을 보냄. 후주의 쌍철(雙哲)이 고려에 옴.	顯德 6-應曆 9 4월 황제(世宗), 요나라를 친정(親征). 영막역의 땅을 빼앗음. 6월 조광윤(趙匡胤)을 전전도점검(殿前都点檢)으로 함.

한국사	주변국 정세
960년(光宗 11)庚申 3월 백관(百官)의 공복(公服)을 정함. 3월 개경을 황도(皇都), 서경을 서도(西都)라 함. 준풍(峻豊)이라 건원(建元)함.	송宋 태조太祖 건융建隆 1-應曆 10 3월 조광윤(趙匡胤), 황제를 칭하고 공제(恭帝)를 폐함. 후주(後周) 멸망(3주 9년). 5월 황제 택주(澤州)를 포위. 6월 이균(李筠) 죽음.
961년(光宗 12)辛酉 4월 과거(科擧) 실시. 수영궁궐도감(修營宮闕都監)을 설치.	建隆 2-應曆 11 1월 민전(民田)을 헤아리고 의창(義倉)을 둠.
962년(光宗 13)壬戌 광평시랑(廣評侍郞) 이흥우(李興祐)를 송나라에 사신으로 보냄.	建隆 3-應曆 12 1월 동경성(東京城)을 넓힘. 3월 화장(火葬)을 금함.
963년(光宗 14)癸亥 7월 귀법사(歸法寺)를 창건. 7월 제위보(濟危寶)를 둠. 12월 송나라의 연호 건덕(乾德)을 사용.	건덕乾德 1-應曆 13 1월 문신으로 주사(州事)를 맡아보게 함.
964년(光宗 15)甲子 3월 과거(科擧) 실시. 8월 사도(司徒) 박수경(朴守卿) 죽음. 진관 선사(眞觀禪師) 오공(悟空) 죽음(912년~).	乾德 2-應曆 14 참지정사를 둠. 형통(刑統)을 반포. 승려 계업(繼業), 인도로 감.
965년(光宗 16)乙丑 2월 왕자 주를 태자로 봉함. 5월 봉암사(鳳巖寺)에 정진 대사 원오탑비를 세움. 7월 내의령(內議令) 서필(徐弼) 죽음.	乾德 3-應曆 15 1월 촉나라 왕 창(昶), 항복(2주 32년). 3월 제로(諸路)에 전운사(轉運使)를 둠. 봉춘고(封椿庫)를 둠.
	乾德 4-應曆 16 1월 공자의 후예 공선(孔宣)을 등용. 5월 선여상격(羨餘賞格)을 그만둠.
967년(光宗 18)丁卯 낙릉군(樂陵郡)에 성을 쌓음.	乾德 5-應曆 17 1월 조빈(曹彬), 선휘남원사(宣徽南院使)가 됨. 2월 심의륜(沈義倫), 추밀부사(樞密副使)가 됨. 윤 10월 『구오대사』(舊五代史) 완성.
968년(光宗 19)戊辰 5월 위화진(威化鎭)에 성을 쌓음. 승려 혜거(惠居)를 국사(國師), 탄문(坦文)을 왕사(王師)로 삼음. 방생소(放生所)를 둠.	개보開寶 1-應曆 18 3월 처음으로 공거(貢擧)를 복시(覆試)함. 8월 북한(北漢)을 침. 일본, 도다이(東大)·고후쿠(興福) 두 절, 서로 다툼.
969년(光宗 20)己巳 11월 왕제(王弟) 욱(旭) 죽음. 영삭진(寧朔鎭)·장평진(長平鎭)에 성을 쌓음.	開寶 2-경종景宗 보령保寧 1 1월 요나라, 그 왕을 죽임. 북한주(北漢主) 곽무위(郭無爲)를 죽임.
970년(光宗 21)庚午 안삭진(安朔鎭)에 성을 쌓음.	開寶 3-保寧 2 1월 왕소소(王昭素)를 국자박사(國子博士)로 함. 7월 주현 관리(州縣官吏)를 감원하고 증봉(增俸)함. 10월 번미(潘美)로 남한

한국사	주변국 정세
971년(光宗 22)辛未 10월 원화전(元和殿)에서 『대장경』(大藏經)을 개독(開讀).	(南韓)을 치게 함. 開寶 4-保亨 3 2월 유창(劉鋹)이 항복하여 남한 (南漢) 망함. 4주 55년. 11월 남당(南唐), 국호를 떨어뜨려 강남(江南)이라 하고 송나라에 입조.
972년(光宗 23)壬申 10월 과거(科擧) 실시. 10월 내의시랑(內議侍郎) 서희(徐熙) 등을 송(宋)에 사신으로 보냄.	開寶 5-保亨 4 2월 강남주(江南主), 임인조를 죽임. 9월 일본 승려 구우야(空也) 죽음.
973년(光宗 24)癸酉 12월 공사(公私) 진전(陳田)의 개간 경작에 대한 수조법(收租法)을 정함. 장평(張平)·가주(嘉州) 등에 성을 쌓고 신도성을 수축.	開寶 6-保亨 5 3월 곽종훈(郭宗訓) 죽음. 3월 공사(貢士)를 전시(殿試).
974년(光宗 25)甲戌 서경(西京)에서 연가(緣可), 모반하다가 사형됨. 국사(國師) 혜거(惠居), 죽음. 승려 탄문(坦文)으로 국사를 삼음.	開寶 7-保亨 6 10월 설거정(薛居正), 『신편오대사』(新編五代史)를 바침. 11월 처음으로 일력(日曆)을 사용.
975년(光宗 26)乙亥 3월 탄문(坦文) 죽음(900년~). 3월 광종(光宗) 죽음(925년~). 10월 여주(驪州) 고달사(高達寺)에 원종 대사 혜진탑비를 세움.	開寶 8-保亨 7 11월 조빈(曹彬), 강소(江蘇)의 금릉(金陵)에서 이김. 강남주(主) 온 항복, 5주 89년.

서기 976 ~ 981년

한국사	주변국 정세
976년(경종景宗 1)丙子 2월 문무 양반 묘제(墓制)를 정함. 11월 처음으로 직관(職官)·산관(散官) 각품(各品)의 전시과(田柴科)를 정함.	송宋 태종太宗 태평흥국太平興國 1-保亨 8 5월 일본의 궁성 타버림. 8월 북한(北漢)을 침략하나 요나라 이를 구원함. 10월 태조(太祖) 죽음. 황제(皇弟) 광의(光義) 즉위.
977년(景宗 2)乙丑 3월 개국공신(開國功臣) 및 항의귀순성주(向義歸順城主) 등에게 훈전(勳田)을 줌. 김행성(金行成), 송에서 과거에 급제함.	太平興國 2-保亨 9 강남의 다장(茶場)에 과세(課稅), 처음으로 양주(釀酒)를 전매제(專賣制)로 함.
978년(景宗 3)戊寅 4월 김부(金傅-敬順王) 죽음. 4월 송(宋)의 태자 중윤(中允), 고려에 사신	太平興國 3-保亨 10 5월 오월(吳越) 왕 숙 항복. 숭문왕 내장고를 둠.

한국사	주변국 정세
으로 옴. 4월 보원사(普願寺)에 법인 국사 보승 탑비를 세움. 979년(景宗 4)己卯 발해인(渤海人) 수만 명 항복. 청색진(淸塞鎭)에 성을 쌓음. 980년(景宗 5)庚辰 4월 미포(米布)의 이자(利子)을 정함. 6월 왕승(王丞) 등 모반하다가 사형됨. 981년(景宗 6)辛巳 7월 경종 죽음(956년~). 11월 성종, 그 아버지를 추존하여 대종(戴宗)이라 함. 11월 팔관회(八關會)의 잡기(雜技)를 폐지.	太平興國 4-요遼 경종景宗 건형乾亨 1 2월 북한(北漢)을 침략하나 5월 북한 왕 계원(繼元)에게 망함. 송나라, 천하를 통일함. 太平興國 5-乾亨 2 2월 차역법(差役法)을 정함. 太宗 太平興國 6-乾亨 3 6월 설거정(薛居正) 죽음. 9월 경조관(京朝官)을 둠.

서기 982 ~ 997년

서기 982 ~ 997년

한국사	주변국 정세
982년(성종成宗 1)壬午 3월 백관의 명호(名號)를 고침. 4월 10세 이상의 남자에게 착모(着帽)케 함. 주군현(州郡縣)의 자제들을 뽑아 서울에서 공부시킴. 983년(成宗 2)癸未 2월 처음으로 12목(牧)을 설치. 5월 처음으로 3성(省)·6조(曹)·7시(寺)를 정함. 6월 처음으로 주·군·현 관역(館驛)의 공수전(公須田)·장전(長田)을 정함. 984년(成宗 3)甲申 처음으로 군인의 복색(服色)을 정함. 압록강 연안에 관성(關城)을 쌓고 여진병에 대비. 문주(文州)에 성을 쌓음. 985년(成宗 4)乙酉 5월 송나라, 거란 정벌의 원군(援軍)을 청함. 10월 집을 희사(喜捨)하여 절(寺)로 만드는 것을 금함. 986년(成宗 5)丙戌 3월 조(詔)를 교(敎)라 고침. 7월 흑창(黑倉)을 의창(義倉)으로 고침. 8월 처음으로 12목(牧)에 처자(妻子)를 동반하고 부임케 함.	太平興國 7-乾亨 4 6월 이계봉(李繼捧) 및 아우 계천(繼遷) 반란. 9월 요나라 경종(景宗) 죽음. 또 거란이라 칭함. 太平興國 8-거란契丹 성종聖宗 통화統和 1 1월 조빈(曹彬)을 파면. 11월 『태평어람』(太平御覽)을 편수케 함. 옹희雍熙 1-統和 2 1월 유서(遺書)를 구함. 2월 정미(廷美) 및 이목(李穆) 죽음. 6월 직언(直言)을 구함. 10월 은사(隱士) 진박(陳搏) 입조(入朝). 雍熙 2-統和 3 2월 이계천(李繼遷), 은주(銀州)에 진을 침. 4월 고려(高麗)에 사신을 보냄. 雍熙 3-統和 4 3월 거란과 싸움 (기구岐溝의 싸움).

한국사	주변국 정세
987년(成宗 6)丁亥 3월 최지몽(崔知夢) 죽음 (907년~). 6월 주·군의 병기를 거두어 농기구를 만듦. 10월 양경(兩京)의 팔관회를 파함. 11월 경주를 동경유수(東京留守)로 고침.	雍熙 4-統和 5 7월 삼반원(三班院)을 둠. 일본, 이치조(一條) 천황 즉위.
988년(成宗 7)戊子 12월 부도법(浮屠法)에 의해 1·5·9월을 3장월(長月)로 정하고 도살(屠殺)을 금함. 처음으로 5묘(廟)를 정함.	단공端拱 1-統和 6 5월 비각(秘閣)을 만듦. 10월 거란 쳐들어옴.
989년(成宗 8)乙丑 2월 내외 문관 5품, 무관 4품 이상의 환자에게 약을 주게 함. 3월 처음으로 동북·서북면에 병마사를 둠. 4월 처음으로 대묘(大廟)를 짓기 시작함.	端拱 2-統和 7 거란(契丹), 역주(易州)를 함락. 윤계륜(尹繼倫), 서하(徐河)에서 거란의 야율후가(耶律休歌)의 군사를 쳐부숨.
990년(成宗 9)庚寅 7월 서경에 분사(分司)를 설치. 9월 왕 서경에 순시(巡視). 10월 좌우 군영(軍營)을 둠. 12월 서경에 수서원(修書院)을 둠.	순화淳化 1-統和 8 조보(趙普) 파면됨. 순화원보(淳化元寶)를 박음. 음사(淫祀)를 금함. 거란(契丹), 이계천(李繼遷)을 하왕(夏王)으로 함.
991년(成宗 10)辛卯 윤 2월 처음으로 사직(社稷)을 세움. 4월 한언공(韓彦恭), 송나라로부터 대장경 481함(函)을 바침. 10월 처음으로 중추원(中樞院)을 설치.	淳化 2-統和 9 제로(諸路)에 제형관(提形官)을 둠. 여진(女眞), 거란에 속함.
992년(成宗 11)壬辰 7월 종실 욱(郁-太祖 第8子)을 사천현에 유배. 12월 대묘(大廟) 낙성. 공전(公田)의 조(租)를 정함.	淳化 3-統和 10 6월 상평창(常平倉)을 둠. 7월 조보(趙普) 죽음.
993년(成宗 12)癸巳 2월 양경(兩京)이 2목에 상평창(常平倉)을 둠. 윤 10월 거란 소손녕(蕭遜寧) 봉산군(蓬山郡)에 침입. 윤 10월 서희(徐熙), 거란 영(營)에 가서 화약(和約)을 맺음.	淳化 4-統和 11 2월 심관원(審官院)을 둠. 2월 교주(交州)의 여환(黎桓)을 교지군왕으로 함. 윤 10월 군현(郡顯)을 10도(道)로 나눔.
994년(成宗 13)甲午 2월 거란의 연호를 사용. 6월 송나라에 원병을 청함. 서희(徐熙), 여진을 물리치고 장흥·귀화의 2진(鎭) 및 곽주 구주성을 쌓음.	淳化 5-統和 12 1월 이순(李順), 성도(成都)를 함락. 3월 이계륭(李繼隆), 조보충(趙保忠)을 붙잡음. 9월 양주 전매제(釀酒專賣制)를 그만둠.
995년(成宗 14)乙未 5월 관제(官制)를 개정. 개주(開州)를 개성부(開城府)로 고침. 9월 처음으	송宋 태종太宗 지도至道 1-統和 13 여몽정(呂蒙正) 파면. 여서(呂瑞), 대신이 됨. 거란, 웅주

한국사	주변국 정세
로 10도(道)를 정함.	(雄州)에 쳐들어옴. 동혼의(銅渾儀) 이룩됨.
996년(成宗 15)丙申 4월 철전(鐵錢)을 주조(鑄造). 서희(徐熙), 선주·맹주에 성을 쌓음. 제주(諸州) 사심관(事審官)의 인원수를 정함.	至道 2-統和 14 2월 이방(李昉) 죽음. 4월 이계천(李繼遷)을 침.
997년(成宗 15)丁酉 8월 도고시관(都考試官)을 다시 지공거(知貢擧)로 고침. 8월 왕, 동경에 순행. 10월 성종 죽음(960년~).	至道 3-統和 15 1월 전국을 15로(路) 나누고 각각 전운사(轉運使)를 둠.

한국사	주변국 정세
998년(목종穆宗 1)戊戌 7월 서희(徐熙) 죽음. 12월 문무 양반 및 군인의 전시과(田柴科)를 개정. 대창서(大倉署)를 둠.	진종眞宗 함평咸平 1-統和 16 10월 장제현(長濟賢)·이항(李沆), 각각 대신이 됨. 11월 야율휴가(耶律休歌) 죽음.
999년(穆宗 2)乙亥 7월 진관사(眞觀寺)를 세움. 10월 송(宋)에 사신을 보냄.	咸平 2-統和 17 7월 처음으로 시독시강학사(侍讀侍講學士)를 둠. 12월 황제, 친히 거란의 침입을 막음.
1000년(穆宗 3)庚子 10월 숭교사(崇敎寺)를 세우고, 덕주(德州)에 성을 쌓음.	咸平 3-統和 18 1월 거란, 군대를 철수함.
1001년(穆宗 4)辛丑 11월 왕, 중원부(中原府)에 순행. 영풍(永豊)·평로에 성을 쌓음. 덕주(德州)를 덕주방어사(德州防禦使)라 칭함.	咸平 4-統和 19 6월 『구경』(九經)을 주현(州縣)의 학교에 나눠 줌. 9월 조보길(趙保吉) 반란.
1002년(穆宗 5)壬寅 5월 6위(衛)의 군영을 짓고 직원장수(直員將帥)를 배치. 7월 한언공(韓彦恭), 상소하여 화폐를 전용(專用)하고 추포(麤布)를 금하는 폐단을 논함.	咸平 5-統和 20 『삼국지』(三國志) 교간(校刊)됨.
1003년(穆宗 6)癸卯 덕주(德州)·가주(架州)·위화(威化)·광화(光化)의 4성을 수축.	咸平 6-統和 21 12월 조보길(趙保吉) 패사(敗死)하고, 아들 덕명(德明)이 대를 이음.
1004년(穆宗 7)甲辰 3월 과거법(科擧法)을 개정. 6월 시중(侍中) 한언공(韓彦恭) 죽음(930년~). 11월 왕, 호경(鎬京)에 행차.	경덕景德 1-統和 22 12월 황제 친정(親征). 전주에서 거란이 동맹을 청하여 맺고 물러감 (전연澶淵의 맹맹盟).

한국사	주변국 정세
1005년(穆宗 8)乙巳 1월 동여진, 등주(登州)의 주·진 30여 소에 방화. 3월 외관에 12절도·4도호·동서북계 방어진사(防禦鎭使)·현령·진장(鎭將)만을 둠.	景德 2-統和 23 7월 세폐(歲幣)를 거란에 보냄. 10월 필사안(畢士安) 죽음.
1006년(穆宗 9)丙午 2월 절식자(絶食者)에게 곡식을 진급(賑給). 등주(登州)·용진진(龍津鎭)·구성(龜城)에 성을 쌓음.	景德 3-統和 24 2월 여러 주(州)에 상평창(常平倉)을 둠. 10월 조덕명(趙德明), 항복을 청함. 10월 일본의 레제인(鐙泉院) 불에 탐.
1007년(穆宗 10)丁未 2월 진관사(眞觀寺)에 9층탑을 세움. 흥화진(興化鎭)·익령현(翼嶺縣)·울진현(蔚珍縣)에 성을 쌓음.	景德 4-統和 25 여용연(焉龍延)을 교지군왕(交趾郡王)으로 함.
1008년(穆宗 11)戊申 10월 왕, 호경(鎬京)에 행차. 통주(通州)·등주(登州)에 성을 쌓음.	宋宋 진종眞宗 대중상부大中祥符 1-統和 26 4월 두연(杜衍)을 거용(擧用). 10월 태산(泰山)을 봉(封)함. 11월 공자(孔子)에게 현성문선왕(玄聖文宣王)이라 가시(加諡).
1009년(穆宗 12)己酉 2월 강조, 왕을 폐하고 대량 원군 순(詢)을 세움. 2월 목종 피살. 2월 중대성(中臺省)을 둠.	大中祥符 2-統和 27 4월 정위(丁謂), 『봉선상서도』(封禪祥瑞圖)를 바침.

서기 1010 ~ 1031년

한국사	주변국 정세
1010년(현종顯宗 1)庚戌 10월 강조, 행영도통사가 되어 30만 군으로 통주(通州)에서 거란에 대비. 11월 거란 주(主), 내침하여 강조를 잡아 죽임.	大中祥符 3-統和 28 교주(交州)의 장수 이공온(李公蘊), 그 주(主) 여지충(焉至忠)을 죽임. 이공온을 교지군왕으로 함. 거란, 회골을 침.
1011년(顯宗 2)辛亥 1월 거란군, 개경에 입성. 1월 왕, 나주(羅州)에 이름. 1월 거란군 물러감. 1월 양규(楊規)·정성(鄭成), 거란군을 무찌르고 제성(諸城)을 회복. 8월 동여진(東女眞), 경주(慶州)에 침입. 12월 광군도감(光軍都監)을 다시 두고 광군사(光軍司)로 고침.	大中祥符 4-統和 29 4월 여몽정(呂夢正) 죽음. 10월 오악(五嶽)에 제사함.

한국사	주변국 정세
1012년(顯宗 3)壬子 1월 12주(州) 절도사(節度使)를 폐하고 5도호(都護) · 75도 안무사(安撫使)를 둠. 5월 동여진 쳐들어 옴. 8월 거란, 다시 6주(州)를 빼앗음. 절도사를 폐하고 안찰사(按察使)를 둠.	**大中祥符 5-개태開泰 1** 6월 항주(杭州)의 임포(林逋), 전백(錢帛)을 받음. 9월 왕흠약(王欽若) · 진요수(陳堯瞍) · 정위(丁謂), 정치에 관여함.
1013년(顯宗 4)癸丑 3월 거란 사신 야율행평(耶律行平)이 와서 5성을 요구. 9월 최항(崔抗)을 감수국사(監修國史), 김심언(金審言)을 수국사로 하여 국사를 편찬케 함. 11월 문무양반 · 제궁원전(諸宮院田) 30결(結) 이상에 세액(稅額)을 정함.	**大中祥符 6-開泰 2** 1월 내신(內臣)의 출사(出使) 및 공사간여(公事干輿) 금지 당함. 7월 농기세(農器稅)를 금지함.
1014년(顯宗 5)甲寅 1월 궁궐을 신축. 2월 철리국(鐵利國), 여진만두(女眞萬豆)를 보내어 조공. 9월 거란 사신 이송무(李松茂), 6성을 요구함. 10월 거란의 소적렬(蕭敵烈), 통주(通州) · 흥화진(興化鎭)에 침입. 정신용(鄭神勇) · 주연(周演), 이를 격퇴. 12월 조세를 반액으로 감함.	**大中祥符 7-開泰 3** 1월 응천부(應天符), 남경(南京)이 됨.
1015년(顯宗 6)乙卯 1월 거란병, 흥화진 · 통주에 침입. 4월 야율행평, 또 와서 6성을 요구하므로 이를 잡아 가둠. 7월 금오대(金五臺)를 폐하고 사헌대(司憲臺)를 둠. 9월 거란, 흥화진 · 영주성(寧州城)에 침입. 선화(宣化) · 정원(定遠) · 운림진(雲臨鎭)에 성을 쌓음. 곽원(郭元)을 송나라에 보내어 원병을 청함.	**大中祥符 8-開泰 4** 4월 구준(寇準) 파면. 9월 토번, 하주(夏州) 정벌을 청함.
1016년(顯宗 7)丙辰 1월 거란의 야율세량(耶律世良) 등, 곽주(郭州)에 침입. 1월 곽원(郭元) 돌아옴. 거란인 누차 항복해 옴. 선주(宣州) · 철주(鐵州)에 성을 쌓음. 송나라의 연호 다시 사용함.	**大中祥符 9-開泰 5** 8월 조위(曹偉), 토번을 파함.
1017년(顯宗 8)乙巳 7월 서눌(徐訥)을 송나라에 사신으로 보냄. 8월 거란, 흥화진(興化鎭)에 침입. 9월 정토사(淨土寺)에 홍법국사실상탑비	**송宋 진종眞宗 천희天禧 1-開泰 6** 7월 왕단(王旦) 파면. 8월 왕흠약(王欽若), 다시 대신이 됨. 9월 왕단 죽음.

한국사	주변국 정세
(弘法國師實相塔碑)를 세움. 12월 고구려, 신라, 백제의 왕릉을 수리함. 안의진(安義鎭)에 성을 쌓음.	
1018년(顯宗 9)戊午 8월 안무사를 폐하고 4도호(都護)·8목(牧)·56지주군사(知州郡事)·28진장(鎭將)·20현령(縣令)을 둠. 12월 거란의 장군 소배압(蕭排押), 10만 군으로 침입. 12월 강감찬(姜邯贊), 흥화진에서 거란군을 대파.	天禧 2-開泰 7 5월 거란, 장검(張儉)을 정사령(政事令)으로 함. 10월 장지백(張知白) 파면.
1019년(顯宗 10)己未 1월 거란병, 개경에 박도. 신은현(新恩縣)에서 회군. 2월 강감찬, 구주(龜州)에서 거란군을 대파. 4월 장위남(張渭男), 해적선을 납포. 4월 정자량(鄭子良)을 일본에 보내어 해적(刀伊賊)들이 잡아온 일본인을 돌려보냄.	天禧 3-開泰 8 6월 왕흠약 파면됨. 구준(寇準), 대신이 됨. 8월 승려 도성(道誠), 『석씨요람』(釋氏要覽)을 지음.
1020년(顯宗 11)庚申 1월 흑수말갈·서여진, 조공을 바침. 2월 거란에 사신을 보내어 야율행평(耶律行平)을 돌려 보냄. 5월 거란과 강화. 6월 불내국(弗奈國), 조공을 바침. 8월 최치원을 성묘(聖廟)에 모심. 9월 현화사(玄化寺) 종(鐘)을 주조.	天禧 4-開泰 9 남만적(南蠻賊), 일본의 사쓰마(薩摩藩 - 현 카고시마현 지역)에 쳐들어옴.
1021년(顯宗 12)辛酉 5월 고선사(高僊寺)·창림사(昌林寺)의 불골(佛骨)을 내전(內殿)에 안치. 5월 강감찬, 흥국사(興國寺) 석탑을 세움. 7월 절에서 술 만드는 것을 금함. 8월 현화사비(玄化寺碑)에 전서(篆書)를 씀. 10월 아들이 범죄한 공음전(功蔭田)은 손자에게 줌.	天禧 5-거란契丹 성종聖宗 태평太平 1 9월 토번의 곡사라(捊斯羅), 항복하여 옴. 1월 왕흠약(王欽若) 좌천됨.
1022년(顯宗 13)壬戌 1월 설총(薛聰)을 성묘에 모심. 4월 거란 연호를 사용. 6월 동궁관속(東宮官屬)을 둠. 7월 여진에서 도망해 온 우산국인(于山國人)을 예주(禮州)에 살게 함.	건흥乾興 1-太平 2 2월 진종(眞宗) 죽음. 진종의 태자 정(禎) 즉위(~1063년). 구준(寇準)·이적(李迪) 좌천됨. 6월 정위(丁謂) 파면됨.
1023년(顯宗 14)癸亥 1월 거란인 초복(焦福) 등 11호(戶) 투항. 2월 최치원을 문창후(文昌侯)로	송宋 인종仁宗 천성天聖 1-太平 3 1월 계치사(計置司)를 둠. 9월 왕흠약, 다시 대신이 됨. 11월

한국사	주변국 정세
추봉. 5월 거란인 수차 투항함. 윤 9월 여러 주현(州縣)에 의창법(義倉法)을 시행. 사헌대(司憲臺)를 어사대(御史臺)로 고침. 요덕진(耀德鎭)에 성을 쌓음.	사천(四川)의 익주(益州)에 교자무(交子務)를 둠.
1024년(顯宗 15)甲子 1월 서여진·동여진인 90여 명 투항. 5월 동여진인 아알나(阿謁那) 내조. 5월 송나라의 주저(周佇) 죽음. 6월 최항(崔抗) 죽음. 9월 서역(西域) 대식국인(大食國人) 열나자(悅羅慈) 등 백 명, 공물을 바침. 경성(京城)의 5부 방리(五部坊里)를 정함.	
1025년(顯宗 16)乙丑 1월 여진인 야고가(耶古伽)·아구다(阿骨打)·모일라(毛逸羅) 등 내조. 9월 대식국인 하선(夏詵)·나자(羅慈) 등 백 명이 와서 토산물을 바침. 상음현(霜陰縣)에 성을 쌓음. 목감양마법(牧監養馬法)을 제정.	**天聖 3-太平 5** 11월 왕흠약 죽음.
1026년(顯宗 17)丙寅 2월 순덕(順德)에 성을 쌓음. 윤 5월 동여진, 공물을 바침. 윤 5월 거란, 야율골타(耶律骨打)를 보내어 동북 여진을 치는데 길을 빌려줄 것을 청했으나 불허. 7월 거란 사신 옴. 9월 왕, 해주(海州) 신광사(神光寺)에 행차.	**天聖 4-太平 6** 3월 권농사(勸農司) 폐지.
1027년(顯宗 18)丁卯 2월 흑수말갈의 아골아가(阿骨阿駕), 공물을 바침. 3월 여진인 슬불(瑟弗) 등 백여 명 내조. 8월 송나라의 강남인(江南人) 이문통(李文通) 등이 와서 서책(書册) 597책을 바침. 9월 혜일사(慧日寺)·중광사(重光寺) 창건.	**天聖 5-太平 7** 1월 하송(夏竦), 추밀부사가 됨. 2월 서역의 승려 법길상(法吉祥) 등 범서(梵書)를 바침.
1028년(顯宗 19)戊辰 1월 여진인 골부(骨夫), 5백 호를 이끌고 투항. 1월 도주현(道州縣) 종식(種植)의 상묘(桑苗)를 정함. 5월 여진, 평해군(平海郡)에 쳐들어 옴. 7월 동서 여진의 추장 니오불(尼烏弗)·두로개(豆盧蓋) 등 2백 명, 공물을	**天聖 6-太平 8** 2월 대신 장지백(張知白) 죽음. 5월 조덕명(趙德明), 원호(元昊)를 시켜 회골을 쳐 감주(甘州)를 뺏음.

한국사	주변국 정세
바침.	
1029년(顯宗 20)己巳 연초에 여진, 자주 쳐들어 옴. 6월 탐라국 세자 고오노(孤烏弩) 내조. 8월 동여진인 쾌발(囐拔), 3백여 명 투항. 8월 경도(京都)의 나성(羅城) 완성. 11월 동여진인 구두(求頭) 등 30여 명 내조. 위원진(威遠鎭)·정융진(定戎鎭)을 설치.	天聖 7-太平 9 윤 2월 제거(制擧)·제과(諸科)를 다시 둠. 8월 거란 동경 장군(東京將軍) 대연림(大延琳), 흥료국(興遼國)을 세움(~1030년). 흥료국, 고려에 사신을 보내어 구원을 청함. 12월 흥료국, 고려에 원병을 청함.
1030년(顯宗 21)庚午 2월 인주(麟州)에 성을 쌓음. 4월 철리국(鐵利國), 조공을 바침. 5월 동여진인 소물개(蘇勿蓋), 관물을 바침. 5월 거란인 내투. 9월 영덕진(寧德鎭)에 성을 쌓음. 10월 거란인 해가(奚哥)·발해인(渤海人) 등 5백여 명 항복해 옴.	天聖 8-太平 10 1월 흥료국, 고려에 원병을 청함. 8월 해염통상법(解鹽通商法), 다시 실시. 9월 흥료국, 거란에게 망함(1029년~). 회홀, 조덕명(趙德明)에게 항복. 처음으로 무거(武擧) 설치.
1031년(顯宗 22)辛未 5월 대곡자(貸穀者)에게 원금(元金)만 받게 함. 5월 현종 죽음. 8월 강감찬(姜邯贊) 죽음. 10월 유교(柳喬)·김행공(金行恭)을 거란에 사신으로 보냄. 윤 10월 국자감시(國子監試) 신설. 11월 거란에 하정사(賀正使) 보내는 것을 정지.	天聖 9-거란契丹 흥종興宗 경복景福 1 일본, 다이라(平忠常)의 난 평정.

서기 1032 ~ 1034년

한국사	주변국 정세
1032년(덕종德宗 1)壬申 1월 거란 사신을 거절. 1월 북계 삭주(朔州)에 성을 쌓음. 1월 인수절(仁壽節)을 응천절(應天節)로 고침. 3월 왕가도(王可道)를 감수국사(監修國史)로 하여 국사를 편찬케 함. 8월 승려 법경(法鏡), 국사(國師)가 됨.	명도明道 1-거란契丹 흥종興宗 충희重熙 1 2월 장사손(張士遜), 대신이 됨. 11월 하왕(夏王) 조덕명 죽고, 태자 조원호(趙元昊) 즉위(~1048년).
1033년(德宗 2)癸酉 1월 철리국(鐵利國), 공물을 바침. 3월 해적, 간성현(杆城縣)에 침입. 4월	明道 2-重熙 2 4월 여이간(呂夷簡)·하송 등 파면됨.

한국사	주변국 정세
해적, 삼척현(三陟縣)에 침입. 8월 유소(柳韶), 북계(北界)에 장성(長城)을 쌓음. 12월 문무(文武) 각품(各品)의 노차상우례(路次相遇禮)를 정함. 1034년(德宗 3)甲戌 1월 동여진, 수차 조공. 4월 양반(兩班)·군한인(軍閑人)의 전시과(田柴科)를 개정. 5월 왕가도(王可道) 죽음. 9월 덕종 죽음. 11월 팔관회(八關會)를 베품. 명주성(溟州城)을 수축. 이해에 여진인, 누차 조공.	경우景祐 1-重熙 3 8월 왕증(王曾), 추밀사(樞密使)가 됨. 10월 조원호(趙元昊) 반란.

서기 1035 ~ 1046년

한국사	주변국 정세
1035년(정종靖宗 1)乙亥 6월 동여진인 오어고(烏於古) 등 내조(來朝). 7월 왕의 생일을 장령절(長齡節)이라 함. 8월 동서 여진인 내조. 9월 서북계 송령(宋嶺)의 동쪽에 장성을 쌓음. 9월 창주성(昌州城)을 쌓음.	景祐 2-重熙 4 12월 토번 곡사라의 군사, 조원호를 격파.
1036년(靖宗 2)丙子 2월 모든 관리들에게 녹패(祿牌)를 줌. 4월 동여진인 오부하(烏夫賀)·아도간(阿道間), 각각 내조. 5월 네 아들이 있는 자에게 1명이 승려가 되는 것을 허가. 7월 제위(諸衛)의 군인 중 명전(明田)이 부족한 자에게는 공전(公田)을 나누어 줌.	
1037년(靖宗 3)丁丑 7월 모후(母后)의 휘진(諱辰)에 처음으로 백관(百官)이 상표(上表)하여 진위(陳慰)함. 10월 거란의 병선(兵船), 압록강에 침입. 12월 최연가를 거란에 사신으로 보냄.	景祐 4-重熙 6 3월 천장각시강(天章閣侍講)을 둠. 4월 여이간(呂夷簡)·왕증(王曾) 등 파면됨. 왕수(王隨)·진요좌(陳堯佐), 대신이 됨.
1038년(靖宗 4)戊寅 1월 거란의 사신 옴. 3월 동여진의 구지라(仇知羅) 등 내조. 4월 평장사(平章事) 유소(柳韶) 죽음. 8월 거란의 연호를 사용함. 8월 동북 여진·서북 여진, 각각 내조함.	보원寶元 1-重熙 7 3월 왕수·진요좌, 파면됨. 장사손·장득상, 대신이 됨. 10월 조원호, 대하제(大夏帝)라 칭함. 11월 왕증(王曾) 죽음. 일본, 고스자쿠(後朱雀) 시대(~1045년).

한국사	주변국 정세

8월 송나라 상인 진양(陳亮) 등 147명 토산물을 바침.

1039년(靖宗 5)乙卯 2월 유선(庾先)을 거란에 보내어 압록강 동쪽의 성(城)을 없앨 것을 청함. 5월 일본인 남녀 26명이 귀순. 6월 압록강의 물이 불어 병선 70척이 유실됨. 8월 송나라 상인 50명이 옴. 천자수모법(賤者隨母法)을 정함.

寶元 2-重熙 8 6월 조원호의 사성관작(賜姓官爵)을 없애버림. 11월 하나라, 보안군(保安軍)에 쳐들어 옴.

1040년(靖宗 6)庚辰 2월 권형(權衡)을 정하고 계량(計量)을 고르게 함. 10월 동서 여진인 수차 내공함. 10월 서면병마도감사(西面兵馬都監使) 박원작(朴元綽), 수질구궁노(繡質九弓弩) 1장(張)을 바침. 11월 대식국(大食國)의 상인 보나개(保那蓋) 등 옴.

康定 1-重熙 9 1월 조원호(趙元昊), 연주(延州)에 침입. 3월 한기(韓琦)·범중엄(范仲淹), 섬서(陝西)를 안무(按無)함. 5월 장사손(張士遜), 벼슬에서 물러남. 여이간(呂夷簡), 다시 대신이 됨.

1041년(靖宗 7)辛巳 4월 북계(北界)의 영주(寧州) 등 33주(州)와 동계의 고주(高州)·화주(和州) 등의 세적(稅籍)을 없애 버림. 8월 동여진인 파을달(波乙達) 등 50명 내조함. 9월 영원(寧遠)·평로(平虜)에 성을 쌓음. 12월 동계(東界)·환가(渡䴅)에 성을 쌓음.

송宋 인종仁宗 경력慶曆 1-重熙 10 2월 서하(西夏), 위주(渭州)에 쳐들어 옴. 8월 조원호(趙元昊), 풍주(豊州) 함락. 10월 한기(韓琦)·범중엄(范仲淹), 경략안무초토사(經略按撫招討使)가 됨.

1042년(靖宗 8)壬午 1월 서북면의 병마사, 압록강으로 이동하면서 청색진(淸塞鎭)까지의 번호(蕃戶)를 조사함. 4월 동여진인에게 경우(耕牛) 10두(頭)를 줌. 국자감(國子監)의 제업 학생(諸業學生) 중 나이가 많고 재간 없는 자를 광군(光軍)에 보충.

慶曆 2-重熙 11 1월 각염법(㑅鹽法) 다시 실시됨. 2월 의용군(義勇軍)을 둠. 5월 대명부(大名府), 북경(北京)이 됨.

1043년(靖宗 9)癸未 1월 서여진인 골개(骨蓋) 등 30인 공물을 바침. 2월 최충(崔忠), 수사도(守司徒) 수국사(修國史)가 됨. 4월 여진의 유원 장군(柔遠將軍) 사이라(沙伊羅)·나불(羅弗) 등 494명을 이끌고 내조. 4월 금수(錦繡)·소금(銷金)·용봉문(龍鳳紋)·능라(綾羅)의 착용을 금함.

慶曆 3-重熙 12 10월 마감법(磨勘法), 11월 음자법(蔭子法) 다시 고침. 사문학(四門學)을 둠.

한국사	주변국 정세
1044년(靖宗 10)甲申 2월 예성강 병선(兵船) 180척으로 군자(軍資)를 운반하여 서북계 주진(州鎭)의 창름(倉廩)을 채움. 10월 여진의 장주(長州)·정주(定州)·원흥진(元興鎭)에 성을 쌓음. 이로써 고려 장성(長城)이 완성됨. 12월 공사(公私) 대곡(貸穀)은 채무자가 죽으면 징수치 못하게 함.	慶歷 4-重熙 13 6월 거란, 처음으로 국사를 편수함. 9월 여이간(呂夷簡) 죽음. 거란, 서하를 침. 10월 요(遼)·하(夏), 화친함. 11월 거란, 오경(五京)을 정함. 12월 조원호(趙元昊), 서하(西夏) 왕에 피봉.
1045년(靖宗 11)乙酉 2월 동여진의 파을달(巴乙達) 등 말을 바침. 2월 문무관의 정성(定省)·소분(掃墳)의 휴가일을 정함. 4월 비서성(秘書省)에서 『예기정의』(禮記正義)와 『모시정의』(毛詩正義)를 간행. 10월 비수(匕首)를 지니고 다니지 못하게 함.	慶歷 5-重熙 14 1월 두연(杜衍)·범중엄(范仲淹)·부필(富弼), 3월 한기(韓琦) 파면됨. 5월 제로(諸路)의 전운판관(轉運判官) 폐지됨.
1046년(靖宗 12)丙戌 2월 입사(立嗣) 적서(嫡庶)의 구별을 정함. 6월 동남 해안에 성보(城堡)와 농장(農場)을 설치하여 해적을 막게 함. 10월 6위군(衛軍)의 매장군(每將軍) 영하(領下)의 2백 명씩을 뽑아 선봉군(先鋒軍)으로 함.	慶歷 6-重熙 15 10월 호남(湖南)의 요적(搖賊)을 침.

서기 1047 ~ 1082년

한국사	주변국 정세
1047년(문종文宗 1)丁亥 1월 주군현(州郡縣)의 윤경회(輪經會)를 금함. 2월 구분전(口分田)의 제(制)를 정함. 6월 최충(崔冲)으로 하여금 여러 율관(律官)을 모아 율례(律例)를 자세히 교정케 함. 8월 동여진의 몽라고촌(夢羅古村) 등 30여 부락(部落), 내부(內附).	慶歷 7-重熙 16 하송, 대신이 됨. 11월 왕측, 반란.
1048년(文宗 2)戊子 1월 범죄 배향인(犯罪配鄕人)이 늙은 부모가 있을 경우에는 시양(侍養)케 하고 부모가 죽은 뒤에 배향시키도록 함. 8월	慶歷 8-重熙 17 윤 1월 문언박(文彥博), 대신이 됨. 서하(西夏)의 원호(元昊) 죽고 아들 양조(諒祚) 즉위. 4월 양조, 하국 왕(夏國王)에 피봉. 송

한국사	주변국 정세
금강명경도량(金剛明經道場)을 회경전(會慶殿)에서 베풂. 12월 각 도의 관역공수(館驛公須)의 전조(田租)를 정함.	상(宋庠), 추밀사(樞密使)가 됨.
1049년(文宗 3)己丑 5월 양반의 공음 전시법(功蔭田柴法)을 정함. 6월 동번(東蕃) 해적 임도현(臨道縣)과 금양현(金壤縣)에 침입. 공사(公私) 노비로서 세 번을 도망한 자는 잡아서 삽면(鈒面)하여 주인에게 돌려보내게 함.	송宋 인종仁宗 황우皇祐 1-重熙 18 송상(宋庠), 대신이 됨. 9월 농지고(儂智高), 반란. 10월 거란, 서하(西夏)를 침.
1050년(文宗 4)庚寅 9월 동북면 병마녹사(兵馬錄事) 문양렬(文揚烈), 열산현에 침입한 해적을 쫓아 초자도(椒子島)에서 이를 대파. 11월 답험손실법(踏驗損實法)을 정함.	皇祐 2-重熙 19 6월 군저(軍儲)를 시중에 팜. 11월 외척(外戚)의 이부 임관(二附任官) 금지됨. 윤 11월 아악(雅樂)을 다시 정함.
1051년(文宗 5)辛卯 4월 광인관(廣仁館)에 구류 중이던 동여진인 아골(阿骨) 등을 돌려보냄. 9월 여진, 동북·서북면에 침입. 11월 팔관회(八關會)를 베풂. 12월 향직(鄕職)의 전형·임명 절차를 정함.	皇祐 3-重熙 20 3월 송상(宋庠) 파면. 6월 서물(西物)의 공헌을 금지. 10월 문언박(文彦博) 파면. 방적(龐籍), 대신이 됨. 하송 죽음. 일본의 아베, 난을 일으킴.
1052년(文宗 6)壬辰 2월 황성(皇城) 서쪽에 사직단(社稷壇) 신축. 3월 역서(曆書)를 만들고 탐라국의 세공액을 귤자(橘子) 100포(包)로 고침. 북계(北界) 삼살촌(三撒村)의 번적(蕃賊), 치담역(淄潭驛)에 침입. 6월 동여진의 고지문(高之問) 등 삼척현에 침입.	皇祐 4-重熙 21 5월 범중엄(范仲淹) 죽음. 농지고(儂智高), 광주(廣州)를 쳐부숨. 12월 적청(狄靑), 농지고를 부숨. 일본의 우지뵤도인(宇治平等院) 완성.
1053년(文宗 7)癸巳 2월 동여진인 아부한(阿夫漢), 말을 바침. 2월 탐라국, 공물을 바침. 4월 승려 경응(決凝-원융 국사) 죽음. 6월 세미(稅米) 1석(碩)에 모미(耗米) 1되(升)를 증수(增收)함. 내외관곡(內外官斛)을 정함.	皇祐 5-重熙 22 1월 적청(狄靑), 농지고를 부수고 난을 평정. 일본의 호오도(鳳凰堂) 건립.
1054년(文宗 8)甲午 2월 부석사(浮石寺)에 원융국사비(圓融國師碑)를 세움. 3월 전품(田品) 3등급을 정함. 7월 거란, 처음으로 포주성(抱州	지화至化 1-重熙 23 7월 양적(梁適) 파면. 8월 유항(劉沆), 대신이 됨.

城) 동야(東野)에 궁구문란(弓口門欄)을 설치.
12월 거란 사신 옴. 12월 동궁시위공자(東宮侍
衛公子)·시위급사(侍衛給使)를 둠.

1055년(文宗 9)乙未 2월 송나라 상인 섭덕총
(葉德寵) 등에 향연을 베풂. 3월 선덕진신성(宣
德鎭新城)을 쌓고 성황신사(城隍神祠)를 설치
함. 5월과 12월에 거란 사신 옴.

1056년(文宗 10)丙申 2월 덕수현(德水縣)에 흥
왕사(興王寺)를 창건. 7월 동로마병이사 시어
사(東路馬兵貳史 侍御史) 김단(金旦), 동여진의
둔락(屯落) 20여 소를 파함. 9월 왕, 승려들의
폐단을 엄금토록 함. 10월 일본국 사신 옴. 서
강 병악(西江 餠嶽)의 남쪽에 장원정(長源亭)을
세움.

1057년(文宗 11)丁酉 3월 거란 사신 옴. 5월 수
춘궁(壽春宮)에서 소재도량(消災道場)을 베풂. 7
월 송나라에서 투화(投化)한 장완(張琬), 태사감
후(太史監候)가 됨. 귀향하여 작폐하는 사심관
(事審官)을 처벌함. 신라·백제·고구려의 능묘
(陵廟) 주위 경작을 금함.

1058년(文宗 12)戊戌 5월 승려 해린(海麟)은 국
사(國師), 난원(欄圓)은 왕사(王師)가 됨. 6월 거
란 사신 옴. 9월 충주목(忠州牧), 난경(難經)·상
한론(傷寒論) 등 신조판본(新雕板本)을 바침. 15
세 이상 60세 이하인 사람으로 사면 기광군(四
面寄光軍)을 편성.

1059년(文宗 13)乙亥 2월 안서도호부(安西都
護府)·경산부(京山府), 신조판본(新雕板本)을
바침. 3월 서북면 제주(諸州)의 민전(民田)을 균
정(均定). 8월 송나라 상인 황문경(黃文景) 등
옴. 8월 아들이 세 사람 이상이면 한 아들이 승

至化 2-도종道宗 청령淸寧 1 6월 진집중(陳執
中) 파면 당함. 문언박(文彦博)과 부필(富弼), 대
신이 됨.

宋 인종仁宗 가우嘉祐 1-淸寧 2 윤 3월 당개
(唐介), 지간원(知諫院)이 됨. 8월 적청(狄靑) 파
면. 일본의 아베 사형.

嘉祐 2-淸寧 3 8월 제주(諸州)에 광혜창(廣惠倉)
을 둠. 구양수(歐陽修), 지공거(知貢擧)가 되어
신 문체(新文體)를 억누름.

嘉祐 3-淸寧 4 6월 문언박(文彦博)·가창조(賈
昌朝) 파면.

嘉祐 4-淸寧 5 2월 각다법(任茶法)을 다시 정함.

려가 되는 것을 허가.

1060년(文宗 14)庚子 1월 천제석도장(天帝釋道場)을 베품. 7월 송나라 상인 황조(黃助) 등 옴. 8월 상인 서의(徐意)·황원재(黃元載) 등 옴. 11월 팔관회(八關會)를 베품.

1061년(文宗 15)辛丑 2월 형정(形政)을 잘 처리케 함. 6월 내사령(內史令)을 중서령(中書令)으로 고침. 내사문하성(內史門下省)을 중서문하성(中書門下省)으로 고침. 동서계(東西界)의 방수군(防戍軍) 징발의 수(數)를 정함.

1062년(文宗 16)壬寅 3월 공위봉미법(貢闈封彌法)을 처음으로 시행. 개성부(開城府)를 다시 설치하여 도성(都省) 소관의 11현(縣)과 서해도의 우봉군(牛峰郡) 등을 관할케 함. 서경유수(西京留守)를 다시 두고 경기사도(京畿四道) 설치.

1063년(文宗 17)癸卯 3월 거란, 『대장경』(大藏經)을 보내옴. 3월 탐라의 새 성주(星主) 두량(豆良), 내조함. 8월 국자감 유생 중에 재감(在監) 9년에도 학업을 마치지 못한 자는 퇴감시킴. 10월 송나라 상인 임영(林寧)·황문경(黃文景) 등 옴.

1064년(文宗 18)甲辰 2월 예성강의 배 107척으로 연 6차에 걸쳐 용문창미(龍門倉米)를 서북주진(州鎭)에 운반하여 군량에 충당시킴. 3월 황룡사(皇龍寺) 9층 탑을 수리. 윤 5월 군반씨족(軍班氏族)의 성적장(成籍帳)을 고침. 안찰사(按察使)를 도부서(都部署)로 고침.

1065년(文宗 19)己巳 3월 동여진 수차 방물(方物)을 바침. 4월 거란 사신 옴. 5월 왕자 후(煦-의천), 승려가 됨. 9월 송나라 상인 곽만(郭滿)·황종(黃宗) 등 옴. 9월과 12월 거란에서 사신을 보냄.

嘉祐 5-淸寧 6 4월 관휼민역사(寬恤民力司)를 둠. 5월 왕안석(王安石), 탁지판관(度支判官)이 됨. 6월 거란, 국자감(國子監)을 둠. 7월 신당서(新唐書) 이룩됨.

嘉祐 6-淸寧 7 6월 사마광(司馬光), 지간원(知諫院)이 됨. 윤 8월 구양수(歐陽修), 참지정사(參知政事)가 됨.

嘉祐 7-淸寧 8 10월 제로(諸路)에 민전(緡錢)을 주고 상평창(常平倉)을 돕게 함. 일본의 내란 평정.

嘉祐 8-淸寧 9 5월 부필(富弼), 추밀사(樞密使)가 됨. 7월 거란의 야율중원(耶律重元), 모반하나 패함.

영종英宗 치평治平 1-淸寧 10 9월 과거의 무과(武科), 다시 설치됨. 11월 섬서(陝西)의 민정(民丁)을 뽑아 의용군(義勇軍)으로 함.

治平 2-요遼 도종道宗 함옹咸雍 1 4월 숭봉(崇奉)의 전례(典禮) 토의됨. 7월 부필(富弼) 등 파면. 문언박(文彦博), 추밀사가 됨.

한국사	주변국 정세
1066년(文宗 20)丙午 1월 금후 3년간 전국의 도살을 금함. 2월 운흥창(雲興倉) 불탐. 4월 근시(近侍)로써 경성(京城) 좌우창(佐右倉) · 용문창(龍門倉) · 운흥창(雲興倉)의 별감(別監)을 삼음. 4월 지방 장관의 권농사(勸農使)를 겸임케 함.	治平 3-咸雍 2 1월 거란, 국호를 요(遼)로 고침. 4월 하인(夏人)의 침입을 격퇴.
1067년(文宗 21)丁未 1월 흥왕사(興王寺) 완성. 1월 흥왕사에서 연등회를 베품. 6월 안란창(安瀾倉)의 쌀 27,600석을 북방으로 조운(漕運)하여 군량에 충당. 7월 대각 국사를 우세승통(祐世僧統)으로 함. 양주(楊州)를 남경유수(南京留守)로 함. 덕주(德州)에 성을 쌓음.	治平 4-咸雍 3 3월 구양수(歐陽修) 파면됨. 9월 왕안석(王安石), 한림학사(翰林學士)가 됨. 황제(英宗) 죽음.
1068년(文宗 22)戊申 1월 양자(養子) 계호(繼戶)의 법(法)을 정함. 7월 송나라 사람 황신(黃愼) 옴. 9월 최충 죽음(984년~). 10월 가모(家母)의 상복식(喪服式)을 정함. 12월 요나라 사신 옴. 남경(南京)에 신궁(新宮) 창건. 동궁관속(東宮官屬)을 정함.	宋宋 신종神宗 희녕熙寧 1-咸雍 4 7월 진승지(陳升之), 지추밀원사(知樞密院事)가 됨.
1069년(文宗 23)己酉 10월 군인 전시과의 체립(遞立)과 무후연로자(無後年老者)의 구분전(口分田)을 정함. 외관(外官)의 휴가 일자를 정함. 양전(量田)의 등급(等級)과 보수(步數)를 정하고 전세(田稅)를 정함.	熙寧 2-咸雍 5 2월 삼사조례사(三司條例司) 설치됨. 7월 균수법(均輸法), 9월 청묘법(青苗法) 실시됨. 11월 제로(諸路)에 제학관(提學官)을 둠. 일본의 기록소(記錄所) 설치됨.
1070년(文宗 24)庚戌 5월 왕자 정(靖) 승려가 됨. 6월 흥왕사에 성을 쌓음. 11월경 성의 4면에 고수탄철고(固守炭鐵庫)를 설치함.	熙寧 3-咸雍 6 2월 한기(韓琦) 파면. 8월 서하(西夏) 쳐들어 옴. 12월 왕안석(王安石) · 한강(韓絳), 대신이 됨. 보갑법(保甲法) · 모역법(募役法) 실시.
1071년(文宗 25)辛亥 1월 서북 여진, 방물(方物)을 바침. 3월 민관시랑(民官侍郎) 김제(金悌)를 송나라에 사신으로 보냄. 8월 송나라 상인 곽만(郭滿) 등 옴. 9월 송나라 상인 원적(元積) · 왕화(王華) 등 옴.	熙寧 4-咸雍 7 2월 과거법(科擧法)을 다시 고침. 5월 여회(呂誨) 죽음. 6월 구양수(歐陽修) 치사(致仕).

한국사	주변국 정세
1072년(文宗 26)壬子 2월 예복(禮服)의 제도를 정함. 7월 교위(校尉) 거신(巨身), 모반하다가 잡혀 죽음. 11월 요나라 사신 야율직(耶律直) 와서 3년에 1차씩 교빙(交聘)하기로 함. 12월 요나라 왕, 불경(佛經) 1장(藏)을 사신을 통해 보냄.	熙寧 5-咸雍 8 3월 시역법(市易法), 5월 보마법(保馬法) 실시. 방전균세법(方田均稅法) 반포.
1073년(文宗 27)癸丑 1월 아들이 없는 자의 공음전(功蔭田)은 사위·조카·양자(養子)·의자(義子)에게 주게 함. 7월 일본 사신 왕칙정(王則貞)·송영녕(松永年) 등 옴. 동여진의 대란(大蘭) 등 11촌(村)이 귀순하여, 이들을 귀순주(歸順州)에 예속시킴.	熙寧 6-咸雍 9 4월 문언박(文彦博) 파면. 5월 면행법(免行法) 시행. 6월 군기감(軍器監) 설치. 10월 왕소(王昭), 토번의 4성(城)을 뺏음.
1074년(文宗 28)甲寅 6월 송나라 양주(楊州)의 의조교(醫助敎) 마세안(馬世安) 등 8인이 옴. 원흥진(元興鎭)·용주(龍州)·위주(渭州)에 성을 쌓음.	熙寧 7-咸雍 10 4월 왕안석(王安石)의 신법(新法), 다시 시행됨. 7월 수실법(手實法)을 세움.
1075년(文宗 29)乙卯 4월 요나라에 사신을 보냄. 윤 4월 일본 상인 오에(大江) 등 옴. 5월 송나라 상인 옴. 7월 지중추원사(知中樞院事) 유홍(柳洪), 요나라 사신과 함께 국경을 조사하여 확정함.	熙寧 8-도종道宗 태강太康 1 2월 왕안석, 다시 대신이 됨. 6월 한기(韓琦) 죽음. 7월 하동(河東)을 나누어 요나라에 줌.
1076년(文宗 30)丙辰 8월 최사량(崔思諒)을 송나라에 사신으로 보냄. 같은 달 요나라에 사신을 보내어 정융진(定戎鎭) 관외에 설치한 암자(庵子)의 철회를 요구함. 양반의 전시과를 고치고, 관제를 개혁하여 녹과(祿科)를 정함.	熙寧 9-太康 2 2월 곽규(郭逵), 안남초토사(安南招討使)가 됨.
1077년(文宗 31)丁巳 8월 홍주(洪州) 소대현(蘇大縣)에 안흥정(安興亭)을 창건함. 9월 송나라 상인 양종성(楊從盛) 등이 옴. 12월 요나라 사신 옴. 12월 탐라국, 방물(方物)을 바쳐 옴.	熙寧 10-太康 3 2월 왕소, 파면됨. 11월 요나라의 야율을신(耶律乙辛), 태자를 죽임.
1078년(文宗 32)戊午 6월 송나라 국신사(國信使) 좌간의대부(左諫議大夫) 안도(安燾) 등 옴. 7	송宋 신종神宗 원풍元豊 1-太康 4 9월 여공저(呂公著), 추밀원사(樞密院事)가 됨. 12월 대리

한국사	주변국 정세
월 흥왕사(興王寺) 금탑(金塔) 이룩됨. 12월 요나라 사신 옴. 12월 송제(宋制)에 의하여 치황색(梔黃色) · 담황색(淡黃色)의 옷을 금함.	사옥(大理寺獄)을 둠.
1079년(文宗 33)己未 5월 서여진, 평로관(平虜關)에 침입. 7월 송(宋), 의관(醫官) 및 약재(藥材)를 보내옴. 9월 일본, 표류한 고려 상인 안광(安光) 등을 돌려보냄. 11월 일본 상인 객등원(客藤原) 등 옴. 11월 탐라구 당사(耽羅勾當使) 진주(眞珠)를 바침.	元豊 2-太康 5 5월 채확(蔡確), 참지정사가 됨. 8월 소식(蘇軾), 좌천됨. 일본의 이세 내궁(伊勢內宮) 불에 탐.
1080년(文宗 34)庚申 6월 왕흥사 금탑(王興寺金塔) 외호(外護)의 석탑(石塔)을 만듦. 12월 중서시랑(中書侍郞) 문정(文正) · 지중추사(知中樞事) 최석(崔奭) 등 보기(步騎) 3만 명으로 정주성(定州城) 밖의 여진 부락을 토벌함.	元豊 3-太康 6 6월 관제(官制)를 상정(詳定)함. 여공저(呂公著), 추밀부사(樞密副使)가 됨.
1081년(文宗 35)辛酉 4월 예부상서(禮部尙書) 최사제(崔思齊)를 송나라에 사신으로 보냄. 5월 동서 여진 내조자(來朝者)의 유경일수(留京日數)를 15일로 정함. 8월 서여진의 만두(漫豆) 등 귀순, 이를 산남(山南) 주현(州縣)에 안치. 11월 이정공(李靖恭), 참지정사 수국사(參知政事 修國史)가 됨.	元豊 4-太康 7 1월 손고(孫固), 지추밀원사(知樞密院事)가 됨. 4월 황하 둑 축조됨. 선격(選格) 정해짐.
1082년(文宗 36)壬戌 1월 동여진인 내조함. 6월 수사공 상서좌복야(守司空 尙書左僕射) 김덕부(金德符) 죽음. 8월 송나라 상인 진의(陳儀) 등 옴. 11월 일본 쓰시마(對馬島) 사신들 보내 토산물을 바침. 12월 요나라 사신 옴.	元豊 5-太康 8 4월 왕규(王珪) · 채확(蔡確), 대신이 됨. 증공(曾鞏), 중서사인(中書舍人)이 됨. 9월 서하(西夏), 영락성(永樂城)을 쳐부숨. 일본 궁성 불에 탐.

서기 1083년

한국사	주변국 정세
1083년(文宗 37-순종順宗 1)癸亥 2월 군신에	元豊 6-太康 9 윤 6월 서하왕(西夏王), 수공(修貢)

한국사	주변국 정세
게 녹패(祿牌)를 줌. 3월 송나라의 『대장경』(大藏經)을 개국사(開國寺)에 둠. 7월 문종 죽음. 10월 순종 죽음. 11월 이자인(李資仁)을 요나라에 사신으로 보냄. 이때부터 진사(進士) 이하 제업(諸業)은 3년에 1회씩 시험 치름.	을 청함. 일본의 미나모토(源義家), 육오수(陸奥守) 겸 진수부 장군(鎮守府將軍)이 됨.

서기 1084 ~ 1094년

한국사	주변국 정세
1084년(선종宣宗 1)甲子 6월 동여진, 흥해군(興海郡) 모산진(母山津) 농장을 노략질. 8월 송나라의 제전사(祭奠使)·조위사(弔慰使) 옴. 8월 왕의 생일을 천원절(天元節)이라 함.	元豊 7-太康 10 12월 사마광(司馬光), 『자치통감』(資治通鑑)을 바침.
1085년(宣宗 2)乙丑 2월 처음으로 송나라 제도를 따라 왕의 행차 때, 『인왕반야경』(仁王般若經)을 받으러 전도(前導)하게 함. 4월 승려 의천, 상선을 타고 송나라에 감. 8월 송나라에 사신을 보냄. 12월 양산(梁山) 통도사(通度寺) 근처에 국장생표(國長生標)를 세움.	元豊 8-요遼 도종道宗 대안大安 1 7월 보갑(保甲)·방전(方田)·시역(市易)·보마(保馬) 등의 법(法) 폐지.
1086년(宣宗 3)丙寅 2월 최충(崔冲)·김원충(金元冲)·최제안(崔齊顔) 등을 종묘에 배향. 6월 승려 의천, 송나라에서 돌아와『석전』(釋典)·『경서』(經書) 천여 권을 바침. 6월 흥왕사(興王寺)에 교장도감(敎藏都監)을 두고, 요(遼)와 일본으로부터 4천여 권의 불경을 구입해 간행.	송宋 철종哲宗 원우元祐 1-大安 2 윤 2월 사마광, 대신이 됨. 청묘법(靑苗法)·면역법(免疫法) 폐지됨. 4월 왕안석(王安石) 죽음(1021년~). 9월 사마광 죽음(1019년~).
1087년(宣宗 4)丁卯 1월 임창개(林昌槩)를 요나라에 사신으로 보냄. 2월 『대장경』(大藏經) 완성됨. 5월 최석(崔奭), 수국사(修國史)가 됨. 11월 요나라에 사신을 보냄. 12월 각 주도(州道)에 출추사(出推使)를 보냄.	元祐 2-大安 3 1월 왕안석(王安石)의 경의(經義)·자설(字說) 금지됨. 4월 제과(制科), 다시 설치됨. 일본의 고산넨(後三年)의 싸움 평정.
1088년(宣宗 5)戊辰 2월 요나라가 먼저 압록강	元祐 3-大安 4 3월 한강(韓絳) 죽음. 4월 영공저

한국사	주변국 정세
연안에 각장(榷場)을 두려 하므로 이안(李顔)을 구주(龜州)에 보내어 대비시킴. 3월 전성(氈城)에 제천단(祭天壇) 설치. 5월 송나라, 고려의 표류민을 돌려보냄. 9월 김선석(金先錫)을 요나라에 보내어 압록강 각장의 철폐를 요구.	(呂公著), 대신이 됨. 윤 12월 범진(范鎭) 죽음.
1089년(宣宗 6)己巳 8월 송나라, 고려의 표류민을 돌려보냄. 같은 달 국학(國學)을 수리함. 10월 송나라 상인 양주(楊註) · 서성(徐成) 등 옴. 10월 국청사(國淸寺) 창건. 10월 가모(嫁母)의 복제(服制)를 고침.	元祐 4-大安 5 2월 여공저 죽음. 4월 경의(經義) · 시부(詩賦)의 양과(兩科)로 선비를 뽑음. 6월 범순인(范純仁) 파면.
1090년(宣宗 7)庚五 7월 이자의(李資義) · 위계정(魏繼廷) 등을 송나라에 보냄. 8월 승려 의천, 『제종교장총록』(諸宗敎藏總錄)을 편수하여 『해동유본견행록』(海東有本見行錄)이라 함. 9월 요나라 사신 옴. 12월 송나라, 『문원영화집』(文苑英華集)을 보내옴.	元祐 5-大安 6 2월 서하(西夏), 영락(永樂)의 포로를 돌려보냄. 4월 손고(孫固) 죽음.
1091년(宣宗 8)辛未 1월 병거(兵車)를 만들어 구주(龜州)에 둠. 2월 요나라 사신 옴. 6월 송나라, 고려 사신 이자의(李資義)에게 고려의 서적을 구함. 9월 국학(國學)의 벽에 72현(賢)의 초상을 그림. 안변도호부(安邊都護府) 상음현(霜陰縣)에 성을 쌓음.	元祐 6-大安 7 2월 유지(劉摯), 대신이 됨. 6월 한림학사(翰林學士) 소식(蘇軾) 파면됨. 11월 유지 파면됨. 해염사(解鹽使)를 다시 둠.
1092년(宣宗 9)壬申 2월 탐라성주(耽羅星主) 의인(懿仁), 와서 공물을 바침. 6월 백주(白洲) 견불사(見佛寺)에서 천태종(天台宗)의 예참법(禮懺法)을 베풂. 7월 최사량(崔思諒) 죽음. 11월 오복 상피식(五服 相避式)을 정함.	元祐 7-大安 8 9월 소식(蘇軾), 병부상서(兵部尙書)가 됨. .
1093년(宣宗 10)癸酉 2월 송나라의 명주(明州) 보신사(報信使) 황중(黃仲) 옴. 5월 홍호사(弘護寺) 창건. 7월 광인관(廣仁館)에 봉선고(奉先庫) 설치. 8월 송나라 조하식(朝賀式)에 의하여 백관	元祐 8-大安 9 7월 범순인(范純仁), 대신이 됨.

한국사	주변국 정세
하례식(賀禮式)을 고침. 1094년(소성宣宗 11)甲戌 5월 선종 죽음. 7월 송나라 상인 도강(都綱) 등 옴. 12월 요나라 사신 옴.	紹聖 1-大安 10 4월 소식(蘇軾) 좌천. 범순인(范純仁) 파면. 장돈(章惇), 대신이 됨. 신법(新法), 다시 시행됨. 12월 『신종실록』(神宗實錄) 완성.

서기 1095년

한국사	주변국 정세
1095년(헌종獻宗 1)乙亥 8월 송나라 상인 진의(陳義)·황의(黃宜) 등 옴. 8월 황룡사탑(黃龍寺塔)을 수리함. 10월 왕, 계림계(鷄林公) 희(熙)에게 왕위를 물려 줌. 11월 요나라에 사신을 보냄. 11월 요나라에서 사신 옴. 중추원(中樞院) 추밀원(樞密院)으로 고침.	

서기 1096 ~ 1105년

한국사	주변국 정세
1096년(숙종肅宗 1)丙子 2월 소공친(小功親) 간의 소생(所生)은 벼슬을 하지 못하게 함. 6월 공친(功親) 간의 혼인을 금함. 7월 문덕전(文德殿) 비장(秘藏) 문서를 문덕전·장련전·어서방·비서각에 나누어 보관 시킴. 김위제(金謂磾), 왕에게 남경 천도(南京遷都)를 건의. 12월 왕사(王師) 소현(韶顯) 죽음.	紹聖 3-壽昌 2 2월 여진, 흘석열부(紇石烈部)를 침. 10월 서하(西夏) 쳐들어 옴.
1097년(肅宗 2)丁丑 2월 국청사(國淸寺)를 세움. 윤 2월 헌종(獻宗) 죽음. 6월 송나라, 고려의 표류민을 돌려보냄. 7월 동여진 해적선 10척이 진명현(眞溟縣)에 침입. 12월 요나라 사신 옴. 12월 처음으로 주전관(鑄錢官)을 둠.	紹聖 4-壽昌 3 2월 여대방(呂大防)·유지(劉摯)·범순인(范純仁) 등 영남에 유배됨.
1098년(肅宗 3)戊寅 3월 태자부(太子府)를 설	원부元符 1-壽昌 4 7월 범조우(范祖禹) 죽음.

한국사	주변국 정세
치. 7월 송나라에, 10월 요나라에 사신을 보냄. 12월 요나라에서 사신 옴. 장례서(掌醴署)를 양온서(良醞署)로 고침.	
1099년(肅宗 4)乙卯 4월 요나라 사신 장경(藏經)을 바침. 4월 주부군현(州府郡縣)에 둔전(屯田) 5결(結)을 경작하게 허가함. 윤 9월 양주(楊州)에 행차하여 택도(宅都)의 땅을 살핌. 10월 요나라에 사신을 보냄. 12월 요나라 사신이 옴.	**元符 2-壽昌 5** 제주(諸州)에 삼사법(三舍法)을 시행함. 일본, 호신노(法親王)의 시초.
1100년(肅宗 5)庚辰 6월 임의(任懿) 등을 송나라에 조위사(弔慰使)로 보냄. 7월 회경전(會慶殿)에서 인왕도장(仁王道場)을 베품.	**元符 3-壽昌 6** 2월 한언충(韓彦忠), 대신이 됨. 9월 장돈(章惇) 파면.
1101년(肅宗 6)辛巳 2월 외방관리(外方官吏)의 읍록(邑祿)은 공수조(公須租)를 주게 함. 3월 서적포(書籍鋪)를 국자감에 둠. 6월 처음으로 은병(銀瓶)을 사용. 9월 남경(南京)에 개창도감(開創都監)을 둠. 10월 승려 의천, 죽음.	**宋宋 휘종徽宗 건중정국建中靖國-요遼 천조제天祚帝 건통乾統 1** 1월 범순인(范純仁) 죽음. 2월 장돈 좌천.
1102년(肅宗 7)壬午 10월 왕, 북숭산(北崇山) 신호사(神護寺)에 가서 오백나한재(五百羅漢齋)를 설치. 10월 기자(箕子)의 분영(墳塋-무덤)을 찾게 함. 12월 해동통보(海東通寶) 1만5천 관(寬)을 주조(鑄造). 서경(西京)에 문무반(文武班) 및 5부(部)를 설치.	**崇寧 1-乾統 2** 5월 한언충(韓彦忠) 파면. 7월 채경(蔡京), 대신이 됨. 10월 요나라 장군 소해리(蕭海里) 반란.
1103년(肅宗 8)癸未 8월 대장군 고문개(高文蓋)·장홍점(張洪占)·이궁제(李弓濟), 장군 김자진(金子珍) 등 모역하다 발각되어 남예(南裔)에 유배. 11월 팔관회를 베품. 주진(州鎭)의 둔전군(屯田軍)은 1대(隊)에 밭(田) 1결(結)을 주게 함.	**崇寧 2-乾統 3** 3월 염초법(鹽物法) 개정. 9월 주현(州縣)에 당인(黨人)의 비가 세워짐. 선인(選人)의 관계(官階)를 정함.
1104년(肅宗 9)甲申 1월 임간(林幹)에게 동여진을 치게 함. 2월 임간, 여진과 정주성(定州城) 밖에서 싸워 패전. 3월 윤관(尹瓘), 여진과 싸워 결맹(結盟)하고 돌아옴. 5월 남경(南京)의 궁궐	**崇寧 3-乾統 4** 5월 경서북로(京西北路)에 교자소(交子所) 설치됨. 6월 왕안석(王安石), 공자묘(孔子廟)에 배향됨. 서화산학(書畫算學)을 둠. 11월 과거법(科擧法) 폐지.

한국사	주변국 정세
이룩됨. 12월 별무반(別武班)과 항마군(降魔軍) 설치. 1105년(肅宗 10)乙酉 8월 동명성제사(東明聖帝祠)에 제사. 10월 왕 죽고, 태자 우 즉위. 12월 명신(名臣)을 보내어 군현(郡縣) 수령의 잘못을 살피게 함. 승려 덕창(德昌)을 왕사(王師)로 삼음. 탐라국을 폐하고 군(郡)으로 함. 대성부(大晟府)를 설치.	崇寧 4-乾統 5 11월 주면에게 응봉국(應奉局)·화석강(花石綱)을 관령(管領)시킴.

서기 1106 ~ 1122년

한국사	주변국 정세
1106년(예종睿宗 1)丙戌 1월 동여진, 사자(使者) 공아(公牙) 등을 보내옴. 3월 동경의 황룡사(皇龍寺)를 중수. 3월 『해동비록』(海東秘錄) 이룩됨. 4월 우봉(牛峰) 20여 현(縣)에 감무관(監務官)을 둠. 7월 동여진을 치고자 군법(軍法)을 신명(申明)함.	崇寧 5-乾統 6 2월 채경(蔡京) 파면되고, 조정지(趙廷之), 대신이 됨.
1107년(睿宗 2)丁亥 1월 승려 담진(曇眞)을 왕사(王師)로 삼음. 윤 10월 여진, 토벌 군사를 일으킴. 12월 윤관(尹瓘), 5군(軍)을 거느리고 정주(定州)로부터 진격하고 여진 촌락 135처(處)를 격파. 여진 점령 지역에 함주(咸州) 이하의 6성(城)을 쌓음.	대관大觀 1-乾統 7 1월 채경, 다시 대신이 됨. 12월 검남로(黔南路) 설치. 팔행(八行-友·孝·忠 등) 취사과(取士科)를 둠.
1108년(睿宗 3)戊子 1월 이자겸의 둘째 딸, 왕비(문경태후文敬太后)가 됨. 2월 윤관, 전승(戰勝)을 아룀. 왕, 새로 6성(城)을 설치. 2월 윤관, 3진성(鎭城)을 더 쌓음. 4월 여진, 웅주성(雄州城)을 포위. 5월 오연총, 웅주성을 구원. 7월 윤관 다시 출정. 7월 41현(縣)에 감무(監務)를 둠.	大觀 2-乾統 8 2월 안화 제주(安化諸州)의 만(蠻) 항복.
1109년(睿宗 4)己표 5월 오연총 공험진(公兂鎭)	大觀 3-乾統 9 6월 채경, 파면되고 하집중(河執

한국사	주변국 정세
에서 패전. 5월 윤관으로 하여금 다시 길주(吉州)를 구하게 함. 6월 여진, 사신을 보내어 9성(城)을 돌려 달라고 청함. 7월 9성을 여진에게 돌려줌. 무학제(武學齊)를 둠.	中)이 대신이 됨. 8월 한언충(韓彦忠) 죽음.
1110년(睿宗 5)庚寅 5월 재상 최홍사(崔弘嗣)·김경용(金景庸) 등, 윤관·오연총의 패군(敗軍)의 죄를 청함. 6월 송(宋), 사신을 보내옴. 9월 제술(製述)·명경(明經) 등 제업(諸業)의 선거를 정함. 11월 동여진 사현(史顯) 등 내조. 12월 윤관·오연총의 관직을 회복.	**大觀 4-乾統 10** 5월 사학(詞學) 겸 무과(茂科)를 세움. 6월 장상영(張商英), 대신이 됨. 7월 방전(方田)을 그만둠.
1111년(睿宗 6)辛卯 3월 서로(庶老) 및 절의(節義)·효순(孝順) 남녀를 친향(親饗). 5월 윤관 죽음. 8월 전주(田主)·전호(佃戶)의 전수분급률(田收分給率)을 정함. 11월 천수사(天壽寺)의 창건을 정지하기로 하고, 약사원(藥師院)에 행차하여 절터의 길흉을 살핌.	**송宋 휘종徽宗 정화政和 1-요遼 천조제天祚帝 천경天慶 1** 4월 수령권농출척법(守令勸農黜陟法)을 세움.
1112년(睿宗 7)壬辰 1월 홍관(洪灌)을 동북병마사, 최홍정(崔弘正)을 서북병마사로 함. 2월 천수사(天壽寺)의 공역(工役)을 정지. 8월 승통(僧統), 거제현(巨濟縣)에 귀향 보냄. 혜민국(惠民局)을 설치.	**政和 2-天慶 2** 4월 방전(方田), 다시 시행됨. 9월 소식(蘇軾) 죽음.
1113년(睿宗 8)癸巳 윤 4월 여진의 오라골(烏羅骨)·실현(實顯) 등, 성(城)을 돌려준 것을 사례하러 옴. 6월 송(宋), 진도현(珍島縣)의 표류민 한백(漢白) 등 8명을 소환. 8월 예의상정소(禮儀詳定所)를 설치. 11월 김연(金緣) 등 『시정책요』(時政策要) 5책을 지어 바침.	**政和 3-天慶 3** 1월 왕안석(王安石) 추봉(追封)됨. 5월 예제국(禮制局)을 둠. 12월 여진의 아구다(阿骨打), 도발극열(都勃極熱)이라 자칭.
1114년(睿宗 9)甲午 3월 승려 담진(曇眞)을 국사(國師), 낙진(樂眞)을 왕사(王師)로 삼음. 6월 고려 사신 안직승(安稷崇) 등, 송제(宋帝)가 준 새 악기 및 보결(譜訣)을 올림. 8월 왕, 국학(國	**政和 4-天慶 4** 1월 도계(道階) 26계를 둠. 10월 여진, 요나라의 영강주(寧江主)를 공격. 11월 여진, 혼동강(混同江)에서 요군(遼軍)을 쳐부숨.

한국사	주변국 정세
學)에 가서 선성(先聖)·선사(先師)에게 헌작(獻酌). 승려 낙진(樂眞) 죽음(1045년~).	
1115년(睿宗 10)乙未 2월 왕자 구(構)를 왕태자에 책봉. 2월 최사추(崔思諏) 죽음. 8월 요나라 사신 와서 금나라를 협공할 것을 청함. 11월 요의 사신 와서 출병을 독촉. 3사(三司), 녹(祿)의 절계법(折計法)을 개정. 담징(曇徵), 서울에 보문사(普門寺)를 세움.	政和 5-天慶 5-금金 태조太祖 수국收國 1 1월 여진의 아구다(阿骨打) 황제라 칭하고 국호를 금(金)이라 함. 9월 금나라, 요나라의 황룡부(黃龍府)를 쳐부숨.
1116년(睿宗 11)丙申 4월 요나라 연호(年號) 폐지. 5월 관제(管制)를 개정. 6월 고려 사신 송으로부터 돌아옴. 송나라 휘종(徽宗) 대성아악(大晟雅樂) 등을 줌. 7월 최치원에게 내사령을 추증. 8월 궁중 청연각(淸　閣)을 둠. 11월 청연각을 궁중에 옮겨 보문각(寶文閣)으로 고침.	政和 6-天慶 6-收國 2 1월 동관(童貫), 섬서양하선무사(陝西兩河宣撫使)가 됨. 발해의 고영창(高永昌), 제(帝)라 칭하고 국호를 대원(大元)이라 함. 도학(道學)을 세움.
1117년(睿宗 12)丁酉 3월 요나라의 내원성(來遠城)·포주성(抱州城)을 수복하여 의주(義州)를 둠. 3월 금나라, 사신을 보내어 화친을 청함. 6월 궁중에 천장각(天章閣)을 둠. 8월 김황원(金黃元) 죽음. 의주성(義州城)을 쌓음.	政和 7-天慶 7-금金 천보天輔 1 8월 요원군(遼怨軍)을 둠. 12월 동관(童貫)에게 추밀원(樞密院)을 관령(管領)하게 함.
1118년(睿宗 13)戊戌 4월 안화사(安和寺) 중수(重修). 7월 송제(宋帝), 의관(醫官) 양종립(楊宗立) 등 7명을 보내옴. 9월 왕비 연덕 궁주 이씨(延德宮主李氏-문경 왕태후) 죽음. 윤 9월 청연각에서 한안인(漢安仁)에게 명하여 노자(老子)를 강론하게 함.	송宋 중화重和 1-天慶 8-天輔 2 2월 마정(馬政)을 금나라에 보내 요를 협공하기로 꾀함.
1119년(睿宗 14)己亥 7월 처음으로 국학(國學)에 양현고(養賢庫)를 세움. 3월 조순거(曺舜擧), 금나라에 사신으로 파견. 거란, 소공청(蕭公聽) 등 사신을 보내옴. 동북 변경의 장성(長城)을 중축. 동당(東堂), 처음으로 경의(經義)를 씀.	선화宣和 1-天慶 9-天輔 3 1월 사원(寺院)을 고쳐서 궁관(宮觀)을 만듦. 8월 금나라, 여진문자(女眞文字)를 만듦.
1120년(睿宗 15)庚子 2월 남경(南京)에 행차. 5	宣和 2-天慶 10-天輔 4 2월 조양사(趙良嗣), 금

한국사	주변국 정세
월 불골(佛骨)을 궁중에 맞아들임. 7월 요나라와 송나라, 사신을 보내옴. 8월 서경(西京)에 행차. 10월 왕, 팔관회(八關會) 때, 잡희(雜戱)를 구경하며 「도이장가」(悼二將歌)를 지음. **1121년**(睿宗 16)**辛丑** 4월 보제사(普濟寺)·묘통사(妙通寺)에 행차. 5월 소재도량(消災道場)을 상춘정(賞春亭) 및 여러 절에서 베품. 10월 백고좌도량(百高座道場)을 베품. 11월 주진(州鎭)의 장상(將相) 장교(將校)의 녹봉(祿俸)을 정함. **1122년**(睿宗 17)**壬寅** 4월 왕, 죽고 태자 해(楷) 즉위. 승려 덕연(德緣), 국사(國師)가 됨. 9월 승려 학일(學一), 왕사(王師)가 됨. 9월 『예종실록』(睿宗實錄)을 찬수(撰修)시킴. 12월 대방공(帶方公) 보를 경산부(京山府)에 쫓고 재상 한안인(韓安仁) 등을 죽임.	나라에 파견됨. 5월 금나라, 요나라 상경(上京)을 차지함. 10월 방납(方臘), 난을 일으킴. 일본의 굴하원(堀河院) 불에 탐. **宣和 3**-**요達 천조제**天祚帝 **보대**保大 **1**-**天輔 5** 1월 소항(蘇杭)의 응봉국(應奉局)·화석강(花石綱) 폐지됨. 2월 방전(方田)·주현학(州縣學)·삼사법(三舍法) 폐지됨. 4월 동관(童貫), 방납을 사로잡음. **宣和 4**-**保大 2**-**天輔 6** 3월 금나라, 요나라 서경(西京)을 뺏음. 12월 금나라, 요나라의 연경(燕京)을 뺏음.

● 색인

참고문헌

『진성이씨온혜종파보소 眞城李氏溫惠宗派譜所』, 이제교 · 이은식 외 5인, 회상사, 1981년

도서출판 타오름 한국사 시리즈

문밖에서 부르는 조선의 노래 이은식 저/ 12,000원
노비, 궁여, 서얼... 엄격한 신분 사회의 굴레 속에서 외면당한
자들의 노래하는 또 다른 조선의 역사.

불륜의 한국사 이은식 저/ 13,000원
베개 밑에서 찾아낸 뜻밖의 한국사!역사 속에 감춰졌던 애정
비사들의 실체가 드러난다

불륜의 왕실사 이은식 저/ 14,000원
고려와 조선을 넘나들며 펼쳐지는 왕실 불륜사!
엄숙한 왕실의 장막 속에 가려진 욕망의 군상들이 적나라하게
그모습을 드러낸다.

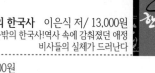

이야기 고려왕조실록 (상),(하) 한국사연구원 편저/ 上)15,500원 下)18,500
고려사의 모든 것을 한눈에 살펴볼 수 있는 최고의 역사해설서!
다양하고 풍부한 문헌 자료를 바탕으로 재미있고 쉽게 읽히는 새로운
고려 왕조의 역사가 펼쳐진다.

우리가 몰랐던 한국사 이은식 저/ 16,000원
제한된 신분의 굴레 속에서도 자신의 삶을 숙명으로 받아들이지 않고 꿈을
이루기위해 노력한 선현들의 진실된 이야기.

2009 문화 체육관광부 우수교양도서 선정

모정의 한국사 이은식 저/ 14,000원
위인들의 찬란한 생애 뒤에 말없이 존재했던 큰 그림자,
어머니! 진정한 영웅이었던 역사 속 어머니 들이 들려주는 시대를 뛰어넘는
교훈과 감동을 만나 본다.

읽기 쉬운 고려왕 이야기 한국사연구원 편저/ 23,000원
쉽고 재미있게 읽히는 새로운 고려왕조의 역사!
500여년 동안 34명의 왕들이 지배했던 고려 왕조의 화려하고도
찬란한 기억들.

원균 그리고 이순신 이은식 저/ 18,000원
417년 동안 짓밟혔던 원균의 억울함이 벗겨진다.
이순신의 거짓 장계에서 발단한 원균의 오명과 임진왜란을 둘러싼 오해의
역사를 드디어 밝힌다.

신라 천년사 한국사연구원 편저/ 13,000원
고구려와 백제를 멸망시킨 작은 나라 신라!
전설과도 같은 992년 신라의 역사를 혁거세 거서간의 탄생 신화부터
제 56대 마지막 왕조의 이야기까지 연대별로 풀어냈다.

풍수 한국사 이은식 저/ 14,500원
풍수와 무관한 터는 없다. 인문학과 풍수학은 빛과 그림자와 같다.
각각의 터에서 태어난 역사적 인물들에 얽힌 사건을 통해
삶의 뿌리에 닿게 될 것이다.

타오름

도서출판 타오름 한국사 시리즈

2009 문화 체육관광부 우수교양도서 선정
올해의 청소년도서 선정

기생, 작품으로 말하다 이은식 저/ 14,500원
기생은 몸을 파는 노리개가 아니었다. 기생의 어원을 통해
그들의 역사를 돌아보고, 예술성 풍부한 기생들이 남긴 작품을
통해 인간 본연의 삶을 들여다본다.

여인, 시대를 품다 이은식 저/ 13,000원
제한된 시대 환경 속에서도 자신들의 재능과 삶의 열정을 포기하거나
방관하지 않았던 여인들. 조선의 한비야 김금원과 조선의 힐러리 클린턴
동정월을 비롯한 여인들이 우리 삶을 북돋아 줄 것이다.

미친 나비 날아가다 이은식 저/ 13,000원
정의를 꿈꾼 혁명가 홍경래와 방랑시인 김삿갓 탄생기.
시대마다 반복되는 위정자들의 부패, 그 결과로 폭발하는 민중의 울분,
역사 속 수많은 인간 군상들이 현재 우리를 되돌아 보게 한다.

지명이 품은 한국사-1,2,3,4,5,6 이은식 저/ 15,000원~19,800원
지명의 정의와 변천 과정, 지명의 소재 등 지명의 기본을 확실히 정리하고, 1천여 년 역사의 현장을
도처에 남긴 독특한 고유 지명을 알아보자.

핏빛 조선 4대 사화 첫 번째 무오사화 한국사연구원 편저/ 19,800원
사림파와 훈구파의 대립은 부조리한 연산군 통치와 맞물리면서 수많은
희생자를 만들게 된다. 사회, 경제적 변동기의 상세한 일화를 수록함으로써
혼란의 시대를 구체적으로 그려냈다.

핏빛 조선 4대 사화 두 번째 갑자사화 한국사연구원 편저/ 19,800원
임사홍의 밀고로 어머니가 사사된 배경을 알게된 연산군의 잔인한 살상.
그리고 왕의 분노를 이용해 자신들의 세력을 확고히 하려던 왕실 세력과
훈구 사림파의 암투!

핏빛 조선 4대 사화 세 번째 기묘사화 한국사연구원 편저/ 17,000원
조광조를 필두로 한 사림파가 급진적 왕도 정치를 추구하면서 중종과
쇠외받던 훈구파는 반발하게되고, 또 한 번의 개혁은 멀어져 간다.

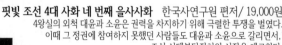

핏빛 조선 4대 사화 네 번째 을사사화 한국사연구원 편저/ 19,000원
4왕실의 외척 대윤과 소윤은 권력을 차지하기 위해 극렬한 투쟁을 벌였다.
이때 그 정권에 참여하지 못했던 사람들도 대윤과 소윤으로 갈리면서,
조선 시대붕당정치의 시작을 예고한다.

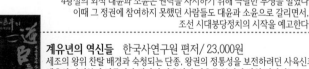

계유년의 역신들 한국사연구원 편저/ 23,000원
세조의 왕위 찬탈 배경과 숙청되는 단종, 왕권의 정통성을 보전하려던 사육신과
생육신 사건부터 김문기가 정사의 사육신인 이유를 분명히 밝힌 역사서!

타오름

도서출판 타오름 한국사 시리즈

한국사의 희망 부모와 청소년 이야기 이은식 저 / 19,800원
우리는 인간됨의 씨앗을 줄기차게 뿌려야 합니다.
문제 청소년 뒤에는 반드시 문제의 가정과 부모가 있다는 사실을
우리 모두 자각해야 할 것이다. 따라서 전인적 교육의 필요성은
매우 시급하다. 전인적 교육의 장으로 가정만한 곳은 없다고 본다.
누가 이 세상에서 제일 어려운 것이 무어냐고 묻는다면 본인은 단연코
자녀 교육이라 답하고 싶다.

피바람 인수대비 상 이은식 저 / 19,800원
세상의 모든 원리는 질서와 양보와 용서를 요구하고있다. 오직 자기 중심으로 되어주길
바라는 것은 결코 그 열매가달지 못하듯, 정해진 선을 넘나드는 사람은 참인격자라
평가하지 않는다. 장독안에든 쥐를 잡기위해 그독을 깨었다면 무엇이
남았겠는가 한사람의 지나친 욕망으로 인하여 피바람의 역사는
기록되고 있다. 이는 바람직한 역사도 유산도 될수없다.

피바람 인수대비 하 이은식 저 / 19,800원
세상의 모든 원리는 질서와 양보와 용서를 요구하고있다.
오직 자기 중심으로 되어주길 바라는 것은 결코 그 열매가 달지 못하듯, 정해진 선을
넘나드는 사람은 참인격자라 평가하지 않는다. 장독안에든 쥐를 잡기위해 그독을
깨었다면 무엇이 남았겠는가 한사람의 지나친 욕망으로 인하여 피바람의 역사는
기록되고있다. 이는 바람직한 역사도 유산도 될수없다.

불신라왕조실록-1,2,3,4권 한국인물사연구원편저 / 각 권 19,800
신라사의 모든 것을 한눈에 살펴볼 수 있는 최고의 역사 해설서!
다양하고 풍부한 문헌 자료를 바탕으로 재미있고 쉽게 읽히는
신라 왕조의 역사가 펼쳐진다.